Educational Technology

高等院校教育学系列教材

教育技术学

梁林梅 杨九民 著

北京大学出版社
PEKING UNIVERSITY PRESS

图书在版编目(CIP)数据

教育技术学/梁林梅,杨九民著.—北京:北京大学出版社,2012.4
(高等院校教育学系列教材)
ISBN 978-7-301-20424-5

Ⅰ.①教… Ⅱ.①梁…②杨… Ⅲ.①教育技术学-高等学校-教材 Ⅳ.①G40-057

中国版本图书馆 CIP 数据核字(2012)第 055811 号

书　　　名：教育技术学
著作责任者：梁林梅　杨九民　著
责 任 编 辑：杨丽明　王业龙
标 准 书 号：ISBN 978-7-301-20424-5/G·3388
出 版 发 行：北京大学出版社
地　　　址：北京市海淀区成府路 205 号　100871
网　　　址：http://www.pup.cn　电子邮箱：law@pup.pku.edu.cn
电　　　话：邮购部 62752015　发行部 62750672　编辑部 62752027
　　　　　　出版部 62754962
印　刷　者：北京富生印刷厂
经　销　者：新华书店
　　　　　　730 毫米×980 毫米　16 开本　20.75 印张　395 千字
　　　　　　2012 年 4 月第 1 版　2012 年 4 月第 1 次印刷
定　　　价：42.00 元

未经许可,不得以任何方式复制或抄袭本书之部分或全部内容。
版权所有,侵权必究
举报电话：010-62752024　电子邮箱：fd@pup.pku.edu.cn

前　言

教育技术学作为教育学一级学科中一个年轻的独立二级学科，改革开放三十多年来得以重新起步和迅速发展。随着社会各行各业对教育技术专业人才需求的不断增加，国内各类高校中的教育技术学专业得到了迅猛发展，进而对教育技术学整个学科的理解和认识也处于不断的发展和完善之中。

本书的撰写基于两位作者在南京大学和华中师范大学从事教育技术学本科专业教学的多年实践探索，同时依托桑新民教授领衔的南京大学网络化学习与管理研究所全体成员长期从事教育技术学基础理论和国际比较研究的深厚学术积淀，在学习和借鉴国内外相关经典和优秀教材的基础上，立足国际教育技术发展的新前沿和新趋势，同时结合当前国内教育技术专业毕业生的主要就业领域和职业角色，形成了本书独特的内容结构和体系。在写作风格上，本书力求朴实、简洁、明晰、通俗易懂，尽量符合和满足低年级本科生的认知水平、学习经验及个性需求。

本书旨在帮助那些刚刚步入教育技术专业领域的新手或对教育技术感兴趣的相关人员对教育技术学专业有一个整体把握，初步了解学科的基本概念、理论基础、发展历程、应用（就业）领域、前沿热点、未来趋势，为学习其他后续课程奠定基础。本书既可作为高等学校教育技术学专业教材，也可以作为教育学其他专业的选修教材，还可以为广大对教育技术感兴趣的专业人士自修提供参考与帮助。

全书共十二章，分为三大部分：历史与理论（第一至五章）、实践与应用（第六至十一章）、前沿与趋势（第十二章）：

在第一部分"历史与理论"中，除了第一章"导言"外，还介绍了美国和中国的教育技术发展历史（第二章）、教育技术学的理论基础（第三章）、教学媒体理论（第四章）和教学设计理论（第五章）。

第二部分"实践与应用"的内容按照教育技术专业人员目前在实践中承担的主要职业角色组织，可概括为"四师两者"——"信息技术教师"的知识和技能（第六章）、"教学设计师"的知识和技能（第七章）、"培训师"的知识和技能（第八章）、"教育资源开发师"的知识和技能（第九章）、"远程教育工作者"的知识和技能（第十章）、"教育技术研究者"的知识和技能（第十一章）。

第三部分"前沿和趋势"（第十二章）包括以下内容：学习科学、移动学习、教育游戏、知识管理和绩效技术。

为了便于读者理解,书中除了基本概念和理论的介绍之外,还以"资料夹"(共59个)的形式为读者提供了相关的背景材料或小案例。另外,本书每一章的前面都有内容概览,每一章的后面都提供了"研习活动建议"或"研习任务建议"和"阅读文献推荐",以便于教师安排学习活动及读者自学。

本书第一、二、六、七、八、十一、十二章由梁林梅撰写,第三、四、五、九、十章由杨九民撰写。除了本书的两位作者之外,许多教师和学生都为本书的完成作出了重要贡献,在此一并表示感谢。首先要感谢南京大学教育研究院的桑新民教授,本书的许多观点、内容和结构都是在和桑老师的共同教学、工作及研究中逐步形成,并在多年不断的讨论中得以完善。其次要感谢山东师范大学传媒学院的赵建民博士对本书的整体结构提出了非常有价值的修改建议;广西师范大学朱敬副教授承担了第二章第二节(中国电化教育历史)的写作;广西师范学院的杨满福副教授和中央电化教育馆的杨金勇老师参与了本书第八章第二节的撰写;在本书第十二章第三节(教育游戏)的写作过程中参考了北京大学教育学院尚俊杰博士的相关课程内容,并请中央电化教育馆的蒋宇老师和南京大学教育研究院2009级硕士研究生姜梦妍同学参与本节内容的修改工作。另外,苏州大学教育学院的徐红彩副教授、南京大学教育研究院2011级博士研究生曹俏俏、南京大学教育研究院2008级本科生胡立如等对书稿的修改提出了许多非常有价值的建议;南京大学教育研究院2009级硕士研究生孙文斌同学承担了书中部分图表的制作工作。最后还要感谢南京大学教育研究院和华中师范大学信息技术系参与过"教育技术学导论"及相关课程学习的所有本科生,你们是本书撰写最初的动力和最大的源泉。

本书在写作的过程中借鉴和参考了近十年来国内外同行的相关研究成果,大都以文中脚注的形式标出。如有遗漏之处,在此表示歉意。

此外要感谢北京大学出版社杨丽明编辑的不断鼓励和耐心等待,本书终于得以完成。

本书作者
2011年9月于南京大学

目　　录

第一部分　历史与理论 …………………………………………………… 1

第一章　导言 ……………………………………………………………… 3
第二章　教育技术的发展历史 …………………………………………… 17
　　第一节　美国教育技术的发展历史 …………………………………… 18
　　第二节　中国电化教育（教育技术）的历史 ………………………… 34
第三章　教育技术学的理论基础 ………………………………………… 44
　　第一节　学习理论 ……………………………………………………… 45
　　第二节　教学理论 ……………………………………………………… 57
　　第三节　教育传播理论 ………………………………………………… 66
　　第四节　系统理论 ……………………………………………………… 70
第四章　教学媒体理论 …………………………………………………… 76
　　第一节　"经验之塔"理论 ……………………………………………… 77
　　第二节　教学媒体及其特性、作用 …………………………………… 83
　　第三节　教学媒体应用的"ASSURE"模型 …………………………… 91
第五章　教学设计理论 …………………………………………………… 97
　　第一节　教学设计的定义及特点 ……………………………………… 98
　　第二节　教学设计的发展历程 ………………………………………… 102
　　第三节　教学设计的典型模式 ………………………………………… 110

第二部分　实践与应用 …………………………………………………… 119

第六章　信息技术教师的知识和技能 …………………………………… 121
　　第一节　中小学信息技术教育 ………………………………………… 122
　　第二节　信息技术与课程整合 ………………………………………… 137
第七章　教学设计师的知识和技能 ……………………………………… 143
　　第一节　教学设计师：一种新兴职业 ………………………………… 143
　　第二节　教学设计师的能力标准 ……………………………………… 149
第八章　培训师的知识和技能 …………………………………………… 157
　　第一节　企业培训 ……………………………………………………… 158

第二节　信息技术与教师专业发展 …………………………… 183
第九章　教育资源开发师的知识和技能 …………………………… 197
　　第一节　教育软件 …………………………… 198
　　第二节　网络教学平台和网络课程 …………………………… 203
　　第三节　开放教育资源 …………………………… 209
第十章　远程教育工作者的知识和技能 …………………………… 215
　　第一节　对远程教育的基本认识 …………………………… 216
　　第二节　学习支持服务 …………………………… 221
　　第三节　远程教育工作者的能力要求 …………………………… 224
第十一章　教育技术研究者的知识和技能 …………………………… 230
　　第一节　了解和认识社会科学研究 …………………………… 230
　　第二节　教育研究及其特点 …………………………… 237
　　第三节　教育技术研究中的常用方法 …………………………… 239

第三部分　前沿与趋势 …………………………… 251

第十二章　教育技术学的前沿和趋势 …………………………… 253
　　第一节　学习科学 …………………………… 254
　　第二节　移动学习 …………………………… 269
　　第三节　教育游戏 …………………………… 280
　　第四节　知识管理 …………………………… 299
　　第五节　绩效技术 …………………………… 318

第一部分　历史与理论

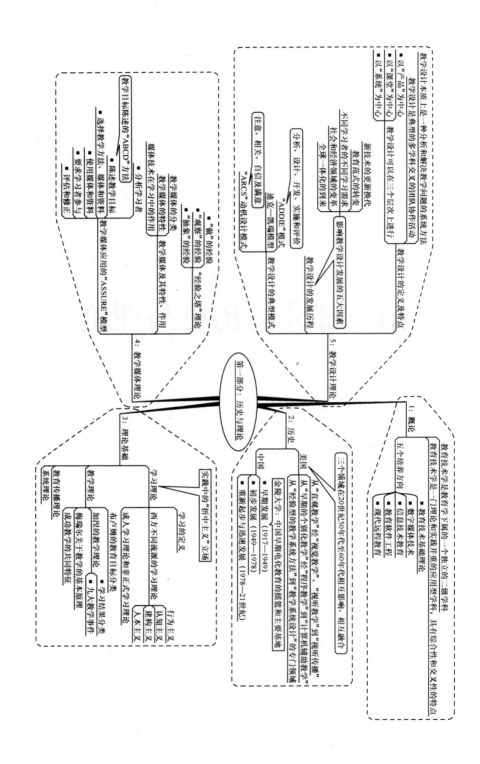

第一章
导　言

本章主要内容

■ 教育技术学是教育学下属的一个独立的二级学科。

■ 教育技术学是一门新兴的，处于不断变化、发展和完善中的年轻学科。

■ 教育技术学是一门理论和实践并重的应用型学科，具有综合性和交叉性学科的特点。

■ 教育技术是为了促进学习，对有关的过程和资源进行设计、开发、利用、管理和评价的理论与实践。

■ 在我国，"教育技术"这个术语是20世纪80年代自美国引进的，而在国内普遍得到使用则是在20世纪90年代以后。在此之前，它的名字叫"电化教育"。

■ 目前，我国教育技术学科专业已形成了由专科、本科、硕士、博士、博士后科研流动站组成的完整的学科人才培养体系，具有"多层次、多方向、多性质"的特点。

■ 教育技术的应用领域非常广泛，既可以在学前教育、基础教育（中小学）和高等教育领域应用，也可以用于商业、企业、政府部门的培训及各类成人教育、社会教育领域；既可以促进正式学习，也可以促进非正式学习。

■ 我国教育技术专业人才培养的发展方向大致可以分为：教育技术基础理论方向、数字媒体技术方向、信息技术教育方向、教育软件工程方向和现代远程教育方向等。

一、教育技术学是教育学下属的二级学科

现代意义上的教育技术从其诞生到发展至今不足一百年的历史，而与之相对应的"教育技术学"之历史则更加短暂。因此可以说，教育技术学是一门新兴的、年轻的，处于不断发展和变化中的学科。经过近百年的发展，教育技术已初步建立

起了自己的概念体系和理论框架,形成了一门相对独立的学科。

在我国,教育技术学是教育学科下属的一门新兴的二级分支学科,是连接教育理论和教育实践的桥梁,是一门理论与实践并重的学科。它的理论部分包括与知识体系有关的概念、理论框架和原理等,实践部分是指这些知识在解决教育、教学(培训)问题上的应用。①

就学科性质而言,教育技术学具有明显的应用性学科和综合性、交叉性学科的特点,教育技术学是多学科(教育学、心理学、信息科学、传播学等)综合、交叉的产物。教育技术学科肩负着支持教育信息化理论与实践发展,以及推动教育教学改革与发展的重要使命。教育技术的广泛应用,对促进教育创新、提高教育质量,对推动教育公平与教育均衡发展,对建构终身学习体系和学习型社会具有至关重要的作用。

资料夹 1-1 了解国内外教育技术领域的多名称并存现象

教育技术(Educational Technology,ET),在美国通常又称做"教学技术"(Instructional Technology,IT)或"教学设计与技术"(Instructional Design and Technology,IDT)。

20世纪90年代之前,教育技术在我国大陆被称做"电化教育"(目前我国教育技术领域的两本核心专业期刊仍以"电化教育"命名——《中国电化教育》和《电化教育研究》);20世纪90年代之后,"教育技术"这一称谓开始被领域内的大多数学者所接受,目前还有学者将其称为"信息化教育"或"现代教育技术";在我国台湾地区被称做"教育科技"。日本将这门学科称做"教育工学"。

资料来源:本书作者整理。

二、相关概念界定

1. 对"技术"的理解和认识

对"技术"的不同理解和认识,影响和决定着不同的"教育技术"观。

"技术"这个词有着多种多样的含义,从单纯的硬件到解决问题的具体方法,都可以称为技术。② 技术究竟是什么?这个问题看起来似乎很简单,但真要给技术下一个明确的定义就没么容易了。《简明大不列颠百科全书》指出:技术是人类活动的一个专门领域。"技术"一词源自希腊文"techne"和"logos"的组合。

---

① 参见黄荣怀、沙景荣、彭绍东主编:《教育技术学导论》,高等教育出版社2006年版,第13页。
② 参见〔美〕Smaldino S. & Russel J. & Heinich R. & Molenda M.:《教学技术与媒体》(第八版),郭文革译,高等教育出版社2008年版,第25页。

"techne"表示"工艺、技能",而"logos"是"词、讲话"的意思,两个词合在一起就是指对造型艺术和应用技术进行论述。①《辞海》中认为技术是"根据生产实践经验和自然科学原理而发展成的各种工艺操作方法与技能。广义地讲,还包括相应的生产工具和其他物质设备,以及生产的工艺过程或作业程序和方法"②。现实中人们往往会以一种比较狭义的观点理解技术,这种狭义的技术观同样会影响到人们对教育技术的认识——"现在,很多人听到'技术'这个词的时候,头脑中出现的还是计算机、CD播放器和航天飞机这样的技术产品。技术产品只是技术的一种类型……技术还可以是一个过程"③。

美国教育技术领域的著名学者詹姆斯·芬恩(James D. Finn)一直致力于对技术本源的探索,致力于纠正和澄清当时(20世纪60年代)流行的将技术等同于机器的错误观念。芬恩认为:"除了机器之外,技术还包括了过程、系统、管理与控制等方方面面的内容",并且强调:"技术绝不仅仅意味着机器和设备,从本质上说技术应该是过程,是一种思考问题的方式"。芬恩对技术概念的理解成为教育技术领域关于技术内涵的经典解读,对于之后的许多研究者影响深远。④ 芬恩的学生罗伯特·海涅克(Robert Heinich)也一再告诫教育技术专业人员:"技术不等于机器,教育技术绝不能将自己局限于机器"。美国教育技术领域的许多学者经常会引用著名经济学家加尔布雷斯(John Kenneth Galbraith)关于技术的定义:"技术是系统化地应用科学的和其他有组织的知识,来完成实际的任务"⑤。

在人类文明史上,技术的发展经历了三个大的阶段:以手工技术为基础的技术体系,以机械和电器技术为基础的技术体系和当代蓬勃发展的以信息技术为基础的技术体系。⑥ 今天教育技术领域的研究和实践大多是以技术发展的第三阶段——信息技术为基础的技术体系而展开的。

2. "教育技术"的定义

国内外关于教育技术的定义非常多,目前国内使用比较多的是美国教育传播与技术协会(Association for Educational Communications and Technology, AECT)在1994年给出的定义(国内简称"94定义"):"教学技术⑦是为了促进学习,对有关的

---

① 参见刘美凤:《教育技术学学科定位问题研究》,教育科学出版社2006年版,第76页。
② 夏征农:《辞海(缩印本)》,上海辞书出版社1980年版,第669页。
③ 〔美〕Smaldino S. & Russel J. & Heinich R. & Molenda M.:《教学技术与媒体》(第八版),郭文革译,高等教育出版社2008年版,第25—26页。
④ 参见梁林梅、郑旭东:《领域开创者 学科奠基人——美国教育技术专业群英谱》,天津大学出版社2010年版,第28—29页。
⑤ 同上书,第93页。
⑥ 参见黄荣怀、沙景荣、彭绍东主编:《教育技术学导论》,高等教育出版社2006年版,第2页。
⑦ 美国教育技术领域的许多专业人员常习惯于将自己所从事的领域称为"教学技术"。本书中不对"教育技术"和"教学技术"作区分,统一用"教育技术"这一称谓。

过程和资源进行设计、开发、利用、管理和评价的理论与实践。"①

对上述定义的理解和解释如下:②

■ 该定义明确了教育技术的研究对象是与学习有关的"过程"和"资源"。

■ "学习过程"是学习者学习新知识与新技能的认知过程,因此主要涉及的是"人"。

■ "学习资源"是学习过程中所要利用的环境和条件,主要是"物"。

■ 该定义将教育技术视为理论与实践相结合的研究领域,视为教育理论和教育实践活动联系的桥梁。

■ 该定义将教育技术划分为设计、开发、利用、管理和评价五个研究范畴,每个范畴都有独特的功能和范围,它们共同构成了教育学领域中一个独立的研究分支。

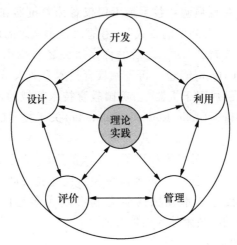

图 1-1　教育技术的"94 定义"

资料来源:〔美〕西尔斯、里齐:《教学技术:领域的定义和范畴》,乌美娜、刘雍潜等译,中央广播电视大学出版社 1999 年版,第 32 页。

资料夹 1-2　美国教育技术专业协会对该领域的多次界定

自 1963 年至 2005 年,美国教育技术专业协会 AECT 先后对教育技术领域进行了五次界定。定义的变化反映了教育技术领域不断发展并逐步走向成熟的过程。

---

① 〔美〕西尔斯、里齐:《教学技术:领域的定义和范畴》,乌美娜、刘雍潜等译,中央广播电视大学出版社 1999 年版,第 33 页。
② 参见黄荣怀、沙景荣、彭绍东主编:《教育技术学导论》,高等教育出版社 2006 年版,第 11 页。

1. 1963年:"视听传播(Audiovisual Communication)是教育理论与实践的一个分支,它主要研究对控制学习过程的讯息进行设计和使用。"这是美国教育技术领域的第一个官方定义(国内简称"63定义")。

2. 1972年:"教育技术是这样一个领域,它通过对所有学习资源的系统化鉴别、开发、组织和利用,以及通过对这些过程的管理,来促进人类的学习。"

3. 1977年:"教育技术是一个复杂的、整合的过程,这个过程涉及人员、程序、思想、设备和组织,其目的在于分析遍及人类学习所有方面的问题,和设计、实施、评价与管理对那些问题的解决方法。"

4. 1994年:"教学技术是为了促进学习,对有关的过程和资源进行设计、开发、利用、管理和评价的理论与实践。"

5. 2005年:"教育技术是通过创设、使用、管理合适的技术性的过程和资源,以便利学习和提高绩效为目的的合乎职业道德规范的研究和实践。"

资料来源:本书作者整理。

---

3. 教育技术学

教育技术学是在教育技术发展到一定阶段之后才形成的学科,是关于教育中应用教育技术的理论。[①]

我国1991年出版的《教育大辞典》对"教育技术学"作了如下解释:"教育技术学是以教育科学的教学理论、学习理论、传播理论和系统科学理论为基础,依据教学过程的客观性、可再现性、可测量性和可控制性,应用现代科学技术成果和系统科学的观点与方法,在既定的目标前提下探求提高教学效果的技术手段和教学过程优化的理论、规律与方法,是一门新兴的边缘学科。"[②]

4. 电化教育

在我国,"教育技术"这个术语是20世纪80年代自美国引进的,而普遍得到使用则是在20世纪90年代以后,在此之前,它的名字叫"电化教育"。[③]

电化教育是我国特有的名词,它出现于20世纪30年代,较为正式地使用则始于1936年。[④] 所谓电化教育,就是在现代教育思想、理论的指导下,主要运用现代信息技术进行教育教学活动,以实现教育教学过程的最优化。南国农先生认为:"电化教育来源于美国的视听教育,又不同于美国的视听教育。中国的电化教育,

---

① 参见尹俊华、庄榕霞、戴正南:《教育技术学》(第二版),高等教育出版社2002年版,第66—67页。
② 同上书,第80—81页。
③ 参见南国农:《教育技术学科建设:中国道路》,载《电化教育研究》2006年第1期。
④ 参见朱敬、桑新民:《电化教育名称的由来与确立》,载中央电化教育馆编:《中国电化教育70年纪念文集》,中央广播电视大学出版社2006年版,第5页。

从它诞生之日起，就是适应着我国的国情，走着自己发展的道路，即以现代教育媒体的研究和应用为核心的发展道路，解放前如此，解放后继续如此……电化教育是一门学科，一项事业，也是一种产业……电化教育的服务对象是各种教育：幼儿教育、普通教育、高等教育、职业教育、成人教育、特殊教育、继续教育等。它的施教对象是各个年龄阶段的人"。①

电化教育学科体系是进入20世纪80年代后逐步形成的，部分高等师范院校开设电化教育课程以及多种电化教育教材和专著的出版，是它形成的标志；1983年，国家教育部发布《高师本科专业目录》，将"电化教育"列入其中，是它正式确立的标志。② 1993年，我国正式确定将"电化教育"专业更名为"教育技术学"专业。之后，"教育技术"这一术语和名称被越来越多的专业人员及社会公众所采用。

资料夹 1-3 大师评介：中国电化教育事业的开拓者和奠基人——南国农先生

南国农（1920—），1943年毕业于前国立中山大学教育学专业；1947年赴美国哥伦比亚大学攻读比较教育与视听教育专业，获硕士学位；1950年响应周恩来总理的号召，回国参加新中国建设；1953年被聘为国立西北师范学院教授；现为西北师范大学教育技术与传播学院名誉院长，国家资深教授，教育技术学专业博士生导师，国家级学术刊物《电化教育研究》杂志主编，同时兼任全国二十余所高校的兼职教授或客座教授。

南国农教授作为新中国电化教育事业的开创者和奠基人，五十多年来一直工作在西北师范大学，躬耕于大西北这片沃土。他曾于1979年受教育部委托举办了第一届"全国电化教育研讨班"，并积极倡导在全国开设电化教育专业；于1980年创办了《电化教育研究》杂志，担任主编至今。近二十年来，南国农教授组织编写并出版了《电化教育学》、《教育传播学》、《信息化教育概论》等十几部电化教育专业教材和一套近二十本的"电化教育丛书"，有多部专著修订再版。

资料来源：《中国电化教育事业的开拓者与奠基人——南国农先生》，载《中国电化教育》2010年第7期。

5. 信息化教育

南国农先生认为："信息化教育也就是电化教育，是电化教育发展的新阶段……信息化教育也就是信息时代的电化教育"③；南国农先生对信息化教育的界定为："在现代教育思想和理论的指导下，主要运用现代信息技术，开发教育资源，

---

① 参见南国农：《中国教育技术学专业建设的发展道路》，载《电化教育研究》2005年第9期。
② 参见南国农：《教育技术学科建设：中国道路》，载《电化教育研究》2006年第1期。
③ 同上。

优化教育过程,以培养和提高学生信息素养为重要目标的一种新的教育方式"①。

可以从技术层面和教育层面理解信息化教育的主要特性:

从技术层面上看,信息化教育的基本特点是数字化、多媒化、网络化和智能化。

(1) 数字化

信息化教育所基于的技术主要是以计算机为基础的数字化技术,数字化使得信息化教育的设备简单、性能可靠和标准统一。

(2) 多媒化

以计算机为基础的多媒体技术使得信息化教育资源的设备一体化、信息表征多元化、虚拟化。

(3) 网络化

当今的数字化网络做到了"天网"(如数字卫星通讯系统,移动数字通讯系统)和"地网"(目前主要以互联网为主)的合一。网络化的优点是时空不限、多向互动、资源共享和便于合作。

(4) 智能化

人工智能将成为信息化教育的核心技术,智能化将使得教育系统更加人性化、人机通讯自然化、繁杂任务代理化。

从教育层面上看,信息化教育具有以下特点:教材多媒化、资源全球化、教学个性化、学习自主化、活动合作化、管理自动化和环境虚拟化。②

三、中国教育技术学科人才培养的总体状况

从1978年重新起步至今,三十多年来我国的教育技术事业迅猛发展,已经形成了具有中国特色的、覆盖全国城乡的教育技术系统:由中央、省、地(市)、县电化教育馆(中心)以及电化教育机构组成的学校教育技术系统;由中央、省级广播电视大学,地(市)级广播电视大学分校及县级广播电视大学工作站组成的广播电视教育系统;由中央、省、地(市)教育电视台组成的卫星电视系统;同时,我国建设了服务于教育现代化发展的教育技术学科专业的人才队伍,教育技术学科专业构建了具有专科、本科、硕士、博士、博士后科研流动站完整的人才培养体系,成立了中国电化教育研究会和中国教育技术协会,创办了《电化教育研究》和《中国电化教育》等期刊。③

就专业建设而言,20世纪80年代至90年代初期,我国的教育技术专业人才培

---

① 南国农主编:《信息化教育概论》,高等教育出版社2004年版,第11页。
② 参见祝智庭、顾小清、闫寒冰:《现代教育技术——走进信息化教育》(修订版),高等教育出版社2005年版,第89—92页。
③ 参见徐福荫:《改革开放推动我国教育技术迅猛发展》,载《教育研究》2009年第5期。

养主要集中在师范院校,主要是培养高等师范大学、中等师范学校的"电化教育"课程师资和电化教育机构及教研部门的业务骨干。① 进入 21 世纪之后,随着社会各行各业对教育技术人才需求的不断增长,非师范院校的教育技术专业蓬勃发展,目前我国的教育技术专业广泛分布在师范院校、理工科院校、综合性大学、军事院校、职业技术类院校等各类院校,因发展历史各有不同,各专业点往往分别归属于教育技术学院、教育技术与传播学院、教育信息技术学院、计算机科学学院、物理与通信学院、教育学院、新闻与传播学院或现代教育技术中心等院系或部门。南国农先生用"多层次、多方向、多性质"概括和总结了当前我国教育技术专业的发展特色:

(1) 多层次

即包括专科、本科、研究生三个层次,研究生层次包括硕士学位研究生和博士学位研究生,形成了比较完整的教育技术专业人才培养体系。

(2) 多方向

目前我国的教育技术学专业设置的方向主要有:教育技术基础理论、教育电视、计算机、多媒体、网络技术教育应用、教育软件工程、现代远程教育等。有的学校还在专科层次设置了现代广告、电脑美术、电脑音乐等方向。

(3) 多性质

我国教育技术专业多数是师范性的,也有非师范性的和半师范性的。②

资料夹 1-4 改革开放以来我国教育技术发展中的重要事件

时间	事件	备注
1978 年	中央电教馆和中央广播电视大学成立	
1983 年	华南师范大学和华东师范大学创建了我国第一批电化教育本科专业①	
1986 年	国务院学位委员会正式批准北京师范大学、河北大学、华南师范大学设立教育技术学硕士学位授予点①	
1987 年	原国家教委发布《普通高等学校本科专业目录》,正式确定"电化教育"专业名称	
1993 年	原国家教委颁布《普通高等学校本科专业目录》,将"电化教育"专业正式更名为"教育技术学"专业,教育技术学开始成为教育学领域一个独立的二级学科	可授教育学学位或理学学位,是教育学所有二级学科中唯一可以授予理学学位的学科

---

① 参见徐福荫:《改革开放推动我国教育技术迅猛发展》,载《教育研究》2009 年第 5 期。
② 参见南国农:《中国教育技术学专业建设的发展道路》,载《电化教育研究》2005 年第 9 期。

（续表）

时间	事件	备注
1993 年	国务院学位委员会批准在北京师范大学设立教育技术学博士学位授予点	
1998 年	原教育部部长陈至立在《中国教育报》发文指出:"教育技术是教育改革的制高点和突破口"	
1998 年	教育部启动"现代远程教育试点工作"	初步形成了具有中国特色的普通高校网络教育办学体系,成为我国高等教育和终身教育体系建设的重要组成部分
1999 年	《中共中央国务院关于深化教育改革全面推进素质教育的决定》(简称《决定》)颁布,《决定》中指出:"要大力提高教育技术手段的现代化水平和教育信息化程度……建设高质量的教师队伍,教师要掌握必要的现代教育技术手段"	在此后的十年里,我国的教育信息化建设取得了飞速的发展,成果斐然
2000 年	教育部制定了在中小学普及信息技术教育和实施"校校通"工程的战略目标	从 2001 年开始用 5—10 年的时间,在中小学(包括中等职业技术学校)普及信息技术教育,以信息化带动教育的现代化,努力实现我国基础教育的跨越式发展
2002 年	"中国电化教育协会"更名为"中国教育技术协会"	
2003 年	教育部启动"农村中小学现代远程教育工程"	到 2007 年底基本完成了工程建设任务
2003 年	教育部启动实施了"全国教师教育网络联盟计划",推动教师教育创新	
2004 年	教育部颁布《中小学教师教育技术能力标准(试行)》	这是我国中小学教师的第一个专业能力标准,标志着教育技术能力是作为信息时代教师必须具备的能力之一。该标准是中小学教学人员、管理人员、技术支持人员教育技术培训与考核的基本依据
2005 年	教育部实施"全国中小学教师教育技术能力建设计划"	
2010 年	《国家中长期教育改革和发展规划纲要(2010—2020 年)》	信息技术对教育发展具有革命性的影响

资料来源:本书作者整理。

四、教育技术学专业的培养目标和职业定位

教育部高等学校教育技术学专业教学指导委员会制定的《高等学校教育技术学专业指导性专业规范(征求意见稿)》中对本专业的培养目标和职业定位作出了

如下描述：

(1) 教育技术学本科专业旨在培养德、智、体、美全面发展，掌握教育技术学科基础理论和专门知识，具备本领域分析问题、解决问题能力和实践创新能力的教育技术学专业高级专门人才。本专业培养的学生能够承担教育技术课程教学、教师教育技术能力培训和信息技术课程教学，指导信息技术教育应用，开展企业培训课程设计与实施，从事媒体教学设计与教育资源开发、教育环境建设或教育装备规划维护与管理等具体工作。

(2) 教育技术学专业本科毕业生的职业定位为各级各类学校的教育技术课程教师和教育技术能力培训教师、中小学信息技术课程教师、各类企业的员工培训设计师、各类教育机构的媒体教学设计师、教育技术装备的规划维护与管理专业人员、数字化教学环境开发与管理专业人员、数字教育资源建设与管理专业人员、教育影视与多媒体创作专业人员、教育软件开发专业人员、教育电子出版物编辑等高级专门人才，为教育信息化及学习型社会建设服务。

教育技术学专业的五个主要培养方向及其具体目标如下：①

(1) 教育技术基础理论方向

培养能够运用现代教育理论和现代信息技术，对现代信息环境下的教学过程和教学资源进行设计、开发、运用、管理和评价的复合型人才。

(2) 数字媒体技术方向

培养具有坚实的艺术基础知识和传播学基础知识，掌握数字传媒技术应用及制作的全面知识与实践能力，能在教育机构和其他企事业单位从事数字媒体策划、制作、应用与管理等工作的专门人才。

(3) 信息技术教育方向

主要培养信息技术课程教学与研究人员，信息技术与课程整合的设计与技术支持人员，企事业单位信息技术培养与应用人员。

(4) 教育软件工程方向

主要培养教学软件的开发与管理人才、数字化资源的开发与管理人才等。

(5) 现代远程教育方向

培养远程教育或培训系统的技术方案的规划、设计、建设及相关技术支持人员；远程教学资源与课程材料的设计、开发与制作人员；各类远程教育或培训机构（电大、网院、网校、远程教育中心、企业培训部门等）的基层管理人员；远程学习支持服务人员；有关远程教育的新闻传媒工作人员。

---

① 参见黄荣怀、沙景荣、彭绍东主编：《教育技术学导论》，高等教育出版社2006年版，第18页。

资料夹 1-5　美国教育技术领域的专业协会简介

任何一个学科的发展和繁荣,都离不开专业协会的推动和贡献。在美国教育技术近百年的发展历程中,已逐步形成了许多各具特色的专业协会,现简要介绍如下:

1. 教育传播与技术协会(Association for Educational Communications and Technology, AECT):该协会把那些对教育技术的使用及其在学习中的应用具有共同兴趣的专业人员联系在一起。其成员包括大学教师、研究生、学校图书馆领域的媒体专家、研究者及工商业领域的教学设计和开发者。AECT 出版的刊物有:《教育技术研究与开发》(ETR&D),《远程教育评论季刊》(QRDE)和《技术趋势》(TechTrends)。(http://www.aect.org)

2. 全美培训与开发协会(American Society for Training and Development, ASTD):该协会为那些投身于工作场所学习与绩效改进的个人和组织提供领导力方面的培训。其成员来自跨国公司、中小企业、政府部门、学术部门以及咨询公司等组织。ASTD 出版的刊物有《T + D 杂志》和在线资源《学习网络》(Learning Circuits)。(http://astd.org)

3. 国际计算机教育应用促进协会(Association for the Advancement of Computing in Education, AACE):该协会是致力于利用信息技术改进学与教的知识、理论和质量的国际组织,AACE 鼓励与教育中的信息技术有关的学术探究,以及研究成果的传播和应用。其成员包括研究者、开发者、实践者、行政人员、政策制定者、培训者、成人教育者和其他对教育中的信息技术感兴趣的人员。AACE 的出版物有:《交互学习研究杂志》(JILR)、《教育多媒体和超媒体杂志》(JEMH)和《国际 e-Learning 杂志》(IJEl)。(http://www.aace.org)

4. 国际教育技术协会(International Society for Technology in Education, ISTE):该协会通过推进 K-12 教育(即基础教育)和教师教育中技术的有效应用,提供改进教和学的领导和服务。其成员包括中小学教师、教育行政人员、技术协调员、媒体专家和技术教育专业人员。ISTE 的出版刊物有《利用技术学习和领导》、《教师教育中的计算机杂志》(JCTE)和《教育技术研究杂志》(JRTE)。(http://www.iste.org)

5. 国际绩效改进协会(International Society for Performance Improvement, ISPI):该协会致力于应用人类绩效技术(HPT)提高工作场所的生产效率和绩效。其成员包括绩效技术专业人员、培训师、人力资源经理、教学技术专家和组织顾问。ISPI 出版的刊物有《绩效改进杂志》和《绩效改进季刊》。(http://www.ispi.org)

资料来源:〔美〕Klein & Rushby:《教学设计和技术的专业杂志和出版物》,载瑞泽、邓普西主编:《教学设计和技术的趋势与问题》(第二版),王为杰等译,华东师范大学出版社 2008 年版,第 369—372 页。

资料夹 1-6　大师评介:詹姆斯·芬恩——教育技术的先驱、智者和引路人

詹姆斯·芬恩(James D. Finn,1915—1969)是美国教育技术领域早期的知名学者,"美国教育传播与技术之父",美国教育技术领域另一位知名学者爱德加·戴尔(Edgar Dale)的学生。芬恩曾任南加利福尼亚大学教育学院教育技术系主任、文理学院电影系代理主任,AECT之前身"全美教育协会视听教学部"(NEA-DAVI)主席(1960—1961年)。

在其短暂的学术生涯中,芬恩以其独特的创新探索、批判精神和远见卓识引领了20世纪50至70年代美国教育技术领域的两次历史性转折——先是由于系统方法和传播理论的引入而引发的从"视听教学"到"视听传播"的转变;接着是由于对技术理解的深入而导致的从"视听传播"到"教学技术"的转变,最终形成了在领域内得到普遍认同的教育技术的"过程"观。著名学者唐纳德·伊利(Donald P. Ely)评价芬恩的思想总是比他所处的时代要早十年,而小霍本(Charles F. Hoban, Jr.)则感慨说:"虽然'创新'一词在20世纪40年代的教育领域还不那么流行,今天看来詹姆斯·芬恩是那个时代最伟大的创新者之一"。

芬恩对美国教育技术的形成和发展所作出的重要贡献主要体现在如下方面:技术观、领域名称、定义、学术期刊、专业化问题。

(1) 芬恩的技术观

在美国教育技术发展早期,在诸多关于学科性质、定义及本质的观点和争论中,对于技术的理解与认识一直困扰着众多的学者和研究人员。芬恩一再强调技术绝不仅仅意味着机器和设备,他强调从本质上说技术应该是过程,是一种思考问题的方式。芬恩对技术的理解成为教育技术领域对技术的经典解读,对于之后的许多研究者(比如海涅克、伊利)影响深远。

(2) 美国教育技术领域的首个官方定义

20世纪60年代初芬恩任视听教学部主席期间,得到了美国教育部的资助,主持开展了"技术开发项目"的研究,以对美国教育技术的现状和发展趋势进行研究。芬恩深感当时视听教学领域的混乱状态,迫切需要在领域的基本认识和基础理论方面达成某种初步的共识。芬恩从项目经费中专门拿出一部分用于定义的研究,并任命伊利成立了"定义和术语委员会",该委员会于1963年提出了教育技术领域的首个官方定义("视听传播"),即后人耳熟能详的"63定义"。

(3) 芬恩是"教学技术"名称的坚定倡导者

当1963年芬恩为美国教育技术的首个官方定义"视听传播"写序时,他所使用的领域名称却是"教学技术"。当1965年领域内的许多知名学者还在为"视听教学"、"教育传播"、"学习资源"这样的名称而争论不休时,芬恩是"教学技术"的坚定倡导者,他认为"教学技术"是一个更上位、高度整合的、更具包容性的概念。

(4) 芬恩是教育技术领域两本重要学术期刊的初创者

芬恩主持创建了美国教育技术领域顶级社会科学索引(SSCI)期刊《教育技术研究与开发》(*ETR&D*)的前身之一《视听传播评论》(*Audio Visual Communication Review*)，还创办了另一本至今非常有影响的、专门面向教育技术实践工作者的专业期刊《技术趋势》(*Tech Trends*)的前身《教学工具》(*Teaching Tools*)，并长期担任两本刊物的编辑工作。

(5) 视听领域的专业化问题

芬恩于1953年首次系统地探讨了视听领域的专业化问题，提出了一个成熟专业应该具备的六大特征，对于今天的专业建设仍具有重要的指导和借鉴意义。

资料来源：本书作者整理。

本章研习活动建议

1. 访问 AECT 网站(http://www.aect.org)，了解其发展历程、下设的十个分部(Divisions)、出版物(Publications)情况、"第二人生"(SecondLife)中的 AECT 及美国和其他国家高校的教育技术专业设置情况(Curricula Data of Degree Programs in Educational Communications and Technology) (https://aectorg.yourwebhosting.com/Curricula/)。

2. 查询、阅读关于"中国电化教育事业的开拓者和奠基人"南国农先生的文献材料，并写一篇人物研究评述。

3. 了解国内教育技术领域的主要学术期刊，比如《电化教育研究》、《中国电化教育》、《开放教育研究》、《中国远程教育》等，养成定期浏览这些期刊的习惯，随时了解领域内的最新动态。

阅读文献推荐

1. Ely D., The Field of Educational Technology: Update 2000—A Dozen Frequently Asked Questions, http://www.eric.ed.gov/PDFS/ED438807.pdf. [教育技术领域常见的十二个问题(2000年修订版)]

2. 南国农：《教育技术学科建设：中国道路》，载《电化教育研究》2006年第1期。

3. 徐福荫：《改革开放推动我国教育技术迅猛发展》，载《教育研究》2009年第5期。

4. 桑新民:《技术—教育—人的发展》(上、下),载《电化教育研究》1999年第2—3期。

5. 黄荣怀、曾兰芳、余冠仕:《教育技术大检阅》(上、中、下、下),载《中国教育报》2001年11月15、22、24、29日。

第二章
教育技术的发展历史

本章主要内容

■ 教育技术起源于美国,起源于20世纪初在美国教育领域兴起的视觉教学运动。

■ 美国教育技术的发展,大体上可以分为三条主线:从"直观教学"经"视觉教学"、"视听教学"到"视听传播";从"早期的个别化教学"经"程序教学"到"计算机辅助教学";从"经验型的教学系统方法"到"教学系统设计"的专门领域。上述三个领域在20世纪50年代至60年代开始相互影响、相互融合,最终形成了今天一体化的教育技术专业领域。

■ 在教育技术的发展历程中,除了教育学、心理学和媒体理论的成果之外,传播学和系统理论对教育技术的形成和发展都产生了巨大的影响。

■ 第二次世界大战是美国教育技术成长和发展的关键时期,同时也证明了教育技术理论和方法的重要价值和作用,从而大大推动了教育技术在美国的前进步伐。

■ 一般认为,我国电化教育(教育技术)的发展大致可以分为以下三个阶段:早期发展(解放前)、初步发展(新中国成立初期)和重新起步后的迅速发展(改革开放后)。在早期发展阶段,"电化教育"得以正式定名,电化教育领域正式形成;新中国成立后,电化教育得到了初步发展,并在改革开放后进入快速发展期。

■ 我国早期电化教育发展的特点属于外生型;其发展轨迹是从电影教育到电化教育,电影教育始终是重心;电化教育作为一种新生事物,是"先有其事,后有其名;先民间,后政府;先在社会领域,后进入学校教育领域"。金陵大学、江苏省立教育学院、国立社会教育学院、大厦大学、镇江民众教育馆等是其中的典型。

■ 我国早期电化教育从一开始就被置于救国救民的大教育观视野下,其主要职责是将电影和电声等媒体技术用于社会教育和民众教育,因此,形成了我国早期电化教育独特的"大电教观"特色。

第一节　美国教育技术的发展历史

教育技术起源于美国,这一观点在学术界已基本达成共识。但在教育技术的起源上,还存在着两种不同的观点:一种观点认为,任何教育活动都需要采用一定的手段和技术,因而教育技术的历史与教育的历史一样久远,这是一种"广义的教育技术观";另一种观点认为,教育技术发端于 20 世纪初在美国兴起的"视觉教育运动",是现代媒体技术在教育领域应用之结果,这种观点属于"狭义的教育技术观"。

美国教育技术史学家保罗·赛特勒(Paul Saettler)在其影响广泛的《美国教育技术的演变》一书中所持的是"广义的教育技术观",他认为:"从教育产生的那天起,就有了教育技术"[1]。基于这样的教育技术观,赛特勒把古希腊智者学派(Sophists)称为教育技术的鼻祖;[2]而"把 20 世纪初在美国教育领域内兴起的视觉教育运动作为教育技术的发端,这代表了美国教育技术学界大多数专家学者的基本观点"[3]。美国教育技术领域的知名学者唐纳德·伊利指出,教育技术作为一个专门的研究领域"本质上属于一场发生于 20 世纪的运动,并在二战期间及二战后不长的一段时间内得到了迅速发展"[4]。

本书所持的即是这种狭义的教育技术观。笔者认为,正是由于 20 世纪初叶第二次科技革命中产生的各种新兴视听媒体被大量引入教育、教学(包括培训)领域,对学校教育以及社会教育产生了巨大的影响和冲击,视听教学才能够成为一个专门的实践与研究领域,并发展成为今天的教育技术学。因此可以说,作为现代形态的教育技术领域和以此为研究对象的教育技术学是一个新兴的、年轻的学科领域。

另外,我们还需要小心区分"教育技术的历史"和"教育技术学的历史"。"教育技术的历史"记录的是教育技术作为一种客观的教育实践活动发生与发展的历史过程;而"教育技术学的历史"则是在对这种客观教育活动进行认识和研究过程中形成的观念和理论之历史。后者显然要以前者为基础,但受不同学术背景和价值取向的影响,面对同样的教育技术实践活动,不同学者会形成不同的观念、理论;

---

[1] Saettler P., *The Evolution of American Educational Technolog*, Englewood, CO: Libraries Unlimited, 1990, p.4.
[2] Ibid., p.24.
[3] 张祖忻:《美国教育技术的理论及其演变》,上海外语教育出版社 1994 年版,第 2 页。
[4] Ely, D. P., The Field of Educational Technology: Update 2000—A Dozen Frequently Asked Questions, http://www.eric.ed.gov/PDFS/ED438807.pdf, Accessed in 2011/08/15.

反之,这些观念和理论又会影响和指导着教育技术实践向着不同的方向发展。

美国的教育技术,从一场教学改革实践中的"运动"(视听教学运动),到形成一个专门的实践领域(运用教育技术解决教育、教学实践问题的领域),进而发展成为一门专业和学科(教育技术学),大约经历了70—80年的发展历程,可以分为三条主线(三个实践领域),如图2-1所示:

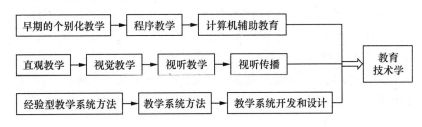

图2-1 美国教育技术发展的三条主线

资料来源:何克抗、李文光:《教育技术学》(第二版),北京师范大学出版社2009年版,第43页。

三个实践领域基本上都始于20世纪初。在20世纪20年代到50年代之前,三个实践领域基本上是各自发展的。到了20世纪50年代和60年代,三者开始相互影响和融合。所以,从历史发展上看,教育技术是由三个实践领域整合而形成的一种分析、解决教育与教学问题的综合技术,是在教育、教学(培训)过程中应用的教学系统设计技术与教学媒体开发技术的总称。①

一、从视觉教学到视听教学到视听传播

1. 视觉教学的先驱:直观教学

作为一种新兴的教学方法,视觉教学(Visual Instruction)的兴起是有其深刻历史渊源的,可以说视觉教学是直观教学的延续和发展。

17—18世纪,捷克著名教育家夸美纽斯(Johann A. Comenius)和瑞士著名教育家裴斯泰洛齐(Johan H. Pestalozzi)等人倡导的直观教学主要采用图片、实物、模型等直观教具辅助教学。他们共同的特点是反对和批判学校教学中的"言语主义"(Verbalism)②。所谓言语主义,即指"在教学过程中,用学生不很理解的言词进行教学,它要求学生记住书本上的一些一般规则和概念,而学生对这些规则和概念却无法用他们已有的经验来理解"。言语主义忽视以学生的感性认识作为学习的基

---

① 参见尹俊华、庄榕霞、戴正南:《教育技术学》(第二版),高等教育出版社2002年版,第36—37页。
② 戴尔在《教学中的视听方法》一书中,对"言语主义"作了如下解释:"在教学过程中,使用学生不能理解的言词——这是学校教育中常见的一种弊病……教育的最大薄弱点在于要求学生记住一般规则和概念,而对这些规则和概念,学生却从未具备经验去理解。"

础,只是片面强调词句符号的学习。学生所获得的词句对他们来说,可能仅仅是一些缺乏意义的符号。[1]

资料夹2-1 "直观教学之父"夸美纽斯

夸美纽斯认为教学不应从事物的语言说明开始,而应从事物的观察开始,他由此确立起教学的直观原理。他把直观原理视为教师教学的"金科玉律"。他在1632年出版的《大教学论》中指出:"在可能的范围以内,一切事物都应该尽量地放到感官跟前。一切看得见的东西都应该放到视官的跟前;一切听得见的东西都应该放到听官的跟前;气味应当放到嗅官的跟前;尝得出和触得着的东西应当分别放到味官和触官的跟前。假如有一件东西能够同时在几个感官上面留下印象,它便应当和几种感官去接触"。

夸美纽斯同时还强调,尽管教学应当从事物的感性知觉开始,这并不意味着使学生仅停留于单纯的直观性知觉,还必须在感性知觉的基础上进一步使学生理解事物。所谓理解事物,就是认识事物的一般原理,认识事物整体的本质。

夸美纽斯在1658年编写的附有一百五十幅插图的教科书《世界图解》(《直观的图画世界》)中指出:要"让一切学校布满图像,让一切教学用书布满图像"。

夸美纽斯被西方教育家誉为"直观教学之父"。

资料来源:本书作者整理。

2. 视觉教学

视觉教学作为一场正式的教学改革运动,是从第一次世界大战以后随着照相机、幻灯机和电影放映机的诞生及其在学校教学中的应用开始的,始于1918年,终于1928年,前后持续了十年之久。"视觉教学运动"通常被认为是教育技术的发端。

视觉教学是对长期以来盛行于传统学校中的形式主义教学方法、特别是"言语主义"的改革。它旨在教学中推行视觉媒体的应用,为学生学习抽象的教学内容提供具体形象的感性认识,进而提高教学效果。"言语主义"的教学方法忽视语言符号与学生已有经验之间的联系,导致学生不甚理解、死记硬背地学习。夸美纽斯、裴斯泰洛齐、杜威(John Dewey)等人教育思想的影响是视觉教学运动产生的重要因素之一,此外,电影的发明亦构成一大促进因素。[2]

视觉教学在学校的发展经历了三个明显的阶段:首先是学校博物馆运动,然后

---

[1] 参见尹俊华、庄榕霞、戴正南:《教育技术学》(第二版),高等教育出版社2002年版,第4页。
[2] 参见张祖忻:《美国教育技术的理论及其演变》,上海外语教育出版社1994年版,第3页。

是幻灯片库,最后是教育电影库的建立。

(1) 学校博物馆运动

早在1880年纽约都市艺术博物馆的新建筑开幕时,博物馆就被赋予了教育功能。1905年,圣路易斯教育博物馆正式成立,成为美国公立学校系统中第一个教学媒体管理单位。此后在宾夕法尼亚的雷丁(1908)和俄亥俄州的克利夫兰(1909)也开办了教育博物馆。博物馆运动的教学理念主要是基于直观教学,它带来了新的教学方式。标本和实物成为教学过程中不可缺少的一部分,许多博物馆组织参观和讲座活动,和学校合作开展教学活动,还向外出借收藏品。[1]

图2-2　1905年圣路易斯教育博物馆使用了第一辆运送教学媒体的马车

资料来源:Saettler P., *The Evolution of American Educational Technolog*, Englewood, CO: Libraries Unlimited, 1990, p.130。

(2) 幻灯片库

早在19世纪30年代,幻灯片就在讲演厅中成为了最受欢迎的教学媒体。19世纪70年代,野外文化讲习会成为美国生活中的一种主导潮流,幻灯片再次广泛用于教育目的。不过,幻灯片在学校中的广泛应用直到20世纪才实现。虽然早年建立的博物馆也收藏和管理幻灯片,但很显然为数不多的博物馆提供的服务已不能满足日益增长的需要,各地纷纷建立视觉教学中心,管理幻灯片。据麦克拉斯基(Dean McClusky)在1923年为全美教育协会(NEA)所作的调查,十四个市的视觉

---

[1] See Saettler P., *The Evolution of American Educational Technolog*, Englewood, CO: Libraries Unlimited, 1990, pp.124—132.

教学部门在建设幻灯片库,收藏了二十三万六千多张幻灯片。①

（3）电影库

虽然早期的电影先行者们认为电影是一种教育媒体,但早期的电影大部分是娱乐性的。爱迪生(Thomas A. Edison)是最早为教室放映、制作电影的先行者之一。1911年,他发行了一套历史电影,其内容涵盖了美国革命的几个重要阶段。爱迪生对电影的教育潜力充满巨大的热情和信心,以至于宣称电影可以教授任何人类知识,它将在十年内彻底改变学校系统。虽然他的预言没有实现,但正是爱迪生这样对电影的教育价值充满热情的人激励了许许多多的人,其中既有商人也有教育家,进入视觉教学这个崭新的领域。②

资料夹 2-2 爱迪生对视觉教学的预言

爱迪生对电影教学异常热心,他在1911年就已开始制作一些供教室放映使用的电影了。1913年,他曾预言道:"在学校里,教科书将很快过时。不久,学生将通过视觉来接受教学。使用电影教授人类知识的每一门分支学科是可能的。十年以后,我们的学校系统将彻底改观。"

虽然他的预言没有实现,但正是爱迪生这样对电影的教育价值充满热情的人激励了许许多多的人投身于视觉教学领域。

资料来源:尹俊华、庄榕霞、戴正南:《教育技术学》(第二版),高等教育出版社2002年版,第6页。

最先使用视觉教育③概念的是美国宾夕法尼亚州的一家出版公司(Keystone View Company,1906年),它出版了一本向教师介绍如何摄制照片、如何制作和利用幻灯片的书,取名为《视觉教育》(Visual Education)。在1918到1928年的十年视觉教学运动期间,视觉教学已向学科建设、师资培训、学术研究、专业交流和组织管理等方面深入——明尼苏达大学等二十多所高校,为教师开设授予正式学分的视觉教学课程,培养教师使用幻灯、电影、挂图等手段呈现、制作教材和操作各类设备的技能;由于学科建设的需要,一批重要的视觉教学教科书陆续出版,如1924年格拉迪斯(Gladys)等编著的《满足社区需求的电影》(Motion Pictures for Community Needs)是第一本完整的视觉教学专著,1924年出版的《视觉教育》是介绍芝加哥大学将电影用于教育的实验报告;另外,此间全国性的视觉教学专业团体也相继建

---

① See Saettler P., *The Evolution of American Educational Technolog*, Englewood, CO: Libraries Unlimited, 1990, pp.136—137.
② Ibid., p.98.
③ 此时"视觉教学"和"视觉教育"这两个概念常常是混用的。

立,在 1919 到 1923 年期间,有五个全国性视觉教学专业机构成立,其中 1923 年 7 月 6 日成立了全美教育协会(NEA)视觉教学部(Department of Visual Instruction, DVI),即今天教育传播与技术协会(AECT)的前身;大约有十几个大城市的学校系统建立了视觉教育局,州教育局、高等学校和公立学校中还出现了首批管理视觉教学活动的行政机构;围绕视觉教学展开的系统研究也开展起来,当时研究的重点是师范教育中开展视觉教学的情况,诸如所用设备的类型和数量、视觉资料的管理及使用、视觉教学的投资效益等;为促进专业人员之间的交流,《视觉教育》、《视觉评论》等五种专业刊物相继问世,1928 年,第一部关于视觉教育的教科书(《学校中的视觉教育》)出版。①

随着视觉教学实践的不断深入和发展,由美国视听教学运动的先驱和领袖霍本父子等(Charles F. Hoban, Sr., Charles F. Hoban, Jr., Stanly B. Zissman)编写的有关视觉教学研究的著作《课程的视觉化》(*Visualizing the Curriculum*)也于 1937 年出版,该书是 20 世纪 30 年代视觉教学理论的代表作,探讨了视觉教学的理论基础,并提出了为各种媒体分类的层级模型,如图 2-3 所示:

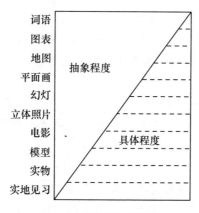

图 2-3 视觉教材的分类

资料来源:张祖忻:《美国教育技术的理论及其演变》,上海外语教育出版社 1994 年版,第 43 页。

如图 2-3 所示,实地见习可以为学习者提供最具体的直接经验;越向上,各类教材提供学习经验的具体程度递减,而抽象程度递增;相对而言,词语的学习经验最抽象。在霍本等看来,实地见习之所以为最有效的方法,有三个理由:

■ 它使学生接触实际事物,看到各事物之间的实际联系。
■ 它为学生提供具体经验,是最真实、具体的视觉技巧。

---

① See Saettler P., *The Evolution of American Educational Technolog*, Englewood, CO: Libraries Unlimited, 1990, pp. 161—166.

■ 它是最容易得到、常常也是代价最低的视觉教学方法。

霍本等认为,决定视觉教材价值的因素,除上述具体—抽象的程度以外,还包括:

■ 学习者过去的经验范围与性质。
■ 教室环境与教育目的。
■ 学习者的智力成熟度。①

尽管视觉教学运动在发展,但当时的美国教育界实际上并没有因此受到很大影响,直到二战期间,视觉教学才真正走向成熟。

资料夹2-3　　大师评介:霍本父子

在对视听教学及视听教学运动的介绍文献中,大都会提到1937年出版的教材《课程的视觉化》。该教材由老查尔斯·霍本(Charles F. Hoban, Sr.)、小查尔斯·霍本(Charles F. Hoban, Jr.)和斯坦利·齐斯曼(Stanly B. Zissman)编写。该书探讨了视觉教学的理论基础,并提出了为各种媒体分类的层级模型,被公认为是20世纪30年代视觉教学理论的代表作。

老霍本是美国视听教学运动的先驱和领袖,曾任AECT的前身美国教育协会视觉教学部主席(1932—1934)、宾夕法尼亚州图书馆与博物馆主任、宾夕法尼亚州视听教学主管。

小霍本系老霍本之子,是戴尔的博士研究生,宾夕法尼亚大学传播学教授。其名字多次出现在芬恩、戴尔、海涅克和伊利等人的学术著作之中,是视听教学运动的学术领袖。伊利认为"小霍本首次将系统理论作为本领域理论的基本解释框架……(芬恩)深受小霍本思想的影响";巴巴拉·西尔斯(Barbara Seels)和丽塔·里齐(Rita Richey)认为:"芬恩同时还与小霍本一起共同促使系统理论成为了教育技术学科的理论基础之一"。

小霍本曾任美国教育协会视听教学部主席(1960—1961),因其在教育电影和教育电视领域所做的开创性工作,1974年获得伊斯曼·柯达金质奖章。在20世纪50至70年代美国教育技术领域从"媒体"到"过程"再到"系统"的历史性跨越中,小霍本是其中的重要推动人物之一。小霍本于1955年和1956年先后两次在第一届和第二届欧克博奇(Okoboji)会议上做了题为"视听传播的系统方法"的主题演讲,在这个著名的演讲中,他首次把系统方法引入了视听传播领域,并使之成为了视听传播领域的基本分析框架,由此改变了视听教学工作者看问题的"认知图式",引领了教育技术历史上由视听教学向视听传播的第一次历史转向,同时为今

---

① 参见张祖忻:《美国教育技术的理论及其演变》,上海外语教育出版社1994年版,第43页。

日教育技术学的研究方法论奠定了基础。

小霍本当时还清醒地认识到,要想顺利实现从"媒体"向"过程"再到"系统"的变革,关键在于转变广大媒体专业人员和业内人士头脑中过于狭隘的技术观。因此,他和芬恩一起倡导和推动了一场围绕技术观的大讨论。

资料来源:梁林梅、郑旭东:《领域开创者　学科奠基人——美国教育技术专业群英谱》,天津大学出版社2010年版,第151页。

---

3. 视听教学

20世纪30年代中后期,无线电广播、有声电影、录音机等先后在教育中得到运用,人们感到视觉教学的名称概括不了已有的实践,遂开始在文章中使用"视听教学"(Audiovisual Instruction)的术语。1947年,全美教育协会的视觉教学部(DVI)正式更名为视听教学分会(Division of Audiovisual Instruction,DAVI)。[①]

(1) 无线电广播教育

虽然无线电广播在20世纪初就在商业领域应用,但教育无线电广播的发展主要是在1925年到1935年之间。在此期间,大学提供正式的无线电广播教学课程,无线电广播教学专业组织协会形成,并且有系统的研究计划,美国教育部还成立了无线电广播部以满足不断增长的无线电广播教育专业需求。但到20世纪30年代末,无线电广播教育的发展开始停滞,到二战开始时,专业研究几乎停止,并且以后一直没有再复苏。教育无线电广播还没有发展成熟就已经开始衰退,其中原因很多,如严格的联邦法规不利于教育无线电广播的发展,国家商业无线电广播网的竞争,教育无线电广播系统的人员缺乏经验等等。另外,很显然的一点是,教育者们对教育无线电广播缺乏热情,这些都导致无线电广播教学在教育技术中的地位不高。[②]

(2) 二战期间视听教学的发展

美国参加第二次世界大战以后,学校中的视听教学由于缺乏设备、资料和专家而发展缓慢,几乎处于停顿状态。但是在军队中情况就大不相同,美国为应付这场全球性战争的需要,必须在短时期内迅速动员千百万大众,快速而有效地把大批来自不同行业、具有不同背景的民众训练成为能从事军工生产的技术人员和各军、兵种的战斗人员。[③] 战争初期的1941年,美国政府教育办公室就成立了"战争培训视觉教具部"(Division of Visual Aids for War Training),领导战时培训教学影片的

[①] 参见章伟民、曹揆申:《教育技术学》,人民教育出版社2000年版,第30页。
[②] See Saettler P., *The Evolution of American Educational Technolog*, Englewood, CO: Libraries Unlimited, 1990, p.218.
[③] 参见张祖忻:《美国教育技术的理论及其演变》,上海外语教育出版社1994年版,第7页。

制作。该部在1941至1945年期间制作了四百五十七套较系统的视觉教材,同时积累了丰富的视听教学经验。1945年德军投降后,德军总参谋长凯特尔(William Kietel)供述:"我们把一切事情都估计得非常周全,唯有一件事估计错误,那就是美国训练其民众的速度。我们最大的错误就是低估了他们对电影教育的迅速而完整的掌握。"[1]

在"二战"这一特定的历史条件下,初听教学在工业和军队的培训中得到大力发展,并为美国教育技术整个领域的发展打下了坚实的基础。

(3) 二战后十年视听教学的发展

战后十年(1945—1955)是视听教学的稳步发展时期。

二战中美国工业界和军队应用视听技术极大地提高了培训的效率和效果。在这些成功经验的推动下,加上战时受聘到军队和工业界主持培训的制定和实施的视听教学专家们返回教育部门,以及视听设备逐渐普及,战后学校教育中人们对视听教学的兴趣重新高涨,学校系统的视听教学开始扩展。[2]

教学电视是战后视听教学发展的重要组成部分。二战后,商业电视台发展迅速,其中有的提供一些教育节目。1950年,爱荷华州立大学成立第一个非实验性的教育电视台,但它借用商业电视台频道播放节目。1952年,联邦通信委员会(Federal Communications Commission)通过决议,为教育保留二百四十二个电视频道,这项决定促进了教育电视台的发展。1953年第一个教育电视台出现,到1955年全美已有十七个这样的电视台,到1960年增加到了五十多个。[3]

在诸多关于视听教学的研究中,堪称代表的是俄亥俄州立大学教授爱德加·戴尔。他在总结视觉教学理论及视听教学实践的基础上,于1946年出版了《教学中的视听方法》(Audio-Visual Methods in Teaching)一书,书中提出的"经验之塔"(the Cone of Experience)理论成为了当时以及后来视听教学的重要理论根据。[4]

4. 从视听教学向视听传播的转变

进入20世纪50年代之后,西方学校中视听设备和视听材料剧增,教育电视由实验阶段迈入实用阶段,程序教学和教学机器风靡一时,随后开始了计算机辅助教学(CAI)的实验研究。这些新兴媒体手段的推广和应用给视听教学注入了新的血液。教育设备自动化、教学材料形态多样化、教学过程程序化的特点既摆脱了直观教学的框框,也与重视影像知觉的视听教学的概念不同,引发了"什么是视听教

---

[1] 张祖忻:《美国教育技术的理论及其演变》,上海外语教育出版社1994年版,第10页。
[2] 同上书,第11页。
[3] 参见〔美〕加涅主编:《教育技术学基础》,张杰夫主译,教育科学出版社1992年版,第18页。
[4] 关于"经验之塔"的具体介绍请参阅本书第四章第一节。

学"的重新探讨。同时,由拉斯韦尔(Harold D. Lasswell)等美国学者在20世纪40年代创立的传播学在世界范围产生影响,一些视听教学的专业人员开始将教学过程作为信息传播过程加以研究。1953年,视听教学分会(DAVI)将其创办的学术刊物定名为《视听传播评论》(*AV Communication*),①由此可见当时美国教育技术专业人员的视野已经开始转向视听教学和传播的结合。

与此同时,1957年前苏联第一颗人造地球卫星(Sputnik)的成功发射引发了美国朝野的震动,美国政府加强了科学研究,同时对教育进行了改革。1958年,国会起草并通过了《国防教育法》,在法案第七章的指导下,联邦政府为媒体的研究与新技术及其研究成果的推广提供了巨额资金。同时,把许多新的研究和实践人员带到了教育媒体和技术领域,增加了许多与教育技术相关的机构与人才培养部门。由此,视听教学在美国进入了迅速发展阶段,新的教育技术实践已经大大超越了传统的视听教学理念和方法,需要一个新的理论和范畴对这一迅速发展的领域进行重新解读和界定。

1961年,视听教学分会在詹姆斯·芬恩的建议和推动下组成了由唐纳德·伊利任主席的"定义和术语委员会",研讨什么是视听教学的问题。1963年2月,该委员会提出专题报告,建议将视听教学的名称改为视听传播(Audiovisual Communication),并对此作了详细的说明。另外,在许多研讨视听教学的文献中,也都趋向于将传播学作为视听教学的理论基础。1963年,视听教学分会"定义和术语委员会"正式发布了其第一个关于本领域的官方定义,其名称即为"视听传播"。1970年,视听教学分会从全美教育协会(NEA)中独立出来时,学者们对于新组织的名称曾经进行过非常激烈的争论,最后将组织的新名称定为"教育传播与技术协会"(AECT),由此可见当时传播学对教育技术领域影响之广泛与深刻。

资料夹2-4　大师评介:唐纳德·伊利

唐纳德·伊利(Donald P. Ely,1930—),美国雪城大学教学设计、开发与评价系荣誉退休教授,国际知名教育技术学者。其学术生涯自20世纪50年代开始,至今已历时五十余年。他不仅亲身经历,而且直接参与,甚至领导和推动了美国教育技术领域开创、发展的一系列重大历史活动和学术研究,对教育技术的发展作出了重要的贡献。

伊利主持了1963年和1972年的定义研究;首次对美国视听领域的学术人物进行了系统研究,提出了著名的"查特斯—戴尔—霍本—芬恩(学术)谱系";伊利的贡献还在于他的实践影响,他于20世纪70年代主持创建了美国教育资源信息

---

① 参见章伟民、曹揆申:《教育技术学》,人民教育出版社2000年版,第33—34页。

中心的信息技术数据交换所(ERIC/IT),为其赢得了世界性的声誉。

资料来源:本书作者整理。

二、从程序教学到计算机辅助教学

1. 个别化教学

可以说,几乎是在班级授课制刚刚开始在教育实践中流行开来的时候,人们就意识到其缺陷,并尝试用种种更能适应学生的个别差异、尊重学生个性的教学组织形式弥补,甚至取而代之。尽管其形式多样,但都可以用"个别化教学"这一术语概括和描述。与班级授课制相比,个别化教学是一种适合个别学习者需求和特点的教学,它允许学习者自定学习进度(自定步调),根据自身特点选择学习方法、媒体和教材,也可以让学习者选择适合自己需要的学习目标开展学习,因而具有一定的优越性和吸引力。

(1) 20 世纪早期的个别化教学

个别化教学在美国有着悠久的历史,可以追溯到 20 世纪初期:学术界一般认为真正意义上的个别化教学系统的发展始于伯克(Frederic Burk)1912 至 1913 年在旧金山师范学校试验的个别学习制,其主要特点是允许学生自定学习材料的进度。另外,1919 至 1920 年在美国发起的"道尔顿计划"(Dalton Plan)和"文纳特卡计划"(Winnetka Plan)也对全世界的教育产生了广泛而深远的影响。

(2) 20 世纪 60 至 70 年代的个别化教学

20 世纪 60 年代后期,由于程序教学运动的衰落,一些教育研究者开始重视对其他形式个别化教学的研究,比较典型的有 1963 年由哥伦比亚大学心理学家凯勒(Fred S. Keller)首创的"个人学习系统"(Personalized System of Instruction,PSI)和 1968 年由芝加哥大学教授本杰明·布卢姆(Benjamin S. Bloom)提出的掌握学习法(Learning for Mastery)。

2. 程序教学运动

20 世纪 20 年代初期,俄亥俄州立大学心理学家普莱西(Sidney Pressey)设计了一种装置,使学生能进行自我测试,自我发现学习中的弱点并改正,从而可以使教师解脱批阅试卷的负担。1925 年,普莱西还在美国心理学会上演示了由他设计的教学机器,允许学生自定步调,要求学生积极反应、能够即时反馈,但几乎无人感兴趣。后来,他又设计了好几种机械装置,并对自动化教学做了大量试验,但却未能对当时的教学技术产生影响。随着"二战"的爆发,普莱西的研究很快被人们遗忘。

直到 1954 年,哈佛大学教授斯金纳(Burrhus Frederic Skinner)在《哈佛教育评论》上发表了《学习的科学与教学的艺术》(The Science of Learning and the Art of Teaching)一文,该文"向教育者提出挑战,要求改变传统的做法,实施当时试验心理学研究中正在形成的新的学习原理"[①];随后于1958年,斯金纳又在《科学》杂志上发表了《教学机器》一文。在斯金纳等知名学者的大力推动之下,程序教学运动(Programmed Instruction Movement)自20世纪50年代中期开始蓬勃发展起来,斯金纳本人被誉为"程序教学之父"。程序教学运动因为有深厚的心理学理论根基、有明确的教学原则依据、有可操作的教学技术手段和教学机器支撑,尤其在需要进行机械训练的学习活动和课程中取得了明显的教学效果,因此能很快为教育界所接受。由斯金纳创立的程序教学理论,成为美国教育技术发展历史上继戴尔"经验之塔"之后的又一个系统化的理论成果,并使学习理论成为教育技术学科的重要基石。

程序教学有两个关键因素:

(1)一是程序教材的编制

斯金纳主张把教材分成若干可分离的部分,然后将其按逻辑顺序组织起来,使每个部分都能审慎地建立在前面的那个部分的基础之上,即各个部分既相对分离,又有逻辑联系。这样,学生的学习可以循序渐进地进行,同时在每次学习后又能立即得到强化。

(2)二是教学机器的使用

教学机器的作用是不仅呈现程序教材,而且在学生每一次的正确反应之后,都能立即给予强化,从而保证学生学习的正确性和学习速度。

程序教学的基本过程如图2-4所示:

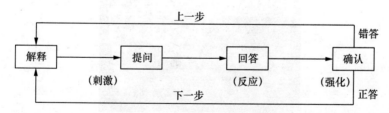

图2-4 程序教学的基本过程

资料来源:祝智庭主编:《现代教育技术——走向信息化教育》,教育科学出版社2002年版,第21页。

---

① 张祖忻:《美国教育技术的理论及其演变》,上海外语教育出版社1994年版,第98—99页。

资料夹2-5 程序教学机器

1. 斯金纳的教学机器：

资料来源：http://americanhistory.si.edu/teachingmath/html/enlarge/1999_01829.htm，2011年8月15日访问。

2. 普莱西的教学机器：

资料来源：http://www.nwlink.com/~donclark/hrd/history/machine.html，2011年8月15日访问。

程序教学的基本原则如下：

（1）积极反应原则

程序教学要求学生在学习过程中利用程序教材和教学机器，自己进行读、写、说以及选择、比较等解题、填充活动，加上不断得到的强化，这样可使学生经常处于积极反应状态,保证学生将知识真正学到手。

(2) 小步子原则

为了便于理解,程序教材通常要求一步一步呈现,而且每一步之间难度的增加也是非常小的。学生在正确完成了上一步并得到反馈之后,才能进入下一步的学习。这样,尽管最后所要求的行为可能是复杂的,但学习的具体过程却是十分容易的。另外,由于在学习过程中学生得到了更多的强化,习得的行为会更加牢固,也能促进学生学习的主动性和积极性。

(3) 即时强化原则

这一原则要求,在学生作出反应后,必须使学生立即知道其反应是否正确,即对学生的反应立即给予强化。斯金纳认为,即时强化很重要,可以使学生的行为立即得到肯定,有助于保持和巩固习得的知识,同时也可以增进学生学习的信心。

(4) 自定步调原则

这一原则表明,程序教学是一种个别化的教学,它鼓励每一位学生以最适合自己的速度进行学习,而不强求统一进度。这样,学生可以按照各自的思维方式、知识积累处理问题,而不受其他人的影响。通过一次次的强化,能够激发学生的学习兴趣,使学生稳步前进。

(5) 低错误率原则

这一原则要求,程序教材的编写要尽量减少学生出现错误反应的可能性。错误的反应得到的是令人厌恶的刺激,因此,过多的错误会影响学习者的积极性和学习速度。无错误或少错误的教学不仅有利于提高学习效率,而且还能鼓舞积极性、动机和增强保持。

随着程序教学的不断深入,程序教学的许多弱点和机器教学难以克服的矛盾开始显现出来,如教学机器呆板、缺乏灵活性;教学内容和程序过于烦琐,学生容易产生厌烦情绪;只适用于有限的学科领域;不利于培养学生的理论思维和创造性;破坏了教学的整体性、集体性和情感效果等等。另外,许多教师和学校管理者难以适应在课堂中使用自学材料对教师角色和传统的师生关系带来的严峻挑战。

从20世纪60年代中后期开始,程序教学逐渐衰落,随后被新兴的计算机辅助教学(Computer Assisted Instruction,CAI)所取代。但程序教学中总结出来的关于程序的系统化设计方法及程序教学的基本原理被计算机辅助教学继承下来,并且对CAI课件的设计思想产生了深远的影响。正如美国学者所言:"尽管大多数人已经忘记了程序教学对计算机软件发展的推动作用,但程序教学确实为计算机软件的发展开辟了道路。计算机开始进入学校时,还没有什么应用软件,很多开发者拿着程序教学的材料,按照程序教学的步骤编制了最早的教学软件,引导学生做一系列练习,以实现教学目标"①。

3. 计算机辅助教学

(1) 计算机辅助教育

自从 20 世纪 80 年代个人计算机问世以来,计算机在教育领域的应用发展迅速。

世界上最早开展计算机辅助教育(Computer-based Education,CBE)试验的是美国 IBM 公司。该公司的沃斯顿研究中心于 1958 年设计了第一个计算机教学系统,利用一台 IBM650 计算机连接一台电传打印机向小学生教授二进制算术,并能根据学生的要求产生练习题。② 1960 年,美国伊利诺伊大学开始研制著名的 PLATO(Programmed Logic for Automatic Teaching Operation)系统,经过二十多年的努力,该系统从 1960 年的 I 型发展到 1979 年的 V 型,它相当于一所拥有二万四千名学生的全日制大学的能力。PLATO 系统储存有一百余门课程的六千多套教学程序,范围涉及数学、物理、化学、天文、地理、历史、语言、心理学等,已成为利用一个大型中央计算机辅助教育的范例。由于计算机可以丰富学生的学习经历,无论是在深度上还是广度上都能够加深学生的认识,因此计算机在教育中的作用越来越大。③

计算机辅助教育(CBE)可分为三种性质不同的领域:研究应用、管理应用(Computer Managed Instruction,CMI)和教学应用(CAI)。另外,计算机在培训中的应用也非常广泛,计算机辅助培训(Computer-Assisted Training,CAT)主要指计算机在职业技能训练中的应用,如企业培训、军事培训等。

(2) 计算机辅助教学

计算机辅助教学(CAI)的发展经历了 20 世纪 60 年代的萌芽期、70 年代的试验期,进入 20 世纪 80 年代得到了迅速发展和普及应用。

进入 20 世纪 90 年代,随着多媒体计算机技术的发展和认知主义、建构主义学习理论的影响,传统的 CAI 理论受到很大的冲击和挑战,"多媒体教学软件"开始成为教育技术的主要研发领域。

三、系统化设计教学

系统化设计教学是一种系统地设计、实施和评价学与教全过程的方法,亦称做教学系统方法。它的发展形成了整体设计思想和教学过程的设计模式。④ 系统设

---

① 〔美〕Smaldino S. & Russel J. & Heinich R. & Molenda M.:《教学技术与媒体》(第八版),郭文革译,高等教育出版社 2008 年版,第 49 页。

② 参见章伟民、曹揆申:《教育技术学》,人民教育出版社 2000 年版,第 24 页。

③ 参见〔美〕Smaldino S. & Russel J. & Heinich R. & Molenda M.:《教学技术与媒体》(第八版),郭文革译,高等教育出版社 2008 年版,第 140 页。

④ 参见尹俊华、庄榕霞、戴正南:《教育技术学》(第二版),高等教育出版社 2002 年版,第 30 页。

计教学的方法实质上是设计和改进教学的一种经验主义方法（实验方法），这种经验主义方法可追溯到17世纪的夸美纽斯。

20世纪初期美国学者威瑞特·查特斯（Werrett Wallace Charters）所倡导的"教育工程学"思想及其课程编制、工作分析等活动是教学系统方法的早期典型代表——早在20世纪20年代，查特斯便与课程理论的另一位先驱博比特（Franklin Bobbitt）一起使用了"教育工程"这一术语。查特斯认为"系统化"一词意味着"公正、彻底地追求事实真相"，课程建设开始基于系统化分析而不是基于过去的传统。查特斯1945年在《是否存在一个教育工程领域》一文中对教育的"工程学方法"进行了初步的总结：

（1）教育工程师首先需要根据自身的特点和兴趣找到一个需要形成的理念或一个有待解决的问题。这些理念或问题可以源自其教育哲学思考，或源自领导布置的任务，或源自于对教育实践的观察。

（2）接下来是对问题进行逻辑界定，教育工程师必须精确地知道需要做的事情。

（3）问题界定之后，教育工程师需要对问题进行分析，明确需要考虑的相关因素，并且确保所有的因素都必须是可控的。此阶段教育工程师最关注的是"如何做"的问题，这一阶段需要形成明确的目标和详细的计划。

（4）接着进入操作实施阶段。

（5）最后一个阶段是评价。[①]

查特斯所倡导的教育的"工程学方法"被其弟子拉尔夫·泰勒（Ralph Tyler）所继承，泰勒被誉为"当代教育评价之父"和"当代课程理论之父"。

资料夹2-6 大师评介：威瑞特·查特斯——课程开发的先驱及教育工程学的首倡者

威瑞特·查特斯（Werrett Wallace Charters，1875—1952）是第一代课程理论家中的杰出代表。在国内关于课程的教材或著作中，大多都会提到他1923年的《课程编制》一书。而在教育技术领域，今天却很少有人知道查特斯，但他的两位学生却是声名远播：被称为"当代教育评价之父"、"当代课程理论之父"的拉尔夫·泰勒和视听教学领域的著名人物爱德加·戴尔。

查特斯是杜威的学生，深受杜威实用主义哲学和进步主义教育的影响。

查特斯终其一生都在追求、宣传并践行着他的教育工程学思想，可以说他本人就是一位名符其实的"教育工程师"：早在20世纪20年代，查特斯便与课程理论的

[①] 参见梁林梅、郑旭东：《领域开创者　学科奠基人——美国教育技术专业群英谱》，天津大学出版社2010年版，第4—6页。

先驱博比特一起使用了"教育工程"这一术语；20世纪30年代之后直至去世，"教育工程"这一术语更是频繁地出现在查特斯发表于各种报刊的文章之中；查特斯在课程开发中形成的工作分析（又称做活动分析）法就是其教育工程学思想的具体实践，他在吸收和借鉴博比特活动分析法的基础之上，亲自参与了多个职业的工作分析实践（泰勒、戴尔等都参与了其中的工作），涵盖了秘书、图书馆员、制药专业、护士教育、兽医专业、娱乐领导、教师教育等专业领域，他本人因此被称为"工作分析之父"。

在20世纪50年代对其教育工程学思想进行系统阐述时，查特斯表达了他对教育实践的关注和重视："长期以来教育领域都是思想当道，畅想有余而实干不足，教育领域充斥着大量的理论家，他们认为实践不是自己的职责，只要提供了思想和理论别人就会将之付诸实践"。他呼吁教育领域除了思想家之外，更需要工程师。同时，教育实践者不能总是停留在个人的经验层次，而是要有意识地成为一名训练有素的教育工程师。查特斯还提出了教育工程方法的基本框架：目标界定、规划设计、创建开发、操作实施以及效率测量（评价）。这套基本框架对于后来泰勒提出的课程原理及教育技术领域系统方法的形成，都具有重要的价值和意义。

资料来源：本书作者整理。

随后在第二次世界大战中，参与军队培训的教育学家、心理学家和媒体专家们在设计和开发培训材料的过程中应用学习理论、教学理论、人类行为理论等方面的研究成果而总结出了一系列的教学原则，并用以指导对培训的研究和培训教材的开发。这些初步形成的系统化设计原则为现代教学系统方法的形成作出了重要贡献。

在20世纪50至60年代的程序教学运动中，教育技术专业人员逐步意识到要开展有效的程序教学，必须依靠系统设计和实验的开发过程，开发程序教材的系统方法因此形成。程序教学运动还使教育技术专业人员认识到可以将程序教材开发中形成的系统方法应用于其他媒体，还可以使用类似的方法开发更大的教学系统。

到了20世纪60年代后期，这种系统方法的进一步发展，形成了教育技术研究和实践中的一个专门领域——教学系统设计[①]。

第二节　中国电化教育（教育技术）的历史

一般认为，中国电化教育（教育技术）的发展大致可以分为以下三个阶段：早

---

① 关于教学系统设计的具体内容请参阅本书第五章。

期发展(解放前)、初步发展(新中国成立初期)和重新起步后的迅速发展(改革开放后)。在早期发展阶段,"电化教育"得以正式定名,电化教育领域正式形成;新中国成立后,电化教育得到了初步发展,并在改革开放后进入快速发展期。进入20世纪90年代,电化教育更名为"教育技术"。

一、中国电化教育的早期发展(1917—1949)

在早期发展阶段,"电化教育"得以正式定名,电化教育领域初步形成,并奠定了"大电教"的基础和视野。期间,金陵大学(南京大学前身之一)发挥了重要的摇篮和典范作用。

1. 中国电化教育的孕育与形成

20世纪初期,我国经济较发达的地区,如上海及其周边地区,与国外有着比较密切的联系,很快就将媒体技术(如电影)引入国内,用以宣传、娱乐和教化,[1]我国的电化教育正是在这样的背景下产生的。由于我国当时4.7亿人口中有3.5亿是文盲,且国力虚弱,外患不断,因此电影等媒体与教育联姻后更多地服务于社会和民众教育,并逐渐成为救国、兴国的利器之一。

1917年,商务印书馆的教育电影摄制活动拉开了我国电化教育的序幕。商务印书馆当时只是朦胧地意识到电影等现代媒体的教育作用,而真正自觉地将媒体用于教育和教学,则离不开蔡元培、陶行知、晏阳初等大教育家的引导和推动。

1932年7月8日,在蔡元培亲自主持下,我国第一个电化教育组织——中国教育电影协会成立。中国教育电影协会自成立后,联合各界有组织地推行电影教育活动,金陵大学、镇江民众教育馆等也开始有计划地开展软件制作与推广应用活动。同时,播音教育也尾随电影教育悄然兴起。1936年,国民政府教育部与金陵大学联合举办电影教育与播音教育人员训练班,并将之命名为"全国电化教育人员训练班"[2]。这是官方第一次正式使用"电化教育"这一名称,内容主要指电影教育和播音教育。官方对流传已久的"电化教育"的正式认可,标志着电化教育领域正式形成。

之后,"电化教育"在专业建设、行政法规等方面陆续得到认可。1938年,金陵大学创办了"电化教育专修科";江苏省立教育学院也将"电影电播专修科"改为"电化教育专修科";抗战期间成立的国立社会教育学院也将科系的名称先后定为"电化教育专修科"和"电化教育学系"。1945年,以"电化教育"命名的学术团体"中华电化教育学社"在四川重庆成立。与此同时,国民政府教育部也在行政上作

---

[1] 参见朱敬:《影音教育中国之路探源》,天津大学出版社2010年版,第2页。
[2] 教育部电化教育人员训练班第一期毕业同学录,中国第二历史档案馆,全宗号:六四九,卷宗号0281,1936。

了相应的名称更改。1940年,当时社会教育司把电影教育委员会和播音教育委员会合并,称为"电化教育委员会",各省市也相应设立了"电化教育辅导处"。1942年1月,国民政府教育部社会教育司印发了《电化教育重要法令》,"电化教育"以法令的形式得以明确……总之,自1936年以后,"电化教育"被广泛使用,一直沿用至今。①

资料夹2-7 中国早期电化教育发展的主要事件

时间	主要事件
1917年	商务印书馆的教育电影摄制活动拉开了我国电化教育的序幕。
1922年	南京金陵大学农学院开始运用幻灯片和电影片到各地宣传科学种棉知识。
1923年	平民教育家晏阳初发起成立了中华平民教育促进会,他十分重视直观教学,把生字和课文编制成幻灯片,取得很好的成效。
1923年	陶行知已开始用电化教育的手段辅助推行他毕生为之努力的平民教育运动。
1928年	上海柯达公司成立教学电影部,制作了一系列各学科无声教学影片。
1931年	上海大夏大学(华东师范大学前身之一)开设了电影教育课程。
1932年7月8日	蔡元培联合徐悲鸿、朱家骅、郭有守等百余人成立了中国教育电影协会,并亲任主席,可以看做是我国电化教育孕育、发展的一个里程碑。中国教育电影协会是我国第一个电化教育学术组织,为电化教育的形成和发展作出了重要贡献。
1932年	江苏省立教育学院(苏州大学前身之一)设立广播电台,定时播送教育节目,开创了教育电台及教育播音的先河。
1933年	上海大夏大学自设广播电台,开始播音教育。
1935年	大夏大学社会教育系开设教育电影课,这是我国最早在大学开设的教育电影课。
1935	镇江民众教育馆设立"电化教学讲映场"。
1936年	金陵大学理学院成立了"教育电影部",在我国首创专业的电教服务部门。
1936年	国民政府教育部与金陵大学联合举办的培训电影、播音人员的训练班命名为"全国电化教育人员训练班"。这是官方第一次正式使用"电化教育"这一名称。
1936年	江苏省立教育学院创办"电影电播专修科"(后改称为电化教育专修科),这是我国第一个电化教育专业。
1937	播音教育委员会成立。
1938年	金陵大学理学院创办了两年制的"电化教育专修科"。
1941年	国立社会教育学院(苏州大学前身之一)设立两年制的"电化教育专修科"。

---

① 参见朱敬:《影音教育中国之路探源》,天津大学出版社2010年版,第25页。

（续表）

时间	主要事件
1942年	金陵大学创办的《电影与播音》（后改为《影音》）杂志,该刊是我国早期电化教育的宣传阵地、研究阵地和交流阵地。
1946年	国立社会教育学院开设四年制的"电化教育系",这是我国最早的本科层次的电化教育专业。
1947	北平师范学院（北京师范大学前身）建立直观教育馆,在教育系设置电化教育选修课;中央大学（南京大学前身之一）师范学院教育系开设视觉教育课。
1949年	中华书局出版了由杜维涛翻译的戴尔所著《视听教学法之理论》一书。

资料来源:本书作者整理。

2. 金陵大学:中国早期电化教育的摇篮和主要基地

金陵大学是我国最早开展电化教育的综合性大学,堪称我国早期电化教育的摇篮和典范。它的辉煌业绩有:①

（1）金陵大学是当时唯一一所大规模拍摄教育电影并向社会提供影片服务的高校

金陵大学于1934年开始自行摄制教育影片,并与中国教育电影协会、国民政府教育部、资源委员会等多方开展广泛合作。1936年,金陵大学理学院院长魏学仁博士与众多发达国家的科学家一起前往日本北海道拍摄日食,结果只有我国完整地拍摄了日全食过程,在国际上引起了很大的反响。同时,金陵大学影音部面向社会提供服务,是当时重要的教育影片源地。

（2）金陵大学创办的电化教育专业办学时间最长,效果最好,影响最大

从1936年起,金陵大学先后为国民政府教育部代办了四期电化教育人员训练班。1938年,金大理学院与国民政府教育部合办成立了电化教育专修科,该专业目标明确,特色鲜明,办学时间长达十四年,培养了两百多名电教专业人才,毕业生后来大多成为我国电教事业的主干。

（3）金陵大学创办的电教期刊《电影与播音》（《影音》）月刊在当时影响最大

1942年3月15日,西迁成都的金陵大学理学院创办了电教刊物《电影与播音》（后改为《影音》）,主编为我国早期电化教育的开创者和奠基人孙明经教授。1946年,国民政府教育部参与办刊,该刊从内部学术刊物转为面向全国的半官方性质的正式期刊,权威性大大增加。

《影音》月刊是我国早期电化教育发展史上唯一一个办刊时间较长、影响较大的期刊,它是我国早期电化教育的宣传阵地、研究阵地和交流阵地,在电化教育推

---

① 参见朱敬:《影音教育中国之路探源》,天津大学出版社2010年版,第74—75页。

进过程中发挥了重要作用。该刊于1948年9月休刊。

（4）金陵大学是我国早期电化教育界国际交流的重要窗口

金陵大学很早就认识到影音媒体具有重要的传播功能，不仅将影音媒体用于国内教育，更将其作为国际文化交流的重要媒介，力图通过影音交流，让世界了解中国，促进中国的现代化和国际化进程。《影音》月刊曾定期寄往联合国教科文组织总部，在国际上引起一定反响。

金陵大学的电化教育实践对学校、对社会、对国家和民族均产生了很大的影响。对学校而言，金陵大学开创了电教服务部门和专业人才培养并举的高校电化教育体制和发展模式；对社会而言，金陵大学致力于面向民众的电化教育，为提高国民基本素质作出贡献；对国家和民族而言，金陵大学以独特的电影语言表达电教人的爱国情怀，如金大影音部在川期间放映抗日电影，万人空巷，在战争后方谱写了一曲动人的抗日之歌。我国电教前辈南国农先生充分肯定金陵大学对知识电化教育发展的历史贡献，并认为如果要写中国电教史，"应从南大写起"。①

资料夹2-8 大师评介：孙明经——中国早期电化教育的开创者和奠基人

孙明经(1911—1992)，金陵大学理学院教授，我国早期电化教育的开创者和奠基人。他不仅是我国自行培养的第一位电教专业人才，还是我国早期电教界最为活跃的领袖人物之一。他拍摄了大量的教育影片，举办了四期全国电化教育人员训练班，主持创办了当时影响最大的电化教育专修科及电化教育刊物《影音》月刊，他的影音实践和学术观点在当时产生了重大影响。孙明经的主要工作和贡献简述如下：

（1）1927年，孙明经考上南京金陵大学，立志从事电影教育事业。1934年，孙明经在金陵大学校长陈裕光的指导下广修化工、电机、物理、国文、戏剧、神学、音乐等多门课程，苦读七年后方本科毕业。从此，我国结束了无电化教育专业人才的历史。

（2）1936年，金陵大学与当时教育部合办"全国电化教育人员训练班"，孙明经为主要负责人之一。

（3）1937年6月，在蔡元培、金陵大学理学院院长魏学仁的派遣和顾颉刚的邀请下，孙明经进行了我国电影史上第一次大规模的"国情调查电影"拍摄。1937年7月，孙明经再次受邀参加"西北科学考察团"，对我国西北地区进行了较为全面的科学考察，留下了极其珍贵的历史影像资料。

（4）1940年，孙明经前往美国明尼苏达大学考察，并加入了美国电影工程师

---

① 参见南国农：《做好电化教育工作，深入学科教学改革》，载《江苏电教》1982年第1期。

协会。1941年回国后,孙明经正式担任金大教育电影部主任、电化教育专修科主任,全面担负起金陵大学的电化教育工作。

(5)1942年,孙明经创办了当时影响最大的电教期刊《电影与播音》(后改名《影音》)月刊。该刊是当时办刊时间最长(1949年休刊)、内容最为丰富的电化教育学术期刊,详细记录了20世纪40年代的电化(影音)教育发展和理论研究,是我国早期电化教育的重要文献和学术成果之一。

(6)1946年,孙明经被聘任为联合国教科文组织首届中国委员会委员,兼任大众传播委员会中国委员。

(7)建国后,孙明经继续在金陵大学从事电化教育工作。1952年全国院系调整时,孙明经随金陵大学电化教育专修科全体师生一起迁往北京,组建中央电影学校,后改为北京电影学院。

资料来源:朱敬、辛显铭、桑新民:《解读孙明经教授——中国电化教育的开拓者与奠基人》,载《电化教育研究》2006年第11期。

---

3. 中国电化教育早期发展的特点

(1)我国早期电化教育具有"外生型"的特点:西方的视听教育是在学校博物馆运动、基于幻灯和教育电影的视觉教育基础上发展起来的,属内生型,其初衷是反对学校教学中的言语主义,提倡直观教学。而我国缺乏前期的发展基础,在美国进入教育电影阶段后才借鉴并引入,属外生型。仅从手段来说,我国早期电化教育是西方视听教育的部分移植,仅包括教育电影(幻灯)和播音教育两部分。部分移植的视听教育在中国特殊国情的土壤里开花结果,生长出具有中国特色的电化教育。①

(2)我国早期电化教育的发展轨迹是"从电影教育到电化教育",电影教育始终是其重心:电影教育与播音教育是我国早期电化教育的主要组成部分,其中电影教育在电化教育孕育和形成的过程中起着关键作用,始终是重心。②

(3)我国早期电化教育是先有其事,后有其名;先民间,后政府;先在社会领域,后进入学校教育领域。③

(4)我国早期电化教育始终坚持一种大教育的走向,是"大电教观"。20世纪初,我国处于社会形态的转型期和更迭期,存在着关系国计民生的五大患:穷、弱、愚、私、乱。④ 正是在这样的历史背景下,陶行知、蔡元培等大教育家积极倡导科学

---

① 参见朱敬:《影音教育中国之路探源》,天津大学出版社2010年版,第146页。
② 同上书,第187页。
③ 参见南国农、李运林主编:《电化教育学》(第二版),高等教育出版社1998年版,第20—21页。
④ 参见中国教育电影协会:《电影事业之出路》,中山印书馆1933年版,第1—2页。

救国和教育救国,倡导将媒体特别是电影媒体用于民众教育,因而,我国早期电化教育从一开始就被置于救国救民的大教育观视野之下,其主要职责是将电影和电声等媒体技术用于社会教育和民众教育。"大教育观"奠定了我国早期电化教育的发展基调,是我国早期电化教育的主要推动力量。[①]

二、中国电化教育的初步发展(1949—1978)

1949年10月1日,中华人民共和国成立,中国步入了一个全新的历史时代。我国的教育事业受到党和国家的高度重视,电化教育也得到了进一步的发展:1949年11月,文化部科学普及局成立了电化教育处,负责全国的电化教育工作,明确提出"必须采用新的教育工具,如唱片、录音带、幻灯、电影、广播、电视"等。

从1949年开始,北京人民广播电台和上海人民广播电台相继开办俄语讲座,建立广播学校。1951年,辅仁大学、西北大学开设电化教育课程。同年,教育部召开高等师范院校课程讨论会,决定将《电化教育》列为教育系的选修课。1952年,我国高等学校院系调整,江苏省立教育学院和国立社会教育学院并入苏州师范学院(苏州大学前身),金陵大学电化教育专修科并入北京电影学院,开始了影音教育的新发展。

1952年全国高等学校院系调整后,电化教育专业虽然受到影响,但是电化教育事业得到了恢复。1953年,西北师范学院、北京外国语学院等院校建立了电教室。1960年,上海成立电化教育委员会,并成立上海电视大学。此后,各地纷纷开设电化教育组和工作队,许多高等学校建立各自的电教机构,开展电化教育工作,取得了较大的成绩。

"文化大革命"期间,电化教育事业受到严重的摧残,机构撤销,人员下放,设备散失,使电化教育事业一度处于停滞状态。

这个阶段的一个重要特色就是幻灯逐渐成为电化教育的重心。电影局成立后,电影划归电影局管理,播音亦由广播事业管理局管理,文化部科学普及局电化教育处更名为幻灯处,幻灯的应用和推广成为电化教育的主要工作。解放后,还成立了电化教育设备制造所,负责制造幻灯机、电影机、扩音机及软件等。

尽管解放后电化教育的重心有所调整,但是大电教、大教育观并未改变。电化教育仍是为民众服务的,宗旨仍是提高国民的基本素质,后来成立的广播函授学校和电视大学就是大电教、大教育观的延续。如1960年创建了上海电大、北京电大和沈阳电大等;1979年4月,中央广播电视大学成立。

---

① 参见朱敬:《影音教育中国之路探源》,天津大学出版社2010年版,第151页。

三、中国电化教育的重新起步与迅速发展(1978—新世纪)

1978年,我国揭开了改革开放的序幕。邓小平同志在全国教育工作会议上指出:"要制定加速发展广播、电视等现代教育手段的措施,这是多快好省发展教育事业的主要途径,必须引起充分的重视"。同年,经邓小平同志亲自批准,成立了中央电化教育馆和中央广播电视大学。

在教育部和各级地方政府的重视下,形成了具有中国特色的、覆盖全国城乡的电化教育系统,即由中央、省、地(市)、县电化教育馆(中心)以及电化教育机构组成的学校电化教育系统;由中央、省级广播电视大学、地(市)级广播电视大学分校及县级广播电视大学工作站组成的广播电视教育系统;由中央、省、地(市)教育电视台组成的教育卫星电视系统。为此,需要为各类师范院校培养大批电化教育(后改为现代教育技术)课程教师,为各级各类电化教育系统培养大批技术人员、管理人员及研究人员,产生了对电化教育专业人才的大量需求,从而催发了电化教育专业的重生。

在此阶段,我国电化教育(教育技术)学科体系和实践体系逐步趋于完善。

1. "三件"建设

南国农先生形象地用"三件"(硬件、软件和"潜件")总结和概括20世纪80年代至2000年间我国电化教育的重要发展成就:①

(1) 硬件建设主要是电教设备、设施的建设

其主要任务是建设电化教育系统工程,也就是建设现代教育技术环境。主要内容包括"八室一站三系统"。

■ 八室:普通电教室、多媒体综合电教室、语言实验室、计算机室、学科专用电教室、微型电教室、视听阅览室和电教教材库。

■ 一站:卫星地面接收站。

■ 三系统:广播系统、闭路电视系统和计算机网络系统。

(2) 软件建设主要是电教教材的建设

其主要任务是建立现代教材体系:

■ 书本教材(又称文字教材、印刷教材)系统,包括文字教科书、讲义、教学指导书、学习指导书、习题集、实验实习指南等。

■ 非书教材(又称音像教材、视听教材、电教教材)系统,包括幻灯、投影、录音、电影、电视、唱盘、视盘、计算机课件等。

现代教材体系有三个明显特点:成套化、系列化,多媒化和网络化。

---

① 参见南国农:《80年代以来中国电化教育的发展》,载《电化教育研究》2000年第12期。

（3）"潜件"建设主要是电教理论和方法的建设

其主要任务是建立电教理论体系和现代信息技术环境下的现代教学模式体系。

2. 电化教育实验

自20世纪80年代后期，我国开始有组织、有计划地开展电化教育实验。进入20世纪90年代，电教实验（及相关的科学研究）日益广泛深入，成为推动电化教育（教育技术）发展和促进学校教学改革深化的重要动力，成为人们普遍关注的教育领域的热点之一。

3. 学科与专业发展

从1983年起，我国高校开始恢复设置电化教育专业；从1986年起，我国开始举办研究生层次的电教专业；1987年，国家教委发布普通高等学校本科专业目录，正式确定"电化教育"的专业名称；1993年，国家教委颁布普通高等学校本科专业目录，将"电化教育"专业正式更名为"教育技术学"专业，教育技术学开始成为教育学领域一个独立的二级学科，可授教育学学位或理学学位。同样是1993年，国务院学位委员会批准在北京师范大学设立教育技术学博士学位授予点。

至此，我国的教育技术学科体系和实践体系逐步趋于完善。

本章研习活动建议

1. 访问美国印第安纳大学教学系统技术系（Instructional System Technology，IST）网站（http://education.indiana.edu/Default.aspx? alias = education.indiana.edu/ist），了解其专业发展的历史（http://education.indiana.edu/AboutIST/DepartmentHistory/tabid/10580/Default.aspx）。通过对这个生动个案的详细解读，能够帮助理解和把握整个美国教育技术的发展历史。

2. 查询、阅读关于"中国早期电化教育的开拓者和奠基人"金陵大学孙明经教授的相关文献资料（尤其是相关的照片、影像和视频资料），以此了解我国早期电化教育的发展状况，并写一篇人物研究评述。

3. 小组分工查询、研究和分析美国以下几所（可根据实际情况选择3—5所）大学教育技术专业（均设在教育学院）的人才培养和课程设置状况，并在班内做小组汇报。

学 校	系(专业)名称	网 址
亚利桑那州立大学 (Arizona State University)	教育技术专业	http://education.asu.edu/programs/educational-technology
印地安纳大学 (Indiana University)	教学系统技术系	http://education.indiana.edu/Default.aspx?alias=education.indiana.edu/ist
佛罗里达州立大学 (Florida State University)	教育心理和学习系统系	http://www.coe.fsu.edu/Academic-Programs/Departments/Educational-Psychology-and-Learning-Systems-EPLS
哈佛大学 (Harvard University)	技术、创新和教育专业	http://www.gse.harvard.edu/academics/masters/tie/faculty/
宾夕法尼亚州立大学 (Pennsylvania State University)	学习和绩效系统系	http://www.ed.psu.edu/educ/lps/dept-lps
普渡大学 (Purdue University)	学习设计和技术专业	http://www.edci.purdue.edu/learning_design_and_technology/index.html
圣地亚哥州立大学 (San Diego State University)	教育技术系	http://coe.sdsu.edu/edtec/
雪城大学 (Syracuse University)	教学设计、开发和评价系	http://soeweb.syr.edu/academic/Instructional_Design_Development_and_Evaluation/default.aspx
佐治亚大学 (University of Georgia)	教育心理和教学技术系	http://www.coe.uga.edu/epit/
犹他州立大学 (Utah State University)	教学技术和学习科学系	http://itls.usu.edu/
韦恩州立大学 (Wayne State University)	教学技术专业	http://coe.wayne.edu/aos/it/

(注:按学校的首字母顺序排列)

阅读文献推荐

1. 郭文革:《教育的"技术"发展史》,载《北京大学教育评论》2011年第3期。

2. 梁林梅:《美国教育技术专业近三十年的发展与变迁管窥——基于AECT的系列调查》,载《电化教育研究》2010年第11期。

3. 朱敬、辛显铭、桑新民:《解读孙明经教授——中国电化教育的开拓者与奠基人》,载《电化教育研究》2006年第11期。

第三章
教育技术学的理论基础

本章主要内容

■ 教育技术作为一门综合性的交叉学科,在形成和发展的过程中汲取了许多相关学科和领域的研究成果,逐步形成了自己的理论基础。教育技术学的理论基础包括学习理论、教学理论、教育传播理论和系统理论等。

■ 虽然学习理论的流派众多,且观点各异,但总体而言可以将它们归为行为主义学习理论、认知主义学习理论(包括建构主义学习理论)和人本主义学习理论。行为主义学习理论对早期教育技术(尤其是教学设计)的发展产生了重要影响。

■ 虽然行为主义、认知主义、建构主义、人本主义等各种学习理论观点各异,但它们之间并不是水火不容,而是在发展的过程中相互学习、相互借鉴。教育、教学实践中对于各种各样的学习理论和教学理论应该持一种"折中"的态度,实践者应该根据不同的目的、对象和内容进行综合取舍。

■ 相对于正规学校教育中全日制学生的学习而言,无论是中小学、大学还是企业、政府部门中的培训、教学设计、教育资源开发或研究工作,其主要对象是工作场所中的成年人,成年人的学习自有其独特的特点和规律。因此,除了一般的学习理论之外,教育技术专业人员还需要了解和掌握成人学习及非正式学习的相关理论。

■ 美国学者加涅认为,教学不仅仅局限于正式的学校教育系统之中,商业、企业、军队、政府部门中的员工培训也属于教学的范畴。

■ 受到学习理论、信息技术等各种因素的影响,近年来教学理论经历了较大的变化,但其中一些重要的理论成果仍然对教育技术的研究和实践产生重要影响,这些理论包括布卢姆的教育目标分类理论;加涅关于学习结果的分类及关于教学过程的九大步骤(教学事件);梅瑞尔关于教学的基本原理等。

第三章 教育技术学的理论基础

■ 在美国教育技术的发展历史上,由于传播学的引入,使教育技术专业人员由仅仅关注"媒体"转向关注动态、多维的"教学过程",形成了"教育传播"的理论和框架。继而,"视听教学"的名称也改为"视听传播"。

■ 系统理论是教育技术学重要的方法论,是教学设计的基础和核心。随着系统理论及系统科学的不断发展,教育技术将不断从中汲取最新的成果,与时俱进。

教育技术学作为一门综合性交叉学科,在其走向成熟的过程中,吸收和借鉴了相关学科的知识及研究成果,最终形成了具有自身特色的独立学科。

美国教育技术领域知名学者唐纳德·伊利将教育技术的学科基础来源归为教育学、传播学和心理学;[1] 还有学者认为杜威及其弟子克伯屈(William Heard Kilpatrick)、查特斯等教育家们为教育技术概念的产生奠定了基础……教育技术领域是三个研究分支的汇合:教育中的媒体、教育心理学和教育系统方法。[2] 另外,在教育技术的不同发展阶段,其所依赖的理论基础是有差别的:在教育技术形成的初期,其理论基础是学习理论、传播理论及感觉论;随着教育、心理等学科的发展,在教育技术应用的过程中其理论基础也不断地充实和发展。20世纪70年代中期以后,系统科学理论对教学设计理论的发展起着关键作用;在20世纪80年代以后,认知理论中的信息加工理论更多地被教育技术工作者作为教学设计的理论基础;20世纪90年代中期,由于计算机技术、多媒体技术的发展,建构主义学习理论也成为了教学设计的理论基础。[3] 进入21世纪,随着信息技术的进一步发展及人类对自身学习研究的不断深入,学习科学[4]开始对教育技术的发展产生重要而深远的影响。

国内学者目前基本上都认为教育技术学的理论基础包括学习理论、教学理论、教育传播理论和系统科学理论。

第一节 学 习 理 论

人类的学习活动是一个极其复杂的系统,经历了由简单到复杂、由低级到高级的漫长发展过程。同样,人们对自身学习的认识也经历了一个由片面到全面,由现

---

[1] See Ely D. P., Toward a Philosophy of Instructional Technology, *British Journal of Educational Technology*, 1970, 1(2), pp. 81—94.

[2] 参见〔美〕西尔斯、里齐:《教学技术:领域的定义和范畴》,乌美娜、刘雍潜等译,中央广播电视大学出版社1999年版,第37页。

[3] 参见尹俊华、庄榕霞、戴正南:《教育技术学》(第二版),高等教育出版社2002年版,第91页。

[4] 请参阅本书第十二章第一节。

象到本质逐步深化的过程。

一、关于学习的定义

1. 日常生活中的学习概念

在当今公众的头脑中,谈到学习,人们首先想到的就是在教室里上课,或是看书识字学文化。很显然,日常生活中的学习概念是狭义的学习概念,主要指科学文化知识的学习。这是在印刷时代学校教育中最普遍、最广泛的学习活动。[1]

2. 中国文化传统中的"学习"

在我国古代,"学"与"习"两个字一般是分开使用,而不是并列在一起的。古代表达获取知识、提高认识的含义时多用"学"字或"知"字,主要指各种直接与间接经验之获得,有时还兼有"思"的含义;而表达熟悉和掌握技能、修炼德行等带有实践意义的行为时则用"习"字,"习"指巩固知识、技能,含有温习、实习、练习之意,有时兼有"行"的意思。

我国最早探讨"学"与"习"二者关系的是孔子,他在《论语·学而》中说:"学而时习之,不亦说(悦)乎!"不过这里的"学"和"习"尚未直接联在一起组成一个复合词,但孔子揭示和强调了"学"与"习"之内在联系:"学"是"习"的基础与前提,"习"是"学"的巩固与深化。

最早把"学"、"习"这两个字直接联在一起使用的是《礼记·月令》中的"鹰乃学习",这里是指小鸟反复学飞,这就是"学习"一词的由来。[2]

3. 国外教育技术经典教科书中的定义

学习是个体与环境和信息交互的过程中,新知识、技能和态度的发展。[3]

4. 国内教育心理学领域的常见定义

学习是指学习者因经验而引起的行为、能力和心理倾向的比较持久的变化。这些变化不是因为成熟、疾病或药物引起的,而且也不一定表现出外显行为。

这显然是最广义的学习定义,不仅指人类的学习活动,而且包括动物的学习行为。

该定义强调了以下三点:

第一,学习活动必须引起外部行为和内部心理结构的变化,包括发展新行为或改变以往的行为,这里强调了学习的结果。

第二,这种行为和心理倾向的变化必须是持久的而不是暂时的,由此将学习引

---

[1] 参见桑新民主编:《学习科学与技术——信息时代大学生学习能力培养》,高等教育出版社 2004 年版,第 48 页。

[2] 同上。

[3] 参见〔美〕Smaldino S. & Russel J. & Heinich R. & Molenda M.:《教学技术与媒体》(第八版),郭文革译,高等教育出版社 2008 年版,第 6 页。

起的变化和由药物、疾病等外部原因所引起的暂时变化加以区别。

第三,这种变化来自于经验活动,由此将学习与遗传等因素造成的生理发育加以区别。①

美国教育技术领域学者德里斯科尔(Marcy Driscoll)的定义与上述定义很相似:

■ 学习是人类行为表现,或行为表现潜能的持久改变。这意味着学习者能够执行一些在学习发生之前不能执行的行动,而且不管他们实际上是否有展示新习得行为表现的机会,这一点都是正确的。

■ 其次,这些表现或表现潜能的变化必须是因学习者的经验及与世界的相互作用而导致的。一些行为变化,如习得精细的动作控制,可以归因于成熟,因而不被看做是习得的;其他行为变化,如饥饿时寻找食物或喝醉时变得喋喋不休,显然可根据暂时的状态加以解释。这些现象并不意味着学习。②

二、西方不同流派的学习理论及其主要观点

学习理论是一套有关学习的定律或原理。③ 西方心理学理论流派众多,研究学习的角度和方法各异,由此形成了不同派别的学习理论体系,基本上可以分为以下三大类:

■ 学习是指刺激—反应之间联结的加强(行为主义)。
■ 学习是指认知结构的改变(认知学派)。
■ 学习是指自我概念的变化(人本主义)。④

德里斯科尔将已有的学习理论归纳为以下几类:

■ 行为主义心理学家认为根据可观察的事件(环境的和行为的),可以充分理解学习。

■ 认知心理学家认为学习受学习者内部思维过程的调节。

■ 社会心理学家认为学习是一项社会性活动,取决于学习者与其社会文化环境的相互作用。⑤

1. 行为主义学习理论

20世纪的前50年,基于行为主义(Behavirorism)的学习概念和学习理论占据

---

① 参见施良方:《学习论》,人民教育出版社2001年版,第5页。
② 参见〔美〕德里斯科尔:《学习心理学——面向教学的取向》(第三版),王小明等译,华东师范大学出版社2008年版,第9页。
③ 同上。
④ 参见施良方:《学习论》,人民教育出版社2001年版,第2页。
⑤ 参见〔美〕德里斯科尔:《学习心理学——面向教学的取向》(第三版),王小明等译,华东师范大学出版社2008年版,第7页。

主导地位,统治了美国心理学近半个世纪,至今仍然是心理学界的重要学派之一。

在现代心理学派别中树立起行为主义旗帜的是美国心理学家华生(John B. Watson),他于20世纪20年代提出了基于行为主义的学习观,认为"学习是建立在刺激与反应之间的联接"。行为主义学习理论的主要代表人物有美国著名心理学家桑代克(Edward Thorndike)、斯金纳①等。

行为主义学习理论的主要观点为:学习是一个刺激和反应的联结过程,主张将人的外显行为作为研究对象,反对内省,认为行为的多次的愉快的或痛苦的后果改变了学习者个体的行为,或使学习者模仿他人的行为。因此,该理论重视环境在个体学习中的重要性,强调对刺激和反应的联结。② 行为主义学习理论拒绝对学习者内在的学习过程进行推测,而只研究外显的、可以观察到的行为。结果,该理论只适合解释相对简单的学习活动。也正因为如此,在高级技能的教学设计活动中,行为主义的作用有限。例如,行为主义学习理论很难推断学习者是如何处理信息的,而这一点对于培养学生问题解决能力恰恰是非常重要的。今天,在基于计算机的教学及网络教学的教学设计中仍在广泛采用着行为主义的设计原则。③

行为主义学习理论对早期教育技术(尤其是教学设计)的发展产生了重要影响。

2. 认知主义学习理论

认知主义(Cognitivism)学习理论在20世纪70年代末和80年代初逐步占据主导地位,进而又发展为建构主义学习理论。

认知主义学习理论是基于瑞士心理学家皮亚杰(Jean Piaget)的研究提出的,认知心理学探讨个体在适应环境过程中的思维过程。④ 与行为主义学习理论注重对学习者外显行为的研究不同,认知主义学习理论强调对人们学习的内部认知过程进行研究,它把知觉、表象、记忆等基本内部过程作为研究对象,而且把决策、策略等高级心理活动也纳入了自己的研究范围,十分重视认知主体的内部逻辑结构,认为"学习是指认知结构的改变"。认知主义学习理论的主要代表人物除皮亚杰之外,还有前苏联著名心理学家维果斯基(Lev Vygotsky),美国著名教育心理学家布鲁纳(Jerome Seymour Bruner)和奥苏伯尔(David P. Ausubel),美国著名教育心理学家、第一代教学设计理论体系的奠基人加涅(Robert M. Gagne)等。

与行为主义相比,认知主义对"学"的理解更全面。例如,行为主义只是简单

---

① 20世纪50至60年代在美国教育技术领域兴起的程序教学运动的主要理论基础即为行为主义学习理论,其直接推动者就是斯金纳本人。

② 参见尹俊华、庄榕霞、戴正南:《教育技术学》(第二版),高等教育出版社2002年版,第96页。

③ 参见〔美〕Smaldino S. & Russel J. & Heinich R. & Molenda M.:《教学技术与媒体》(第八版),郭文革译,高等教育出版社2008年版,第7页。

④ 同上。

地指出练习能够强化对刺激的反应,而认知主义建构了一个包括短时记忆和长时记忆的思维模型,如图 3-1 所示。

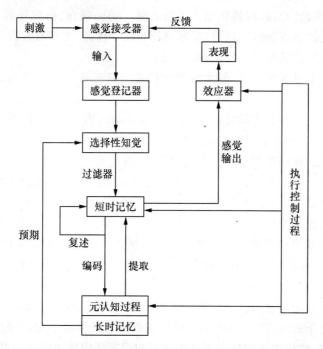

图 3-1　基于现代认知(信息加工)学习论的学习与记忆的精确模型

资料来源:〔美〕加涅、韦杰、戈勒斯、凯勒:《教学设计原理》(第五版),王小明、庞维国等译,华东师范大学出版社 2007 年版,第 9 页。

新信息首先保存在短时记忆中,在那里短时记忆被不断重复,直到被存储到长时记忆。短时记忆中的信息如果得不到重复,慢慢地就会从短时记忆中消失。学习者把长时记忆中的信息和技能联结起来形成认知策略,或者形成处理复杂任务的技能。

3. 建构主义学习理论

建构主义(constructivism)学习理论是学习理论由行为主义到认知主义后的进一步发展。

建构主义学习理论认为学习的本质是学习者积极投入到有意义的学习过程中。建构主义认为学习不是被动地传递信息,而是一个积极地解决问题和发现的过程。建构主义强调学习者自己建立对世界的解释。建构主义者认为学生的学习是发生在个人经验的情境之中的,教育的目的不是提供事实,而是为学习者提供一种组织知识的方法。建构主义者还认为,当学习者投入到相关的真实任务中时,学习最有效。①

随着当代多媒体和网络技术的发展,建构主义学习理论得到了强有力的技术支持,为这一理论向实践的转化创造了越来越广阔的舞台,由此导致了20世纪90年代建构主义的迅速发展,对当代学习理论和教学理论,尤其对教育技术理论与实践的发展将产生广泛而深刻的影响。

建构主义本身派别林立,但大多数建构主义者对学习的理解和认识已达成如下共识:②

（1）学习是学习者主动建构内部心理表征的过程,这种建构不可能由其他人代替,强调学习过程中学习者主动性的发挥。

（2）学习过程同时包含两方面的建构,一方面是对新信息的意义建构,运用原有的经验超越所提供的信息,另一方面又包含对原有经验的改造和重组。学习过程不是简单的信息输入、存储和提取,而是新旧经验之间双向的相互作用过程。

（3）学习既是个性化行为,又是社会性活动,学习需要对话与合作。人们是以自己的经验为基础建构或者解释现实的。不同的人看到事物的不同方面,这也正是个体经验的局限性,只有通过对话与协商式的合作学习,才能够了解与自己不同的观点,获得丰富、全面的认识。

（4）强调学习的情境性。学习者理解、建构知识受到特定学习情境的影响,知识在不同情况下的应用并不是简单套用,需要针对具体情境的特殊性对知识进行再创造。所以,建构主义的学习观认为学习知识不能满足于教条式的掌握,而是需要不断深化,把握它在各种具体情境中的复杂变化。

4. 人本主义学习理论

人本主义学习理论创始于20世纪50年代,20世纪60年代后开始盛行起来。其代表人物是马斯洛(Abraham Harold Maslow)和罗杰斯(Carl Ransom Rogers)。他们认为,心理学应该探讨的是完整的人,而不是对人各个从属方面(如行为和认知)进行分割的、还原论的分析。在他们看来,其他大多数心理学家都是从第三人称的角度考察行为的。他们认为研究心理学的真正方式,是通过一个人自己来考察自己,即要从第一人称的角度考察行为。因此,人本主义学习理论特别关注人的自我实现,认为每一个人都具有发展自己潜力的能力和动力,个体可以自由地选择自己发展的方向和价值,并对自己选择的结果负责。③ 人本主义学习理论认为学习是自我概念的变化,是价值与潜能的实现,他们强调情感、人格和自我意识在学

---

① 参见〔美〕Smaldino S. & Russel J. & Heinich R. & Molenda M.:《教学技术与媒体》(第八版),郭文革译,高等教育出版社2008年版,第7页。

② 参见桑新民:《学习究竟是什么?——多学科视野中的学习研究论纲》,载《开放教育研究》2005年第1期。

③ 参见黄荣怀、沙景荣、彭绍东主编:《教育技术学导论》,高等教育出版社2006年版,第25页。

习中的作用,对当代学习理论与实践产生了很大影响。

5. 实践中的"折中主义"立场

虽然行为主义、认知主义、建构主义、人本主义等各种学习理论观点各异,但它们之间并不是水火不容,而是在发展的过程中相互学习、相互借鉴。例如在"学生积极参与"这一点上各派学习理论就有许多的共通之处,只是实践操作上有所差别:行为主义者认为通过"做"来学习,也就是说学习是一个不断尝试,通过对正确行为的不断强化,让学生保留那些符合教学目标的行为的过程;认知主义者认为,学习者在积极记忆和运用他们掌握的概念或原则的过程中,不断建构和丰富他们的思维图式;建构主义者也认为学习是一个积极活动的过程,但建构主义者强调的是积极的思维活动,而不是身体活动。另外,几乎所有的学习理论都强调反馈(富有建设性的批评性评价)的重要性:

■ 行为主义:因为正确的反馈能够强化特定的行为。
■ 认知主义:关于结果的信息能够帮助学习者丰富他们的思维图式。
■ 建构主义:因为意义(或知识)通过人的经验得到加强。
■ 人本主义:因为人与人之间的反馈,一方面提供了正确的信息,另一方面提供了感情上的支持。[①]

因此,教学实践中对于各种各样的学习理论应该持一种"折中"的态度,即这些理论都在一定程度上反映了人类学习和教学的某一侧面,都各有所长,但各有局限,实践者应该根据不同的目的、对象和内容进行综合取舍。

三、成人学习理论和非正式学习理论

相对于正规学校教育中全日制学生的学习而言,无论是中小学、大学还是企业、政府部门中的培训、教学设计、教育资源开发或研究工作,其主要对象都是工作场所中的成年人,成年人的学习自有其独特的特点和规律。因此,除了一般的学习理论之外,教育技术专业人员还需要了解和掌握成人学习及非正式学习的相关理论。

1. 成人学习理论

(1) 成人学习的特点

美国著名成人教育家诺尔斯(Malcolm S. Knowles)指出:成人和儿童在学习上有着本质的区别。具体而言,成人的学习具有如下主要特点:[②]

[①] 参见〔美〕Smaldino S. & Russel J. & Heinich R. & Molenda M.:《教学技术与媒体》(第八版),郭文革译,高等教育出版社 2008 年版,第 87 页。

[②] 参见常永才:《成人学习特点研究的硕果及其学术价值》,载《外国教育研究》2005 年第 11 期。

■ 对学习需求的意识

诺尔斯认为,在学习需求的意识方面,儿童和成人有很大的差异。儿童的学习需求主要是外因直接导致的。对儿童来说,他们只需要知道若希望通过考试和升级,就必须学习教师所教的内容,而不必知道所学的东西将会如何运用于他们未来的生活。

相比而言,成人的学习需求则是自我真切感受到的。成人在学习某一内容之前希望知道学后会有何益处,不学则会导致什么消极后果。一旦成人认识到学习的重要性和必要性,他们就会积极地参与学习。

■ 学习者的自我概念

自我概念又叫自我观念,是个体对自己人格进行自我调节的心理系统,主要包括自我认知、自我评价、自尊与自卑、自我监督等成分。

在传统的儿童教育学中,学生的自我概念被视为一个依赖性人格。社会要求教师负责确定学习的内容、方式、时间及学习结果的评价,儿童只是顺从地执行教师的决策。教师也把学生视为依赖人格,故学习者的自我概念最终被强化成为一个依赖人格。

而成人学习者却明显具有"自我指导"的自我概念,即他们对自己的决策要求自主负责。人发展到成年时,已产生了一种强烈的心理需要——希望他人视自己为自主独立的人。他们认为,自己能够管理自己,为自己决策并承担后果,社会这时也正式承认成人的独立人格。

■ 学习者经验的作用

儿童学生的自身经验不多,与其所学内容无多少直接联系,况且除了作为其学习的起点外,这些经验作为学习资源实际上没有很大价值,因为他们要学习的主要是来自教师、教材编撰者等人的间接性经验。

而成人学习者的经验丰富,与其学习极为相关。成人参加学习时,其经验无论在量上还是在质上,都是青少年学生无法相比的。诺尔斯认为这一点有重大意义:

首先,从经验中学习的东西比被动地从书本上学习的东西对成人更有意义,况且经验可以成为自己和他人丰富的学习资源。

其次,成人之间在教育背景、生活经历、个性兴趣爱好等方面的差异,比儿童之间要大得多,因而成人经验呈现多样化和个别化的特征,故而成人各自的学习也应当力求个性化。

最后,更重要的是,成人经验和经历是其自我身份的源泉。故而当成人学习时,若发现其经验受到贬低,他们会感觉到,被贬低的不仅仅是其经验,还有他们的人格,因而会反感这种学习。所以,成人经验作为其学习资源,作为其身份象征,有重大价值。

■ 参加学习的准备状态

学习的准备状态是促使学习者从一个学习阶段进入到下一个学习阶段所面临的发展任务。

对儿童学生来说,其发展任务主要是身心成熟所产生的结果,故这种准备状态主要是年龄特征性的。他们倾向于准备学习那些为了进入到下一年级水平必须学习的,并且是他人告知他们应该学的东西。这种学习有相当标准的时间要求,社会要求他们的学习按部就班地进行,大多数人都学习同样的内容。

而对成人学习者来说,其学习准备状态具有现实性和发展任务性。为了更有效地完成生活中的某个任务或成功地解决新问题,学习成为了一种现实需要时,他们才会准备参加学习。尤其是成人从一个发展阶段走向下一阶段而面临的新的发展任务,是其学习准备状态的主要源泉。成人的发展任务主要是由于社会职责或现实生活变化的需要而产生的结果。

■ 学习的定向

学习的定向,是指学习者参加学习的一种目的方面的倾向性。

儿童基本上是采取一种"以书本知识为中心"的学习定向。儿童视学习为掌握规定教材内容的过程,他们所学习的大部分东西要在人生后面的阶段才能有用。因此,他们主要学习依照学科内容的逻辑顺序而编制的、由知识单元所组成的规定教材。

而成人则是采取"生活中心"的学习定向。对成人而言,学习是为了进一步提高其技能,以充分发挥其生命潜力的过程。大多数时候,成人不会为学习而学习,他们参加学习是为了能够完成一个新任务,解决一个问题或获得一种更为满意的生活方式。因此,成人学习定向是强调实用的"任务中心"或"问题中心"。

■ 学习的动机

在动机方面,成人与儿童也有极大的差异。

儿童的学习动机基本上是外在性的。他们之所以必须参加学习,主要是由于一些外在的压力,如家长的要求、教师的奖罚、考分的竞争、失败的威胁等。

而成人学习更有效的动机是内在性的。成人学习虽然也有一些外在动机,如较好的职位、工资晋升之类,但是正常发展的成人都具有不断发展并力求充分自我实现的愿望,因而对成人来说,更强有力的动机是内在性压力,如希望增加工作满意感,增强自尊,提高生活质量等。

资料夹 3-1 成年人的三个阶段及其不同特点

诺尔斯从职业或事业和家庭生活等不同层面定义了成年人的三个特定阶段,并描述了与此密切相关的典型"生命问题":

1. 成年早期(18—30岁)：大多数人在探索各种职业道路,选择某一种职业,获得一份工作,学习工作技能并取得职业进步。他们也经常约会,选择伴侣,准备结婚成家,承担很多成年人的责任,如购房、抚养孩子、做一些修理工作等。因此,他们主要对学习如何提高就业的相关技能、明确他们的个人价值、成年初期应肩负的责任感兴趣。

2. 成年中期(30—65岁)：到了成年中期,很多人都面临不同的生活问题。他们学习高级职业技能,跳出技术圈子转向管理工作。他们需要应付来自孩子的挑战,迁就年迈的父母,并为退休作准备。他们的主要兴趣就是自我更新和面对各种变化。

3. 成年后期(65岁以上)：到了成年后期,许多人面临与成年中期不同的挑战。他们必须调整自己以适应退休生活,他们也许不得不接受配偶去世或学习如何应对他们的孙儿孙女。他们学习的核心内容是保持与时俱进和应对退休带来的问题。

资料来源：〔美〕罗思韦尔、卡扎纳斯：《掌握教学设计流程》(第三版),北京大学出版社2007年版,第92页。

---

(2) 成人学习者面临的困难和障碍

■ 环境障碍

环境障碍是大部分成人学习者需要克服的主要障碍,这类障碍主要是由家庭和工作环境引起。例如,家庭、工作环境中不具备学习需要的技术环境,家庭和工作的责任对学习经历和时间产生影响,财政困难和交通不便等。许多成人学习者在学习的过程中需要兼顾工作和家庭,而且对于他们而言,工作和家庭往往比学习更为重要,一旦工作和家庭责任与学习发生冲突,成人学习者大多会选择前者。

加拿大著名的成人教育理论家基德(Roby Kidd)认为：对于成年人来说,时间与金钱和力气一样宝贵。成人在学习中总是感到时间不够用,感到学习与工作要求、家庭负担、子女教育之间具有冲突。因此,工作和家庭的压力对学习时间和精力的影响非常突出,成为成人学习者主要的学习障碍。

■ 生理障碍

成人随着年龄的增长其生理功能也会出现衰变,如记忆力衰退、感知觉能力下降、各种器官活动速度减慢以及体力减弱等。这些生理方面的障碍对成人的学习活动都会产生不同程度的影响。

■ 心理障碍

成人学习的心理障碍又称为态度障碍或性情障碍,它主要是指影响人们参加学习的个人信念、价值观、态度或观念。在一定生活经验基础上形成的思维定势往往使得成人对事物的认识和态度较难改变,那些对学习有消极影响的思维定势会成为学习的心理障碍。例如,不容易接受新概念,担心年纪大了学不好等等。

■ 学习能力障碍

成人学习者和青少年学习者一样也会存在学习能力方面的障碍。例如,由于离开常规学习时间过久,很多基本的概念、规律、原理可能被遗忘,需要复习,或以前学习的知识已经陈旧,需要补充和更新;缺乏新的信息技能方面的训练;家庭和工作的压力要求他们掌握有效的学习技巧和方法,以提高学习的效率,而大部分成人长期缺乏学习技巧方面的训练。[1]

2. 非正式学习理论

(1) 正式学习与非正式学习

学习有正式学习(formal learning)和非正式学习(informal learning)两种基本形式。"正式学习"主要是指在学校的学历教育和参加工作后的继续教育(岗位学习、文件学习、听报告讲座、参加培训等,有的可以取得相应的结业证书);而"非正式学习"指在非正式学习时间和场所发生的,通过非教学性质的社会交往传递和渗透知识,由学习者自我发起、自我调控、自我负责的学习。因此,正式学习与非正式学习最重要的区别在于正式学习是由外界发起、组织的,而非正式学习是由学习者自我发起、自我调控、自我负责的。

正式学习和非正式学习的区别见表3-1所示:

表3-1 正式学习与非正式学习的比较

	非正式学习	正式学习
发生场所	来自个人的探索和交流,可能发生在每日生活情境中、家庭中,或者邻里之间等	在学校、学院或大学这样有组织的教育机构中,以一种有计划的方式进行
学习过程	自愿的和自我指导的,通过自我决定学习的路径获得需要的知识、技能或能力。缺乏教育学结构,例如,没有完整的课程,没有正式的课程流程	在正式的环境下由教师组织学习,学生跟随教师的进度安排,是有计划的、结构化的学习
学习方法	活动的(活动体验) 观察的(反思性观察) 合作的	符号的,通过讲解、辅导、阅读等方式获得知识
学习目的	非目的性的	教师的目标
学习动机	有动机的、主动的	由教师激励动机

---

[1] 参见陈丽:《远程教育学基础》,高等教育出版社2004年版,第74页。

(续表)

	非正式学习	正式学习
学习评价	自我评价 没有档案记录	由教师评价 有档案记录
学习成果	知道如何（know how）的知识，部分的隐性知识①	知道什么（know what）的知识，理论性知识
学习认证	没有认证的学习	被认证的学习

资料来源：吴筱萌：《基于非正式学习的科学教育网站设计框架研究》，载《开放教育研究》2009年第6期。

(2) 非正式学习的主要特点

非正式学习具有如下几方面的特点：②

■ 非正式学习是学习者自我发起、自我调控、自我负责的

正式学习是由教学或其他外界组织实施的，而非正式学习是指学习者自我发起、自我负责、不依赖他人的学习，学习者是学习的主导和主体；非正式学习是主动的、个性化的学习，学习者对自己的学习负全责。

■ 非正式学习是社会性的

非正式学习不像正式学习那样知识直接或间接地来源于教师，非正式学习的知识来源是多元化的，非正式学习的知识是通过非教学性质的社会交往获取的。

■ 非正式学习形式的灵活、多样性

不像正式学习那样有相对固定的教师、场所、学习内容，非正式学习的形式可以是员工之间的谈话、在知识库中搜索信息、观点的交流与分享、使用工作帮助、观察同事或其他周围的人、在咖啡室聊天等。非正式学习发生的场所可能是计算机旁、餐桌上、员工休息室里、走廊上、网络论坛中等。

■ 非正式学习更强调协作

非正式学习在努力创造一种自我发展和探究氛围的同时，鼓励团队通过对话、反馈和问题解决等学习活动提高团队的集体智慧和绩效。因此，非正式学习更强调个体之间的协作性，更强调交流、共享，共享文化是非正式学习的一大特征。

■ 非正式学习发生的情境性

非正式学习是脱离教室和教师限制的一种自主学习形式，它常常与人们的日常生活情境联系在一起，情境与社会群体相连。学习者在社群中观察、模仿其他成员的行为，并通过合作交流完成学习。

---

① 请参阅本书第十二章第四节。
② 参见余胜泉、毛芳：《非正式学习——e-Learning研究与实践的新领域》，载《电化教育研究》2005年第10期。

■ 非正式学习可以是有明确目的的,也可以是偶然性的

有无目的性是另外一种学习划分的纬度,正式学习与非正式学习的学习结果都可能是预先期望的,也都可能是偶然性的。有些非正式学习具有清晰的目标,如改进一个软件或学习使用一种新工具。多数时候非正式学习的目标并不是清晰明确的,如理解公司的文化,对新角色找到"感觉"等。

全美培训与开发协会(ASTD)的调查显示,员工在工作中学到的知识的80%不是来自正规的培训,而是来自非正式的途径,比如,从每天和同事的合作中学习。[1]

第二节 教学理论

美国著名教育心理学家和教育家布鲁纳认为,仅有心理学关于学习和发展的理论是不够的,还需要有教学理论,因为"学习理论和发展理论是描述性的,它们告诉我们实际情况怎样,比如说它们指出绝大多数六岁儿童还没有具备可逆性的观念,而教学理论就可能提出有助于儿童获得可逆性观念的最好方法。简言之,教学理论所关注的是怎样最好地学会人们想教的东西,它所关注的是促进学习而不是描述学习"[2]。

加涅将教学定义为:"嵌于有目的活动中的促进学习的一系列事件(event)。这些事件通常是外在于学习者的,如体现在印刷页面的呈现、教师的讲解或一组学生的活动中的事件"[3]。加涅同时强调,教学不仅仅局限于正式的学校教育系统之中,商业、企业、军队、政府部门中的员工培训也属于教学的范畴。

我国学者通常将教学理解为:"是教师和学生之间一种特殊的交往过程,是教师的教与学生的学的统一活动。通过这个交往过程和活动,学生掌握一定的知识和技能,形成一定的能力态度,人格获得一定的发展。教学是教与学的统一,是教与学的互相依赖;教学过程是师生间的交往过程;教学既是科学又是艺术"[4]。

---

[1] 参见德斯勒、曾湘泉主编:《人力资源管理》(第10版·中国版),中国人民大学出版社2007年版,第254页。

[2] 〔美〕布鲁纳:《论教学的若干原则》,邵瑞珍译,载华东师范大学教育系、杭州大学教育系编译:《现代西方资产阶级教育思想流派论著选》,人民教育出版社1980年版,第398页。

[3] 〔美〕加涅、韦杰、戈勒斯、凯勒:《教学设计原理》(第五版),王小明、庞维国等译,华东师范大学出版社2007年版,第4页。

[4] 黄荣怀、沙景荣、彭绍东主编:《教育技术学导论》,高等教育出版社2006年版,第27—28页。

一、教育目标分类

1. 布卢姆的教育目标分类

美国教育心理学家布卢姆将教育目标分为认知、情感和动作技能三大领域,并于 1956 年发表了《教育目标分类学》(Taxonomy of Educational Objectives),完成了对认知学习领域目标的分类工作。

布卢姆把认知领域的教育目标分为六级,从低级到高级分别是:知道(knowledge)、理解(comprehension)、应用(application)、分析(analysis)、综合(synthesis)和评价(evaluation),如图 3-2 所示:

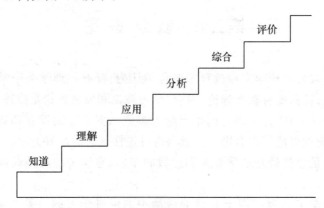

图 3-2　认知领域的教育目标分类

资料来源:杨九民、梁林梅:《教学系统设计理论与实践》,北京大学出版社 2008 年版,第 85 页。

布卢姆将层级中的下面三级(知道、理解、应用)称为低级的学习技能,而将上面的三级(分析、综合和评价)称为高级的学习技能。

(1)知道

知道是指对先前学习过的知识材料的回忆,包括具体事实、方法、过程、理论等的回忆。"知道"又叫"知识",是认知领域中最低水平的认知结果,它所要求的心理过程主要是记忆。知识又分为具体的知识、处理具体事物的方式方法的知识和某一领域普遍和抽象的知识三种。

(2)理解

理解亦称领会或领悟,是较低层的处理各种材料和问题的理智操作方式,是指把握知识材料意义的能力。领会超越了单纯的记忆,代表着最低水平的理解。

(3)应用

应用是指在具体的情境中使用抽象概念。这些抽象概念包括一般的概念、程序的规则或概括化的方法,以及专门性的原理、观念和理论。应用代表了较高水平的理解,比如用二元一次方程解答工程性质的应用题,又如把其他文献中已经提出来的新论点用来引证自己类似的实验结果等。

（4）分析

分析指将一种传播内容(现象、事物、过程)分解成为它的组成因素或组成部分,以便弄清各种观念的有关层次,或者弄清所表述的各种观念之间的关系。分析比应用的智能水平高。

（5）综合

综合指将各种要素及组成部分组成一个整体,以构成更为清楚的模式或结构。综合强调的是创造性能力,包括进行独特的交流、制订计划或操作步骤、推导出一套抽象关系等。

（6）评价

评价指为了一定的目的,对某些观念或方法等的价值作出判断。评价是最高水平的认知学习结果,包含根据内部准则判断和依据外部准则判断两方面的内容。

2. 认知心理学关于知识的分类

现代认知心理学家一般把知识分为陈述性知识(declarative knowledge)和程序性知识(procedural knowledg)两大类。

（1）陈述性知识

它是指关于事实"是什么"的知识,它的基本形式是命题,许多命题相互联系形成的命题集合成为命题网络。

（2）程序性知识

它是指完成某项任务的一系列操作程序,主要用来回答有关"怎么办"的问题。

程序性知识又分为两个亚类:一类为运用概念和规则对外办事的程序性知识,加涅称之为智慧技能;另一类为运用概念和规则对内调控的程序性知识,加涅称之为认知策略。此外,由于动作技能也是按照某种规则办事的能力,因此也属于程序性知识。[①]

二、加涅的教学理论

加涅根据认知信息加工理论和他自己对课堂中有效教师的观察,提出了一种综合的、全面的教学理论。

加涅的教学理论包含以下三大部分:

■ 学习结果的分类,定义了人能够学会的能力类型。

■ 与获得每类学习结果相关的内部和外部学习条件。

---

① 参见皮连生主编:《教学设计——心理学的理论与技术》,高等教育出版社 2000 年版,第 28 页。

■ 九大教学事件,分别对学习中的某个具体认知过程起到促进作用。①

1. 加涅的学习结果分类

加涅将学习目标(学习结果)归纳为五个类别:言语信息(verbal information)、智慧技能(intellectual skills)、认知策略(cognitive strategies)、态度(attitudes)和动作技能(psychomotor skill)。

(1) 言语信息

言语信息是一种人们能够"陈述"的知识,它是"知道什么"或陈述性知识。

学习者通常从正规教育中获得大量的言语信息,许多信息也可以通过偶然的方式习得。这些信息贮存在学习者的长时记忆库中,必要时能够作出回忆和陈述。

(2) 智慧技能

智慧技能是一种"概括"(所谓"概括,是指它能用来预测两个以上变量的关系"②)。智慧技能是学习者运用符号或概念与环境发生相互作用的能力,智慧技能构成了正规教育的最基本和最广泛的结构,是一种程序性知识。

加涅根据心理加工的不同复杂程度,将智慧技能分为了以下几个亚类,如图3-3所示。

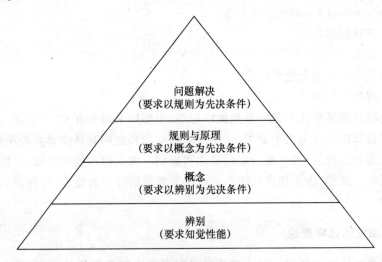

图 3-3　智慧技能的复杂性水平

资料来源:〔美〕加涅、韦杰、戈勒斯、凯勒:《教学设计原理》(第五版),王小明、庞维国等译,华东师范大学出版社2007年版,第59页。

---

① 参见〔美〕Driscoll:《教学设计的心理学基础》,载瑞泽、邓普西主编:《教学设计和技术的趋势与问题》(第二版),王为杰等译,华东师范大学出版社2008年版,第60页。
② 盛群力:《教学设计》,高等教育出版社2005年版,第43页。

（3）认知策略

在现代学习理论中，认知策略是一种控制过程，是学习者用以选择和调整其注意、学习、记忆与思维方式的内部过程。[①] 它可以分为复述策略、精加工策略、组织策略、元认知策略和情感策略。

（4）态度

态度是一种影响个体对人、对物、对事的行为选择的内部状态。[②]

态度源自信念，并伴随着一定的情绪反应，它直接影响个体的行为选择，相当于"情感性知识"。

（5）动作技能

单个动作反应的系列通常被合成更为复杂的行为表现，即"动作技能"。有时也被称为"知觉—动作技能"或"心因动作技能"，意味着动作技能的行为表现涉及感觉、大脑和肌肉。[③] 动作技能是一种习得的性能，其行为结果表现为身体动作的敏捷、准确、有力和连贯等方面。

加涅之所以要定义不同种类学习结果的原因在于这样一个假设：不同种类的学习结果必然要求不同的学习条件。比如，学骑自行车（一种动作技能）与学习乘法表（言语信息）有根本的不同，而后者与学习解决科学问题（智慧技能）又有根本的区别。[④]

加涅认为除了每类学习结果所要求的不同学习条件外，还有一些能促进一般学习过程的学习条件，即"九大教学事件"。

2. 加涅关于教学过程的九大步骤

根据学习的认知加工过程（如图 3-1 所示），加涅提出了与各内部过程相应的、对内部过程起促进作用的九个外部条件，即教学事件。这九个教学事件依次呈现，构成了加涅关于教学过程的九大步骤。它们分别是：引起注意、告知学习者目标、激活相关的原有知识、呈现刺激材料、提供学习指导、引发学习行为、提供反馈、评估学习行为和促进记忆与迁移。具体描述如下：

（1）引起注意

注意是指心理状态的指向和集中，它是任何学习活动的前提条件。正因为人的认知活动是一个以注意为开端的序列，所有教师必须首先对学习者的注意进行唤起和调控，调动学习者认知注意和情绪注意，并在以后的认知活动中不断地激励

[①] 参见〔美〕加涅、韦杰、戈勒斯、凯勒：《教学设计原理》（第五版），王小明、庞维国等译，华东师范大学出版社 2007 年版，第 67 页。

[②] 同上书，第 83 页。

[③] 同上书，第 89 页。

[④] 参见〔美〕Driscoll：《教学设计的心理学基础》，载瑞泽、邓普西主编：《教学设计和技术的趋势与问题》（第二版），王为杰等译，华东师范大学出版社 2008 年版，第 60 页。

学习者的认知感受,以维持他们的注意机制处于积极状态。

(2) 告知学习者目标

教学开始时,应该让学习者了解当教学目标达到之后,他们将学会什么,应能达到什么指标,获得什么知识和能力,从而激起学习者对学习的期望。让学习者事先知道学习的结果,有利于形成学习者的认知内驱力,形成学习者的内部动机。①

(3) 激活相关的原有知识

学习者已有的知识技能是学习新知识的重要基础,教师应有意激发学习者已有的知识和能力,并确保学习者具备有利于完成当前学习任务以及今后更多学习任务所需的能力。这样,就可以使学习者有可能充分利用其认知结构中已有的合适观念同化新知识,有助于有意义的学习。

(4) 呈现刺激材料

教师呈现的新知识材料应具有鲜明的特征,以促进选择性知觉的内部过程。

呈现新材料涉及两个方面:一是新材料顺序的安排;二是教学过程中每次呈现知识内容的多少。呈现的材料应尽可能适合学习者的特点,如年龄、知识准备、学习类型、风格等。

(5) 提供学习指导

学习指导的实质是在学习者已知的内容与所学内容之间建立联系的过程中给学习者提供支持,学习指导的另一个称呼叫"提供支架"②。学习指导的方式或方法视学习目标、学习者特点等因素而定,过多的指导会使理解快的学习者厌烦,而过少的指导则又可能使领会慢的学习者失去信心。

(6) 引发学习行为

引发学习行为是促使学习者作出反应的活动,其主要目的是使学习者能够积极参与到教学过程之中,并使学习者的学习结果以外显行为的方式表现出来。学习者参与学习活动愈积极,其学习的效率就会愈高。

(7) 提供反馈

在学习者作出反应、表现出学习行为之后,应及时让学习者知道学习结果,这是提供反馈的活动。反馈的作用在于:一方面,学习者能肯定自己的理解与行为是否正确,以便及时改正。这种反馈既可以是由学习者自我提供的,也可以由外部提供,如教师观察行为时的点头、微笑,以及在教材中适当的地方出现答案等;另一方面,反馈活动可以促进学习者的学习参与度和积极性。通过反馈,学习者的成功学

---

① 参见李芒、徐晓东、朱京曦:《学与教的理论》,高等教育出版社2007年版,第17页。
② 〔美〕加涅、韦杰、戈勒斯、凯勒:《教学设计原理》(第五版),王小明、庞维国等译,华东师范大学出版社2007年版,第175页。

习得到肯定,受到一定的鼓励,就能建立信心。①

(8) 评估学习行为

评定学习行为的目的是促进学习者进一步回忆并巩固学习结果,也是教师获得教学效果的手段。布置作业和测试是评估行为的主要方式。

(9) 促进记忆与迁移

这个步骤的目的在于使学习者牢固地掌握所学知识和技能,并能够将其运用到新的情境中,解决新问题。

资料夹 3-2　大师评介:罗伯特·加涅——第一代教学设计理论体系的奠基人和集大成者

罗伯特·加涅(Robert M. Gagne,1916—2002),美国著名教育心理学家、教学设计理论的奠基人和集大成者,教学心理学的创始人之一。他一生的学术生涯长达50年,兼研究者、教师、军队培训者和人类绩效的改进者于一身,被誉为"教学技术之父"。加涅无论在美国的心理学界还是教育技术界都享有极高的盛誉,为美国的教育心理学、教育科学和教育技术学都作出了杰出的贡献。

加涅从中学时代起就立志要学习心理学,成为一名心理学家。加涅1937年于耶鲁大学获心理学学士学位,1940年于布朗大学获实验心理学博士学位。随着第二次世界大战的爆发,加涅加入了航空心理学项目的研究,主要从事选择和测试航空服务人员(飞行员、领航员、投弹手、炮手等)和人类工程学等领域的研究。

1958年,加涅重返学术界,成为普林斯顿大学的一名心理学教授,主要从事问题解决和数学技能学习的研究。基于当时的研究需要,他的研究重点发生了转变:开始关注于学校情境中学科学习的研究,此研究促成了他对智慧技能及先决条件的关注,初步形成了他的"学习层级"理念。1965年,加涅出版了奠定其一生学术地位的、最有影响的学术著作:《学习的条件》,该书出版后即被译为日文、德文和西班牙文。1966年,加涅受聘为加利福尼亚大学伯克利分校教育心理学教授,期间还担任了筹建中的远西实验室(the Far West Laboratory)教育研究和开发部主任的工作。加涅在伯克利继续从事他的"学习层级"和"规则学习"的研究。

1969年,加涅到佛罗里达州立大学任教授,这是其学术生涯中的一个重要转折点。加涅在此与布里格斯(Leslie J. Briggs)合作于1974年完成了《教学设计原理》一书,加涅还和同事们一起创建了教学系统设计的研究生项目,为美国培养了大批教学系统设计方向的博士研究生。加涅的加入,使佛罗里达州立大学的教学系统专业无论在规模上还是在质量上都得到了极大的发展,开始闻名全国,进而成

---

① 参见皮连生主编:《教学设计——心理学的理论与技术》,高等教育出版社2000年版,第101页。

为美国教育技术人才培养和学术研究的重镇。

资料来源:本书作者整理。

三、梅瑞尔关于教学的基本原理

美国著名教学设计专家梅瑞尔(David Merrill)在总结前人研究的基础上,提出了"有效教学的阶段"和"教学的基本原理"(first principles of instruction)。

梅瑞尔认为有效的教学一定是以问题为中心的(problem-centered),并且其教学过程都可以归结为以下相互关联的四个阶段:激活先前经验(activation)、演示示范(demonstration)、应用(application)和整合(integration)。

图 3-4　有效教学的阶段

资料来源:〔美〕Merrill:《教学的基本原理:综述》,载瑞泽、邓普西主编:《教学设计和技术的趋势与问题》(第二版),王为杰等译,华东师范大学出版社 2008 年版,第 91 页。

1. 激活

梅瑞尔认为,要想促进学习,在教学的过程中首先就要激活学习者头脑中已有的相关知识。只有在教学引导学习者去回忆、联系、描述或应用有关的先前经验,使之成为理解新知识的基础时,学习才可能被促进。如果学习者的原有经验有限的话,那么可以通过教学为学习者提供有助于理解新知识的有关经验。

2. 演示(示范)

要想促进学习,梅瑞尔认为教师接下来的活动就是向学习者演示要学习的新知识,而不仅仅是告诉(tell)学习者要学习的信息。梅瑞尔认为现实的教学中许多教师并没有进行演示或示范,仅仅是把信息告诉学生而已。信息往往是概括而抽象的,学习者常常难以理解。若教学能够以图示的形式向学习者展示信息,学习也将得到促进。

3. 应用

要想促进学习,教学过程中的第三项活动就是给学习者提供机会使他们能够在新的具体情境中应用新知识。应用不只是记住信息,它还要求学习者运用信息去完成特定的具体任务或解决具体问题。应用包括解决整个问题或完成整个任务,而不只是简单地回答关于其中的某个步骤、某种行为或某个事件的问题。

4. 整合

有效教学的最后一个环节是给学习者提供把新知识和技能整合进自己日常生活中的机会。如果教学能给学习者提供机会公开地演示自己新获得的知识和技能,提供机会让学习者反思、讨论新知识以及为新知识作辩解,提供机会让学习者创造、发明或探索新的个人化的利用新知识和技能的方式,那么学习将得到促进。①

基于以上的概念框架,梅瑞尔提出了"教学的基本原理":

■ 只有当学习者主动参与真实问题的解决时,学习才能够得到促进。

■ 只有当学习者的已有知识被激活并作为新知识的基础时,学习才能够得到促进。

■ 只有把新的知识示范给学习者时(而不是仅仅将信息告知),学习才能够得到促进。

■ 只有当新的知识被学习者应用时,学习才能够得到促进。

■ 只有当新的知识被整合进学习者的个人世界时,学习才能够得到促进。②

四、成功教学的共同特征

美国的教育技术专业人员认为:尽管存在各种各样的教学理论和流派,但成功的教学实践几乎都具备以下共同特征:③

1. 学习者的积极参与

当学习者积极投入到教学任务中,思维与教学内容之间互动的时候,有效的学习发生。

2. 练习

新知识或技能的学习,不是一蹴而就的。练习,尤其是在不同的情境下反复练习,可以提高记忆率,提高学习者运用新知识、技能和态度的能力。

3. 关注个体差异

学习者在个性、基本能力、背景知识和其他很多因素方面存在差异,有效的教学方法通常允许学习者具有不同的学习进度,为他们提供不同的教学资料。在教学过程中,按照学习者不同的特点组织不同的教学活动。

4. 积极的反馈

学习者需要知道他们的想法是否正确,反馈可以有多种方式,如教师批改作

---

① 参见〔美〕Merrilll:《教学的基本原理:综述》,载瑞泽、邓普西主编:《教学设计和技术的趋势与问题》(第二版),王为杰等译,华东师范大学出版社 2008 年版,第 91—92 页。

② 参见梁林梅、郑旭东:《领域开创者 学科奠基人——美国教育技术专业群英谱》,天津大学出版社 2010 年版,第 113 页。

③ 参见〔美〕Smaldino S. & Russel J. & Heinich R. & Molenda M.:《教学技术与媒体》(第八版),郭文革译,高等教育出版社 2008 年版,第 9—10 页。

业,计算机提供的电子信息,游戏中的打分系统等。

5. 真实的学习环境

学习者最可能记住和运用的是那些从实践活动中学到的知识。死记硬背得到的是"惰性知识"——你知道它,但永远不会把它运用到实际的生活中。

6. 社会交互

由同伴担任导学,或者小组成员同侪互助,既可以弥补教师辅导的不足,又可以锻炼学生的社会交往能力。

第三节　教育传播理论

一、传播理论及传播模式

"传播"一词是从英文"communication"翻译过来的,意为:"人们通过符号、信号、传送、接收与反馈信息的活动;是人们彼此交换意见、思想、情感,以达到互相了解和影响的过程"①。传播学最早诞生在美国,是20世纪40年代以来多学科交叉融合的产物。拉斯韦尔(Harold Dwight Lasswell)、拉扎斯菲尔德(Paul Lazarsfeld)、霍夫兰(Carl Hovland)和勒温(Kurt Lewin)分别从政治学、宣传学、社会学和社会心理学等方面研究大众传播的作用,成为这一研究领域的四大先驱。他们提出了大众传播的基本理论,为美国的大众传播学奠定了基础。二战之后,随着电影和广播等大众传播媒体在社会生活中的迅速普及,传播学的理论和实践获得了快速的发展。1948年,传播学的集大成者施拉姆(Wilbur Schramm)于1948年在伊利诺斯大学成立了美国第一个传播学研究所,把传播规律作为一门学问进行独立的研究,并力图使之系统化,从而创立了传播学。

传播一般可分为四大类:自然的传播、动物的传播、人的传播和机器的传播;人

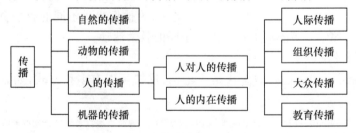

图 3-5　传播的分类

资料来源:南国农、李运林主编:《教育传播学》,高等教育出版社2005年版,第4页。

---

① 南国农、李运林主编:《教育传播学》,高等教育出版社2005年版,第3页。

的传播又可分为两类：人的内在传播和人对人的传播；人对人的传播主要有四种类型：人际传播（个人与个人之间的传播）、组织传播、大众传播和教育传播。通常传播学所研究的主要是人的传播，特别是人对人的传播。

传播是一个动态的过程。深入研究传播的有效方法之一，是把传播全过程分解为若干组成部分，然后分别研究各个组成部分在全过程中所处的地位和作用。美国传播学者提出了种类繁多的传播过程模式，其中有政治学家的理论模式，有数学家提出的模式，也有社会学家提出的模式。

1. 拉斯韦尔的"5W"传播模式

1948年，美国政治学家、传播学的先驱拉斯韦尔在《社会传播的构造与功能》一文中提出了至今仍被看做经典的"5W"传播模式：

图3-6 拉斯韦尔的"5W"传播模式

资料来源：尹俊华、庄榕霞、戴正南：《教育技术学》（第二版），高等教育出版社2002年版，第92页。

该模式回答了传播过程的五个关键问题：谁（Who），传播什么（Say What），通过什么渠道（in Which Channel），向谁传播（to Whom），效果如何（with What Effect）。

2. 香农—韦弗模式

1949年，香农和韦弗在《通信的数学原理》这一名著中提出了信息论的传播模式，如图3-7所示：

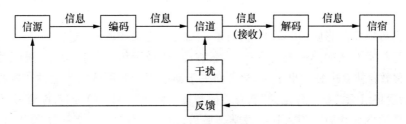

图3-7 香农—韦弗传播模式

资料来源：祝智庭主编：《现代教育技术——走向信息化教育》，教育科学出版社2002年版，第17页。

该模式早期是单向的，之后加入了"反馈"这一要素，并且成为一个双向的传播模式。

这是一个最基本的传播模式，对于有关传播模式和理论的发展具有重要的影响和启迪作用。该模式的应用已远远超出其原有的工程技术领域，在社会科学和传播理论方面得到极其重要而又相当广泛的应用。美国教育技术领域的著名学者伊利认为:"教育技术领域几乎所有的传播模式都受到了它的影响和启发"[1]。

二、教育传播

1. 传播学对视听教学的影响

据美国著名教育技术史学家塞特勒的考察,直到20世纪50年代,传播理论对教育技术还没有产生实质性的影响,传播理论进入教育技术领域的早期明显标志是1953年《视听传播评论》刊物的出版。《视听传播评论》的办刊宗旨是:

(1) 为所有有志于研究人类传播的各方面(特别是那些研究和关注视听方法和教材在传播过程中的作用)的学者提供一个交流的平台,以传递专业信息以及最高水平的学术观点和思想。

(2) 为研究传播的专家、学者提供发表研究成果、理论构架以及对本领域的问题进行批判性分析文章的园地。

(3) 通过发表有关材料,将相关学科(如社会学、社会心理学、社会人类学)的思想观点运用于解决现代社会的传播问题。[2]

在20纪50年代,在将传播理论和系统理论引入视听教学的过程中,美国教育技术领域的两位视听教学的学术领袖起到了关键性的作用,他们是芬恩和小霍本。芬恩在《视听传播评论》的创刊号中强调视听教学起源于传播:"视听运动的领导者们采纳了'传播'这一术语,传播已经并将对这一领域的思想和发展方向产生深刻的影响,这种影响比大多数实践者所能认识到的要大得多"[3];而小霍本则在1956年指出:"更好地理解视听领域,提高视听教学效率的有效方法,似乎在于把握'传播'的概念"。[4]

受到传播学的影响,1963年,视听教学分会"定义和术语委员会"正式发布了美国教育技术领域的第一个官方定义,名称即为"视听传播";1970年,视听教学分会从全美教育协会中独立出来时,学者们关于新组织的名称曾经产生过非常激烈的争论,最后将组织的新名称定为"教育传播与技术协会"(AECT),该名称沿用至今。

传播的概念和原理引入视听教学领域后,使广大专业工作者茅塞顿开,把眼光从静态的、单维的物质(媒体)手段方面转向了动态的、多维的教学过程方面。这就从根本上改变了视听领域的实践范畴和理论框架,即由仅仅重视教具、教材的使

---

[1] Ely D. P., Toward a Philosophy of Instructional Technology, *British Journal of Educational Technology*, 1970, 1(2), pp. 81—94.

[2] See Saettler P., *The Evolution of American Educational Technolog*, Englewood, CO: Libraries Unlimited, 1990, pp. 277—283.

[3] Ibid.

[4] 参见尹俊华、庄榕霞、戴正南:《教育技术学》(第二版),高等教育出版社2002年版,第94页。

用,转为十分关注教学信息从发送者(教师等)经由各种通道(媒体等),传递到接受者(学生)的整个传播过程。又由于教学信息的传播是一个错综复杂的多要素相互作用的过程,传播理论必然会与跟它差不多同时形成的系统理论相汇合,一起有力地影响"视听教学"向"视听传播"的过渡。①

2. 教育传播

教育传播是由教育者按照一定的目的要求,选定合适的信息内容,通过有效的媒体通道,把知识、技能、思想、观念等传送给特定的教育对象的一种活动,是教育者和受教育者之间的信息交流活动。教育是一种特殊的传播现象,具有如下特点:

(1) 明确的目的性

教育传播是以培养人才为目的的一种传播活动。

(2) 内容的严格规定性

教育传播的内容是按照教学计划和教学大纲的要求严格选定的。

(3) 受者的特定性

教育传播有特定的对象,大学的教材,不能用做中学的课本。

(4) 媒体和通道的多样性

在教育传播中,教育者既可以用口语和姿态做媒体,又可以用板书、模型、幻灯、电视、计算机等做媒体;既可以是面对面的传播,又可以是远程传播。②

教育传播系统通常由教育者、学习者、教学媒体和教学信息构成。教育传播系统属于教育系统的子系统,会受到教育环境、教育目标、教育过程和教育效果等多方面的影响,如图3-8所示:

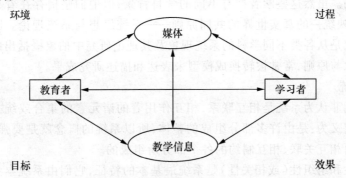

图 3-8 教育传播系统的构成

资料来源:祝智庭主编:《现代教育技术——走向信息化教育》,教育科学出版社 2002 年版,第 18 页。

---

① 参见章伟民、曹揆申:《教育技术学》,人民教育出版社 2000 年版,第 34—35 页。
② 参见南国农、李运林主编:《教育传播学》,高等教育出版社 2005 年版,第 7 页。

第四节 系统理论

伊利认为,最早将系统理论引入教育技术领域的学者是宾夕法尼亚大学的传播学教授小霍本。① 20 世纪 50 年代,在从视听教学到视听传播,再到教学技术的历史性跨越中,芬恩与小霍本因为不遗余力地推动传播理论与一般系统论(General System Theory,GST)而成为推动这一历史进程的领袖级人物。小霍本在 1955 年和 1956 年先后两次在第一届和第二届欧克博奇会议上做了题为"视听传播的系统方法"的主题演讲,首次把系统方法引入了视听传播领域,并使之成为了视听传播领域的基本分析框架。②

一、一般系统论

美国教育技术领域的著名学者贝拉·巴纳锡(Bela H. Banathy)被称为"系统运动之父"之一,是非营利组织"国际系统研究所"的创始人和所长,又是国际系统研究联合会和国际系统科学协会的创始人之一。巴纳锡认为虽然系统科学存在着各种各样的分支学科——系统工程、系统动力学、控制论、信息论、一般系统理论、软系统理论、批判系统理论、混沌理论、复杂系统理论等等,但它们共同的理论基础都是系统思想。系统思想的形成源于 20 世纪 50 年代由贝塔朗菲(Ludwig Von Bertalanffy)、艾什比(William Ross Ashby)等系统运动先驱们提出的一般系统论的概念及原则。虽然这些学者拥有不同的学科背景,但他们坚信存在着超越不同学科、能够反映统一的真实世界的共同原则——系统思想与系统理论。巴纳锡认为一般系统论是从各类不同学科的系统现象及其理论研究中抽象概括出的一套相互联系的概念与原则,常常被转换成模型来表达和描述研究成果。③

1. 系统

贝塔朗菲认为系统是相互联系、相互作用着的诸元素的集合或统一体。钱学森将系统定义为:是由许多部分组成的整体,所以系统的概念就是要强调整体,强调整体是由相互关联、相互制约的各个部分所组成的。

整体性和组织性(或相关性)是系统最基本的特征,它们由系统本身的规定性所决定,也是区别于以往科学研究对象的最明显的特征。

---

① See Ely D. P., Toward a Philosophy of Instructional Technology, *British Journal of Educational Technology*, 1970,1(2), pp.81—94.
② 参见梁林梅、郑旭东:《领域开创者 学科奠基人——美国教育技术专业群英谱》,天津大学出版社 2010 年版,第 151 页。
③ 同上书,第 55—59 页。

(1) 整体性(即有组织的统一体)是系统最突出、最基本的特征之一。是否具有整体性,是区分系统与非系统的判据。

(2) 系统内部的组织性是系统具有整体性的原因。系统论中的组织性主要指各部分间的相关性。

另外,系统还具有功能性、开放性和多层级性。

(1) 功能性:即系统与环境的相互联系和作用。系统不仅具有整体结构,而且具有整体性的行为和功能。

(2) 开放性:凡是有机体都是开放的,它只有在与环境的相互联系和作用中才可能生存。

(3) 多层级性:任何一个系统都从属于另一个更大的系统。①

2. 要素

要素是组成系统最小的单元或成分,要素是系统存在的基础。要素必须按照一定方式相互联系、相互作用才能构成系统,不存在完全脱离系统的独立要素。组成系统的要素具有以下特点:

(1) 系统的要素区别于孤立存在的要素。要素一旦离开系统,便失去作为该系统之要素的性质和作用。

(2) 要素在系统内只有相对的独立性,系统内部存在独立于其他要素的"孤立元"。

(3) 系统中每一个要素对于系统的构成和完整性都是不可缺少的。在这个意义上,各要素是同等重要和必要的。

3. 环境

一个系统之外所有与之相关联的事物或存在的集合,定义为该系统的环境。环境与系统具有不可忽略的联系,它是系统存在与生成演化的必要条件和土壤。

系统的整体性是在与环境的相互联系中体现出来的,开放系统与环境之间通常有物质、能量和信息的交换。正是在与环境的相互作用中,系统才体现出特殊的自适应、自学习等功能。

一个系统相对于组成它的要素而言称为系统;但相对于更高层次的系统来说则属于要素;而相对于其他或次级系统则可以成为环境。②

二、系统科学

钱学森将系统科学定义为:"从系统的角度观察客观世界所建立起来的科学知识体系"。按照基本概念和研究方法的一致性,人们通常也将从系统论到自组织理

---

① 参见李曙华:《从系统论到混沌学》,广西师范大学出版社2002年版,第40—46页。
② 同上。

论,再到非线性科学的发展统称为系统科学。①

我国学者查有梁总结形成了系统科学的"三原理":反馈原理、有序原理和整体原理。②

1. 反馈原理

任何系统只有通过反馈信息,才可能实现有效的控制,从而达到目的;或者说,没有反馈信息的系统,要实现有效的控制,从而达到目的是不可能的。

2. 有序原理

任何系统只有开放、有涨落③、远离平衡态,才可能走向有序;或者说,没有开放、没有涨落、处于平衡态的系统要走向有序是不可能的。

所谓"有序"是指信息量走向增加,即"熵"走向减少,组织化程度走向增加,即混乱度走向减少。系统由较低级的结构变为较高级的结构,是有序;反之是无序。生物进化是有序;生物退化是无序。社会发展是有序;社会倒退是无序。学习、记忆过程是有序;荒废、遗忘过程是无序。

3. 整体原理

任何系统只有通过相互联系形成整体结构才能发挥整体功能;或者说,没有整体联系,没有整体结构,要使系统发挥整体功能是不可能的。

三、人类活动系统设计方法的演变

巴纳锡将系统分为两大类:自然系统和设计系统。

自然系统涵盖了从亚原子系统到各类生态系统、人们居住的星球、太阳系、银河系及整个宇宙系统,这类系统的产生源于宇宙的起源及自然的进化。设计系统是人类创造的,包含以下几大类:

(1) 人造的物理系统(各种人造物)。

(2) 由物理系统与自然系统构成的混合系统(比如水力电气工厂)。

(3) 人类设计出的各类概念系统(比如理论、哲学、数学、逻辑等等),以及它们的表现形式——书籍、记录及描述性的模型。

(4) 人类活动系统。

人类活动系统及与其相关的抽象系统正是巴纳锡主要研究和关注的,这是人类有目的创造的一类系统,与自然系统及人造的物理系统相比,此类系统更抽象、更难以觉察,只有当人们为了某一目的采取一系列的行动时,此类系统才能被人们

---

① 参见李曙华:《从系统论到混沌学》,广西师范大学出版社2002年版,第38页。
② 参见查有梁:《系统科学与教育》,人民教育出版社1993年版,第10—25页。
③ "涨落"是指对系统稳定状态的偏离,它是实际存在的一切系统的固有特征。系统内部原因造成的涨落,称为内涨落;系统外部原因造成的涨落,称为外涨落。处于平衡态系统的随机涨落,称为微涨落;处于远离平衡态的非平衡态系统的随机涨落,称为巨涨落。

感知到。此类系统涵盖了从家庭到小组,到社区组织、国家、区域(或世界性的)组织以及全球的人类系统,教学系统即是其中之一。

巴纳锡指出:在过去的四十多年里,先后出现了四代人类活动系统的设计方法:

第一代设计理论主要受到军队和空间开发项目中广泛应用的系统工程方法的影响。系统工程方法在军队和空间项目中的成功应用使它很快被用于社会系统,借助技术专家运用社会工程的思维解决社会问题。这是一种"按指令设计"的方式,它通过立法或自上而下的行政命令实施,人们可以找到无数这类设计失败的例子。

第二代设计是"为……而设计"的方法,它引进顾问和专家,研究某个特定的系统问题,进行需求分析,向决策者提供他们的解决方案,一旦方案被采纳就将强制执行。

上述两种方法可以形象地被描述为"先请一些人设计蓝图,再让另一些人进行施工"。这两种设计方法基于如下理念:人类系统可以被操作,专家知道一切,人们最好依照被告知的行事。以上两种技术——专家驱动的设计方式统治了20世纪50到60年代,有明显的证据表明,这些方法现在还在使用。

第三、第四代的设计方法与前两代截然不同,它们是在对人类活动系统的开放性、复杂性、不确定性、自组织性的本质认识不断提升的基础上逐步形成的,是在理解了人类活动系统的价值承载性、目的性、目的探索性、一致性建构等特征的基础上出现的。其中,第三代设计称为"共同设计",或者是"设计者指导"的方法,是设计者与决策者一起通过具有实际意义的讨论而进行的,这或多或少是一种真正的参与式设计。

第四代设计是最近(指当时的20世纪90年代)才出现的,称为"置身于其中的设计"或"用户作为设计者的设计"。它的设计理念基于这样的信仰:虽然未来是受过去和现在影响的,但未来并不完全取决于过去发生的事情及目前的现状,它强调一种开放性(而不是我们通过设计而进行的有目的干预)。

人类活动系统存在于社会的各个层面,从家庭到全球人类系统,这些系统及生活于其中的人可以决定自己的演变方向,通过参与设计塑造自己的未来。它强调系统中的人为自己设计未来的责任感,系统中的人可以通过学习而掌握设计的理论和方法。它强调人类活动系统必须由那些处于系统之中的人、使用这些系统的人以及为这些系统服务的人共同设计。设计不能通过立法,更不能交给专家。如果设计的特权与责任被剥夺了,别人就会掌管我们的生活,甚至塑造我们的未来。

第四代设计理念表明,该系统中每一个人都是设计的参与者,共同承担着设计的责任,即我们应该对设计我们的系统负责,我们也必须学会如何设计这样的系统。基于这样一种理解,设计过程必然是与学习的过程整合在一起的。①

资料夹 3-3 大师评介:贝拉·巴纳锡——一般系统论在社会情境中应用的执著推动者

贝拉·巴纳锡(Bela H. Banathy,1919—2003),被称为"系统运动之父"之一。1966 年在加利福尼亚大学伯克利分校取得教育学博士学位(辅修系统理论和应用语言学),加涅和车奇曼(West Churchman)曾是其导师,一生致力于一般系统论在社会情境中的应用研究(包括教育系统设计的理论与实践)。

巴纳锡在远西实验室工作了二十年,曾任该实验室项目主任、高级研究主任和实验室副主任。期间他领导了五十多项研究与开发项目,设计了一系列的课程并开发了许多大规模的复杂系统,包括设计和实施了加利福尼亚大学伯克利分校教育研究与发展系的博士研究生项目。1982 年,受赛布鲁克研究院邀请,开发并指导了全新的系统科学项目及社会系统设计课程。从远西实验室退休后,巴纳锡继续在赛布鲁克研究院指导博士研究生,并成为那里的名誉退休教授。

巴纳锡对美国教育技术成长和发展的独特贡献之处在于其"系统设计"。他的综合系统设计、教育系统设计和教育变革的理论与实践在美国教育技术领域具有不可替代的学术地位。今天瑞格卢斯(Charles M. Reigeluth)等许多学者们的工作,都深受巴纳锡的启发和影响。

资料来源:本书作者整理。

本章研习活动建议

1. 和高年级同学交流、和教师交流,初步了解自己所在院校教育技术学专业本科四年的总体课程设置状况,尤其是专业基础课程和专业主干(核心)课程的情况。

2. 初步了解本专业毕业生近年来的就业和升学(考研)概况。

3. 在熟悉、了解上述情况的基础上,初步思考个人未来的专业(职业)发展规划,并完成一份个人在大学阶段的学习和发展计划书。

---

① 参见梁林梅、郑旭东:《领域开创者 学科奠基人——美国教育技术专业群英谱》,天津大学出版社 2010 年版,第 56—60 页。

阅读文献推荐

1. 桑新民:《学习究竟是什么?——多学科视野中的学习研究论纲》,载《开放教育研究》2005年第1期。
2. 何克抗:《建构主义——革新传统教学的理论基础》(上、中、下),载《电化教育研究》1997年第3—4期,1998年第1期。

第四章
教学媒体理论

本章主要内容

■ 媒体及其在教育、教学中的有效应用一直是教育技术领域研究和关注的重要主题。无论是传统媒体,还是日新月异的数字媒体,对于教育、教学效果和质量的提高都具有同等重要的作用和意义。

■ 戴尔在1946年提出的"经验之塔"理论依据各类视听媒体和方法所提供的学习经验之抽象程度,对媒体作了系统分类,是教育技术领域第一个相对完整的理论成果,在教育技术的发展历史上具有十分重要的地位。

■ 关于教学媒体的应用问题,教育技术专业人员经历了从"从媒体(技术)中学习"到"用媒体(技术)学习"的观念转变——传统上媒体技术被用于教授学生知识,也就是说,它们被用于给学生传递或传达信息,而学生则被指望能理解这些信息并从中学习。这些潜在的假设是人们"从技术中学习",即如同倾听教师讲授时学习一样,学生从观看教学电影、电视,或对程序教学、计算机辅助教学(CAI)短片的反应中学习;而新的观点认为媒体技术不应被看做教师,而应该被用来作为学习者建构知识的工具。人们在学校中使用技术的方式应该从"技术作为教师"转变成"技术作为学习者的伙伴"。学习者不是从技术中学习,而是从思考中学习。是"用媒体(技术)学习"而不是"从媒体(技术)中学习"。

■ 为了更有效地在教学过程中使用媒体技术,美国教育技术专业人员提出了媒体技术应用的"ASSURE"模式,用来引导教师(或培训师)在日常的教学(或培训)中如何将媒体技术和课程(培训)有机整合——A:分析学习者;S:陈述教学目标;S:选择教学方法、媒体和资料;U:使用媒体和资料;R:鼓励学习者参与到学习活动中;E:评估和修正。

第一节 "经验之塔"理论

1946年,戴尔出版了《教学中的视听方法》一书,到1969年第三版时此书已被重印多次,书中的第一部分(视听教学理论)于1949年被译为中文[①],还被译为西班牙文、日文和乌尔都文。在这本书中,他以数十年的视听教学实践为基础,系统总结并发展了前人的思想,依据各类视听媒体和方法所提供的学习经验之抽象程度,对媒体作了系统分类,创立了以著名的"经验之塔"为核心的视听教学理论,使其成为教育技术领域第一个相对完整的理论成果。

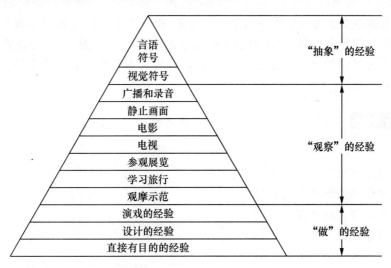

图4-1 戴尔的"经验之塔"

资料来源:尹俊华、庄榕霞、戴正南:《教育技术学》(第二版),高等教育出版社2002年版,第14页。

资料夹4-1 教育技术专业人员对"经验之塔"的评价

戴尔的这本教科书风行了四分之一个世纪,先后三次再版,其理念深深植入了每一位使用过此教材的教育技术专业学生和教师的心灵之中,其广泛影响跨越了小学教育、初等教育、成人教育、商业企业,甚至是咨询领域……作为视听教育领域一位卓越的领导者,戴尔及他的工作在领域内具有相当的威信,"经验之塔"被视

---

① 此书的第一部分(共有三个部分)1949年由杜维涛翻译,由中华书局译成中文出版发行,书名为《视听教学法之理论》。

为视听领域内最早的、最有影响的"概念图式"。

——迈克尔·莫伦达(Michael Molenda),2003

美国视听教育大师戴尔博士著有视听教学法一书,风行全美,各大学多采用作教本,已印至第十四版。内容第一篇为理论,第二篇为教材教具,第三篇上半部为课室应用教法,下半部为行政方面管理与实施,为视听教育最完善的著作。

——杜维涛,1949

资料来源:梁林梅、郑旭东:《领域开创者 学科奠基人——美国教育技术专业群英谱》,天津大学出版社 2010 年版,第 18—19 页。

《教学中的视听方法》共分为三个部分,第一部分是"视听材料的理论"(即为什么要在教学中使用视听材料),第二部分是"视听教学材料"(即视听教学材料是什么),第三部分上篇是"视听方法在课堂中的应用",下篇为"视听方法在学校系统中的应用"(即如何使用视听教学材料)。1949 年我国学者杜维涛翻译出版的是本书的第一部分。

资料夹 4-2 **《教学中的视听方法》的主要内容**

第一部分共有五章内容:
- 教学中的视觉和听觉材料
- 为了永久性学习的教育
- 使经验发挥作用
- 经验之塔
- 在回顾中走向未来

第二部分共包含十二章内容:
- 直接、有目的的经验
- 设计的经验:模型
- 演戏参与
- 展示
- 田野旅行
- 展览和博物馆
- 电影:教育片与纪录片
- 电影:娱乐片
- 静态图片:照片、幻灯片、电影胶片等
- 播音和录音
- 视觉符号:图表、图形、地图等

- 语言符号

第三部分上篇有七章：
- 鲜活的算术
- 生动的地理
- 社会研究、历史与公民教学
- 科学和自然研究
- 工艺与职业教育
- 健康、安全和体育教育
- 英语、文学和阅读教育

第三部分下篇分为五章：
- 管理视听材料
- 明智地使用视听材料
- 评价视听材料
- 制作视听材料（以电影为重点）
- 视听材料的未来

资料来源：梁林梅、郑旭东：《领域开创者　学科奠基人——美国教育技术专业群英谱》，天津大学出版社2010年版，第19页。

戴尔在本书第一部分的第一章中就非常明确地阐述了此书所基于的教育理念和宗旨："从小学一年级到大学阶段的所有教学都可以借助于视听材料得到极大改善，因为这些教学材料能够使学习经验更具体、更持久"。在以上理念之基础上，戴尔坚信借助于适当的教学方法所提供的教学经验，可以部分或全部地解决教学中所存在的大部分问题。同时，戴尔强调不能孤立地在教学中使用视听材料，必须将之融入教学和学习的整体过程，教师只有明晰了视听材料与整个教学/学习过程之间的关系，才会对自己的日常教学有所帮助。当然，教师最重要的是要理解和认识到视听教学方法的价值与作用（当然不是改进教学的唯一方法，而是有效方法之一），这样才能够努力学习之、掌握之。

在本书第一部分提出著名的"经验之塔"（第四章）之前，戴尔先用三章的内容批判了教学中死记硬背的方法和言语主义，强调了生活经验对于学生学习的重要意义，并阐述了他的教育观、教学观和学习观：

（1）教育必须是丰富的、活动的、个性化的和勇于探索的。比如，一位父亲教儿子如何制作飞机模型，一位母亲教自己的女儿如何做蛋糕，一位童子军教员教孩子们如何不用指南针而进行正确定位，或者一位戏剧教师指导学生学习演戏。戴尔指出上述情境中的学习都是充满动机且目标明晰的，同时伴随着愉悦、成功和满足的情感体验。

（2）相应地，为了达到上述的学习效果，教师的教学就必须更富有人性化（而不再是漠不关心），必须变得更具体明确（而不再是模棱两可），必须变得积极主动（而不再是被动应付），必须具有创造性（而不再是例行公事）。戴尔进而还提出了一连串饶有趣味的问题：我们的学校教育是否可以变得像小木屋中的伐木工人讲故事那样有趣？是否可以变得像电影和广播剧那样吸引人？是否可以像在林中散步那样令人神往？学生在学校的求学经历是否可以更加轻松、愉快而充满趣味？戴尔认为学校应该为学生提供丰富而直接的学习经验，让他们能够在看、听、摸、尝、玩、做和探索的过程中获得高效的学习。

除此之外，戴尔还特别强调：

（1）有效的学习之路必须铺满具体经验（而现实中教育最大的失败就在于使学生死记硬背了许许多多的概念和规则，却无任何具体经验的基础）。

（2）教学绝不能仅仅停留于具体的经验，必须让学生掌握和了解通则和普遍的规律，即抽象的概念和规则。

因此，戴尔提出学校教学应该借助于视听材料为学生提供丰富的具体经验，从而达到更好的抽象。换句话说，只有丰富而有意义的具体经验才使抽象成为可能。而"经验之塔"的作用，正在于此。[1]

如图 4-1 所示，"经验之塔"把人们获得知识与能力的各种经验按照抽象程度，分为三大类（"做"的经验、"观察"的经验和"抽象"的经验）、十一个层次。

1. "做"的经验（包括三个层次）

（1）直接的有目的的经验

它是指直接地与真实事物本身接触取得的经验，是通过对真实事物的看、听、尝、摸和嗅，即通过直接感知获得的具体经验。

（2）设计的经验

它是指通过模型、标本等学习间接材料获得的经验。模型、标本等是通过人工设计、仿造的事物，多与真实事物的大小和复杂程度有所不同，但在教学上应用比真实事物易于领会。

（3）演戏的经验

它是指把一些事情编成戏剧，让学生在戏中扮演一个角色，使他们在尽可能接近真实的情景中去获得经验。参加演戏与看戏不同，演戏可以使人们参与重复的经验，而看戏是获得观察的经验。

---

[1] 参见梁林梅、郑旭东：《领域开创者　学科奠基人——美国教育技术专业群英谱》，天津大学出版社 2010 年版，第 19—21 页。

2. "观察"的经验(包括六个层次)

(1) 观摩示范

看别人怎么做,通过这种方式可以知道事情是如何做的。以后,他可以自己动手去做。

(2) 学习旅行

通过学习旅行,可以看到真实事物的各种景象。

(3) 参观展览

展览是供人们看的,使人们通过观察获得经验。

(4) 电视和电影

戴尔认为,电视和电影提供的仅是一种视听经验,学习者在观看事物的发展时并无直接接触、品尝等体验,他们只是观察,只能以一种想象的方式参与其中,不如实地参观时亲临其境,感受深刻。但是,电视和电影是多方面知识的综合媒体,可以通过技术手段压缩时间和空间,突出学习内容中的难点与重点,这比实地参观的学习效率更高。由于电视和电影内容经过了一定的编导与剪辑,去伪存真,因此比直接经验更容易理解、更加生动,具有强烈的感染力。戴尔将电视置于电影之下,是因为电视具有直播的功能,这种实时性能给学习者带来更直接的学习经验。

(5) 录音,无线电,静止画面

它们可以分别提供听觉与视觉的经验,与电影、电视提供的视听经验相比,抽象层次要高一些。

3. "抽象"的经验(包括两个层次)

(1) 视觉符号

所谓视觉符号的学习经验包括地图、图表、示意图等提供的学习经验。在视觉符号中,人们看不到事物的真实形态,只看到一种抽象的代表物。学习中,学习者所接触的符号与自己已认识的事物往往毫无相似之处,因此,视觉符号的学习是高度抽象的学习经验。如符号不能直接唤起学习者已有的经验,或学习者不能理解符号所代表的事物,那么符号就会使学习者迷惑不解。教学中,一方面使用符号要适合学习者的理解水平,另一方面要培养他们使用符号的能力。

(2) 言语符号

言语符号包括口头语言和书面语言符号。言语符号是一种抽象化了的代表事物或观念的符号。

戴尔指出,在"经验之塔"的底层,学生直接参与实践活动;往上,学生观察真实的事件;再往上,学生通过特定的媒体观察事件;到了塔的最高层,学生通过解读语言符号了解事物。戴尔建议,考虑到教学成本和时间成本,应当优先选择那些符合学生认知水平的抽象媒体,学生以前积累的具体经验可以帮助他们理解这些抽象的内容。① 而中间部分即所谓视听教学媒体,其价值则在于在直接经验与间接经验之间建立一种中介与桥梁,从而实现直接经验向间接经验的过渡,并促进二者之间的互动与转化。

在理解和认识"经验之塔"时,戴尔首先声明它只是帮助人们更好地理解各类不同视听材料之间的相互关系,以及这些视听材料在学习过程中所处位置的一个视觉辅助工具,不是一个完美无缺或者刻板机械的、甚至是绝对化的图示。"经验之塔"中的每一部分都代表了从最低层的直接经验到最顶层的纯粹抽象经验之间的一个阶段,从下到上每一阶段的抽象性都在增加。戴尔还提醒本书的读者:如果把塔中的各个部分看做是严格区分或固定不变的,那就大错特错了,甚至是十分危险的。戴尔强调现实中各种视听材料之间往往是相互交织甚至是混杂在一起的,比如电影可以是无声的,也可以是有声的;而对于戏剧,学生可以是观众,也可以是作为演员参与其中,还可以先做观众,然后参与演出。戴尔还指出,对于学生的学习而言,并不是越抽象的就越难,所有的儿童在上学之前都已掌握了丰富的口头语言,这对于他们来说并不是一件困难的事情。

为了避免在实践中错用或滥用"经验之塔",戴尔又在书中提出了如下告诫:

(1) 缺少了抽象和符号表征,人类的智力生活将不复存在。但学校教育中缺乏具体经验支撑的语言文字学习是缺乏意义的,因而也是效果不佳的。要给这种抽象的学习赋予意义,就必须要有具体经验的根基。

(2) "经验之塔"并不要求所有的学习过程都必须经由一个从塔底到塔顶的必然顺序,而是根据抽象的复杂程度各有所异,教师应该尽量充分利用各种各样的经验。

(3) 在讨论视听材料之时,并不存在哪一种感觉经验更优的结论,人类的感觉经验往往是相互混织在一起的。

(4) 目前的学校教育之所以会选择读书和背诵作为主要的教学方法,只是由于学生人数的大幅度增加,为了方便教而已。其实视听教学专业人员并不是整个社会中唯一主张学校教育不应该仅仅只读书本、死记硬背的群体,课外活动已受到越来越多学校的重视,美国的陆军培训中已在应用大量的视听材料。

(5) 如果在教学中陷入了另一种过分重视直接经验的误区,那将犯与"言语主义"只重视抽象经验同样的错误。②

---

① 参见〔美〕Smaldino S. & Russel J. & Heinich R. & Molenda M.:《教学技术与媒体》(第八版),郭文革译,高等教育出版社 2008 年版,第 14 页。

② 参见梁林梅、郑旭东:《领域开创者 学科奠基人——美国教育技术专业群英谱》,天津大学出版社 2010 年版,第 21 页。

资料夹4-3 大师评介:爱德加·戴尔——视听教学理论的集大成者

爱德加·戴尔(Edgar Dale,1900—1985)是查特斯在芝加哥大学任教时的博士研究生。戴尔有着极为丰富的教育实践经历,他当过乡村小学教师,还当过中学教师和地区督学。博士毕业后随导师进入俄亥俄州立大学,之后长期在该校从事教学、研究和社会服务工作。

戴尔还广泛参与了二战期间的战争与工业培训工作,期间与好莱坞建立了密切的合作关系,担任了好莱坞出产的第一部战争教学片《陆军航空队中的教学方法》的技术指导。这段工作经历使得戴尔与美国军方以及好莱坞的电影界建立了良好关系,对其视听教学方面的研究和实践助益良多。戴尔关于青少年电影鉴赏的研究曾对好莱坞的电影审查制度产生了深刻的影响。戴尔一生的研究和实践横跨多个领域,他还出任过首届联合国教科文组织美国委员会的成员。

1946年,戴尔出版了《教学中的视听方法》一书,该书在美国国内广为流传,哥伦比亚大学的保罗·威特(Paul Witt)教授曾这样描述当时的"盛况":"在美国有成千上万的教师、学监和管理者深受此书的影响和启发,有成百上千的教师教育者和培训者,还有许许多多的视听管理人员阅读和学习了书中的内容,并用于指导自身的教学与管理实践"。此书还曾经影响到许多国家,被译成了中文、西班牙文、日文和乌尔都文等。

在这本书中,他以数十年的视听教学实践为基础,系统总结并发展了前人的思想,依据各类视听媒体和方法所提供的学习经验之抽象程度,对媒体作了系统分类,创立了以著名的"经验之塔"为核心的视听教学理论,因而成为了视听教学运动的集大成者,被认为是美国教育技术领域早期公认的学术领袖之一。

资料来源:本书作者整理。

第二节 教学媒体及其特性、作用

一、媒体及教学媒体

"媒体"一词来源于拉丁语"medium"(又译做"媒介",复数为"media"),意为"两者之间",表示任何可以在信息源和接受者之间运送信息的物质。例如录像节目、电视、图表、印刷资料、计算机和教师等都是媒体。1943年,美国图书馆协会在《战后公共图书馆的准则》一书中首先使用了"媒体"这一术语,现在已成为各种传播工具的总称。

当媒体用来完成教学任务的时候,就被称为教学媒体。事实上,绝大多数新开发出来的媒体,首先都不是用在教学上,而是在军事、通信、娱乐、工业等部门使用相当长一段时间之后,才被引进教学领域。教学媒体用于教学信息从信息源到学习者之间的传递,具有明确的教学目的、教学内容和教学对象,它是教学资源和教学环境的重要组成部分。

资料夹4-4 第一块黑板的出现

第一块黑板出现在1817年,由美国西点军校的克罗塞所使用。由于这位军校新生的英语表达能力较差,他想以图解帮助自己克服障碍,因此把教室的一面墙壁漆成黑色,再用粉笔在上面写、画。

资料来源:章伟民、曹揆申:《教育技术学》,人民教育出版社2000年版,第17页。

二、教学媒体的分类

1. 依照媒体表达方式分类

依照媒体的表达方式,可以将教学媒体分为口语媒体、印刷媒体和电子媒体三大类。

(1) 口语媒体

口语媒体指口头语言,如教师和学生所说出来的话,这是最古老、最常用的一种媒体。

(2) 印刷媒体

印刷媒体指各种印刷出版资料,如教科书、挂图、报纸、杂志等。

(3) 电子媒体

电子媒体指用电子信号记载和传递的媒体,有模拟信号和数字信号之分,如广播、电影、电视、计算机、互联网、手机等。

2. 依照媒体的感官交互方式分类

依照感官交互的方式,可以将教学媒体分为视觉媒体、听觉媒体、视听媒体、交互媒体和多媒体系统几大类。[①]

(1) 视觉媒体

视觉媒体又可分为非投影型视觉媒体和投影型视觉媒体两种。非投影视觉媒体包括粉笔、黑板、印刷的文字材料、图示材料、图片、实物教具与模型等;投影型视觉媒体包括幻灯、投影、实物投影等。

---

① 参见祝智庭主编:《现代教育技术——走向信息化教育》,教育科学出版社2002年版,第34—35页。

（2）听觉媒体

听觉媒体指只需利用耳朵听的媒体，包括广播、录音、语音实验室、唱片、CD碟、MP3等。

（3）视听媒体

视听媒体指需要利用眼睛和耳朵两种感官的媒体，如电影、电视、录像、视盘（VCD）等。

（4）交互媒体

交互媒体包括教学模拟机、教学游戏机、双向有线电视系统、计算机辅助教学（CAI）系统、模拟仿真系统等。

（5）多媒体系统

多媒体系统包括多媒体学习包、多媒体计算机以及近来快速发展的多媒体远程教学系统等。

资料夹 4-5　人类经验的主要来源

通过对记忆率的研究表明，学习相同的内容，若单纯用听觉，3小时后对所获知识的保持率为60%，3天后则只能保持15%；若单纯用视觉，3小时后的保持率为70%，3天后则下降为40%；若视、听觉并用，则3小时后保持率为90%，3天后仍能保持在75%。

资料来源：黄荣怀、沙景荣、彭绍东主编：《教育技术学导论》，高等教育出版社2006年版，第2页。

另外，按照历史发展可以将教学媒体划分为传统媒体和现代媒体：

（1）传统教学媒体一般指黑板、粉笔、教科书等。

（2）现代教学媒体是相对于传统教学媒体而言的，现代教学媒体主要指各类电子媒体，由两部分构成：硬件和软件。硬件指与传递教育信息相联系的各种教学机器，如幻灯机、投影仪、录音机、电影放映机、电视机、录像机、计算机、服务器等；软件指承载了教育信息的载体，如幻灯片、投影片、电影胶片、录音带、录像带、光盘等。

当前，计算机多媒体技术和网络技术的迅猛发展，特别是互联网的普及应用，使信息技术正在极大地改变着社会的面貌，对教育产生了巨大的影响。现代教学媒体在创建新型教育、教学模式的过程中发挥着巨大作用，是教育技术重点开发建设、研究和应用的一个方面。

三、教学媒体的特性

通常情况下,教学媒体具有如下几方面的特性:[①]

1. 存贮性

教育媒体可以记录和贮存信息,以供需要时再现。如印刷媒体直接将文字符号贮存在书本上;音像媒体将语言、文字、图像、声音转换成声、光、磁信号,贮存在磁带、胶片或硬盘上。媒体的这一特性使前辈们能够把丰富的实践经验逐渐积累并保存,教师们能够把宝贵的知识财富传递给学生。

2. 传播性

教学媒体可以将各种符号形态的信息传送到一定的距离,使信息在扩大的范围内再现。古代的"秀才不出门,全知天下事"依靠的就是媒体的这一特性。而在电子信息技术长足进步的当代,麦克卢汉(Marshall McLuhan)提出"地球村"的概念也就不足为奇了。

3. 重复性

教学媒体可以重复使用。如果保存得好,这些媒体可以根据需要一次次地被使用,而其呈示信息的质量稳定不变。此外,它还可以生成许多复制品,在不同的地方同时使用。这种重复使用的特性适应了学生逐渐领会、重温记忆的需要,也适应了扩大受益面的需要。

4. 组合性

若干种教学媒体能够组合使用,这种组合可以是在某一教学活动中,几种媒体适当编制、轮流使用或同时呈示各自的信息,也可以把各种媒体的功能结合起来,组成多媒体系统,如声画同步幻灯、交互视频系统。组合性还指一种媒体包含的信息可以借助另一种媒体传递,如图片、模型等可以通过电视呈现在屏幕上。多媒体计算机更是集中地体现了"组合性"这个特点。

5. 工具性

教学媒体与人相比处于从属地位。即使功能先进的现代化电子媒体,还是由人所创造,受人所控制的。教学媒体只能扩展或代替教师的部分作用,而且适用的媒体还需要教师和设计人员去精心编制相应的教材。因此,既使具有人工智能的多媒体计算机系统也不可能完全替代教师。

6. 能动性

教学媒体在特定的时空条件下,可以离开人的活动独立起作用。比如,优秀的录像教材、计算机课件、网络课程等的确可以代替教师上课。精心编制的教学软件

[①] 参见章伟民、曹揆申:《教育技术学》,人民教育出版社 2000 年版,第 200—201 页。

一般都比较符合教学设计原理,采用的是最佳教学方案,尤其是由教学经验丰富的教师参与设计、编制的教学媒体或资源,较之缺乏教学经验的教师来说,教学效果会更好。

资料夹4-6　媒体是人体的延伸

加拿大著名传播学家麦克卢汉1964年在《媒体通论:人体的延伸》中提出了"媒体是人体延伸"的著名论断——当今世界充满了形形色色的传播媒体,而所有的媒体无非都是人体的延伸。例如,印刷媒体相当于眼睛的延伸,无线电相当于耳朵的延伸,电视相当于耳目的同时延伸,计算机相当于大脑的延伸。麦克卢汉认为每一项新媒体的出现,都会使人的各种感官的平衡状态产生变化,使某一感觉凌驾于其他感觉之上。

这种"延伸"使得人类的沟通、交流和传播方式发生了巨大的革命性变化,人们也在不同的实践领域探讨媒体在其中有效应用的模式和策略。

资料来源:本书作者整理。

四、媒体技术在学习中的作用:从"从技术中学习"到"用技术学习"

从媒体技术在教育教学中开始应用的那一天起,人们就在不断探索和思考其有效应用的问题。

美国教育技术领域的著名学者乔纳森提醒广大的教育技术工作者:过去技术被大量用在教育中,其目的是让人们"从技术中学习"(learning from technology)。开发技术程序,其伴随的信念是它可以比教师更高效地传递信息(甚至还希望传递理解)。但是建构主义者认为,理解是不能传递的,而只能由学习者建构。因此技术被用来作为学习者建构知识的工具可能更有效,关键在于技术是用来思考和学习的工具,学生应该"用技术学习"(learning with technology)。[①]

1. "从技术中学习"

乔纳森认为虽然媒体技术应用于教育已经有了较为悠久的历史,但遗憾的是教育者总是尝试使用技术以教师常用的教授方式教给学生。因此,信息常常被嵌入技术之中(例如,用电影、电视节目呈现的内容,或者在程序教学中的教学顺序),技术再把这些信息呈现给学生。而学生的角色主要是学习技术呈现的信息,就像他们学习教师呈现的信息一样。

现代计算机技术被引入课堂也采用了同样的模式。在20世纪80年代微型计

[①] 参见[美]乔纳森、豪兰、摩尔、马尔拉:《学会用技术解决问题——一个建构主义者的视角》,任友群、李妍、施彬飞译,教育科学出版社2007年版,第2页。

算机出现以前,大型计算机被用于传递给学生训练、练习和简单指导以便教授他们课程(比如 PLATO 系统)。当微型计算机在教室中大量使用时,人们习惯上还是以同样的方式应用它们。1983 年全美计算机使用情况显示计算机在教学中最常用的功能是训练和练习。

因此,传统上技术被用于教授给学生知识,也就是说,它们被用于给学生传递或传达信息,而学生被指望能理解这些信息并从中学习。这些潜在的假设是人们"从技术中学习",即如同倾听教师做报告时学习一样,学生从观看教学电影、电视,或对程序教学、计算机辅助教学短片的反应中学习。这一观点假设:知识可以从教师那里传递给学生,同时能被嵌入基于技术的课程中并传递给学习者。因此,就像从教师那儿学习教师所知道的一样,学生从技术那里学习技术所"知道"的或技术"被教授了"的内容。

2. "用技术学习"

建构主义者认为,学生不能学习教师或技术所知道的,而是从思考中学习——思考他们正在做什么或已经做了什么,思考他们是怎么认为的,其他人是怎么做的、怎么认为的,思考他们自己所采用的思维过程——学习是思考的结果。

乔纳森指出,技术不应该被看做教师。实际上,为了学习,学生应该成为教师,表征他们所知道的而不是记忆教师或课本告诉他们的内容。教学提供了丰富而灵活的媒介帮助学生表征他们已知的和正在学习的内容。关于计算机和其他一些技术的大量研究表明,技术并不比教师教得更有效。但是如果我们把技术想象成学生学习的工具,即"用技术学习"而不是"从技术中学习",那么学生学习的性质将会发生改变。

因此,我们在学校中使用技术的方式应该从"技术作为教师"转变成"技术作为学习者的伙伴"。学生不是从技术中学习,而是从思考中学习。当学生使用技术学习时,技术能促使并支撑他们思考。

3. 技术怎样促进学习

怎样用技术学习?技术怎样才能促进学习?首先人们的"技术观"要发生转变:

(1)技术不仅仅是硬件,也包括促使学习者参与的设计和环境,同时还包括可以促进学习的任何一种技术或方法,如认知学习策略和批判性思维技能。

(2)学习技术可以是任何一种促进学习者参与主动的、建构的、有意图的、真实的和合作的学习环境或可定义的一套活动。

(3)技术不是意义的传递者或交流者。

(4)技术应该作为智力工具包,使学习者建构更有意义的关于世界的个人解释和表征,这些工具包必须能支撑某一课程学习所需要的智力工具。

（5）学习者和技术应该成为智能伙伴。

乔纳森认为技术对学习的重要作用包括：

（1）技术作为支撑知识建构的工具

■ 表征学习者的观点、理解和信仰。

■ 帮助学习者制造结构化的多媒体知识库。

（2）技术作为探索知识的信息工具支撑学习者在建构中学习

■ 访取需要的信息。

■ 比较观点、信仰和世界观。

（3）技术作为背景支撑做中学

■ 描述、模拟有意义的真实世界的问题和情境。

■ 出现他人的信仰、观点、意见和故事。

■ 定义一个安全的、可控的问题空间给学生思考。

（4）技术作为社会中介支撑在对话中学习

■ 与他人合作。

■ 在共同体的成员中讨论、辩论并达成一致意见。

■ 支撑知识建构共同体之间的对话。

（5）技术作为智能伙伴支撑在反思中学习

■ 帮助学习者清楚地表达并呈现他们所知道的。

■ 反思他们学会的以及他们是怎样学会的。

■ 支撑学习者对意义的个人表述。

■ 支撑用心的思考。[①]

五、技术与人文主义：教学媒体应用的反思

针对部分教育领域的研究者或实践者认为"在教室中广泛地使用教学硬件设备会导致把学生当作机器而不是人来对待（即技术使教学过程失去人文主义传统）"这样一种观点，罗伯特·海涅克在其主编的《教学技术与媒体》[②]中明确地指出："如果合理使用，教育技术可以使教学更加个性化，甚至比以往的任何时候都更能体现人文精神"。

海涅克等强调："如果教师认为学生是机器，那么不管是否使用教学媒体和技术，他们都会像对待机器一样对待学生"；"如果教师认为学生是具有自主权利和

---

① 参见〔美〕乔纳森、豪兰、摩尔、马尔拉：《学会用技术解决问题——一个建构主义者的视角》，任友群、李妍、施彬飞译，教育科学出版社2007年版，第11—14页。

② 该教材的名称曾几经变化：前4版的名称为《教学媒体和教学新技术》，5至7版的名称为《教学媒体和技术》，8至9版的名称改为《教学技术和媒体》。

自我动机的人,那么无论是否依赖教学媒体和技术的帮助,他们都会把学生看作是从事学习活动的人";"换句话说,是使用媒体和技术的方式,而不是媒体和技术本身,把人机械化了。也就是说,重要的不是在教室中摆放了哪些技术,而是教师如何指导学生使用这些技术"①。

因此,海涅克等认为技术和人文主义传统是可以和谐共存的。笔者按照技术复杂程度的高低和教学中所体现人文主义程度的高低将技术在教学中的应用分为了四种类型,如图4-2所示:

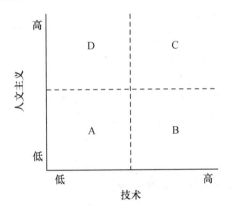

图 4-2 技术与人文主义

资料来源:〔美〕Smaldino S. & Russel J. & Heinich R. & Molenda M.:《教学技术与媒体》(第八版),郭文革译,高等教育出版社2008年版,第10页。

(1) A 区表示"低技术含量,同时又缺乏人文主义的教学方法",比如大学中的大班课堂,教师和学生之间的关系是没有或者很少交互。

(2) B 区表示"高技术含量,但缺乏人文主义的教学方法",比如一门课程中包含一系列的计算机辅助教学软件,每一节课都包含教学目标、学习资料和自测题,但教师和学生之间缺乏基本的交互。

(3) C 区的教学方式与 B 区类似,但是在计算机辅助课程中增加了教师和学生的定期交互,讨论当前的学习情况,研究确定下一步的学习内容。这样,学生可以通过与老师的交谈选择自己喜欢的学习内容。这是一种"高技术含量,同时又体现出高人文主义的教学方法"。

(4) D 区所体现的是"低技术含量,但却能体现高度人文主义精神的教学方法",比如一个学习小组的成员定期聚会,讨论共同的阅读作业等。

海涅克等最后总结道:在学习过程中,教学媒体和技术可以帮助教师营造一种

---

① 转引自梁林梅、郑旭东:《领域开创者　学科奠基人——美国教育技术专业群英谱》,天津大学出版社 2010 年版,第 82—83 页。

人文主义的学习氛围,促使学生积极投入到学习活动中。如果在课堂教学中教师能够创造性地、适当地使用教学媒体和技术,那么被随意地打开、关闭的是机器,而不是学生。①

第三节 教学媒体应用的"ASSURE"模型

要想在教学过程中有效地使用媒体和技术,离不开系统而周密的计划。

《教学技术与媒体》一书在第一版中即引入了媒体和技术应用的"ASSUER"模式,用来引导教师(或培训师)在日常的教学(或培训)中如何将媒体技术和课程(培训)有机整合。②

"ASSUER"是模型中六个步骤每一个单词首字母的组合:

- A(analyze learners),分析学习者。
- S(state objectives),陈述教学目标。
- S(select methods,media,and materials),选择教学方法、媒体和资料。
- U(utilize media and materials),使用媒体和资料。
- R(require learner participation),鼓励学习者参与到学习活动中。
- E(evaluate and revise),评估和修正。

1. 分析学习者

教学计划的第一步是弄清楚教学对象是什么人。只有了解了教学对象,才有可能选择最合适的媒体,实现教学目标。分析学习者的每一种特质是不可能的,教师(培训师)只需要分析几种对于媒体和技术的选择起决定作用的特征,例如,一般特征、起点能力和学习风格。

(1)一般特征

一般特征包括年龄、年级、工作或职位,以及文化和社会经济因素等。

(2)入门能力(知识、技能和态度)

起点(入门)能力指的是学习者已经具备或者缺乏的知识和技能,如知识背景、目的技能和态度等。

(3)学习风格

学习风格指的是一组心理特征,这组心理特征能够决定一个人在学习环境中

---

① 参见梁林梅、郑旭东:《领域开创者 学科奠基人——美国教育技术专业群英谱》,天津大学出版社2010年版,第82—83页。

② 参见[美]Smaldino S. & Russel J. & Heinich R. & Molenda M.:《教学技术与媒体》(第八版),郭文革译,高等教育出版社2008年版,第62—97页。

的知觉及与学习环境的互动和对环境的反应等。例如,知觉偏好及强度、信息处理习惯(具体有序、具体随机、抽象有序、抽象随机)、动机因素(动机决定着人们将做什么而不是他们能做什么)、焦虑、生理因素(性别、健康、环境条件)等等。

适应不同学习风格的最好办法是课堂教学多样化。例如,具体有序的学习者喜欢直接的、按照一定的逻辑顺序排列的学习内容。他们采用练习本、程序教学、示范、结构化实验操作等学习方法能够取得最好的学习效果。具体随机的学习者,倾向于采用尝试错误的方法,从探索性的经历中很快得出结论。他们适合采用游戏、模拟、独立研究项目和发现性学习等方式。抽象有序的学习者擅长解析语言和符号化信息。他们适合采用阅读和听演讲等学习方式。而抽象随机的学习者善于从以人为媒介的演讲中抽取中心意思,他们会对演讲者的语调、演讲风格以及传达的信息作出回应,适合采用小组讨论、附有问答的讲授、看电影和看电视等方式学习。

资料夹4-7 加德纳的多元智能理论

哈佛大学著名心理学家霍华德·加德纳(Howard Gardner)认为智力是多方面的,其表现形式也应该是多种多样的。他用多方面的研究成果,证明每一个人至少具有九种不同的"智力中心"。这九种智能是:言语智能、数理/逻辑智能、身体/运动智能、视觉/空间智能、音乐/节奏智能、人际交往智能、自我意识智能、自然观察智能和生存智能。这九种智能彼此相互联系但又相对独立,各种智能由不同的核心能力组成,并以不同的形式得以表现和发挥。

加德纳认为每个正常的人都或多或少地拥有这九种智能,只是每种能力发挥的程度不同或者各种智力之间的组合不同而已。由于智能上的差异,个人的学习兴趣、思考问题的方式以及解决问题的方法也不尽相同。

资料来源:桑新民主编:《学习科学与技术——信息时代大学生学习能力培养》,高等教育出版社2004年版,第151页。

2. 陈述教学目标

教学目标需要回答"完成教学任务后,学生应该掌握什么新知识、新技能",陈述教学目标的另一个目的是为了评价教学效果。在某种意义上,教学目标会引导教师(培训师)设计合适的教学活动顺序,选择合适的教学媒体。

教学目标的陈述应当尽可能明确,事实上,清晰的教学目标相当于教师和学生之间的一个合同。教育技术专业人员通常会用一个简洁的"ABCD"方法对教学目标进行陈述:

（1） A（Audience）：教学对象

教学目标的表述中应该明确指出目标所指向的对象，例如"初三英语课的学生"、"大学一年级新生"、"参加在职培训的高中数学教师"、"新雇佣的销售代表"等。

（2） B（Behavior）：行为

在教学目标的构成要素中，实际的行为及其结果是一个最基本的要素。"行为"需要具体、明确地说明教学完成后，学生能做什么。描述行为及其结果的基本方法是使用一个动宾结构的短语，其中表述行为的动词说明学习的类型，宾语则用来说明学生的行为结果或学生所做的事情。

（3） C（Conditions）：条件

此即描述学生在什么条件下能够达到所要求的技能。行为的条件一般包括以下因素：

■ 环境因素（气温、光线、地点、噪音等）。
■ 人的因素（在教师的指导下进行、小组合作进行、学生独自完成等）。
■ 设备因素（设备、工具、图纸、计算器、说明书等）。
■ 信息因素（教科书、笔记、资料、图表、词典等）。
■ 问题明确性的因素（为证实学生的行为表现，提供什么刺激条件以及刺激的数量如何等）。

例如，"在欧洲行政区划图上，请初三的学生标出主要的煤炭产地"；"在没有笔记本、课本和其他参考资料的情况下，请初二的学生在四十五分钟内写一篇三百字的短文，讨论技术与学习的关系"。

（4） D（Degree）：程度

此即说明学生必须达到的熟练程度和准确程度，例如"准确率达90%"等。

教学目标的一个完整的 ABCD 描述例子如下：

■ "每一个参加课程学习的学生都将能够对在单元测验的阅读材料中给出的十个项目中的八个下定义。"其中，A（对象）指"每一个参加课程学习的学生"；B（行为）指"能够下定义"；C（条件）指"在单元测验的阅读材料中"；D（标准）指"十个项目中的八个或80%"。[1]
■ 借助医院的平面图，能找到所有灭火器安放处和紧急消防出口，准确率达100%。
■ 在八分钟内，能装好、调好零位，并操作万用表。[2]

---

[1] 参见杨九民、梁林梅：《教学系统设计理论与实践》，北京大学出版社2008年版，第90页。
[2] 参见祝智庭主编：《现代教育技术——走向信息化教育》，教育科学出版社2002年版，第168页。

3. 选择教学方法、媒体和资料

教学方法、媒体和资料选择的过程包括三个主要步骤：

（1）按照给定的学习任务确定适当的教学方法

教学方法可分为学生主导的教学方法（由学生控制教学过程）和教师主导的教学方法（由教师控制学习过程）两大类。学生主导的教学方法包括讨论、协作学习、游戏、模拟、探究和问题解决等；教师主导的教学方法包括讲授、示范、练习、辅导等。计算机可以应用于以上所有的教学方法。[①]

（2）选择与教学方法相适应的媒体格式

媒体格式就是储存信息和显示信息的物理格式，包括挂图、幻灯片、音频、视频、计算机多媒体等。每一种媒体都有自己的优点和局限性，选择媒体格式是一项复杂的任务——需要考虑媒体的种类、学习者的多样性、需要达到的教学目标等。

（3）获取特定的教学材料

获取合适教学材料的方式通常有以下三种：

■ 选择可用的教学资料。显然，如果有现成的符合要求的教学资料，学习者可以方便地使用这种资料，那是最好的，可以节省时间和金钱。

■ 修改现有的教学资料。如果没有完全满足教学目标或者适合学习者的教学资料，一种折中的方法就是修改现有的教学资料。

■ 设计新的教学资料素材。如果既没有现成的符合要求的教学资料，也没有可供修改的资料，那就只有自己设计新的教学资料了。虽然这种方法费时间、费金钱，但可能是最适合学习者和学习内容的资料。

4. 使用媒体和资料

大量的研究表明，同样的媒体资料可以有很多不同的使用过程，这些过程中有很多共同的元素，不同之处主要是看由谁来使用这些媒体和资料。越来越多的研究支持以学习者为中心的学习，所以学习者更多的是自己使用媒体和资料（个人或者学习小组），由教师把媒体放映给学习者观看的情况越来越少了。

无论教学强调以学习者为中心，还是以教师为中心，教育技术专业人员在多年的研究和实践中都逐步形成了媒体材料使用的"5P"原则：

（1）预览资料（preview materials）：在使用教学材料之前，教师（培训师）一定要先预览一遍，千万不要贸然使用任何一种教学材料。

（2）准备资料（prepare materials）：不管是由教师播放还是让学习者自己使用，都需要预先作好准备。

（3）准备环境（prepare environment）：无论学习在哪里（教室、实验室、媒体中

---

① 参见〔美〕Smaldino S. & Russel J. & Heinich R. & Molenda M.：《教学技术与媒体》（第八版），郭文革译，高等教育出版社 2008 年版，第 20—25 页。

心、田径场等)发生,都需要具备一定的设备条件,供学习者观看媒体或材料,环境的好坏会直接影响到学习的效果。

(4) 让学习者作好准备(prepare learners):学习者能够学到什么,取决于他们为教学作了哪些准备。让学习者作好准备,对教学的效果至关重要。

(5) 提供学习经验(provide experience)。

5. 要求学习者参与

很久以来,教育学家们就认识到,学习者的积极参与能够提高学习的效果。因此,最有效的学习情景,就是能够让学习者按照教学目标的需要,积极参与。

学习者参与的形式可以是多种多样的,比如大班活动、小组活动、调查、访谈、作品制作等。不管采用哪一种方式,最重要的是学习者必须得到及时的反馈。

6. 评估和修正

最后一个步骤是对有效的学习进行评估和修正。评估和修正是设计高质量教学的重要步骤。教学中最常见的评估方式是书面考试。此处的评估包含两方面的含义:对学习者学习成绩的评估和对教学媒体及教学方法的评估。

虽然要等到整个教学单元结束后才能进行总的评估,但实际上在教学前、教学过程中、教学完成后教师都要对学习者的学习情况进行评估。评估并不是教学过程的结束,在"ASSURE"模式中,评估是下一个教学周期的开始。

对教学方法和媒体进行评估时需要考虑下列问题:

■ 教学素材是否有效?
■ 教学效果是否还可以提高?
■ 与学习者取得的成绩相比,制作媒体的成本是否值得?
■ 教师的演讲所花费的时间与实际效果相比是否太长了?
■ 媒体是否帮助学习者达到了学习的目标?
■ 媒体是否唤起了学习者学习的兴趣?
■ 学习方法是否为学习者提供了有益的参与机会?

资料夹 4-8　大师评介:罗伯特·海涅克

罗伯特·海涅克(Robert Heinich,1923—),1968 年于南加利福尼亚大学获得博士学位(是著名学者芬恩的学生),印第安纳大学教学系统技术系(IST)系主任(1979—1984),并长期在 AECT 从事各种学术服务工作。20 世纪 70 年代以来,在传统的教学媒体专家群体中,海涅克继芬恩之后成为推动美国教育技术学科建设和发展的领袖级人物。

纵观海涅克一生的学术研究,对美国教育技术领域的重要贡献可以总结归纳为以下三点:教育技术专业人员的角色和定位问题;教育技术的学科(领域)归属问题;作为一个应用领域,教育技术研究的主流方法和范式问题。

(1) 在20世纪70年代海涅克就坚定地指出教育技术专业人员不应该仅仅定位于媒体服务,而应该参与教育系统的整体性决策。

(2) 在当时绝大多数领域内的学者都将以寻求因果关系为主要目的的、基础性的"纯"科学研究奉为圭臬,视做领域研究的"正业"之时,海涅克坚决主张教育技术作为一门应用性学科,其研究更应该重视以改进学习和教学为主的、以决策为导向的应用性开发研究,应该更加关注真实而复杂的教学系统中的相关问题,应该更多进行自然主义倾向的探究。

(3) 海涅克还曾指出,教育技术研究和推广的对象客户应该是教育管理者、决策者、学校董事会及教育立法者,而不是通常所认为的学科教师。

(4) 海涅克的贡献还有他的那本影响至今的经典教科书——《教学技术与媒体》。本书自1982年出版以来,目前已发行到第九版(1982、1985、1989、1993、1996、1999、2002、2005和2008),第七版的影印版已由高等教育出版社于2003年在国内发行,2008年高等教育出版社发行了该教材的第八版中文翻译版。

资料来源:本书作者整理。

本章研习活动建议

1. 了解各种新兴的媒体技术,尤其是web2.0、社会网络(SNS)、移动技术、虚拟现实及"第二人生"(Second Life)等发展的最新进展及其在教育、教学领域应用的最新状况,可以在小组研究性学习的基础上进行班级汇报,最后形成相关的研究报告。

2. 选择一个具体的知识(活动)内容,依照"ASSERE"模型的步骤和要求设计一个20分钟左右的教学案例,并以小组的形式互讲、互评(建议每个小组的成员以5至8人为宜)。

阅读文献推荐

黄荣怀、陈庚、张进宝、陈鹏、李松:《关于技术促进学习的五定律》,载《开放教育研究》2010年第2期。

第五章
教学设计理论

本章主要内容

■ 教学设计是教育技术学的核心理论及重要的实践领域,目前已被广泛应用于学校教育、商业、企业、医疗健康、军队、政府部门等领域。可以说凡是涉及促进人的学习的领域,教学设计的原理与方法都有应用价值。

■ 现代意义上的教学设计起源于第二次世界大战期间的美国,到20世纪60年代后期,教学设计的研究已经形成了一个专门领域。教学设计的根本目的是创设一个有效的教学系统。教学设计虽然源自美国,但是由于来自社会的直接需要,今天教学设计理论与实践的研究和开发已经成为一种广泛的国际性行动。

■ 教学设计本质上是一种分析和解决教学问题的系统方法。

■ 教学设计可以在三个层次上进行:以"产品"为中心的教学设计、以"课堂"为中心的教学设计和以"系统"为中心的教学设计。

■ 虽然教学设计有众多的模式,但几乎所有的经典教学设计模式都是在"ADDIE"模式基础上变化而来的——分析(Analysis)、设计(Design)、开发(Development)、实施(Implementation)和评价(Evaluation)。

教学设计是教育技术学的核心理论和重要的实践领域,国内目前除了教育技术专业人员之外,课程论/教学论领域的研究人员、教育心理学领域的专业人员、中小学教师及从事企业培训(学习)的人员都在从各自的视角和领域关注、研究和应用教学设计。

除了正规的学校教育之外,教学设计的原理与方法还可以广泛运用在各类终身教育和社会教育中,如社区教育、大众传媒的教育教学节目编制、各类宣传和展览设计、企业教育产品开发、教育出版物的策划与编辑等。可以说凡是涉及促进人的学习的领域,教学设计的原理与方法都有应用价值(如图5-1所示)。经过精心设计的教育活动为人们提供了良好的学习环境,教学设计在促进正式和非正式学习方面都大有作为,有助于提高教育教学(培训)的效果、效率和吸引力。①

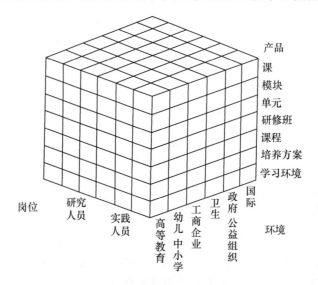

图 5-1　教学设计的应用领域

资料来源:张祖忻、章伟民、刘美凤:《教学设计——原理与应用》,高等教育出版社 2011 年版,第 4 页。

第一节　教学设计的定义及特点

一、相关概念界定

1. 教学系统

教学系统(Instructional System)是"对用于促进学习的资源和程序的安排"。② 教学系统由一组相互关联的部分组成,在一定的框架下,各部分可靠和有效地协同工作,安排必要的学习活动,以完成学习目标。③

教学系统有多种形式,存在于任何以促进人的能力发展为目的的机构之中,这些机构包括公立学校、大学、军事组织、工商部门、公共服务部门和非营利性组织;

---

①　张祖忻、章伟民、刘美凤:《教学设计——原理与应用》,高等教育出版社 2011 年版,第 3—4 页。
②　参见〔美〕加涅、韦杰、戈勒斯、凯勒:《教学设计原理》(第五版),王小明、庞维国等译,华东师范大学出版社 2007 年版,第 18 页。
③　参见〔美〕Smaldino S. & Russel J. & Heinich R. & Molenda M.:《教学技术与媒体》(第八版),郭文革译,高等教育出版社 2008 年版,第 32 页。

教学系统能够存在于多种传输系统或其组合中,如面对面的课堂、基于网络的虚拟课堂与自我指导的学习环境等;此外,教学系统可以与其他的人类绩效改进①系统,例如知识管理②系统、激励系统、组织发展系统、人员选拔系统等协调起作用。③

2. 设计

设计是人类最为广泛的实践和认知活动,是为了创造有实践效用的新事物而进行的有目的的、探究性的、创造性的活动。它包含了对一个定义不良情境的探索、发现和解决一个或多个问题、具体说明导致有效改变的途径。设计在很多领域实行,并根据设计者和所设计的事物类型不同而变化。设计需要理性和直觉的平衡,行动的动力和对所采取行动的反思能力。④

系统设计过程始于一个目的,经历了一系列相互联系的阶段,这些阶段又是借助于系列的输入、加工与输出而彼此依存地形成的。一个阶段的输出与其他相关的信息与产物一起输入到其他阶段。这些阶段以详略不同的程度包括了分析、设计、开发、实施与评价。⑤

3. 教学系统设计

教学系统设计是创建教学系统的过程。

教学系统设计包括分析、设计、开发、实施与评价几个阶段,而且可以用设计这一上位概念描述。教学系统设计可以在多种不同应用水平而且实际上在所有文化中进行。在学校环境中,微观水平的运用包括为有特殊需要的学生准备个人成就计划。在宏观水平上,教学系统设计可以用来为整个国家规划主要的教育系统——印度尼西亚的教育部门采用教学系统设计对其开放初中和大学的教育课程进行系统规划。像IBM公司、美国国家航空与宇宙航行局(NASA)、联邦航空署及韩国三星公司这样的大型组织,也在宏观水平上将教学系统设计用于其培训及教育系统。⑥

教学系统设计通常也称做"教学设计"。国内学者通常将教学设计定义为:

(1) 教学设计是运用系统方法分析教学问题和确定教学目标、建立解决教学问题的策略方案、试行解决方案、评价试行结果和对方案进行修改的过程。⑦

(2) 教学设计是以促进学习者的学习为根本目的,运用系统方法,将学习理论

---

① 请参阅本书第十二章第五节。
② 请参阅本书第十二章第四节。
③ 参见〔美〕加涅、韦杰、戈勒斯、凯勒:《教学设计原理》(第五版),王小明、庞维国等译,华东师范大学出版社2007年版,第18页。
④ 参见杨南昌:《学习科学视域中的设计研究》,教育科学出版社2010年版,第86—87页。
⑤ 参见〔美〕加涅、韦杰、戈勒斯、凯勒:《教学设计原理》(第五版),王小明、庞维国等译,华东师范大学出版社2007年版,第19页。
⑥ 同上。
⑦ 参见乌美娜主编:《教学设计》,高等教育出版社1994年版,第11页。

与教学理论等原理转换成对教学目标、教学内容、教学方法和教学策略、教学评价等教学环节进行具体计划,创设有效的教与学系统的"过程"或"程序"。教学设计既具有设计学科的一般性质,又必须遵循教学的基本规律。[①]

(3) 教学设计本质上是一种分析和解决教学问题的系统方法,包括一套相关的教与学的原理、指导原则和创新性做法。教学设计是技术的范畴,是"科学的或其他的体系化的知识在完成实际任务中的系统化的应用"。教学设计有三个基本特点:

■ 一是它的目的定位明确,即如何在特定情景下提高教学质量,促进学习(这是一项"实际任务"),能否有效解决教学问题是其价值判断的主要依据。

■ 二是它拥有与解决教学质量问题相关的"科学的或其他的体系化的知识",如心理学、传播学和自身积累的研究成果。

■ 三是它运用系统方法分析和解决教学问题,有一个解决问题的一般性模型(ADDIE[②])作为基础,从而能将"科学的或其他的体系化的知识"系统化地应用于完成"实际任务"。

上述特点使教学设计成为连接理论与实践的桥梁。[③]

二、教学设计的若干基本假设

■ 教学设计必须以帮助学习过程而不是教学过程为目的。

■ 学习是一个受许多变量影响的复杂过程,这些变量包括学生的毅力、允许学习的时间、教学质量、学生的能力倾向、学生的学习能力等。

■ 教学设计模型可以在多种水平上运用,可以是一节课的培训活动设计,可以是三天的研讨会设计,也可以是一门课程的设计。设计者可以是教师(培训师)个人,也可以是一个设计团队。

■ 设计是一个反复的过程。

■ 教学设计本身是一个过程,由一些可识别的相关子过程组成。

■ 不同类型的学习结果需要不同类型的教学。[④]

三、教学设计是典型的多学科交叉的团队协作活动

教学设计是一个典型的多学科交叉的团队协作活动。目前,绝大多数的教学设计项目需要具有来自不同专业领域的专家参与,有时候甚至还需要用户对象的

---

① 参见何克抗、林君芬、张文兰:《教学系统设计》,高等教育出版社 2006 年版,第 3 页。
② 请参阅本章第三节。
③ 参见张祖忻、章伟民、刘美凤:《教学设计——原理与应用》,高等教育出版社 2011 年版,第 7—8 页。
④ 参见〔美〕加涅、韦杰、戈勒斯、凯勒:《教学设计原理》(第五版),王小明、庞维国等译,华东师范大学出版社 2007 年版,第 4—5 页。

参与。对一个教学设计的项目团队来说,内容(学科)专家(Subject Matter Expert, SME)、专业教学设计师、计算机程序员、图形艺术设计师、教学媒体制作人员、项目管理人员往往是其中不可缺少的重要成员。一个成功的教学设计产品需要他们的通力合作。

内容(学科)专家作为设计课程领域的专家,在内容搜集和任务分析时起关键作用,他负责说明教学设计的内容重点与特色所在;而教学设计师则负责按照教学设计理论,运用各种具体设计技术与方法设计出具体的教学设计方案,并制定后续的教学设计项目开发计划;项目组内的媒体技术人员依据教学设计专家设计的文档开发各种教学媒体或教学网页,由计算机程序员和工程师测试技术问题,最后推出完整的教学设计产品;项目管理人员则在整个教学设计过程中扮演管理者和协调人的角色。[①] 因此,除了教学设计的理论和技能之外,教学设计师还应该学习和掌握项目管理的基本技能。

四、教学设计的三个层次

教学设计是一个问题解决的过程。那么,根据教学(培训)中问题范围、大小的不同,教学设计也相应地具有不同的层次,即教学设计的基本原理与方法可用于设计不同层次的教学系统。教学设计发展到现在,一般可归纳为三个层次:[②]

1. 以"产品"为中心的层次

教学设计的最初发展是从以"产品"为中心的层次开始的。它把教学中需要使用的媒体、材料、教学包等当做产品进行设计。教学产品的类型、内容和教学功能常常由教学设计人员和教师、学科专家共同确定。当然,有时还吸收媒体专家和媒体技术人员参加,对产品进行设计、开发和测试、评价。

以"产品"为中心这一层次的教学设计有以下几个前提特征:

■ 已经确定完成特定的教学目标需要教学产品。
■ 某些产品需要开发,而不是只对现有材料进行选择或修改。
■ 开发的教学产品必须被大量的教师、学生或教学管理者使用。
■ 重视试验和修改。

2. 以"课堂"为中心的层次

这个层次的设计范围是课堂教学,它是根据教学大纲的要求,针对一个班级的学生,在固定的教学设施和教学资源的条件下进行教学设计的工作,其重点是充分利用已有的设施和选择或编辑现有的教学材料实现目标,而不是开发新的教学材料(产品)。如果教师掌握教学设计的有关知识与技能,整个课堂层次的教学设计

---

① 参见杨九民、梁林梅:《教学系统设计理论与实践》,北京大学出版社2008年版,第16页。
② 同上书,第24—25页。

完全可由教师自己完成。当然,在必要时也可由教学设计专业人员辅助进行。

3. 以"系统"为中心的层次

按照系统观点,上面两个层次中的课堂教学和教学产品都可看做是教学系统,但这里所指的系统是特指比较大、比较综合和复杂的教学系统。这一层次的设计通常包括系统目标的确定、实现目标方案的建立、试行和评价、修改等,涉及内容面度较广,设计难度较大,而且设计一旦完成就要投入到范围很大的场合去使用和推广,因此需要由教学系统设计人员、学科专家、教师、行政管理人员,甚至包括有关学生的设计小组共同完成。

这一层次的教学设计以"问题—解决"的思想为导向,非常重视前期分析。它从收集数据开始,以确定教学问题所在以及解决问题方案的可行性和必要性,在教学设计的过程中要求按给定的方式详细说明存在的问题,以保证系统设计是有的放矢的。与前面两个层次的教学设计相比,它更强调对大环境进行分析,需要作出的努力也要大得多。

第二节 教学设计的发展历程

通常意义上,教师在教学中为了追求效果和效率,都在自觉或不自觉地进行着教学设计工作,但这种设计往往受到教师自身的知识水平和教学经验以及客观的教学条件及工作环境等的限制,所以它是一种经验式的教学设计。[1]

现代意义上的教学设计起源于第二次世界大战期间的美国,到20世纪60年代后期,教学设计的研究已经形成了一个专门领域。教学设计的研究主要源于一些心理学家试图把心理学的研究成果运用于教育(培训)情境,以建立一座能够沟通学习理论与教育、教学实践的桥梁。教学设计的根本目的是创设一个有效的教学系统,目前已被广泛应用于学校教育、商业、企业、医疗健康、军队、政府部门等领域。教学设计虽然源自美国,但是由于来自社会的直接需要,今天教学设计理论与实践的研究和开发已经成为一种广泛的国际性行动。[2]

一、美国教学设计形成和发展的五个阶段

教学设计在美国的发展可以分为以下五个阶段:

---

[1] 参见章伟民、曹揆申:《教育技术学》,人民教育出版社2000年版,第83页。
[2] 参见〔美〕坦尼森、肖特、西尔、戴克斯特拉主编:《教学设计的国际观》(第1册),任友群、裴新宁主译,教育科学出版社2005年版,"前言"第1页。

1. 起源及早期发展

20世纪50年代是教学设计的起源和早期发展阶段。

二战期间,由于战争的需要,美国要在最短的时间内为军队输送大批合格的士兵以及为工厂输送大批合格工人,当时的心理学家及视听教育专家(如加涅、布里格斯等)参与了培训及培训教材的研发和编制工作。在培训过程中,心理学家们努力揭示人类是如何学习的,把心理学的知识运用于战时培训当中,初步形成了日后教学设计理论体系所不可或缺的一些重要理论,如米勒(Robert B. Miller)的"任务分析"(task analysis)理论,加涅的有效教学的外在条件理论等。与此同时,视听教育专家与心理学家展开了密切合作,基于心理学关于人类如何学习的知识,开发出了一大批幻灯、投影等培训材料。这些都是把学习理论应用于教学设计的早期尝试,也成为教学设计理论的最初发展。

二战结束后,许多心理学家尝试将军队中成功的培训方法用于解决学校中的教学问题。20世纪40年代末和整个50年代,心理学家开始将教学(培训)视做系统,试图开发包括一系列分析、设计和评估程序在内的比较正式的教学系统。虽然这个时期的教学设计仍处于襁褓之中,但教学设计的应用领域迅速拓展到工业和政府培训、职业培训、课堂学习和专业教育中。

2. 教学设计的形成

进入20世纪60年代,教育学、心理学领域的一系列进展大大推动了教学设计的形成,是教学设计迅速发展的十年。

(1) 行为主义目标的普及

当行为主义心理学在教学设计领域占主导地位时,如何识别与设计行为目标成为开发程序教材的教学设计人员所急需解决的问题。[①] 行为目标在课程与教学领域中的确立始于课程开发科学化的早期倡导者博比特,泰勒在1949年发表的《课程与教学的基本原理》一书中系统发展了行为目标的理念,被认为是行为目标运动的鼻祖。他认为,教学必须明确界定目标种类,以便确定所学课程内容是帮助学习者发展哪方面的行为类型。在教育目标分类方面,芝加哥大学的心理学家布卢姆等人继承并发展了泰勒的行为目标理念,于1956年出版了《教育目标的分类学》一书,大大推动了有关行为主义目标的研究;而马杰(Robert Mager)1962年出版了影响深远的《准备教学目标》一书,该书的出版大大地推动了行为目标在教育领域及培训领域的广泛普及。

(2) 标准参照测试运动

20世纪60年代初,影响教学设计形成的另一个重要因素就是标准参照运动

---

① 参见高文:《教学系统设计研究的历史回顾——教学设计研究的昨天、今天与明天(之一)》,载《中国电化教育》2005年第1期。

(Criterion-Referenced Testing Movement)的兴起。

著名心理学家格拉泽(Robert Glaser)是第一个注意到标准参照测量与常模参照测量(norm-referenced tests)区别的学者。常模参照测量评估的是某一学生相对于其他人的成绩,而标准参照测量则相对于学生自身的能力评估其成绩;标准参照测试不同于对学生进行横向比较的常模参照测试,它致力于测量一个人能怎样执行一个特殊行为或一整套行为,而与其他人怎样执行无关。格拉泽指出,标准参照测验可以用来检测学习者在接受某一教学计划之前的水平,确定学习者在接受某一教学计划之后所达到的行为水平程度。这两个方面是使用标准参照测试的目的,也是教学设计过程中的一大核心特征。

(3) 形成性评价的兴起

1957年苏联成功发射人造地球卫星,美国政府在震惊之余,随即倾注百余万美元用于改善美国的数学和科学教育。大批教材被开发出来,并在未曾试用的情况下投入使用。几年后,人们发现其中很多教材并不那样有效。据此,美国课程评价专家斯科利文(Michael Scriven)等指出,教材在正式使用前应先经过试用,以便在教材的形成阶段让教育者对其有效性进行评估,如果必要的话还可以在正式付印前加以修订。斯科利文1967年将试用与修订的过程称为形成性评价(formative evaluation),即在使用前测试教学资源,与之相对的是总结性评价(summative evaluation),即在使用后测试教学资源。

(4) 加涅的巨大贡献

在教学设计的形成过程中,加涅功不可没。作为心理学家出身的加涅,他既是教学心理学的创始人之一,也是教学设计专家,更是第一代教学设计理论的集大成者。

加涅的学习结果分类是他所构建的整个教学设计理论体系大厦的根基。1965年,加涅在他的第一版《学习的条件》一书中完整地对学习类型的理论进行了阐释,提出了八种类型的学习,之后确定为人们今天所熟知的五类学习结果:言语信息、智慧技能、认知策略、动作技能和态度,[①]加涅还对每一类学习结果都进行了更详细的划分。另外,各类学习结果之间并不是孤立的,它们之间有着严格的层级关系。加涅还强调,对每一种类型或子类型的学习而言,都必须满足相应的内部条件;同时,加涅还对每一类学习所对应的外部条件(即"教学事件")进行详细阐述。

(5) 教学设计模式的形成

1962年,格拉泽在他的《心理学与教学技术》一文中最早使用了"教学系统"这

[①] 参见〔美〕加涅、韦杰、戈勒斯、凯勒:《教学设计原理》(第五版),王小明、庞维国等译,华东师范大学出版社2007年版,第47页。

一术语,①并用图式方式表明了教学系统的构成:

图 5-2　教学系统的构成(格拉泽,1962)

资料来源:http://www.nwlink.com/~donclark/history_isd/glaser.html,2011 年 8 月 15 日访问。

借助于系统方法,将上述重要的教育学、心理学的系列理论和方法(目标、结果、评价、媒体、教学事件等)有机地结合到一个过程论的构架之中,由此构成了教学设计的理论体系。

3. 教学设计模式的多元化

20 世纪 70 年代,很多不同的部门对教学设计过程都十分感兴趣。其中军事部门企图利用教学设计模式进行培训教材的开发,教育领域的许多高校中的教学改进中心试图运用媒体和教学设计程序改进教学人员的教学质量,并开发了许多有关教学设计专业的研究生课程大纲。此外,在商业和工业领域,许多组织也意识到利用教学设计改进培训质量的价值。在国际上,如韩国、印度尼西亚等也看到可以从应用教学设计解决自己国家的教学问题中获益。这一切都导致教学系统设计范式中各种模式的数量激增。② 其中影响广泛的教学设计模式有:"格拉奇—伊利"模式(Gerlach and Ely Model)、肯普模式(Kemp Model)、"迪克—凯瑞"模式(Dick and Carey Model)、"史密斯—雷根"模式(Smith and Ragan Model)、凯勒(John Keller)提出的"ARCS 动机设计模型"等等。

这一时期,随着信息科学与计算机科学的兴起,心理学领域出现了"认知心理学革命",认知心理学也开始对教学设计产生一定的影响。

4. 教学设计研究的反思与转向

进入 20 世纪 80 年代,教学设计的发展逐渐进入转型发展时期,至今这一过程仍在持续。导致这一发展阶段产生的原因至少有三:

(1)教育领域的教学设计发展现状低迷,人们在反思传统教学设计局限的同时,谋求新的发展路径。

(2)计算机的产生,特别 20 世纪 90 年代以来网络通讯技术的发展为教学设

---

① 参见高文:《教学系统设计研究的历史回顾——教学设计研究的昨天、今天与明天(之一)》,载《中国电化教育》2005 年第 1 期。

② 同上。

计的发展带来了崭新的前景。

（3）传统教学设计的基本假设客观主义受到建构主义的挑战，建构主义学习理论、教学理念和教学模式逐渐兴起。可以说，20世纪90年代以来，教学设计进入了多种理论交锋、各种影响力量激荡，既充满彷徨困惑，又充满挑战和发展机遇的时期。①

5. 学习环境设计

进入21世纪，受到建构主义学习理论和学习科学②发展的影响，学习环境的设计开始成为教学设计领域的一个重要主题。美国教育技术领域的专业人员认为学习环境包括了物理设施、心理氛围、教学技术、媒体和方法。③

在传统的教学论中常用"教学环境"这一概念，指由学校和家庭的各种物质因素构成的学习场所或课堂内各种因素的集合，主要包括家庭、学校和课堂中的物质因素。④ 后来人们认识到教学环境绝不仅仅是物质环境，还包含着物质之外的教学模式、教学策略、学习动机、学习氛围等因素。

随着教育理念及学习理论的发展，近年来人们开始更多地以"学习环境"这一术语替代过去的"教学环境"。学习环境是影响学习者学习的外部环境，是促进学习者主动建构知识意义和促进能力生成的外部条件。信息技术的发展已大大改变了学习者的学习环境，如何为学习者创设基于技术支持的良好的学习环境以支持和促进学习，已成为多学科共同关注的一个重要议题。

关于学习环境的研究走过了一个从仅仅关注物质（物理）环境，到物质（物理）心理环境并重，到基于信息技术的跨时空整合学习环境的发展历程：20世纪60年代的学习环境研究主要侧重于物理环境方面，其中较为著名的是由美国密歇根大学建筑研究实验室主持的"学校环境研究"计划，该计划着力探讨环境对人类行为的影响，并具体研究学校环境是如何影响学生学习过程的。研究者们分别对学校的建筑空间、温度、光线、声音等物理因素对学生学习过程的影响作了深入研究；20世纪60年代后期，学习环境研究开始关注社会心理因素方面，更加注重从师生对学习环境因素的主观感受出发收集数据，侧重于考察师生对学习环境的知觉及其与学生学习的关系；⑤20世纪90年代以来，由于信息技术和计算机网络及学习理论研究的发展，特别是受建构主义和情境认知学习理论的影响，基于信息技术的、以学习者为中心的整合学习环境研究开始兴起，并引起了广泛的关注。

---

① 参见钟志贤：《论教学设计的发展历程》，载《外国教育研究》2005年第3期。
② 请参阅本书第十二章第一节。
③ 参见〔美〕Smaldino S. & Russel J. & Heinich R. & Molenda M.：《教学技术与媒体》（第八版），郭文革译，高等教育出版社2008年版，第6页。
④ 参见田慧生：《教学论》，河北教育出版社1996年版，第5页。
⑤ 参见陆根书、杨兆芳：《学习环境研究及其发展趋势述评》，载《高等工程教育研究》2008年第2期。

当前在学习环境所应具有的特性方面,教育技术专业人员已基本达成如下共识:

(1) 学习环境最基本的理念是以学习者为中心。
(2) 学习环境是一种支持性的条件。
(3) 学习环境是为了促进学习者更好地开展学习活动而创设的。
(4) 学习环境是一种学习空间,包括物质空间、活动空间、心理空间。
(5) 学习环境与学习过程密不可分,是一个动态概念。它包括物质和非物质两个方面,其中既有丰富的学习资源,又有人际互动的因素。
(6) 学习者在学习环境中处于主动地位,由学习者自己控制学习。
(7) 学习环境需要各种信息资源、认知工具、教师、学生等因素的支持。
(8) 学习环境可以支持自主、探究、协作或问题解决等类型的学习。

资料夹 5-1 大师评介:戴维·乔纳森——建构主义教学设计的倡导和推动者

戴维·乔纳森(David H. Jonassen,1947—),美国密苏里大学信息科学与学习技术系杰出教授,问题解决研究中心主任,美国教学设计领域著名专家。

乔纳森的教育生涯和生活经历极为丰富,跨越了多个学科和行业,自1976年取得博士学位以来,先后在世界上多所大学任教,如美国的宾夕法尼亚州立大学、科罗拉多大学、雪城大学、北卡罗来纳大学,荷兰的特温特大学,巴西的巴西大学,新加坡的南洋理工大学,挪威的卑尔根大学等。其研究领域涉及视觉文化、认知风格、教学设计、问题解决研究、基于计算机的学习、超媒体、建构主义、建构主义学习环境以及认知工具等。

作为当代美国教育技术领域的领军人物,乔纳森的建构主义学习观、教学观及教学设计观,对基于技术的问题解决研究及建构主义学习环境的设计研究自成体系,对教学设计的发展产生了重要影响,更是在我国教育技术领域产生了广泛影响。

资料来源:本书作者整理。

二、影响教学设计的五大因素

1. 新技术的更新换代

日新月异、飞速发展变化的各类信息技术的出现及其在教育教学中的应用一方面为学习者提供了新的机会,让学习者用以前不曾体验过的方式去学习,但另一方面也给教学设计专业人员带来了至少两个新挑战:

(1) 教学设计专业人员要不断更新自己对技术(尤其是各种新兴信息技术)的

认知,学习并了解新技术为学习和教学提供的新的教学策略和方法。

(2)教学设计专业人员还必须了解人们是怎样使用这些新技术进行学习的,包括他们学习的过程、特征和使用新技术进行学习的结果。

所以,新技术的不断出现和应用使教学设计专业人员和教育工作者不得不不断重新思考和审视教学实践及其效果。

2. 教育范式的转变

在过去的十多年里,教学设计受到建构主义思潮的影响,由教师主导的直接教学向以学生为中心的教学方法转化。建构主义的教学思想在改变了传统的教学准则和教学模式的同时,也导致了很多新的教学准则及模式的产生。在建构主义思潮的影响下,当今的教学媒体的运用与研究更加重视学习者。教学设计的研究重点不仅从媒体设计转向了学习,还在教学实施的过程中将教学的控制权从教师的手中转到了学习者手里。

3. 不同学习者的不同学习需求

今天的教学设计专业人员面对的是更加丰富的学习者人群。除了学前、小学、中学和高校教室里的传统学生之外,在今天众多的学习者中还有很多的非传统学生,他们为了自身职业生涯的发展或个人的爱好而学习。同时,越来越多的"数字原著民"(Digital Natives,有学者将其翻译为"数字原生代"或"数字土著")逐步开始进入各种学习环境,他们是和电子时代共同成长起来的新一代学习者,数字技术——电脑游戏、电子邮件、因特网、手机、即时通讯(QQ或MSN)、社会网络(SNS)等已成为他们生活的一部分。

今天的教学设计专业人员必须了解这些不同学习者的不同学习需求,才有可能为他们设计出有效的、有意义的学习项目。

资料夹 5-2 "数字原著民"与"数字移民"

美国教育与学习研究领域的知名学者和游戏化学习的倡导及推动者 Marc Prensky 在 2001 年提出了"数字原著民"(Digital Natives,有学者将其翻译为"数字原生代"或"数字土著")和"数字移民"(Digital Immigrants)这一对术语。"数字原著民"特指那些在 21 世纪的数字环境中成长起来的青少年。

Marc Prensky 认为,当今的青少年的全部生活都在被电脑、游戏、数字音乐播放器、摄影机、手机及其他数字时代的玩具和工具所包围,并无时无刻不在使用它们,电脑游戏、电子邮件、因特网、手机和即时通讯(QQ或MSN)等已成为他们生活不可或缺的重要组成部分,这些学生已成为了真正的"数字原著民"。由于其生活环境和生活方式(数字化世界)的不同,他们不但在着装、俚语、饰品及行事风格上与他们的长辈大相径庭,而且其信息处理过程、思维模式和学习方式等也发生了根本性的改变。相比较而言,他们的教育者则是一群"数字移民",教师们正在说着过时的语言(前数字化时代语言),吃力地教育着说着全新"语言"的下一代。

与"数字移民"相比,"数字原著民"出生和成长在无处不在的数字技术环境之中,他们能够更加快速地接收信息,喜欢并行处理信息和多通道工作,与文本相比他们更倾向于先看图像,他们喜欢以超文本的方式随机获取信息,与网络相连是他们最好的学习(工作)状态。他们常常沉溺于即时的满足和不断的回报,他们喜欢游戏更胜于"一本正经"的工作。与之相反的是,作为"数字移民"的教师们则往往喜欢慢慢地、按部就班地、一步一步地、独自地、"一本正经"地工作。他们看不惯(并且怀疑)那些"数字原著民"们边看电视(或边听音乐)边写作业的方式,因为他们自己无法做到。他们并不认为学习是一件好玩的事情,并且也不应该是一件好玩的事情!作为"数字移民"的教师们还认为作为学习者的"数字原著民"与他们并无二致,"数字移民"们曾经适应和接受的教学方式对于今天的"数字原著民"同样适用。因此,教师们还在自己的课堂上天经地义地沿用着讲授、一步步的逻辑推演及传统的测验方式。既然"数字原著民"和"数字移民"之间的差异是显著的,那么谁应该适应谁呢? Marc Prensky 认为让这些在数字技术环境中成长起来的"数字原著民"回到过去是不可能的,教育者必须主动缩短二者之间的数字鸿沟,必须改变现行的教育内容和方法!

资料来源:梁林梅、李逢庆:《数字时代的青少年学习者特征分析》),载《江苏教育》2010年第10期。

---

4. 社会和经济领域的变革

从学前教育到高等教育,所有的教育工作者都在承受着比以前更大的责任与压力;而在商业、企业界,市场经济使得公司和企业对其培训项目的投入更加谨慎,很多公司正以"投资回报"的理念对其培训部门进行管理和运作,常常要求培训部门证实其培训对公司的实际增值及回报。

这些社会和经济领域的变革要求教学设计专业人员所设计的教学材料、教学产品、教学培训项目等在时间和资源的使用上必须高效、快捷。

5. 全球一体化的到来

全球化的浪潮使人类生活的世界在社会、经济、技术、政治、文化和教育等各个领域都更加紧密地连接在一起,整合为一个相互依赖、相互影响、息息相关的整体。全球化除了为教学设计专业人员提供了更多的教学设计机会之外,也为他们提供了与其他国家的教学设计专业人员合作的机会,这就要求教学设计专业人员必须学习、了解其他国家的政治、经济、文化和传统。①

第三节　教学设计的典型模式

一、"ADDIE"模式

多年来,教学设计师们一直在应用各种各样的教学设计模式指导自身的实践,其中影响广泛的当属"ADDIE"模式,几乎所有的经典教学设计模式都是在"ADDIE"模式基础上变化而来的。② "ADDIE"模型是由美国军队首先提出的,最初用于确保士兵训练的效率和效果,后来被美国本土和其他国家的许多组织广泛采用。③

该模式的名字取自其流程中各步骤的第一个字母:分析(Analysis)、设计(Design)、开发(Development)、实施(Implementation)和评价(Evaluation),如图5-3所示:

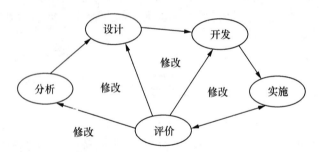

图5-3　教学设计的"ADDIE"模式

资料来源:〔美〕加涅、韦杰、戈勒斯、凯勒:《教学设计原理》(第五版),王小明、庞维国等译,华东师范大学出版社2007年版,第21页。

对该模式的简要解释如下:④

---

① 参见王小雪、金鲁西亚、白桦:《教育技术里的教学设计和基于设计的研究》,载欧阳荣华主编:《教育技术学》,中国人民大学出版社2011年版,第21—22页。
② 参见〔美〕Cennamo K. & Kalk C.:《真实世界的教学设计》,蔡敏等译,中国轻工业出版社2007年版,第4页。
③ 参见〔美〕罗思韦尔、卡扎纳斯:《掌握教学设计流程》(第三版),李洁、李元明译,北京大学出版社2007年版,第55页。
④ 参见〔美〕加涅、韦杰、戈勒斯、凯勒:《教学设计原理》(第五版),王小明、庞维国等译,华东师范大学出版社2007年版,第22页。

1. 分析
- 确定需求,即要利用教学(培训)解决什么问题。
- 进行教学分析,以确定教程的认知、情感与动作技能方面的目的。
- 确定期望初学者需要具备的技能,以及哪些技能会影响对教程的学习。
- 分析可以利用的时间,以及在这段时间内可以实现多少目的。有些学者还建议进行情境或资源分析。

2. 设计
- 把教程的目的转换成表现性的(绩效)结果及主要的教程目标(单元目标)。
- 确定所涵盖的教学主题或单元以及用于每一个主题或单元上的时间。
- 依据教程目标安排单元顺序。
- 充实教学单元,确定每一个单元所要达到的主要目标。
- 确定每一个单元的课及学习活动。
- 开发出评价学生已习得内容的具体标准。

3. 开发
- 确定学习活动与材料的类型。
- 开发学习材料或学习活动。
- 在学习者中进行材料及活动的试用。
- 修改、制作材料及活动。
- 开发教师培训或辅助材料。

4. 实施
- 购买材料,以便为教师或学生使用。
- 在必要时提供帮助与支持。

5. 评价
- 实施学生评价计划。
- 实施教学评价计划。
- 实施教程修订计划。

需要特别强调的是,此模型中各要素之间的关系不是线性的,不是按部就班的。"ADDIE"体现了教育技术解决问题的逻辑思维方式。对于教学设计的实践而言,它只是一个启发式模型,强调因地制宜。因此,在实际操作中它是一个非线性、动态的过程,评价和修改贯穿于模型的各个环节,各环节往往又是交叉、同步进行的。

二、迪克—凯瑞模型

当代西方有关教学与培训的模式林林总总,让人目不暇接,但由当代著名教学设计专家、美国佛罗里达州立大学教授迪克和凯瑞于 1978 年在《教学系统化设计》(The Systematic Design of Instruction)一书中提出的"迪克—凯瑞模型"一直在教育技术领域被奉为经典,独树一帜,为初学者掌握基本的教学设计程序和规范提供了良好的基础。

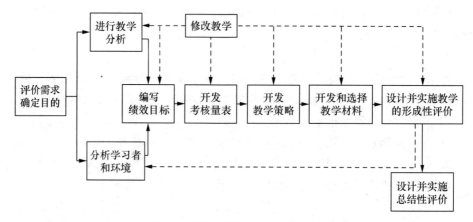

图 5-4　教学设计的迪克—凯瑞模型

资料来源:〔美〕Dick W. & Carey L. & Carey J.:《教学系统化设计》(第五版),汪琼译,高等教育出版社 2004 年版,第 1 页。

对该模型的简要解释如下:①

1. 评估需求以确定教学目的

模型的第一步是要确定学习者在教学结束后能够做什么。教学目的有多个来源,如教学目的清单、需求评估结果、对学习困难学习者实际情况的了解、对实际做这项工作的人员的工作分析,以及对新教学的其他需求等。

2. 进行教学分析

在确定了教学目的之后,还要确定为了实现目的人们需要按部就班做什么。教学分析是若干过程的集合,用于确定实现某个教学目的的相关步骤,以及学习者完成任务所需要的从属技能,即在开始教学之前学习者应该具备的技能、知识和态度等"入门技能"。

3. 分析学习者和学习环境

除了分析教学目的之外,还要同时分析学习者、分析学习技能的学习环境和应用环境。学习者现有技能、偏好和态度,以及教学环境和应用环境的特点这些重要信息,会影响模型后续步骤,特别是教学策略的确定。

---

① 参见〔美〕Dick W. & Carey L. & Carey J.:《教学系统化设计》(第五版),汪琼译,高等教育出版社 2004 年版,第 4—6 页。

4. 编写绩效目标

基于教学分析和入门技能陈述，具体地写出学习者完成教学后能够做什么，这些描述根据教学分析确定的技能派生而来，确定了要学的技能、实施技能的条件和成功表现的评判标准。

5. 开发评估方案

基于所写的目标，开发出相关的评估方案，以评估学习者对于目标中所描述行为的完成水平。重点在于将目标中所描述的行为种类与评估类型相对应。

6. 开发教学策略

基于前面的结果，确定为达到最终目标在教学中要采用的教学策略。教学策略包括教学前的活动、信息呈现、练习和反馈、考试以及延展活动几部分。教学策略要基于当前的学习理论和学习研究的成果，以及传递教学的媒体特点、教学内容及学习者特点。这些数据既可以用于开发或选择教学材料，也可以用于产生课堂交互式教学策略。

7. 开发和选择教学材料

在这一步要用教学策略产生教学，教学包括学习者手册、教学材料①和考试试卷。是否自己开发教学材料取决于要教的学习类型、现有的相关材料和可用的开发资源。这里还要给出从现有材料中进行挑选的原则。

8. 设计和实施教学的形成性评价

在完成了教学之后，就要开展一系列的评价活动，以收集数据，确定如何改进教学。一般有三种类型的形成性评价：一对一评价、小组评价和现场评价。各种评价类型为设计者提供了不同种类的教学改进信息。类似的技术也可用于对现有材料或课堂教学的形成性评价。

9. 修改教学

最后一步（也是循环周期的第一步）是修改教学，即整理和分析形成性评价所收集的数据，确定学习者在实现目标的过程中所遇到的困难，依据这些困难找出教学方面的不足。图5-4从"修改教学"中划出的虚线表明从形成性评价中获得的数据不是简单地用于修改教学本身，还要用于重新复查教学分析，确定关于入门技能和学习者特点假设的合理性，还要根据所收集的数据审查绩效目标和考试题，审核教学策略，最后所有这些复查、审核产生的教学修改将会导致一个更加有效的教学工具。

10. 设计和进行总结性评价

尽管总结性评价是教学有效性的最终评价，但它通常不是设计过程的一部分，

---

① 当我们用"教学材料"这个词的时候，泛指各种类型的教学，包括教师指导手册、学习者模块、投影胶片、录像带、计算机多媒体格式文件和远程学习的网页。"材料"一词在此含义广泛。

它是用来评估教学的价值的,必须在完成了形成性评价,教学已经进行了充分的修改,满足了设计者的标准之后进行。因为总结性评价通常不是由教学的设计者,而是由独立的评估员完成的,所以从本质上来说这个过程也不应该算做教学设计过程的一部分。

三、"ARCS"动机设计模式

美国佛罗里达州立大学的凯勒(John Keller)教授认为许多教育技术专业毕业生走上工作岗位后,都表现出了良好的计算机图形设计和编程能力,但设计的计算机或网络教学课件的教学效果较差,受到了用人单位的批评,究其原因是在动机设计方面缺乏理论和实践。①

凯勒长期致力于教育技术领域动机问题的研究,1979年在《动机与教学设计:理论视角》一文中提出了"动机系统设计的思想",他对有关动机的研究作了综合分析,之后逐步形成了著名的"ARCS"动机设计模型。

凯勒将动机设计定义为:"通过设定能引起兴趣、相关、期望及满意的策略来计划有趣的、有意义并具有适当挑战性的教学干预手段"②。凯勒认为动机设计是一个问题解决的过程,起始于动机问题的理性分析,落脚于针对特定问题合适的动机策略的开发,动机设计属于教学设计的子领域。凯勒认为影响学生动机形成的因素有四类:注意(Attention)、相关(Relevance)、自信(Confidence)和满意(Satisfaction),以上四个英文单词的首字母便组合成"ARCS"模型。

1. 注意

注意是学习者进行学习活动的前提条件。首先要引起学习者的注意,其次才能进行下一步的学习。在教学过程中,应该更多地利用学习者的有意注意激发和维持学习动机。

2. 相关

让学习者知道他们所从事的学习活动是与他们有关联的。最基本的手段是使学习者认识到学习活动与他们过去的经验或以前学习的知识或某种利益相关。

3. 自信

具备较高动机的学习者,也一定自信他们能够掌握教学中的目标。缺乏自信,也就缺乏动机。过于自信的学习者也有问题,他们会认为没有必要参加教学,因为他们已经全部知道了。面对缺乏自信或过于自信的学习者,最大的挑战是要创建

---

① 参见张祖忻:《如何将动机原理整合于教学设计过程——谈约翰·凯勒教授的动机系统学说》,载《开放教育研究》2003年第2期。

② 〔美〕西尔斯、里齐:《教学技术:领域的定义和范畴》,乌美娜、刘雍潜等译,中央广播电视大学出版社1999年版,第145页。

对成功适度的期望。

4. 满意

要让学习者有学习成果,要让学习者了解只要努力就会有收获。提供给学习者真实的问题解决情境,让他们应用已学的知识去解决实际问题。高动机依赖于学习者是否能够从学习经历中得到满足,也有人将其视为强化。[1]

简言之,"ARCS"模型告诉我们这样一个过程:为了激发一个人的学习和工作动机,首先要引起他对一项学习或工作任务的注意和兴趣;再使他理解完成这项任务与他密切相关;接着要使他觉得自己有能力做好此事,从而产生信心;最后让他体验完成学习或工作任务后的成就感,感到满意。[2]

"ARCS"模型的范畴和子范畴如下:

表 5-1 "ARCS"模型的范畴和子范畴

注意	知觉唤醒:我以做什么来吸引他们的兴趣? 探究唤醒:我怎样才能刺激他们形成探究的态度? 可变性:我怎样运用多种策略维持他们的注意?
相关	目的定向:我怎样才能最好地满足学习者的需求?(我要知道他们的需求吗?) 动机匹配:我怎样及何时为学习者提供适当的选择、责任及影响? 熟悉:我怎样把教学与学习者的经验联系起来?
自信	学习要求:我怎样才能帮助学习者建立积极的成功期望? 成功机会:学习经验如何支持或增强学习者对自己能力的信心? 个人控制:学习者如何清楚地了解自己所获得的成功是基于他们自己的努力和能力?
满意	内部强化:我怎样才能为学习者提供有意义的机会去运用他们新获得的知识/技能? 外部报酬:哪些事物可以强化学习者的成功? 公平:我如何帮助学习者对自己的成就维持积极的看法?

资料来源:〔美〕Keller:《动机与行为》,载瑞泽、邓普西主编:《教学设计和技术的趋势与问题》(第二版),王为杰等译,华东师范大学出版社 2008 年版,第 124 页。

凯勒强调,注意、相关、自信和满意是一个整体,没有本次之分,缺少任何一个要素,都可能会使学习者丧失学习动机。因此,教学的设计与实施要系统考虑到这四个要素,忽视任何一个要素,都可能导致教学实施的无效或失败。

凯勒还提出了动机设计过程的十个步骤:[3]

(1) 获取课程信息:包括课程描述和理论基础;学习环境和教学传递系统;教师信息。

---

[1] See Keller J. M., *Motivational Design for Learning and Performance*, Springer, 2010, p. 45.
[2] 参见张祖忻:《如何将动机原理整合于教学设计过程——谈约翰·凯勒教授的动机系统学说》,载《开放教育研究》2003 年第 2 期。
[3] 参见〔美〕Keller:《动机与行为》,载瑞泽、邓普西主编:《教学设计和技术的趋势与问题》(第二版),王为杰等译,华东师范大学出版社 2008 年版,第 125 页。

（2）获取学习者信息：包括学习者的起点技能水平；对学校或工作的态度；对课程的态度。

（3）分析学习者：包括动机描述；根本原因；其他可能导致变化的影响等。

（4）分析已有教学材料：包括材料积极的特征；不足或问题；相关的问题等。

（5）列出课程目标和评价方式：包括动机设计的目的；学习者的行为；相关的确认方法。

（6）列出各种可能的动机激发策略：用头脑风暴法列出策略；教学开始、进行中、结束时的相应策略；自始至终的策略。

（7）选择和设计动机策略：包括整合策略；提高策略；维持策略。

（8）将动机设计过程和教学相整合：包括结合的设计；所包含的要点；要作的修改。

（9）选择和开发教学材料：包括选择可用的材料；修正情境；开发新的材料。

（10）评价和修订：包括获取学习者的反应；决定学习者的满意程度；必要时加以修订。

资料夹 5-3 大师评介：戴维·梅瑞尔：第二代教学设计之父

戴维·梅瑞尔（David Merrill,1937—），美国犹他州立大学教育技术系荣誉退休教授，当代著名教育心理学家和教学设计专家，其学术生涯长达四十五年，几乎历经了美国教育技术的半个世纪。

梅瑞尔是以加涅为代表的第一代教学设计理论的主要代表人物之一，又是第二代教学设计（ID_2）理论公认的学术领袖。一方面，梅瑞尔推进了加涅开创的教学设计研究，丰富并发展了教学设计的理论体系；另一方面，梅瑞尔首创的第二代教学设计以实现教学设计的自动化为己任，开始尝试为使用信息技术支撑的教学设计建立理论基础，梅瑞尔本人也因此被称为"第二代教学设计之父"。

梅瑞尔是计算机辅助教学领域被引用次数最多的作者之一，他所有的研究几乎都围绕着同一个问题：致力于理解"教学"在人类学习中所承担的角色。他在教育技术领域耕耘四十多年成果斐然，影响较大的有以下研究：他在 20 世纪 70 年代开发的"TICCIT"系统是当时三大著名计算机辅助教学系统之一（PLATO 系统即是其中之一）；20 世纪 80 年代提出了"成分显示理论"（CDT）和细化理论（Elaboration Theory，与瑞格卢斯合作）；20 世纪 90 年代形成了"第二代教学设计"（ID_2）的理论体系；21 世纪关于教学的基本原理研究等等。

梅瑞尔认为第一代教学设计的理论框架主要是建立在加涅的理论体系（特别是学习的条件）之上的，第一代教学设计理论较为笼统，梅瑞尔在成分显示理论方面的工作就是沿着加涅的这一条寻求教学设计的普遍性指导原则之路而进行的。

相对于第一代教学设计理论而言,"第二代教学设计"更精确,便于在创建自动化教学设计系统时运用计算机算法定义和实现教学的策略。

　　梅瑞尔指出,之所以将研究团队称为第二代教学设计团队,是因为他们致力于寻求一种适用于开发智能化教学设计工具的、新的教学设计理论,其主要目的是为了借助于技术创建各种能够加强和促进教学设计过程的工具。

　　资料来源:本书作者整理。

本章研习活动建议

　　1. 查询、阅读关于美国教育技术领域著名学者加涅的文献材料,并写一篇人物研究评述。

　　2. 了解高年级同学学习专业主干课程"教学设计"(或"教学系统设计")的相关情况,并从已经就业的毕业生那里初步了解教学设计理论和方法在实践中的应用情况。

阅读文献推荐

　　1. 高文:《教学系统设计研究的历史回顾——教学设计研究的昨天、今天与明天(之一)》,载《中国电化教育》2005年第1期。

　　2. 张祖忻:《如何将动机原理整合于教学设计过程——谈约翰·凯勒教授的动机系统学说》,载《开放教育研究》2003年第2期。

第二部分　实践与应用

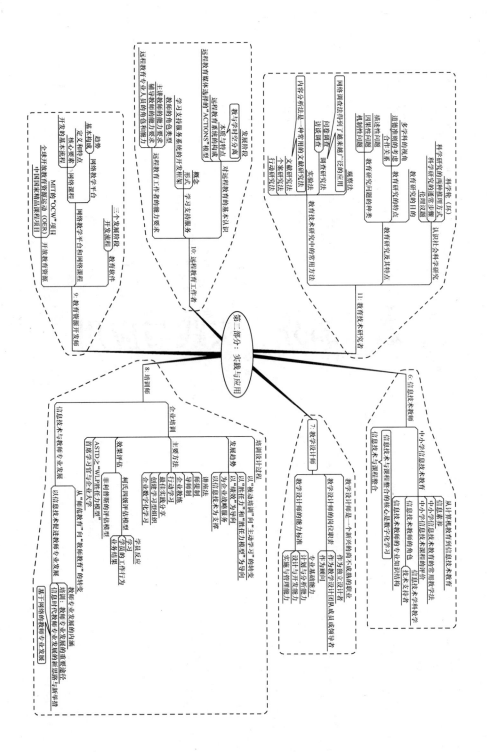

第六章
信息技术教师的知识和技能

本章主要内容

■ 在中小学承担信息技术课程的教学及相关工作是教育技术专业毕业生的一个重要就业领域。信息技术教师通常需要承担两类角色：信息技术学科教学和"技术支持者"（副角色）。

■ "全国中小学信息技术教育工作会议"的召开和《中小学信息技术课程指导纲要（试行）》的实施，大大推动了中小学信息技术教育和基础教育信息化的步伐，信息技术教育得到前所未有的重视和快速发展。

■ 信息素养的培养是中小学信息技术教育的重要目标。信息素养不仅包括熟练运用当代信息技术的基本技能，还包括获取识别信息、加工处理信息、传递创造信息的能力，更重要的是独立自主学习的态度和方法、批判精神以及强烈的社会责任感和参与意识，并将这些能力用于信息问题的解决和进行创新性思维的综合能力。

■ 中小学信息技术教育的常用教学法包括讲授教学法、任务驱动教学法（TBL）、范例教学法、基于问题的学习（PBL）、Webquest、讨论法和游戏教学法等。

■ "信息技术与课程整合"是基础教育信息化发展的新阶段，是我国面向21世纪基础教育教学改革的新视点，是与传统的学科教学有着密切联系和继承性，又具有一定相对独立性的新型教学类型。

■ 信息技术与课程整合的核心是数字化学习（e-learning）。

第一节 中小学信息技术教育

一、从计算机教育到信息技术教育

1. 中小学计算机教育的简要回顾

我国的中小学计算机教育始于20世纪70年代末期,当时的主要形式是课外小组活动。1982年,原国家教委正式发文在五所大学的附属中学进行计算机选修课的试验,由此开始了我国中小学计算机教育的历程。

原国家教委于1983年和1984年先后两次召开了中学计算机教育工作会议。1984年,邓小平同志提出了"计算机的普及要从娃娃做起",从中央到地方各级政府和教育行政部门都非常重视中小学的计算机教育,我国中小学开展计算机教育的工作由少量试点转向逐步发展的新阶段;1986年,召开了全国第三次中学计算机教育工作会议,制定了发展中学计算机教育的指导方针。1986年以后,中学计算机教育在全国开始有计划、有步骤地扩大试验面;1987年,原国家教委成立了"全国中学计算机教育研究中心",加强对计算机教育的研究;1991年,第四次全国中小学计算机教育工作会议召开,会后成立了"全国中小学计算机教育领导小组";1994年,《中小学计算机课程指导纲要(试行)》颁布,计算机程序设计从最初的主导地位逐渐改变为教学内容中的一个普通模块,计算机作为辅助教学的工具也逐渐走进中小学的课堂。

2. 从"计算机教育"到"信息技术教育"的历史性转折

2000年10月25日,"全国中小学信息技术教育工作会议"在北京召开,这是我国推进教育信息化的一次具有重大现实意义和深远历史意义的会议。会议决定,从2001年起,用五到十年左右时间在全国中小学基本普及信息技术教育,全面实施"校校通"工程。同时在2000年颁布的《中小学信息技术课程指导纲要(试行)》中,正式将"计算机课"改为"信息技术课"。2001年6月8日,经国务院同意,教育部颁发了《基础教育课程改革纲要(试行)》。纲要明确指出:

■ 在课程结构方面要"从小学至高中设置综合实践活动并作为必修课程,其内容主要包括:信息技术教育、研究性学习、社区服务与社会实践以及劳动与技术教育"。

■ 在教学过程方面要"大力推进信息技术在教学过程中的普遍应用,促进信息技术与学科课程的整合,逐步实现教学内容的呈现方式、学生的学习方式、教师的教学方式和师生互动方式的变革,充分发挥信息技术的优势,为学生的学习和发展提供丰富多彩的教育环境和有力的学习工具"。①

由此,中小学信息技术教师被赋予了新的历史使命。

资料夹6-1 陈至立部长在全国中小学信息技术教育工作会议上的讲话要点

1. 信息化是当今世界经济和社会发展的大趋势。即将到来的21世纪,科学技术特别是信息技术和生命科学的不断突破,对世界政治、经济、文化生活将产生更加深刻的影响。我们应深刻认识到信息技术的伟大力量,加快在中小学普及信息技术教育的步伐。

2. 在过去的十年中,互联网和多媒体技术已成为拓展人类能力的创造性工具。为了适应科学技术高速发展及经济全球化的挑战,发达国家已经开始把注意力放在培养学生一系列新的能力上,特别要求学生具备迅速地筛选和获取信息、准确地鉴别信息的真伪、创造性地加工和处理信息的能力,并把学生掌握和运用信息技术的能力作为与读、写、算一样重要的新的终生有用的基础能力。在知识经济时代,信息素养已成为科学素养的重要基础。

3. 我们要从中华民族伟大复兴的高度认识在中小学普及信息技术教育的重要性和紧迫性,并化为全社会的共识和实际行动,加快在中小学普及信息技术教育的步伐。如果我们在这个问题上认识不足,行动不快,措施不力,那将拖国民经济和社会信息化的后腿,就要负历史性的责任。

4. 当前,在中小学普及信息技术教育的主要目标有两个:第一,开设信息技术必修课程,加快信息技术教育与其他课程的整合;第二,全面实施中小学"校校通"工程,努力实现基础教育的跨越式发展。

资料来源:陈至立:《抓住机遇,加快发展,在中小学大力普及信息技术教育——在全国中小学信息技术教育工作会议上的报告》,载《管理信息系统》2000年第12期。

二、信息素养

2000年教育部颁发的《中小学信息技术课程指导纲要(试行)》对于中小学信息技术课程的主要任务作了如下描述:"培养学生对信息技术的兴趣和意识,让学生了解和掌握信息技术基本知识和技能,了解信息技术的发展及其应用对人类日常生活和科学技术的深刻影响。通过信息技术课程使学生具有获取信息、传输信息、处理信息和应用信息的能力,教育学生正确认识和理解与信息技术相关的文化、伦理和社会等问题,负责任地使用信息技术;培养学生良好的信息素养,把信息

---

① 参见教育部:《基础教育课程改革纲要(试行)》,http://www.edu.cn/20010926/3002911.shtml,2011年8月15日访问。

技术作为支持终身学习和合作学习的手段,为适应信息社会的学习、工作和生活打下必要的基础"①。由此可知,信息素养的培养是中小学信息技术教育的重要目标。

信息素养(Information Literacy)的概念是从图书检索技能演变发展而来。传统图书检索技能中,包含很多实用、经典的文献资料查找方法。计算机、网络的发展,使这种能力同当代信息技术结合,成为信息时代的每个公民必须具备的基本素养,引起世界各国教育界的高度重视。从1989年美国图书馆协会(ALA)和美国教育传播与技术协会(AECT)对信息素养作出定义以来,美国的各级教育组织、专业机构和学校开始对培养学生的信息素养展开了理论研究与实践探索,并取得了很大的成绩,不仅制定了一系列有关信息素养的评价标准,更创立了一些旨在培养学生的信息素养、基于批判性思维的信息问题解决方案。目前,信息素养教育在美国的基础教育和高等教育中正如火如荼地开展。信息素养教育已经整合到学校教育的各学科教学中,它像一个推进器极大地推动了美国学校在教育思想、教学内容、教学方式、教学评价等方面的全面变革。

"信息素养"这个术语最早是由美国信息产业协会主席车可斯基(Paul Zurkowski)于1974年提出来的。他把信息素养定义为"人们在解决问题时利用信息的技术和技能";1983年,美国信息学家霍顿(Horton)认为教育部门应开设信息素养课程,以提高人们对电子邮件、数据分析以及图书馆网络的使用能力;1987年,信息学专家布雷克(Patrieia Breivik)将信息素养概括为一种了解提供信息的系统,并能鉴别信息的价值,选择获取信息的最佳渠道,掌握获取和存储信息的基本技能,如数据库、电子表格软件、文字处理等技能。"literacy"的英文本义为"识字"、"有文化"和"阅读和写作的能力",这个提法是与传统的以物质和能量为基础的工业社会的印刷技术和文字媒体的文化相联系的。而随着多媒体与计算机网络技术的发展和广泛应用,人类社会进入以信息和知识为主要资源的信息社会,出现了多媒体文化和网络文化,"literacy"被赋予了新的含义。

自从信息素养被人们广泛关注以来,其定义就在不断演变和发展,对其内涵与外延也有不同的理解。1992年,美国图书馆协会给信息素养下的定义是"信息素养是人能够判断确定何时需要信息,并且能够对信息进行检索、评价和有效利用的能力"。1998年,美国图书馆协会和美国教育传播与技术协会进一步制定了k-12学生学习的九大素养标准,这一标准从信息技能、独立学习和社会责任三个方面表述,更进一步扩展与丰富了信息素养的内涵与外延。在这些理论的指导下,围绕培养信息素养而展开的一系列实验研究和课程设计也广泛开展起来,如美国一些学

---

① 教育部:《中小学信息技术课程指导纲要(试行)》,http://www.edu.cn/20020327/3023657.shtml,2011年8月15日访问。

校正在开展的 Big6 技能训练课程(即图书馆技能与计算机技能训练课程)等,成为学校课程体系改革发展中受到普遍关注和欢迎的新趋势。

因此,信息素养是一个含义广泛的综合性概念。信息素养不仅包括熟练运用当代信息技术的基本技能,还包括获取识别信息、加工处理信息、传递创造信息的能力,更重要的是独立自主学习的态度和方法、批判精神以及强烈的社会责任感和参与意识,并将这些能力用于信息问题的解决和进行创新性思维的综合能力。桑新民教授从三个层次、五个方面概括了信息素养的内在结构:

第一层次:
- 高效获取信息和批判性地评价、选择信息的能力。
- 有序化地归纳、存储和快速提取信息的能力。
- 运用多媒体和网络表达信息、创造性使用信息的能力。

第二层次:
- 将以上一整套驾驭信息的能力转化为自主、高效地学习与交流的能力。

第三层次:
- 培养和提高信息文化新环境中公民的道德、情感,法律意识与社会责任。

信息素养内在结构的诸要素是相互联系不可分割的有机整体。有信息素养的人是指那些不仅懂得如何学习,而且具有终身学习的意识、习惯、能力的人。信息素养不仅是一定阶段的目标,而且是每个社会成员终生追求的目标,是信息时代每个社会成员的基本生存能力。①

三、中小学信息技术教育的常用教学法

所谓教学方法,是指在教学过程中,教师和学生为实现教学目的、完成教学任务而采取的教与学相互作用的活动方式的总称。信息技术课程中的教学方法,就是指为培养学生信息素养、完成教学任务,而采取的教与学相互作用的活动方式的总称。

国内有学者将信息技术课程的常用方法总结为以下七类:讲授教学法、任务驱动教学法、范例教学法、基于问题的学习、Webquest、讨论法和游戏教学法。② 本书在此选择中小学信息技术教学中常用的三种具有一定特色的教学方法进行简要介绍。

1. 任务驱动教学法

随着信息技术课程的广泛开设,任务驱动教学法(Task-Based Learning)得到了

---

① 桑新民主编:《学习科学与技术——信息时代大学生学习能力培养》,高等教育出版社 2004 年版,第 32—34 页。

② 参见李艺、李冬梅:《信息技术教学方法:继承与创新》,高等教育出版社 2003 年版,第 5 页。

广泛的关注,是中小学信息技术课程中最常用的教学方法之一。

任务驱动教学法是一种能够很好应用于实验性、实践性与操作性较强的教学内容的教学方法,它的含义是以富有趣味性,能够激发学生学习动机与好奇心的情景为基础,与教学内容紧密结合的任务为载体,使学习者在完成特定任务的过程中获得知识与技能的一种教学方法。任务驱动教学方法体现了以任务为明线、培养学生的知识与技能为暗线、教师为主导、学生为主体的基本特征。[①]

任务驱动教学法通常被认为是一种建立在建构主义学习和教学理论基础之上的教学方法,其中教师和学生所承担的角色分别为:

(1) 学生:要成为意义的主动建构者。

对学生的具体要求如下:

■ 能进行自主探究和小组协作式学习,通过完成任务培养信息素养、体验成功的喜悦、增强学习的信心。

■ 在完成任务的过程中要求学生主动搜集并分析有关的信息和资料,对要完成的任务提出各种解决方案并亲身尝试。

■ 要把当前要完成的任务所体现的知识、技能尽量和自己已掌握的知识、技能相联系,并对这种联系加以认真思考。

(2) 教师:要成为学生意义建构的帮助者和指导者。

对教师的具体要求如下:

■ 激发学生的学习兴趣,帮助学生形成和维持学习动机。

■ 将学生的学习设置到实际的、有意义的任务情境中,提示新旧知识之间联系的线索,帮助学生学习隐含于任务中的知识与技能。

■ 教师应在可能的情况下组织好协作学习,并对协作学习的过程进行引导,使之朝有利于任务完成和意义建构的方向发展。

信息技术课程中的"任务"特指通过信息技术的应用完成的任务,实质是教学内容的任务化。例如,任务可以是文章、图形、表格、数据库等,也可以是一个调查报告,一个信息展示作品,也可以是一个网站等。

任务的类型有多种,总体上可以分为封闭型和开放型两种:

(1) 封闭型任务

封闭型任务是每个学生都应自主完成的任务,它包含的主要是一些学生没有学过的新知识。新旧知识有一定的联系,要求每位学生都能掌握。这类任务规定了一个比较明确的学习目标、任务主题、任务要求和相关的资源,一般教师需要针对任务包含的重点问题引导学生作出比较清楚的分析,以明确重点少走弯路,同时

---

① 参见郭绍青:《任务驱动教学法的内涵》,载《中国电化教育》2006年第7期。

也需要学生在确定的任务主题内发挥自己的特色。封闭型任务多采用个体学习的组织形式，有时也可以采用松散的任务分组形式。

封闭型任务的教学步骤如下：
- 创设情境，引起注意，提出任务。
- 共同讨论，分析任务，发现问题。
- 针对问题，明确思路，提示重点。
- 自主探索，领会意图，解决任务。
- 检查结果，发现不足，总结经验。

（2）开放型任务

开放型任务一般需要每个小组学生共向探讨完成，任务完成的结果通常是一个电子信息作品。任务涉及的主要是已经学过的知识，允许学生在一个较大的框架范围内自主选择和设计任务类型和任务主题。此类任务可以进一步整合学生已经学过的知识和技能，较好地适应学生的个性特点和能力差异，也是创新精神和创新思维迸发的催发剂和试验场，从而提升学生综合运用信息技术的能力。

开放型任务的教学步骤如下：
- 创设情境，引起注意，提出框架。
- 共同讨论，分析框架，进行分组。
- 小组讨论，明确任务，制订方案。
- 自主探索，积极合作，解决任务。
- 作品展示，经验交流，总结提升。[①]

2. 基于问题的学习模式

通过解决问题学习的思想由来已久，但"基于问题的学习"（Problem-Based Learning，PBL）作为一种特指的概念和方法却是在20世纪60年代后期出现的，作为一种比较成熟的教学模式诞生于20世纪70年代加拿大麦克马斯特大学医学院。随着不断的研究和实践，基于问题的学习也受到基础教育界的重视，并逐渐在中小学教学中得到应用和普及。

作为一种问题取向的教学模式，PBL强调把学习放到复杂的、有意义的问题情境中，通过让学生解决现实世界中的问题探究问题背后隐含的概念和原理，并发展学生自主学习的能力。在信息技术教学中使用PBL的教学方法，信息技术不但可以作为基本的技术支撑，为学生开展活动提供资料、信息，为学生提供交流合作的平台，更重要的是，学生在此过程中能够获得相关的信息技术知识和方法，从而将信息技术的学习与应用有机地结合起来。

---

① 参见李艺、李冬梅：《信息技术教学方法：继承与创新》，高等教育出版社2003年版，第111—125页。

(1) 问题的特性及类型①

乔纳森认为问题首先是一个特定情境中的未知领域,其次对于该未知领域的解答是人们感觉到必须的,同时具有某种社会、文化或智力的价值。一个问题通常由问题域、问题类型、问题解决过程和问题解决方案构成。

问题可以是良构的(比如解二次方程、识别摩尔当量、为舞台布置灯光等),也可以是非良构的(家居设计、是否卖掉那辆已用了十年的旧车、减肥、对一给定的问题情境进行教学设计等);可以是给定的,也可以是学习者自己发现的;可以是清晰界定的,也可以是模糊的;可以是简单的,也可以是复杂的;可以是长期的,也可以是短期的;可以是熟悉的,也可以是不熟悉的。这些变量可以综合成三类问题,即猜谜类问题、良构问题和非良构问题,它们构成了一个从去情境化的、收敛性答案问题到非常情境化的、多元化答案问题的连续体。

良构类问题拥有明晰的初始条件、已知的目标状态、限定步骤的逻辑操作,问题的所有元素都是清晰给定的,问题解决中所应用的概念或规则是有限的,拥有明确的、收敛性答案,问题解决过程具有限定性。良构问题的解决与特定的学科和知识领域相关,强调技能在相似问题类型间的迁移,问题的解决常与课本中的内容密切相关。

非良构问题产生于特定的情境。我们在日常生活中每天都会遇到大量的此类问题,这类问题并不与课堂中学习到的某一特定学科知识内容直接相关(往往是多个学科之间的交叉),问题的答案通常是不可预测且发散的。这类问题的构成、目标和条件都是模糊、不明确的,拥有多个答案、解决路径或根本就无解,且不存在公认的最优答案。此类问题解决的过程需要学习者个人的积极参与,因此人际交往对于问题的解决至关重要。教学设计类问题就是典型的非良构问题,政治类问题及社会类问题同样属于非良构问题。非良构问题解决教学设计的理论基础是建构主义和情境认知。

(2) 基于问题的学习及其在信息技术课程中的实施步骤

基于问题的学习是指把学习置于复杂的、有意义的问题情境中,通过让学生以小组合作的形式共同解决复杂的、实际的和真实的问题,形成解决问题和自主学习的能力。PBL 的整个教学过程围绕一个非良构问题的解决进行,学生在学习过程中进行分组和协作,通过多种形式获取信息,形成问题解决的方案,并以作品/展示等方式对问题解决和学习进行表达。②

---

① 参见梁林梅、郑旭东:《领域开创者 学科奠基人——美国教育技术专业群英谱》,天津大学出版社 2010 年版,第 141—142 页。

② 参见李艺、朱彩兰主编:《信息技术课程与教学》,高等教育出版社 2010 年版,第 86—87 页。

信息技术课程教学中,PBL 的具体实施步骤如下:[1]
- 创设情境,提出问题。
- 界定问题,分析问题,组织分工。
- 探究、解决问题。
- 展示结果,成果汇总。
- 评价、总结与反思。

3. Webquest

随着计算机技术和网络技术的迅速发展,随着信息技术日益融入人们的生活和工作,基于信息技术的各类探究性学习模式也应然而生,基于 Webquest 的网络探究就是一种在信息技术课程中非常受欢迎的新型教学方法。

1995 年,圣地亚哥州立大学教育技术系的伯尼·道奇(Bernie Dodge)博士等创建了一种基于网络的课程计划,将其命名为"Webquest"。[2] Webquest 是一种以探究为导向的学习活动,活动中学生们用到的所有或大部分信息都来自网络。这种学习活动有以下几个主要特点:
- 有一个明确的主题或问题,为方便起见统称为问题。
- 此类问题可通过寻求信息而得到解答。
- 问题的解答没有唯一性。[3]

Webquest 可以分为短期和长期两种,短期的 Webquest 大约为 1—3 课时,其主要目的在于获取和整合知识;而长期的 Webquest 则需要一周至一个月甚至更长的时间,其目的在于探究和拓展知识。学生借助于 Webquest 进行探究性学习可以是基于个体的,也可以是基于团队的。

(1) Webquest 的基本结构

一个标准形式的 Webquest 包括简介、任务、过程、资源、评价、结论和教师页几个部分:

① 简介

简介是对所要"探究"问题的简要描述。在这一部分中,教师可以向学生们简要介绍 Webquest 的大致情况,以进行前期的组织和准备工作。Webquest 的简介部分应包括两方面目的:第一,让学习者明确将要学习的是什么;第二,通过各种方式提高学习者的学习兴趣。

② 任务

任务是对于学习者所要做的事情的描述。在这一部分中,教师应该清晰明了

---

[1] 参见李艺、李冬梅:《信息技术教学方法:继承与创新》,高等教育出版社 2003 年版,第 217—219 页。
[2] 参见 http://webquest.org/index.php,2011 年 8 月 15 日访问。
[3] 参见杨九民、梁林梅:《教学系统设计理论与实践》,北京大学出版社 2008 年版,第 225 页。

地描述学习者行为的最终结果将是什么。在 Webquest 中涉及的"任务"可以是：一系列必须解答或解决的问题；对所创建的事物进行总结；阐明并为自己的立场辩护；具有创意的工作；任何需要学习者对自己所收集的信息进行加工和转化的事情等。

③ 过程和资源

过程和资源是说明要做些什么才能完成指定的任务。这一部分是探究学习的关键所在，一定要使这些步骤简明清晰。在 Webquest 的过程设计中，教师将完成任务的过程分解成循序渐进的若干步骤，并就每个步骤向学习者提出短小而清晰的建议，其中包括将总任务分成若干子任务的策略，对每个学习者要扮演的角色或者所要采用的视角进行描绘等等。在对探究的过程进行设计的同时，教师还需要为学生提供一些可以被学习者用于完成任务的网络资源（通常是作为超链接的网址）。

④ 评价

Webquest 采用量规（Rubric）[①]对学生的探究过程和表现进行评价。

⑤ 结论

结论是对于学习成果或学习过程的简要总结。通过简短的一两句话，概述学生完成此 Webquest 后将会获得或学到什么。Webquest 的结论部分为总结学习内容和经验、鼓励对整个学习过程进行反思，学习成果进行拓展和推广提供了机会。另外，还可以为教师提供在整个课堂讨论中使用的问题。

⑥ 教师页

教师页介绍 Webquest 设计的理念、过程和经验，并对其他教师的使用提出建议。

（2）Webquest 设计的"FOCUS"原则[②]

伯尼·道奇在长期实践的基础上，总结提出了 Webquest 设计的五项原则（"FOCUS"原则）：

- F——找出精彩的网站。
- O——有效地组织学习者和学习资源。
- C——要求学习者思考。
- U——选用媒体。
- S——为高水平的学习期望搭建"脚手架"。

（3）利用 Webquest 开展信息技术课程教学的基本步骤如下：

- 考虑问题和任务的可行性：是否符合目前阶段学生的学习发展状况？是否

---

① 关于"量规评价"的介绍见下文中的"信息技术教学中常用的评价方法"。
② 参见杨九民、梁林梅：《教学系统设计理论与实践》，北京大学出版社 2008 年版，第 226—227 页。

适合用 Webquest 方式？是否能激发学生兴趣？是否具有一定的挑战性？
- 收集资料和设计 Webquest 学案，搭建通往高级思维水平学习的"脚手架"。
- 制作 Webquest 学案并以网页的形式发布。
- 组织实施教学。
- 对活动进行总结，同时鼓励学生对问题的深入思考，与学生一起进行评价，对完成任务的过程和结果进行反思。

四、中小学信息技术课程的评价

1. 诊断性评价、形成性评价和总结性评价

根据学习过程不同阶段，可以将学习评价分为诊断性评价、形成性评价和总结性评价。

（1）诊断性评价

诊断性评价一般又称为前测，它通常是在学习开始之前进行的，其目的在于了解学生的基础和发展的可能性，以便确定学习的起点和进度等。这种诊断性评价是前瞻式的，它具有推断和预见学习者未来学习和发展的功能。教师和学生可据此确定学习目标，拟订学习计划。另外还有在学习过程中进行的诊断性评价，主要针对那些遇到学习困难和障碍的学习者，用来分析和判断产生学习困难的原因，寻找克服学习障碍的对策。

（2）形成性评价

形成性评价也称做过程评价，它是在学习进程中的动态评价。通常在学习告一段落时进行，主要功能是及时反馈、及时补救。学生可以依据获取的反馈信息了解学习状态，及时调节学习，改进薄弱环节。

（3）总结性评价

总结性评价也称学习后评价，它在学习活动结束时进行，其主要功能是对学习者的活动结果作出判断，鉴定学习成效和学习能力发展的水平。典型的例子是学生的期末考试和毕业会考。由于这种评价是"回顾式"的，是一种事后检验，难以对活动的进程施加影响。[1]

2. 评价新理念

（1）评价应以促进学生发展为目的

多元智能理论认为，每个人与生俱来都在某种程度上拥有多种智能，人与人的差别主要在于不同的智能组合。教学应遵循智能发展的规律，努力挖掘和培养每个学生的创造性潜能。

---

[1] 参见桑新民主编：《学习科学与技术——信息时代大学生学习能力培养》，高等教育出版社 2004 年版，第 176 页。

(2) 评价应是真实的、重视实践能力的情境化评价

传统评价基本上是一种纸笔方式的测验,是在人为的非自然情境下进行的。它重理论轻实践,重知识的记忆而忽视对创造能力的考核,不能反映学生在实际生活情境中解决问题的能力和创新能力。当今学习与教学的目标已经发生了变化,这就要求学生不仅要识记基本知识,而且还要把所学知识与技能整合到一起,解决真实生活中的问题,积极主动地完成复杂而有意义的任务。

(3) 评价主体多元化,重视被评价者在评价中的地位和作用

在传统的学习评价中,评价主体是教师,学生只能被动接受评价,没有参与评价的机会。新的学习评价强调评价主体的多元性,注重他人评价和自我评价的结合。

(4) 评价标准多元化,更多地关注学生的个体差异

传统的学习评价,由于评价功能侧重于选拔,与之相应的评价标准主要采用相对评价标准。而新的学习评价往往采用绝对评价标准、相对评价标准和个性化评价标准相结合的多元化结构,更有益于面向全体学生,面向学生的全面发展。

(5) 重视过程评价,关注学习发展的动态历程

在传统教学中,评价往往放在学习活动的最后,注重对学生最后的学习结果进行评定。现代学习评价理论认为,人的学习和发展是一个动态的过程,过程中的积极反馈比结果控制更有效,因为从过程中获得的信息更为全面和真实。通过对学生阶段性目标达到程度的评价,可以及时肯定学生的发展成就,增强学生的自信心,提高学习兴趣。

(6) 评价方法多元化,量化评价与质性评价相结合

学习评价从其产生之日起,就力求客观性和科学性。在相当长一段时期内,对客观性的追求表现在量化评价工作上,标准化测试、常模测验成为世界范围内盛行的评价工具和手段。但是传统量化评价往往把复杂的学习活动加以模式化、简单化和表面化,从而使学生鲜活的个性被抽象成一组组僵硬的数字,学生在各个方面的发展和进步也被简化为冷冰冰的数值,学生在学习活动中所获得的乐趣和体验则湮没其中。如今,随着时代要求的转变,评价目标、评价内容有了很大变化,这就需要从多种渠道收集学生学习情况的信息,扩展有效学习评价的技术和方法。质性评价的方法(如档案袋法、表现性评价、行为观察法、研讨法等)因能全面、深入、真实地再现学习活动的复杂性,更逼真地反映学生整体的素质水平而受到普遍欢迎,成为当前世界各国评价改革发展的新潮流。①

---

① 参见桑新民主编:《学习科学与技术——信息时代大学生学习能力培养》,高等教育出版社 2004 年版,第 177—180 页。

3．信息技术教学中常用的评价方法

（1）电子档案袋评价

档案袋（Portfolio），又译为文件夹，是依据一定目的，收集反映学生学习过程中所作努力、取得进步、最终成果以及学习反思的一整套材料，是对个人作品的系统收集。档案袋评价（Portfolio Assessment）是一种综合性的过程评价形式，随着当代信息技术的广泛应用，出现了各种丰富多彩的电子档案袋（e-Portfolio）新形式，推动了档案袋评价的迅速发展。

作为一种新的学习评价方式，档案袋评价与传统的标准化测试在评价主体、评价标准、评价目的等方面有很大的差异，如表 6-1 所示：

表 6-1　档案袋评价与标准化测验的区别

档案袋评价	标准化测验
反映学生参与的多种活动	依据有限的任务评价学生的能力
让学生参与自己进步与成就的评价	由教师依据学生的答题情况评分
在尊重学生个体差异的基础上评价每一个学生的成就	用统一标准评价所有学生
自我评价是重要目标	没有自我评价方面的目标
关注学生的进步、努力与成就	只关注学生的成就
将评价与教学、学习结合起来	教学、学习与评价是分离的

资料来源：桑新民主编：《学习科学与技术——信息时代大学生学习能力培养》，高等教育出版社 2004 年版，第 187 页。

档案袋评价的特点和优势如下：[①]

① 学习档案袋可以记录学生参与的各项活动、所有努力，能够使评价更加全面和真实。因为学习档案袋不仅反映学生的学习成就，而且有对学生学习过程、学习进步的真实记录，能够真实地展示学生到底学习到了什么。

② 运用档案袋评价学生学习，能够使学生参与学习评价。因为在档案袋中存放哪些作品，如何存放，都由学生自己决定。这需要学生首先对自己的学习过程进行回顾，对学习成果进行评价和筛选。在此过程中，不仅能够激发学生的学习动机和学习责任感，而且使学生的自我评价能力得到增强。

③ 可以使评价与学习更紧密地结合。档案袋评价需要学生进行自我评估，可以促进学生对自己的学习方法、学习态度、学习结果进行反思，尤其是让学生再思考自己的作品和不断获取进步的经历，这显然是一种自我教育、自我激励的有效方法。

④ 档案袋评价可以实现对学生进行个性化评价，满足学生兴趣和特长发展的

---

① 参见桑新民主编：《学习科学与技术——信息时代大学生学习能力培养》，高等教育出版社 2004 年版，第 186—187 页。

需要。

（2）量规评价

量规（Rubric，又译为规则、评分细则等）是目前常用的学习评价技术。量规是根据评价目标从不同维度和等级对评价标准进行具体描述和说明的评价工具，一般表现为二维表格的评分细则形式，可以用来评价学生学习过程中的认知行为表现、学生作品或学习成果等。量规的形式并不是固定不变的，有的量规没有采用表格的形式，也有的量规并不分等级，而是给出所要求的最高标准。所以，量规不必拘泥形式。

在学习与教学过程中使用量规评价，具有以下特点：[1]

① 量规往往评价学生在给定作业或任务中产生的成果，适用于研究性学习、协作学习、课堂参与、演示汇报、家庭作业、科学实验等多种学习活动。其评价内容不再仅局限于书本知识，而更多注重对学生的实践能力、创新精神、问题解决能力、协作交流能力以及情感态度和习惯等综合素质的考查。

② 量规是一种评价标准的体现。这种可视化的"学习目标"可以帮助学生和教师了解"什么是高质量的学习"。同时，量规从与评价目标相关的多个方面详细规定评定指标，可以有效降低在评价学生学习时的主观随意性，不但可以由教师评价学生学习，而且可以让学生自评或同学互评。

③ 量规可以帮助学生认清自己的学习目标和需要达到的学习标准。当学生有规则地通过量规评判他们的学习活动和作业时，他们会不断增强对学习的责任心，而且有效地减少了学习的盲目性。

④ 使用量规评价的最大好处之一是使标准公开化，这意味着量规将在学生、父母和社区中开放和共享，这显然有助于对学生作出客观、公正的评价。同时，运用量规评价可以减少为学生作业评分的时间，并且使教师更容易向学生解释，为什么他们得到这个成绩和他们做什么可以获得提高。

⑤ 使用量规的主要目的不是给学生分类，而是为了让学生清楚学习的目标以及在学习过程中引起学生的反思。量规与教学过程、研究目标紧密结合在一起，量规的使用可以使评价主体多元化，评价内容灵活丰富，评价手段、方法多样化。

五、信息技术教师的角色和专业知识结构

1. 信息技术教师通常需要承担的两类角色

对于学生来说，信息技术教师不同于语文、数学、英语等科目的教师，其主要职责是开展信息技术课程的教学，培养和提升学生的信息素养，因此信息技术教师的

---

[1] 参见桑新民主编：《学习科学与技术——信息时代大学生学习能力培养》，高等教育出版社2004年版，第191—193页。

一个主要角色是信息技术学科的教学。

另一方面,对于学校中的其他教师来说,信息技术教师与他们互动的中介是"技术支持",包括课件、软件的制作,信息技术与课程整合等层面的应用指导、培训及学校信息化教育系统的技术维护,以保障信息技术在学校日常教育教学中的正常应用。因此,通常情况下信息技术教师的另一个角色是"技术支持者"。相对于信息技术学科教学的角色而言,"技术支持者"这一角色通常是次一级的副角色。[①]

2. 信息技术教师的专业知识结构

为了能够成为一名专业的信息技术教师,他(她)应该有一定的信息技术学科专业知识和信息技术学科思维;他(她)需要具备一般教学专业知识和具体的信息技术教学的专业知识,知道怎样教信息技术,也就是说需要利用信息技术教学知识设计学生学习的信息技术内容和促进他们的信息技术思维趋于成熟;同时,他还需要具备一定的技术实践知识。信息技术教师的专业知识结构如图6-1所示:

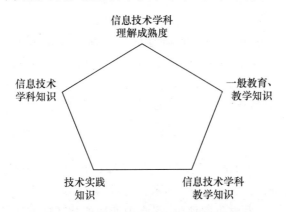

图6-1 信息技术教师的专业知识结构

资料来源:詹青龙:《信息技术教师培训:理论与应用》,教育科学出版社2009年版,第50页。

(1) 信息技术学科知识

一般来说,信息技术教师的学科知识要满足以下几方面的要求:

■ 具备与信息技术学科相关的基础知识,例如有关学科的陈述性知识、程序性知识和学科方法论知识等,以及信息技术与相关学科的关系。

■ 对信息技术学科知识有一定的深度和广度,了解信息技术学科发展的历史,掌握新发展的信息技术,了解信息技术对社会、人类发展的价值和在人类生活

---

① 参见詹青龙:《信息技术教师培训:理论与应用》,教育科学出版社2009年版,第48—49页。

实践中的多种表现形态，了解信息技术的发展趋势等。这能使信息技术教师在教学中把信息技术知识与人类的关系、与现实世界的关系揭示出来，展现信息技术的人文价值魅力。

■ 能把信息技术学科知识变成自己的一种学科素质，能够明晰地表达出来，不把不准确的和错误的知识教给学生。

■ 掌握信息技术所提供的认识世界的视角及思维的工具与方法，熟悉信息技术学科专家的创造、发现过程和成功的原因，及在他们身上展现的科学精神和人格力量，这对于增强学生的精神力量和创造意识具有重要的价值。

坚实的信息技术学科知识有助于信息技术教师建立高水平的自我效能信念，减少信息技术教学中的焦虑，并发展对信息技术教学更积极的态度。

（2）信息技术学科理解成熟度

信息技术学科理解成熟度是表征信息技术教师对信息技术学科的理解和把该学科与其他学科区别开来的一种学科知识。信息技术学科理解成熟度关注：理解信息技术；解决先前没有遇到的信息技术问题；使用简洁、明了的信息技术话语表达思想；知道怎样学习信息技术；统和应用技术思维、算法思维和批判性思维；设计学科问题；学习迁移，包括学科内的迁移、学科间的迁移、面向生活的迁移和陌生情境的迁移；对信息技术的内在动机和兴趣等。

信息技术学科理解成熟度是一种思想，并不特指信息技术的任何一个具体领域，不依赖知晓信息技术内容的某个具体部分。

（3）一般教育、教学知识

此即关于教学和学习的过程、方法和实践的知识，以及怎样覆盖整个教育目的、目标和价值的知识。它作为一般形式的教育教学知识，涉及学生学习、课堂管理、教学方法和实施以及学生的评价、课堂中使用的技巧或方法知识，学习者特性和评价学生理解的策略知识等。

一名具有一般教育、教学知识的信息技术教师需要掌握学习理论、教学理论、教学设计理论、心理及发展理论等，能理解学习者怎样建构知识和习得技能，并合理地把它们应用到课堂教学中，发展学生学习的心智习惯和积极的学习心向。

（4）信息技术学科教学知识

信息技术学科教学知识是指信息技术学科知识和一般教学法知识融合而产生的一种信息技术教师独有的知识，这也是信息技术教师区别于信息技术学科专家的重要标志。信息技术教师能将信息技术学科内容知识转换成适合学生学习的教学方式或教学表征，帮助学生学习。拥有信息技术学科教学知识的教师，能根据特定的主题，针对学生的不同兴趣和能力，组织、调整与呈现学科知识，并进行有效的教学。

（5）技术实践知识

技术实践知识是依存于技术实践活动和有效指导技术实践活动的一种知识，是个体在技术实践活动中对情境回应的一种经验性、情境性知识。

技术实践知识包括三个层面——技术实践规则、技术实践原理和技术实践图景：

■ 技术实践规则是指关于具体的、经常遇到的技术情境的建议，能简单明了地阐述技术实践方法、操作过程、技术要求和注意事项等。

■ 技术实践原理是关于技术情境更一般的陈述，包括技术实践一般行为的理论依据、情境判断准则和合理的预期等。

■ 技术实践图景是由技术实践者的实践经验、理论性知识和文化惯习结合而成的高度抽象的技术实践知识，是体现技术实践者情感、需要、价值或信念的最简洁的隐喻陈述。①

第二节 信息技术与课程整合

纵观发达国家教育信息化的进程，一般可分为两个发展阶段：第一阶段是教育信息基础设施建设阶段，重点是建设畅通的信息渠道和丰富的信息资源，大规模地培训教师，以及通过开设信息技术教育课程教会学生使用计算机，为应用信息技术营造良好的环境；第二阶段则从技术应用的初始阶段转向整合阶段，把信息技术与学科教学有机地结合起来，从根本上改变传统教和学的观念以及相应的学习目标、方法和评价手段。②

"信息技术与课程整合"是我国面向21世纪基础教育教学改革的新视点，是与传统的学科教学有着密切联系和继承性，又具有一定相对独立性的新型教学类型。③

一、信息技术与课程整合的内涵

"信息技术与课程整合"的概念最早源自西方的"课程整合"概念。在英文中，"整合"一词表述为"integration"，这一单词在汉语中有多重含义，如综合、融合、集成、一体化等，但它的主要含义是"整合"。

---

① 参见詹青龙：《信息技术教师培训：理论与应用》，教育科学出版社2009年版，第51—55页。
② 参见陈至立：《抓住机遇，加快发展，中小学大力普及信息技术教育——在全国中小学信息技术教育工作会议上的报告》，载《管理信息系统》2000年第12期。
③ 参见李克东：《数字化学习——信息技术与课程整合的核心（上）》，载《电化教育研究》2001年第8期。

所谓信息技术与课程整合,是指将信息技术以工具的形式与课程融为一体,将信息技术融入课程教学体系的各要素之中,使之成为教师的教学工具、学生的认知工具、重要的教材形态、主要的教学媒体。也可以说是在课程教学过程中,把信息技术、信息资源、信息方法、人力资源和课程内容有机结合,共同完成课程教学任务的一种新型教学方式。

在教学实践中,信息技术与学科课程整合的含义已经远远超过了一般课程之间的整合,它的目标是多方位的,总体而言包括以下三个核心领域:

(1) 信息技术作为学生必须掌握的一类信息内容——信息技术课程

可以把整合理解为信息技术课程的目的、任务与学科课程教学的目的、任务整合在同一教学过程之中。在这里,信息技术本身就是学生的学习对象和目标。然而,信息技术作为学习内容,无论是教材形式设计,还是教学方式都应该有一个新视角,应该在与其他课程整合的过程中学习信息技术,学生也可以通过完成一项综合任务学习信息技术。很显然,这种学习方式使学生不仅学习了信息技术,提高了信息素养,而且还促进了其他学科的学习。可以说,信息技术的角色既是学习目标又是学习工具,学生是通过信息技术学习信息技术。

(2) 教师可以利用信息技术进行教学——教学工具

信息技术与学科课程相整合,可以将信息技术作为教学工具和手段融合到学科课程中,这是信息技术用于学科教学的最初形式。信息技术在学科教学中可以改善教学手段,提高教学效果。信息技术为教师的教学提供了一条超时空的隧道,把网络上和光盘里丰富多彩的信息资源呈现给学生,为学生的学习创造了广阔天地,提供了丰富的学习环境。

(3) 学生也可以利用信息技术进行学习——认知工具

教师作为主体可以运用信息技术,学生同样也可以作为主体运用信息技术。学生掌握了必要的工具软件,就可以利用这些工具软件进行自主学习,以便更好地丰富原有的认知结构。[①]

信息技术与课程整合强调信息技术要服务于课程;强调信息技术应用于教育;强调应当设法找出信息技术在哪些地方能增强学习的效果,能使学生完成那些用其他方法难以做到的事,或学会一些重要的生活技能。它的实施将对发展学生主体性、创造性和培养学生创新精神和实践能力具有重要意义。[②]

以数字化学习(e-learning)为核心的信息技术与课程的整合,不同于传统的学

---

① 参见南国农主编:《信息化教育概论》,高等教育出版社2004年版,第187—188页。
② 参见余胜泉:《信息技术与课程整合的目标与策略》,载《人民教育》2002年第2期。

习方式,具有如下鲜明的特点:①

- 学习是以学生为中心的,学习是个性化且能满足个体需要的。
- 学习是以问题或主题为中心的。
- 学习过程是进行通讯交流的,学习者之间是协商的、合作的。
- 学习是具有创造性和再生性的。
- 学习是可以随时随地的、终身的。

二、信息技术与课程整合的核心是数字化学习

1. 数字化学习及其特点

数字化学习(e-learning/digital learning)还可以称为"电子(化)学习"、"网络(化)学习"(online learning)等,我国台湾学者将之称为"数位学习"。本书将之统称为"数字化学习"。

关于数字化学习的定义有多种,本书在此列举几个国内外有代表性的定义:

(1) 数字化学习是指学习者在数字化的学习环境中,利用数字化学习资源,以数字化方式进行学习的过程。它包含三个基本要素,即:数字化学习环境、数字化学习资源和数字化学习方式。②

(2) 数字化学习是指主要通过因特网进行的学习与教学活动,它充分利用现代信息技术所提供的、具有全新沟通机制与丰富资源的学习环境,实现一种全新的学习方式。这种学习方式将改变传统教学中教师的作用和师生之间的关系,从而根本改变教学结构和教育本质。③

(3) 数字化学习是一种新型的学习方式,它利用基于各种数字技术的功能特性和资源,结合利用能适应开放、灵活的分布性学习环境的其他形式的学习材料,面向处于任何时间、任何地点和任何人,实现精心设计的、以学习者为中心的、交互性的、促进性的学习。④

美国教育技术专业人员卡恩(Badrul Khan)认为数字化学习具有易用性、交互性、多元化的专家资源、协作学习、真实性和学习者控制等特性。⑤

---

① 参见李克东:《数字化学习——信息技术与课程整合的核心(下)》,载《电化教育研究》2001年第9期。
② 参见李克东:《数字化学习——信息技术与课程整合的核心(上)》,载《电化教育研究》2001年第8期。
③ 参见何克抗:《e-learning的本质——信息技术与学科课程的整合》,载《电化教育研究》2002年第1期。
④ 参见〔美〕Khan B:《电子学习的设计与评价》,张建伟等编译,北京师范大学出版社2005年版,第3页。
⑤ 同上书,第8—9页。

2. 信息技术与课程整合的实质是要让学生学会进行数字化学习

信息技术与课程整合,其实质是要让学生学会进行数字化学习,包括三个基本点:[①]

(1) 课程学习活动是在数字化学习环境中实施的

这是指学与教的活动要在数字化环境中进行,包括多媒体计算机、多媒体课堂网络、校园网和因特网等,学与教活动包括在网上实施讲授、演示、自主学习、讨论学习、协作学习、虚拟实验、创作实践等环节。

(2) 课程学习内容经过数字化处理并成为学习者的学习资源

■ 通过教师开发和学生创作,把课程学习内容转化为数字化的学习资源,并提供给学习者共享,如可以把课程学习内容编制成电子文稿、多媒体课件、网络课程等,教师用来进行讲授或作为学生自主学习的资源。

■ 充分利用全球共享的数字化资源作为课程教学的素材资源,如经数字处理的视频与音频资料、图像资料、文本资料等作为教师开发或学习创作的素材整合到与课程学习内容相关的电子文稿、课件之中,整合到学习者的课程学习内容中。

■ 利用全球共享的数字化资源,如某些专业文献、新闻报道与课程内容融合在一起,直接作为学习内容,供学生进行学习、评议、分析、讨论。

(3) 课程学习知识是经过学习者利用信息工具进行重构和创造的

利用诸如文字处理、图形和图像处理、信息集成等工具,让学生对课程学习内容进行重组、创作,使课程学习不仅能使学生获得知识,而且能够帮助学生建构知识。

三、信息技术与课程整合的目标

1. 培养学生的信息能力和信息素养

在信息技术与课程整合的过程中,可以培养学生获取、分析、加工和利用信息的知识与能力,为学生打好全面、扎实的信息文化基础,培养学生的信息素养与文化。

2. 培养学生终身学习的态度和能力

通过信息技术与课程整合,使学生具有主动吸取知识的愿望并能付诸日常生活实践,将学习视为享受,而不是负担;能够独立自主地学习,能够自我组织、制订并执行学习计划,并能控制整个学习过程,对学习进行自我评估。

3. 培养学生掌握信息时代的学习方式

信息技术的飞速发展,对于人类的学习方式产生了深刻的变革作用,学习者将

[①] 参见李克东:《数字化学习——信息技术与课程整合的核心(下)》,载《电化教育研究》2001年第9期。

从传统的接受式学习转变为主动学习、探究学习和研究性学习,学习者必须学会利用各类资源进行学习,学会在数字化情境中进行自主发现的学习,学会利用网络通讯工具进行协商交流、合作讨论式的学习,学会利用信息加工工具和创作平台进行实践创造性的学习。

4. 培养学生的适应能力、应变能力与解决实际问题的能力

在信息时代,知识量巨增,知识成为社会生产力、经济竞争力的关键因素;知识的更新率加快,陈旧率加大,有效期缩短。另外,知识的高度综合性和各学科间的相互渗透,使得出现了更多的新兴学科、交叉学科,由此带给人们难以想象的社会生活、经济生活、政治生活和人类一切领域内深刻而广泛的冲击波和影响力。在这种科学技术、社会结构发生剧变的大背景下,适应能力、应变能力与解决实际问题的能力,将变得至关重要。[①]

四、信息技术与课程整合的基本原则

1. 运用正确的教育理论指导信息技术与课程整合的实践

现代学习理论为信息技术与课程整合奠定了坚实的理论基础。在教学和学习的层面上,每一种理论都具有其特定的正确性,但是,一旦推及到实践中却没有一种理论显现出普遍的合理性。换言之,无论哪一种理论都不能涵盖其他理论而成为唯一的指导理论。

因此,在信息技术与课程整合的应用中,应该兼顾各种理论的合理成分,根据教学对象、教学内容及教学媒体等多种因素,灵活地运用理论并指导实践。

2. 根据教学对象选择整合策略

学习者具有多样化的个性特征,因此信息技术与课程的整合应该根据不同的教学对象,实施多样化、多元化和多层次的整合策略。

3. 根据学科的特点构建整合的教学模式

每个学科都有其固有的知识结构和学科特点,对学生的要求是不同的。对于不同的学科,既有相同的整合原则,也应该根据学科的特点采用不同的整合策略,信息技术与课程整合的教学模式也不相同。

4. 加强学生的参与活动

信息技术是一个应用性很强的实践领域,而非纯理论性领域,因此要求学生积极参与、积极探究和合作,更要求学生亲身体验、具体操作、反复练习。实际上,信息技术与课程整合可以十分有效地为学生提供一个充分发挥主体性的舞台,提供一个全面发展的空间。

---

① 参见余胜泉:《信息技术与课程整合的目标与策略》,载《人民教育》2002 年第 2 期。

5. 优化组合各种媒体的优势,促进媒体技术的广泛应用

信息技术的范围十分广泛,包括多种媒体,例如摄像机、电视机、录音机、照相机等。应该要求学生掌握各种媒体的功能和操作方法,利用各种媒体制作电子作品。

6. 通过学生学习结果作品化的形式,促进成果的共享交流

取得学习成果之后,应该要求学生将学习成果发布给其他人,包括同学、老师、家长以及社会上的各种人员。这是一个重要的学习环节,可以起到总结提高的作用。它能够培养学生更多的能力,包括交流能力、表现能力、约束能力等,还能够使学生分享更多的学习成果,并能够大大提高学生的自我效能感,增强自信心。①

本章研习活动建议

1. 仔细研读《中小学信息技术课程指导纲要(试行)》,并结合自己在中学时相关课程的学习实际,以小组的形式交流对纲要的研读体会。

2. 访问 Webquest 网站(http://webquest.org/index.php),了解其最新的发展动向;在网上查询国内中小学教师使用 Webquest 教学的典型应用案例,并以小组的形式在班上进行介绍和分析。

3. 作为一名教育技术专业人员,自身的 ICT 技能和信息素养水平对于未来的专业发展至关重要,总结和反思自己的信息素养现状,并制定提高信息素养的详细计划。

阅读文献推荐

1. 陈至立:《抓住机遇,加快发展,在中小学大力普及信息技术教育——在全国中小学信息技术教育工作会议上的报告》,载《管理信息系统》2000 年第 12 期。

2. 李克东:《数字化学习——信息技术与课程整合的核心(上、下)》,载《电化教育研究》2001 年第 8—9 期。

---

① 参见南国农主编:《信息化教育概论》,高等教育出版社 2004 年版,第 193—194 页。

第七章
教学设计师的知识和技能

本章主要内容

■ 掌握教学设计理论、方法和技能的"教学设计师"正在成为各个行业(教育、信息技术、金融、政府部门、新闻等)中的一个新兴职业。

■ 教学设计师的主要职责是根据用户的需求,确定学习内容和范围,制定教学策略,采用合适的传输媒体,测试最终产品的可用性,评估、修正产品。

■ 一般而言,教学设计师在组织中常常以以下三种角色承担教学设计工作:作为独立设计者、作为教学设计团队成员或领导者、作为顾问。

■ 美国教育技术专业协会(IBSTPI)制定出了教学设计师的能力标准,包括了四个范畴的二十三项教学设计能力要求——专业基础能力、计划与分析能力、设计与开发能力和实施与管理能力,并区分了初级教学设计师和高级教学设计师的不同能力要求。

第一节 教学设计师:一种新兴职业

一、教学设计师是一个新兴的尚不成熟的职业

"在美国,教育技术专业的主要目的是培养教学设计师。国内对教学设计师职业的认识才刚刚开始,一些教育技术专业毕业的学生并不知道自己可以朝教学设计师方向发展,即使听说过教学设计师,往往也不知道哪些单位哪些领域需要教学设计师"[①]。这是 2005 年北京大学汪琼教授在《教学设计案例集》的译后记中所写

---

① 〔美〕Ertmer A. & Quinn J.:《教学设计案例集》,汪琼译,高等教育出版社 2005 年版,第 209 页。

下的话。

"教学设计师"(Instructional Designer)这一术语出现在20世纪70年代,目前绝大多数美国高校的教育技术专业都将教学设计师作为重要的培养方向之一,主要是在硕士研究生层次进行培养。教学设计师就业领域很广,涉及行业包括教育、信息技术(IT)、新闻业、金融业等各行各业。

资料夹7-1 美国各个行业的教学设计师

1. 亚当斯在获得教学设计的硕士学位之后,在一所大学获得了教学设计师的职位,该职位受任于一个联邦资助的项目:高级制造技术教育(AMTE)。作为专职教学设计师,她的主要工作是与技术领域专家一起,开发、传递和评价对教师的在职培训,内容包括计算机数字控制、可编程逻辑控制器、机器人、机电控制、激光、整体建模技术和快速原型技术。AMTE是一个新的投资项目,这意味着亚当斯在弄清她的工作内容的同时,还要开发在职教师教育课程。

2. 独立教学设计师丹尼是一位有经验的教学设计专家,在过去的五年里一直为一家音像制作公司工作,此前是空军技术设计师和培训师。他曾经制作过多种类型的教学材料,包括基于计算机的课件、多媒体模拟和远程教育课程。目前丹尼要为中学的科学教师开发一套新的教学材料。

3. 卡瑞农制作公司是一家教学设计公司。20世纪90年代后期成立,在几年之内,已经从一个教学设计小组发展为有五十多个雇员的公司。卡瑞农公司以开发与教材配套的多媒体补充资源而在它的教育出版商客户中享有盛誉。希门尼斯是卡瑞农制作公司的一名教学设计师,在过去的四年里一直从事科学和数学教学的设计,从交互式物理问题解决模块到三维微积分教程,其获奖的创新作品所涉及的应用题材很广。希门尼斯将他作品的设计成功归结为他所具有的教学设计师技能、程序设计能力和担任中学科学教师的十年经历。

4. 克莱尔是克拉克斯通大学远程教育项目的教学设计师。克拉克斯通大学的远程教育课程是为在职人员设计的,为他们完成大学文凭和研究生学历提供更为方便的途径。所有的远程课程都有一个异步广播/视频内容模块。因为克拉克斯通没有自己的视频制作设备,所以克莱尔同当地电视台和一些影视制作室签订合同,使用其人员和设备。她负责与内容专家一起设计视频内容,编写所有视频片段的脚本和分镜头,管理整个制作过程。

资料来源:〔美〕Ertmer A. & Quinn J.:《教学设计案例集》,汪琼译,高等教育出版社2005年版,第8、28、78、131页。

随着网络学习、远程教育、企业e-learning等教育新时空、新舞台的迅速发展,无论是美国的学校还是商业、企业、政府部门,对教学设计尤其是网络课程与教学

设计的需求迅速发展。近几年,教学设计师这一岗位也越来越多地出现在国内的人才招聘市场。

资料夹 7-2 美国招聘网站上教学设计师的岗位呈稳步上升趋势

至 2009 年 3 月,美国著名招聘网站"indeed"上显示,对教学设计师有需求的组织达一千多家,涉及就业范围较广,包括教育机构、IT 业、保险业、媒体机构、军事机构、制造业、汽车业、金融业、医疗业、咨询业等几乎所有行业领域。

另外,"indeed"的统计数据表明,自 2005 年以来教学设计师职位的需求一直呈稳步上升趋势:

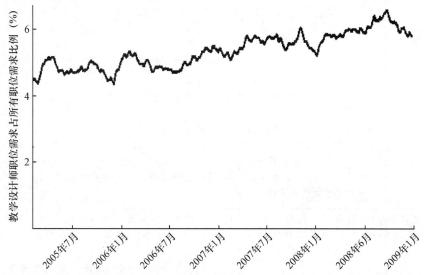

资料来源:郭雨:《教学设计师岗位职能、资格认证及其培养研究》,南京大学 2009 年硕士学位论文,第 23 页。

二、教学设计师的岗位职责

从职位要求的技能角度看,教学设计师就是负责组织教学内容以促进学习者有效学习的人,也称为教育设计师。教学设计师的主要职责是根据用户的需求,确定学习内容和范围,制定教学策略,采用合适的传输媒体,测试最终产品的可用性,评估、修正产品。[①] 因此,教学设计师从事的是教学设计工作,但不同于传统意义上

---

① 参见李文超、吴瑗、汪琼:《教学设计师如何在高校中培养——从美国高校的培养方案谈起》,载《中国电化教育》2004 年第 12 期。

的教师;教学设计师要有一定的理论基础,包括教学理论、学习理论、媒体理论、系统理论及设计理论等,并且能把这些理论与教学实践联系起来;教学设计师要运用系统化方法;教学设计师所要设计的学习事件的范围比较广泛,并不局限于学校。[1]

资料夹 7-3 教学设计师的岗位职责描述

组织名称	职位描述	工作职责
美国银行	创建培训和绩效改进的方案,支持美国银行客户的商业目标。	1. 需求评估、工作/任务分析、受众分析、绩效目标设计、媒体选择和成本估算。 2. 设计和开发在各种媒体中的技术软件技能培训,这些媒体包括交互学习技术、基于网络的培训、同步/异步远程学习、工作辅助和领导者引领的课程。 3. 与商业和执行伙伴(培训者)合作,确保达到联合绩效目标。 4. 致力于设计和开发基于网络和其他媒体的学习。
马里兰大学	1. 负责为有需要的部门设计、开发在线教学材料和工作流程。 2. 与助理院长、课程专家、内容专家和内部课程制作人员合作,为基于网络的远程传输模式制作新的课程并修改现有课程。	1. 通过协调内容专家、编辑、美工、编程人员、开发人员和其他团队成员的工作,管理课程开发的工作流程。 2. 开发并监督项目进程。 3. 将教学设计技巧应用到材料中,使用新的工具和策略,以及恰当的技术。 4. 履行被分派的与工作相关的职责。
教育管理公司(EDMC)	作为课程开发团队中的一员,协助管理"EDMC Online"网上课程的创建。	1. 确定并提供课程开发需求;设计/协助设计和规划、开发网上课程;评审和修订课程设计地图、课程主题;持续开发和维护课程。 2. 监控课程开发过程,以保证按时完成、始终与主题相一致。 3. 评价课程在设计、书写、编辑、指导等方面的质量。 4. 支持产品开发和改进需要,研究和评估操作可行性。 5. 应用媒体创建网上教学情景。 6. 鉴别已创建课程的弱项,采用适当的步骤修正,必要时可重新开发。 7. 协调多个项目,在有限时间和高工作要求下制作出高质量产品。

资料来源:郭雨:《教学设计师岗位职能、资格认证及其培养研究》,南京大学 2009 年硕士学位论文,第 41—42 页。

---

[1] 参见汪基德、张刚阳、梁萌:《教学设计师的工作范畴与素质结构探究》,载《电化教育研究》2009 年第 9 期。

一般而言，教学设计师在组织中常常以下面的多种角色承担教学设计工作：①

1. 作为独立设计者

在一些小公司或小项目中，教学设计师可能是教学设计团队中唯一固定不变的成员，承担设计、开发、评估、形成性评价、修订、实施等所有职责。而内容专家（SME）则作为顾问在需要的时候起作用，提供教学干预设计和实施方面的咨询。在制作阶段，教学设计师可能雇用摄影师、摄像师或美工帮助处理制作过程中技术方面的事情，但整个项目的总控制权掌握在教学设计师手中，也要由教学设计师承担项目的总体责任。教学设计师的控制范围相当大，同时保证项目成功也是他们的责任。

作为独立设计者，教学设计师的主要工作职责有以下三方面：

（1）进行需求及影响因素分析

教学设计师应分析员工的需求，明确目标和问题，找出目前的状况和期望达到状况之间的差距。例如，员工现有的工作状态如何，现有的学习平台情况如何，有没有足够的资金作为投入成本等等。

（2）根据分析结果设计教学（培训）计划和评估方案

教学设计师根据企业的主要培训意图及希望达到的标准，员工现有的能力水平、工作态度等，致力于考虑怎样进行培训才能缩小差距、解决员工的绩效问题，从而制定完整的培训计划。另外，教学设计师还需要制定切实有效的评估方案。

（3）开发培训内容及课程

教学设计师和内容专家、多媒体制作人员、计算机编程人员等合作，创造性地利用资源、学习系统支撑和传输资源等，开发培训课程。

2. 作为教学设计团队成员或领导者

大型组织或大型项目的教学设计工作往往需要一个工作团队支撑，团队中包含一个或多个教学设计师，教学设计师也根据等级，分为高级教学设计师（领导者）和一般教学设计师（技术人员），其承担的责任也会因此而不同。

教学设计团队中的成员及其主要职责如表 7-1 所示：

---

① 参见〔美〕Richey & Morrison & Foxon:《工商业中的教学设计》，载瑞泽、邓普西主编:《教学设计和技术的趋势与问题》（第二版），王为杰等译，华东师范大学出版社 2008 年版，第 249—250 页。

表 7-1　教学设计团队成员

团队成员	职责
教学设计师	整个项目或设计阶段期间
内容专家	从分析阶段开始一直到制作阶段
项目经理	设计规划期间或从设计规划阶段开始
评估专家	形成性评价期间或从开展形成性评价开始
设计前的文本编辑	始于制作阶段
多媒体/计算机程序员	从策略设计后开始制作时起
视频/音频制作人员	从制作阶段开始
脚本设计人员	始于策略设计之后或在制作阶段
美工	始于制作阶段
学习者	从学习者分析开始一直到形成性评价

资料来源：〔美〕Richey & Morrison & Foxon：《工商业中的教学设计》，载瑞泽、邓普西主编：《教学设计和技术的趋势与问题》（第二版），王为杰等译，华东师范大学出版社 2008 年版，第 249 页。

根据组织类型、项目复杂程度和规模大小，以及传递方式的差别，团队中成员会有所调整，有时某个角色会同时承担其他角色的工作，例如教学设计师会同时担任项目经理。随着全球化的发展和组织的分权，大中型组织中教学设计师参与或领导的项目团队多是虚拟团队，其成员可能位于不同时区、不同地域，不能直接碰面，而是通过网络等形式进行沟通和合作。

作为教学设计团队中的成员（或领导者），教学设计师需要承担多项职责：

（1）管理好与合作伙伴的关系，营造团队和谐氛围，提升团队凝聚力。

（2）及时与项目经理沟通，了解公司运营现状、主要培训意图及希望达到的标准，使得交付内容的水平与合同中规定的要求相匹配。

（3）与员工沟通，确定其现有的关心点、能力水平、工作态度，缩小与目标的差距。

（4）与内容专家合作，共同主动去获得并验证培训内容。

（5）与媒体开发者沟通，在项目的初期就让媒体开发者一直参与内容专家和教学设计师的工作，确保质量和媒体的准确开发，在视觉上达到最有效的开发和传递方法。

（6）与内部培训执行团队人员合作，有效地执行培训方案等。[①]

在过去的十多年里，许多工作场所的学科领域界限开始变得越来越模糊，教学

---

① 参见郭雨：《教学设计师岗位职能、资格认证及其培养研究》，南京大学 2009 年硕士学位论文，第 29—31 页。

设计和绩效改进[①]项目团队经常由许多在一起工作的专家组成。一个典型工作团队的成员可能来自人力资源、组织开发、沟通和培训等多个领域,教学设计师可能会和人力资源领域的专业人员合作进行需求评估,或者在组织发展专家、沟通专家的领导下设计绩效干预[②]措施。

3. 作为顾问

(1) 作为教学设计/培训项目的内部顾问

内部教学设计师常常作为内容专家或培训师领导的开发团队的顾问。教学设计师的作用是对教学设计提出建议,而并非扮演更为积极主动的开发或领导角色。在这样的环境下,教学设计师可能只对开发过程或材料提供反馈意见,作为与内容专家或其他团队成员平等的伙伴参与工作。

在这种情况下,教学设计师的职责通常是在项目早期进行协商,不过一旦在教学、时间、技术、预算等任何方面出现问题,其作用可能会相应地改变。

(2) 作为外部顾问

有些企业也会选择雇用一个教学设计公司制作教学产品。一般情况下,除了内容专家是公司内部员工之外,教学设计团队的成员都是外部成员,有时甚至连内容专家也可能是外部顾问。

很多公司的管理层已经认识到使用外部教学设计师代替内部教学设计师,具有更大的财政优势。在近期爆发的金融危机中,很多企业都感觉到了压力,希望尽可能减少支出,于是纷纷选择将教学设计工作外包给能提供设计服务的组织或个人。结果,公司原来教学设计师的角色经历了微妙的变化,主要是作为项目经理,利用自己的教学设计专门知识从事外包项目的监控和协调工作,而他们自己做的设计工作也相应地减少了。

第二节　教学设计师的能力标准

资料夹 7-4　国内组织对教学设计师招聘的能力要求

A 组织:

■ 掌握 e-learning 行业标准、技术趋势和工具;熟知学习咨询领域和学习产品的定价。

---

① 请参阅本书第十二章第五节。
② 同上。

- 具有团队合作能力、领导力,并可以同时管理多个项目。
- 掌握书面和口头沟通技巧(尤其是和客户的人际沟通技巧)、会议推动和演讲技巧。
- 能在协作型环境、多任务情况、具有挑战性的时限中工作。
- 具有灵活性、创造性、可靠性。
- 能适应快速变化的技术和方法,并应用到动态的行业需求。

B 组织:
- 能在学习内容中应用成人学习和学习理论、各种教学设计方法和过程。
- 能确定用户需求,分析和有序组织复杂技术信息,并将信息转化成专业设计的有效学习项目。
- 能动态同时处理多个技术项目,具有项目管理和后续行动能力。
- 掌握人际沟通技巧,尤其是口头和书面沟通技巧;精通口头和书面英语。
- 了解视觉设计技术。

C 组织:
- 具有语言表达、文字表达和沟通能力。
- 熟悉课件制作、网页制作等相关计算机技术。
- 具有创意设计思想、创新思维与想象力。
- 具有学习能力。

资料来源:郭雨:《教学设计师岗位职能、资格认证及其培养研究》,南京大学 2009 年硕士学位论文,第 42—48 页。

美国教学设计师的权威认证机构"培训、绩效和教学标准国际委员会"(the International Board of Standards for Training, Performance and Instruction, IBSTPI)一直致力于教学设计能力标准的研究。在 IBSTPI2000 的能力标准中包含了四个范畴(专业基础、计划与分析、设计与开发,以及实施与管理)的二十三项教学设计能力要求,并且针对初级教学设计师和高级教学设计师能力的不同,每个范畴中,能力要求被分为基本的和高级的。基本能力要求是初级教学设计师必须掌握的,而有经验的专家型的高级教学设计师还必须在此基础上掌握高级教学设计能力要求。

一、专业基础能力

表7-2 教学设计师的专业基础能力

专业基础
1. 用视觉、口头和书面形式进行有效沟通（基本的）
基本行为标准： ■ 创建适应学习者需求和特性、内容和目标的信息 ■ 书写并编辑文本，以给出清晰、简明和文法正确的信息 ■ 将信息设计原则应用于页面呈现和屏幕设计 ■ 创建或筛选指示性的、方向性的或激励性的视觉效果 ■ 做可以让听众有效参与和沟通的演讲 ■ 在所有情况中使用积极的倾听技巧 ■ 以适合对小组或团队规范和任务的方式呈现并接受信息 ■ 在具有不同背景和扮演不同角色的个体之间探寻并分享信息 ■ 有效推动会议进程
2. 把最新的研究和理论应用于教学设计实践（高级的）

基本行为标准：	高级行为标准：
■ 研读教学设计领域的理论、实践和研究文献	■ 促进、应用并传播教学设计理论和研究的成果 ■ 把其他学科的概念、技术和理论应用于学习、教学和教学设计的问题

3. 更新并提升自身在教学设计和相关领域的知识、技能和态度（基本的）

基本行为标准：	高级行为标准：
■ 获得新的技能，并应用于教学设计实践 ■ 参与专业活动 ■ 建立并保持与行业中其他从业人员的联系	■ 应用教学设计和相关领域的发展成果 ■ 将工作记录下来，作为未来工作、发表文章或职业陈述的基础

4. 将基础研究技能应用于教学设计项目（高级的）
高级行为标准： ■ 使用多种数据收集工具和程序 ■ 把恰当的研究和方法论应用到需求评估 ■ 在需求评估中使用基础的统计技术 ■ 书写研究和评估报告
5. 确定并解决工作环境中设计的道德和法律问题（高级的）

基本行为标准：	高级行为标准：
■ 承认并尊重他人的知识产权 ■ 坚持监管准则和组织政策	■ 确定教学设计实践的道德和法律维度 ■ 预测并应对教学设计决策的道德后果 ■ 认可教学产品的道德和法律问题与结果

资料来源：Richey & Fields & Foxon, *Instructional Design Competencies*, NY: ERIC Clearninghouse on Information and Technology, 2001, pp.46—48。

二、计划与分析能力

表 7-3　教学设计师的计划与分析能力

计划与分析	
6. 进行需求评估(基本的)	
基本行为标准： ■ 描述问题及维度，确定当前实际绩效与期望绩效之间的差距① ■ 选择并使用合适的需求评估工具和技术 ■ 确定问题的可能成因和潜在解决方法	高级行为标准： ■ 阐明对需求及含义的各种看法 ■ 当需要的时候，建议和提倡非教学型解决方案② ■ 对提出的解决方案进行成本—效益分析
7. 设计课程或教学(基本的)	
基本行为标准： ■ 确定课程或教学的范围 ■ 基于需求评估结果指定课程 ■ 为学习者个人和团队按序罗列课程 ■ 分析和修改现有的课程或教学，以确保充足的内容涵盖面	高级行为标准： ■ 修改一门现有的课程或教学做试验，反映出社会、知识库、技术或组织的变化
8. 选择并使用多种技术确定教学内容(基本的)	
基本行为标准： ■ 根据需求评估结果确定内容要求 ■ 根据特定的题材类型、学习者和组织的需求确定先决条件 ■ 使用合适的技术分析各类内容	高级行为标准： ■ 征求、整合并验证内容专家和其他资源人物提供的内容 ■ 基于教学制约因素，确定内容涵盖范围的广度和深度
9. 确定并描述目标群体的特点(基本的)	
基本行为标准： ■ 确定影响学习和迁移的目标群体的特点	高级行为标准： ■ 分析、评价并选择学习者的个人资料数据，并在特定设计情境中使用
10. 分析环境特征(基本的)	
基本行为标准： ■ 确定影响教学传递的物质和社会环境	高级行为标准： ■ 确定影响教学干预态度的环境和文化 ■ 确定影响学习、态度和绩效的环境和文化因素 ■ 确定教学和学习过程中的各种工作环境的性质和作用 ■ 确定组织使命、哲学和价值观影响项目设计和成功的程度

---

① 关于"绩效分析"请参阅本书第十二章第五节。
② 关于"非教学型解决方案"请参阅本书第十二章第五节。

(续表)

计划与分析	
11. 分析现有技术和新兴技术的特性以及它们在教学环境中的应用(基本的)	
基本行为标准： ■ 说明现有技术和新兴技术的性能,以提升动机、可视化、互动、模拟化和个性化 ■ 评估现有技术和新兴技术带来的好处	高级行为标准： ■ 评价某个指定基础设施的性能,支持选定的技术
12. 在最后确定设计方案和策略之前,对环境因素加以思考和研究(基本的)	
基本行为标准： ■ 对替代方案保持开放,直至已经收集并验证了足够的数据	高级行为标准： ■ 为某个特定问题情况制定多种解决方案 ■ 基于以往的经验、直觉与知识,评估设计决策的后果与意义 ■ 不断审视选定的解决方案,并作出必要调整

资料来源：Richey & Fields & Foxon, *Instructional Design Competencies*, NY：ERIC Clearninghouse on Information and Technology, 2001, pp.48—51。

三、设计与开发能力

表 7-4　教学设计师的设计与开发能力

设计与开发
13. 选择、修改或创建与项目相适应的设计与开发模式(高级的)
高级行为标准： ■ 考虑多种设计和开发模式 ■ 根据对模型元素的分析,选择或创建一个合适的模式 ■ 如果项目参数改变了,对模式也要作出相应修改 ■ 提供已选定设计和开发模式的基本原理
14. 选用多种技术对教学内容和策略进行界定和排序(基本的)
基本行为标准： ■ 使用合适的技术确定教学内容范围的条件 ■ 使用合适的技术对教学目的和目标进行详细说明和排序 ■ 选择合适的媒体和传递系统 ■ 分析学习结果并选择合适的策略 ■ 分析教学环境并选择合适的策略 ■ 选择合适的参与和激励策略 ■ 选择并按序罗列评估技术 ■ 编写一个设计文件,并分发进行审查和批准

（续表）

设计与开发	
15. 选择或修改现有的教学材料（基本的）	
基本行为标准： ■ 界定现有的教学材料，并根据教学规范对其进行重新使用或修改 ■ 选择材料以支撑内容分析、技术提议、传递方法和教学策略 ■ 与内容专家一起合作，对材料的选择或修改进行验证 ■ 将现有的教学材料整合进设计	高级行为标准： ■ 使用成本效应分析决定是否修改、购买或开发教学材料
16. 开发教学材料（基本的）	
基本行为标准： ■ 开发支持内容分析、技术提议、传递方法和教学策略的材料 ■ 在开发过程中与内容专家一起合作 ■ 制作以不同形式传递的教学材料	
17. 设计能反映学习者个人和团体多样性的教学（基本的）	
基本行为标准： ■ 设计针对不同学习风格的教学 ■ 对教学材料的文化影响保持敏感 ■ 在设计时考虑可能影响学习的文化因素	
18. 评估教学及其效果（基本的）	
基本行为标准： ■ 鉴于确定的问题和提出的解决方案界定需要测量的过程和结果 ■ 开发并实施形成性评价计划 ■ 开发并实施总结性评价计划 ■ 界定并评估评价数据的来源	高级行为标准： ■ 采用多种形式建立可靠而有效的测试项目 ■ 开发并实施确定性评价计划 ■ 确定组织中教学的影响 ■ 管理评估过程 ■ 与利益相关者讨论和解释评估报告

资料来源：Richey & Fields & Foxon, *Instructional Design Competencies*, NY：ERIC Clearninghouse on Information and Technology, 2001, pp.51—53。

四、实施与管理能力

表 7-5　教学设计师的实施与管理能力

实施与管理
19. 计划并管理教学设计项目（高级的）
高级行为标准： ■ 确立项目范围和目标 ■ 使用多种技术和工具开发项目计划 ■ 书写项目建议书 ■ 开发项目信息系统 ■ 监管多种教学设计项目 ■ 分配资源支持项目计划 ■ 选择并管理内部和外部咨询师 ■ 监管绩效是否符合项目计划 ■ 排查项目问题 ■ 听取设计团队的报告，吸取经验教训
20. 促进同一个设计项目中参与者之间的协作、伙伴关系（高级的）
高级行为标准： ■ 确定何时、怎样促进协作与伙伴关系 ■ 确定利益相关者及他们的参与特性 ■ 确定内容专家参与设计和开发过程 ■ 建立并促进可能影响一个设计项目的有效关系 ■ 确定如何采用跨职能小组 ■ 促进并管理团队成员之间的互动 ■ 为教学或绩效改进产品的推广做计划
21. 把商业技能运用于教学设计管理（高级的）
高级行为标准： ■ 将设计工作与组织战略规划相联系 ■ 为设计工作建立战略和战术目标 ■ 使用多种技术建立优秀标准 ■ 开发一个商业案例，推广设计功能的关键作用 ■ 招募、保留并发展教学设计工作人员 ■ 为教学设计工作提供经费计划和控制 ■ 管理设计工作，并获得利益相关者的支持 ■ 市场服务和客户关系管理

(续表)

实施与管理	
22. 设计教学管理系统（高级的）	
高级行为标准： ■ 建立系统，记录学习者的进步和课程完成情况 ■ 建立系统，保持个体和团队进展的记录，并发布报告 ■ 建立系统，诊断个性化需求并采用相应教学方法	
23. 维持教学产品和方案的有效实施（基本的）	
基本行为标准： ■ 按需更新教学产品和方案 ■ 按需监管并修改教学传递过程 ■ 依据专业实践或政策的变革，修改教学产品和方案 ■ 依据组织或目标群体的改变，修改教学产品和方案	高级行为标准： ■ 将评估数据作为产品和方案修正的指导 ■ 为教学方案的组织支持制定计划

资料来源：Richey & Fields & Foxon, *Instructional Design Competencies*, NY：ERIC Clearninghouse on Information and Technology, 2001, pp. 53—55。

本章研习活动建议

1. 在招聘网站"indeed"中搜索和了解关于美国教学设计师招聘的最新信息（www.indeed.com），并对其就业领域、名称、岗位职责、能力素质要求等进行总结。

2. 到国内的相关招聘网站（比如中华英才网、智联招聘、前程无忧、中国招聘、职脉网、应届生招聘等）搜索和了解关于国内教学设计师招聘的最新信息。

3. 依照上述招聘网站上的相关信息及"教学设计师的能力标准"，再次细化个人的专业（职业）发展规划。

阅读文献推荐

李文超、吴瑗、汪琼：《教学设计师如何在高校中培养——从美国高校的培养方案谈起》，载《中国电化教育》2004年第12期。

第八章
培训师的知识和技能

本章主要内容

■ 无论是教育领域,还是商业、企业、政府部门和军事领域,对其从业人员进行培训都是一项不可或缺的工作。因此,培养掌握培训的理论、方法及技术的培训师(培训工作者)也是教育技术专业人才培养的一个重要方向和领域。

■ 当前各个领域对培训的目标、内容及方式等都提出了新的要求,未来的培训将越来越从"被动培训"转向"主动学习",将以"胜任力"和"胜任力模型"为导向、以"绩效"为导向、以信息技术为支撑,并为企业的战略发展服务。

■ 培训的具体方式丰富而多样,主要有讲座法、师徒制、导师制、企业教练、行动学习、最佳实践分享、创建学习型组织、企业数字化学习等等,企业大学和首席学习官(CLO)是企业学习(培训)领域的最新发展动向。

■ 对于培训效果的评估越来越受到各类利益相关者的关注,企业培训中常用的评估方式为"柯氏四级评估模型",包括了学员反应、学习、学员的工作行为和业务结果四个层级。

■ 在我国的教育领域,正在进行着从"师范教育"向"教师教育"的转变。教师的培养与培训正在走向一体化、专业化和信息化。充分利用信息技术,可以大大促进教师专业发展的进程。

■ 虽然培训仍然是当前教师专业发展的重要方式之一,但教师专业发展的方法和途径非常丰富,其中基于网络的教师专业发展方式已被越来越多的学校和教师所接受。

第一节 企业培训

资料夹 8-1　中国企业内训师招聘信息

A 企业:

岗位描述	任职资格要求
1. 企业大学的对外网络营销,相关培训和师资培训。 2. 根据客户需求,研发课程,并编写相关的课件、教案、教材、试题等。 3. 协助企业大学培训体系的建立和优化。	1. 大学本科及以上学历,有三年以上相关行业工作经验。 2. 熟悉网络营销的方法,有实战经验,并在网络营销的某一领域有独到见解。 3. 具备较强的语言组织和表达能力,并热爱培训工作。 4. 较强的学习能力。 5. 能适应频繁出差。

B 企业:

岗位描述	任职资格要求
1. 负责对区域及周边地区的产品和销售方面的课程进行培训,通过培训提升专业顾问的专业知识和服务技能。 2. 负责对相关品牌的产品和销售方面的课程进行设计、创意和编纂,制定月度培训计划,保证各培训项目的贯彻执行。 3. 负责协助培训经理管理和培养培训师团队,监控专业顾问及主管的学习进程。 4. 负责实地指导和建议培训师以及专业顾问的日常工作,总结及评估培训效果,持续提高培训质量。	1. 至少有二年以上相关行业的培训经验,能独立授课,有较强的课程设计能力。 2. 思维敏捷、清晰,有一定的创造性。 3. 有较好的沟通能力和自信心,较好的团队管理能力和经验。 4. 能熟练使用电脑软件,PPT 尤为重要。 5. 能经常出差。

资料来源:赖眺:《企业内部培训师的岗位职责、胜任力及培养研究》,南京大学 2010 年硕士学位论文,附录 A。

一、企业培训概述

1. "培训"及"培训师"

美国人力资源领域的知名专家诺伊(Raymond A. Noe)认为:"企业培训是指企业有计划地实施有助于雇员学习与工作相关的胜任能力的活动。这些胜任能力包括知识、技能或对于工作绩效起关键作用的行为。培训的目的在于让雇员掌握培训项目中强调的知识、技能和行为,并将这些知识、技能和行为应用于日常工作当中"。诺伊强调,培训是组织创造智力资本的重要途径。①

国内学者将培训界定为:"指企业根据自身经营管理和发展的需要,为提高员工素质,满足岗位所需要的知识、技能和规章制度、法律法规常识等,而进行的各种形式的教育与训练活动,从而使员工的工作态度、工作行为、价值观念等有所改变,使他们在现在或未来工作岗位上的业绩达到企业的要求,并发挥最大的潜力。"②

美国劳工部将培训师定义为:培训师为工业、商业、服务业或政府机构的发展,开发和实施雇员培训项目,其主要职责是根据培训需求设计培训方案、开发培训资料、实施各类培训和评估学员的学习成果;③我国劳动和社会保障部 2008 年发布的《企业培训师国家职业标准(2007 年修订)》中,将"企业培训师"定义为:能够结合经济、技术发展和就业要求,研究开发针对新职业(工种)的培训项目,以及根据企业生产、经营需要,掌握并运用现代培训理念和手段,策划、开发培训项目,制定、实施培训计划,并从事培训咨询和教学活动的人员。④

企业领域的培训一般可以分为"内训"和"外训"两种方式,"外训"即由外部培训(教育)机构组织实施的企业培训;"内训"是由企业内部培训部门负责实施的企业培训。承担企业内部培训的培训师一般称为"内训师",他们大都是企业内部的管理者、资深员工或业务骨干。

2. 培训设计过程

(1) 培训项目规划和实施的十个步骤

美国著名培训评估专家唐纳德·柯克帕特里克(Donald Kirkpatrick)认为一个高效的培训项目应该包含如下的十个步骤:⑤

■ 确定培训需求:培训项目是否有效,需要看它能否满足参训人员的需求。确定培训需求的方法包括:直接征求参训人员的意见;征求参训人员主管的意见;向那些熟悉参训人员工作、了解其工作步骤和程序的其他人员(例如其下属、同事和客户等)征求意见;通过对参训人员的绩效评估表界定培训需求。

■ 设定培训目标:一旦确定了培训需求,就有必要设定培训目标了,可以按照下列次序设定培训目标:组织需要得到哪些结果?这些结果可以用产量、质量、营业额、旷工率、员工士气、销售额、利润额和投资回报率等表示;要实现这些预期结

---

① 参见〔美〕诺伊:《雇员培训与开发》(第三版),徐芳译,中国人民大学出版社 2007 年版,第 4 页。
② 参见李燕萍:《培训与开发》,北京大学出版社 2007 年版,第 2 页。
③ 参见魏静:《培训师的胜任素质模型研究》,华东师范大学 2007 年硕士学位论文,第 11 页。
④ 参见中华人民共和国劳动和社会保障部:《企业培训师国家职业标准》,http://doc.mbalib.com/view/dec85a80ed64bed84f1a1753eeeed4c1.html,2011 年 8 月 15 日访问。
⑤ 参见〔美〕唐纳德·L.柯克帕特里克、詹姆斯·D.柯克帕特里克:《如何做好培训评估:柯氏四级评估法》(第三版),奚卫华、林祝君等译,机械工业出版社 2007 年版,第 2—11 页。

果需要进行哪些工作?要实现这些预期结果需要具备哪些知识、技能和心态?——有些培训项目只需扩充相应的知识就足够了,有些培训项目需要注重新技能的培育以及相应技能的提升,还有一些培训项目则需要适当调整参训人员的心态。

- 确定培训内容。
- 挑选参训人员:选择参加培训项目的受训对象时,需要在如下四个方面作出决策:哪些人能够从培训中受益?根据法律法规的要求,需要开展哪些培训项目?培训应该是自愿参加,还是必须参加?应该根据参训人员在组织中所处的层级分开培训,还是让两个或更多不同层级的人员参加同一个培训项目?
- 制定最佳课程时间表:最佳课程时间表的制定需要考虑以下三方面的内容:参训人员、他们的业务主管以及最佳的学习条件。在制定培训课程时间表时,还需要考虑是为参训人员提供集中式的培训,还是将培训项目分散开来进行。
- 选择适当的培训设施。
- 选择合适的培训师:培训师的选择对培训项目的成功是至关重要的。培训师的资质应该包括如下要求——了解所教授课程的相关知识;具备开展培训的激情和愿望;能够进行有效的沟通和交流;具备激发他人参与培训的技能。同时,培训师还应该具备"学员导向"意识,即有满足学员需求的强烈愿望。
- 挑选、准备相应的视听辅助资料:借助于视听辅助资料,可以实现以下两个目的:一是帮助培训师确保员工能够保持浓厚的学习兴趣;二是有利于充分沟通。
- 做好培训项目的协调工作。
- 评估培训项目。

(2) 培训设计过程的流程图

培训设计过程是指开发培训项目的系统方法。诺伊提出的培训设计过程如图8-1所示。

各步骤简要说明如下:

① 步骤1

进行培训需求评估,明确是否需要培训。培训需求分析对是否需要进行培训来说是非常重要的,它是确定培训目标、设计培训规划的前提,也是进行培训效果评估的基础。它一般包括组织分析、人员分析和任务分析:

- 组织分析通常要考虑培训的背景,在给定公司经营战略、培训可利用的资源以及管理者和同事对培训活动的支持的条件下,确定相应的培训。
- 人员分析有助于了解谁需要培训,包括:弄清导致工作绩效差距[①]的原因是

[①] 关于"绩效差距"的内容请参阅本书第十二章第五节。

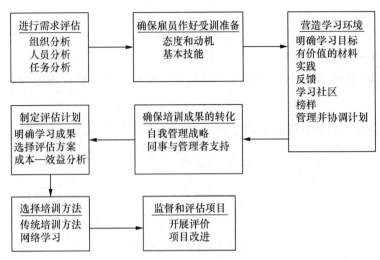

图 8-1　培训设计过程

资料来源:〔美〕诺伊:《雇员培训与开发》(第三版),徐芳译,中国人民大学出版社 2007 年版,第 6 页。

知识、技能、能力的欠缺(与培训有关的事宜),还是个人动机或工作设计(环境)方面的问题;目前谁需要接受培训;让员工作好接受培训的准备。

■ 任务分析包括确定重要的任务,以及需要在培训中强调的员工完成任务所需要的知识、技能和行为方式。

② 步骤 2

确保雇员作好受训准备,并且具备了学习培训内容的基本技能。

③ 步骤 3

营造学习环境。

④ 步骤 4

确保受训者能够将培训内容应用于实际工作,包括让受训者理解如何运用技术进步及如何与他人合作并获得管理者的支持。

⑤ 步骤 5

制定评估计划。包括明确培训最终希望达到的结果(例如知识、能力、工作绩效);选择评估工具,测量培训对这些结果所产生的影响;说明培训如何对企业的财务指标产生影响等。

⑥ 步骤 6

选择培训方法。在明确了培训的必要性和培训目标,且选定好学习环境之后,就要选择培训方法了。有许多的培训方法可以选择,包括传统的教室面授、小组研讨、网络学习等等。

⑦ 步骤7

评估培训项目。包括对项目作必要的调整或重新回顾前几个步骤以改进项目,使培训的目标顺利实现。①

以上培训过程的设计所遵循的基本原理就是教学系统设计的原理、方法和基本过程。

二、企业培训的发展趋势

1. 从"被动培训"向"主动学习"的转变

在企业中,员工培训和员工学习虽然具有相似的含义,但二者之间却存在着根本不同:培训是一种教学组织和传递的方式,是支持员工学习和组织学习的诸多方式之一;而"学习"的内涵和外延要远远超越培训,企业学习的方式有多种,而培训则只是其中之一。具体而言,二者之间存在如下区别:

■ 在培训中员工大多是被动的,而员工在学习中常常是主动的,并且需要为自己的学习承担责任。

■ 培训以培训师(讲师)为中心,而员工的学习则需要以学习者为中心。

■ 培训强调的是一门门独立课程的设计、开发和讲授,而学习则强调为学习者设计和开发一系列的与实际工作和员工的职业发展相关的学习活动。

■ 培训常常是和工作及工作场所相分离的,学习却可以在工作中进行,甚至学习和工作常常融为一体。

■ 培训往往是正式的,而学习却常常采用非正式形式。

企业学习是发生在工作场所的,因此西方一些研究企业学习的学者或机构也常常用"工作场所学习"(workplace learning)描述企业学习。相对于正规学校中的学习而言,工作场所学习具有以下特点:

■ 在工作中学习,为了工作而学习。与学校情境中的正规教育不同,在企业中学习只是手段,不是目的。

■ 从关注员工个体的学习和发展过程,转向同时关注与企业竞争力密切相关的个体、团队和组织层面的学习。

■ 学习的形式更加多元化、情景化、非正式化、数字化。

■ 学习的内容更注重实践的、深层理解的、策略性的及隐性的知识。②

■ 学习一方面和工作更加紧密结合,另一方面和员工个人的职业发展密切结合。

■ 将学习融入了企业战略、企业文化和结构的所有层面之中。

---

① 参见〔美〕诺伊:《雇员培训与开发》(第三版),徐芳译,中国人民大学出版社2007年版,第5—6页。
② 请参阅本书第十二章第四节。

■ 从由培训中心或人力资源部门负责企业的学习(或培训)事宜,转向由企业大学这样一个更为战略性的平台规划和设计企业学习。

资料夹 8-2　从培训到学习的范式转变

	旧的培训范式	21 世纪的学习范式
地点	大楼	根据需要学习——任何地点
内容	提高专业技能	培养核心职场能力
方法论	通过听来学习	从行动中学习
接受者	企业内部个体员工	员工、顾客和产品供应商等整个团队
教师	外部的大学教授或顾问	内部高层管理者、大学教授和顾问的联盟
频率	一次性活动	持续的学习过程
目标	培养个人技能	解决实际的经营问题并改善工作绩效

资料来源:〔美〕梅斯特:《企业大学——为企业培养世界一流员工》(修订版),徐健、朱敬译,人民邮电出版社 2005 年版,第 21 页。

2. 以"胜任力"和"胜任力模型"为导向

"胜任力"一词来源于英语的"competency",意思是"能力、技能"。胜任力的概念可以追溯到 20 世纪 70 年代哈佛大学教授麦克利兰(David C. McClelland)的相关研究。胜任力是驱动员工产生优秀工作绩效的、可预测的、可测量的各种个性特征的集合,是可以通过不同方式表现出来的知识、技能、个性与内驱力等。胜任力是判断一个人能否胜任某项工作的起点,是决定并区别绩效好坏差异的个人特征。[①]

胜任力模型是为了完成某项工作,达成某一绩效目标,要求任职者具备的一系列不同胜任力要素的组合,其中包括不同的动机表现、个性与品质要求、自我形象与社会角色特征以及知识与技能水平等。胜任力模型的形式非常简单易懂,通常由四至六项胜任力要素构成,并且是那些与工作绩效最密切相关的内容。[②] 常见的胜任力模型有胜任力"冰山模型"(如图 8-2 所示)和胜任力"洋葱模型"(如图 8-3 所示)。

(1)胜任力"冰山模型"

胜任力的"冰山模型"是由美国学者斯潘塞(Lyle M. Spencer)提出的,他认为胜任力由"水面上"和"水面下"两部分构成,其中在"水面上"的知识与技能相对容易观察和评价,而在"水面下"的潜在的其他特征,如价值观、态度、个性等是看不

[①] 参见彭剑锋主编:《人力资源管理概论》(第二版),复旦大学出版社 2011 年版,第 215 页。
[②] 同上书,第 227 页。

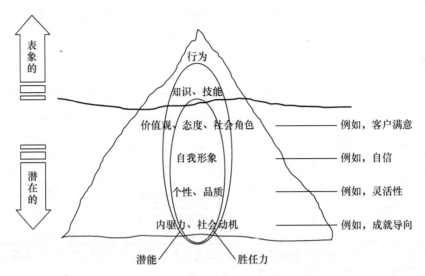

图 8-2　胜任力"冰山模型"

资料来源：彭剑峰主编：《人力资源管理概论》（第二版），复旦大学出版社 2011 年版，第 216 页。

到的，必须由具体的行动才能推测出来。

（2）胜任力"洋葱模型"

胜任力"洋葱模型"由内至外说明了胜任力的各个构成要素可以逐渐被观察、被测量的特点：①

① 动机

动机是推动个人为达到一定目标而采取行动的内驱力。成就动机高的人常常为自己设定一些具有挑战性的目标，并尽最大努力去实现它，同时积极听取反馈以便做得更好。

② 个性

个性表现出来的是一个人对外部环境及各种信息等的反应方式、倾向及特性。个性与动机可以预测一个人在长期无人监督的情况下的工作状态。

③ 自我形象与价值观

自我形象是个人自我认识的结果，它是指个人对其自身的看法和评价。一个人对自我的评价，主要来自将自身与他人的比较，而比较的标准即他们所持的价值观。因此，这种自我形象不仅仅是一种自我观念，也是个人价值观范畴内对这种自我观念的解释与评价。自我形象作为动机的反映，可以预测短期内有监督条件下

---

① 参见彭剑峰主编：《人力资源管理概论》（第二版），复旦大学出版社 2011 年版，第 220—221 页。

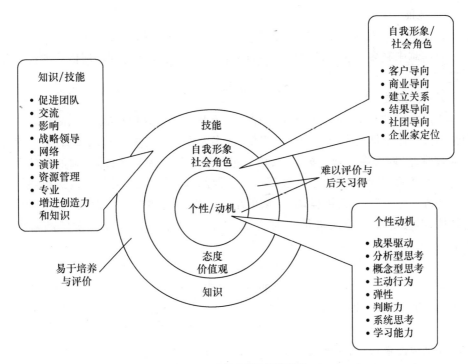

图 8-3 胜任力"洋葱模型"

资料来源：彭剑峰主编：《人力资源管理概论》（第二版），复旦大学出版社 2011 年版，第 219 页。

一个人的行为方式。例如，自信就是一个人坚信在任何情况下自己都可以有效应付各种事情，自信是个人对自我形象认知的一部分。

④ 社会角色

社会角色是个人对于其所属的社会群体或组织接受并认为是恰当的一套行为准则的认识。个人所承担的角色既代表了他对自身所具备特征的认识，也包含了他对他人期望的认识。这种角色是建立在个人动机、个性、自我形象基础上的，表现为一种个人一贯的行为方式与风格，即使个人所在社会群体或组织发生变化也不会有所改变。例如，令客户满意是任何一名推销员必须坚信并遵循的行为准则。

⑤ 态度

态度是一个人的自我形象、价值观以及社会角色综合作用外化的结果，它会根据环境的变化而变化。

⑥ 知识

知识是指一个人在某一特定领域所拥有的事实型与经验型信息。

⑦ 技能

技能指一个人结构化地运用知识完成某项具体工作的能力。

目前越来越多的企业开始依据各自独特的胜任力模型进行培训体系的设计和开发。

3. 以"绩效"为导向

诺伊指出:"今天,企业对培训的评价不再基于课程数量和活动内容,而是看培训在多大程度上体现了公司的经营需要,在多大程度上与员工知识增加、行为变化和绩效改进①联系在一起。事实上,培训正日趋以绩效为导向,即培训的目的在于提高员工绩效,从而改善企业的经营业绩。因此,培训往往被看作是改进组织绩效的可行方式之一"②。诺伊强调,未来的培训会继续关注开发培训项目,传授具体的技能,但会更加关注改进员工的绩效,并且帮助他们适应经营发展的需要和挑战。③

全美培训与开发协会(ASTD)的相关研究也指出:"培训人员必须想着绩效问题。在竞争的组织环境中唯一要紧的事就是更好的绩效,只要培训可以帮助他人取得更好的绩效,培训对组织才更有价值。"④美国著名人力资源开发专家罗思韦尔(William J. Rothwell)也认为:"培训领域正在进行着一个转变,要求培训从业人员将原来关注输入点,比如关注课程、学时等,转为关注输出点,也就是关注个人、团队和组织等不同层面的绩效"。⑤ 当前,国内企业的 CEO 们也已经认识到这一趋势:"培训人员应该和经理们一起去解决业务绩效问题,能够看到问题是什么,并能够提供合适的培训项目或建议方案去帮助经理和员工做得更好。"⑥

4. 为企业战略服务

为使企业成功,越来越多的企业认识到其培训活动应该辅助公司实现其经营战略。

诺伊提出了组织的战略性培训与开发活动的整个流程,如图 8-4 所示:

战略性培训与开发流程始于经营战略的确定,接下来,就是选择战略性培训与开发的策略,然后把这些策略转变为具体的培训与开发活动。流程的最后一个步骤是确定衡量标准,这些标准用于衡量培训是否有助于经营战略的实现。

5. 以信息技术为支撑

信息技术已经对企业培训的方方面面产生了深远的影响——信息技术降低了

---

① 关于绩效改进的具体内容请参阅本书第十二章第五节。
② 〔美〕诺伊:《雇员培训与开发》(第三版),徐芳译,中国人民大学出版社 2007 年版,第 4 页。
③ 同上书,第 39 页。
④ 王成、王玥、陈澄波:《从培训到学习》,机械工业出版社 2010 年版,第 3—4 页。
⑤ 同上书,第 4 页。
⑥ 同上书,第 3 页。

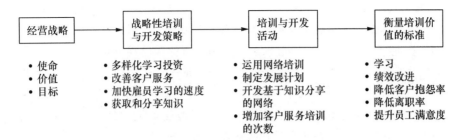

图 8-4 战略性培训与开发流程

资料来源:〔美〕诺伊:《雇员培训与开发》(第三版),徐芳译,中国人民大学出版社 2007 年版,第 41 页。

传递培训课程所耗费的成本,提高了学习环境的有效性,并帮助培训更好地实现企业目标。运用于企业培训的信息技术包括多媒体技术、网络技术、专家系统、电子支持系统、培训应用软件、模拟技术、虚拟技术、游戏等等,它们对培训传递、培训管理和培训支持都产生了深远的影响。具体而言,信息技术还能够为培训带来如下的益处:

■ 员工能够自己控制培训时间和地点。
■ 员工可以根据自己的需求获得有关知识和专家的建议。
■ 员工可以自行选择培训媒体。
■ 实现数字化培训管理,减少了文案工作和管理活动所需的时间。
■ 掌控员工在培训中取得的进步。[1]

在众多以信息技术为支撑的培训模式中,数字化学习开始成为越来越多企业的首选,并且逐步成为许多大型企业学习的主流:

(1) 2000 年北美有 9% 的培训课程是通过技术传递的,2002 年上升至 15%,2004 年增长到 28%(一些领先企业达到了 32%)。[2]

(2) 另据 ASTD 的系列报告显示,2001 年基于信息技术的学习和培训占到所有员工培训时间的 11.47%;到 2006 年时增长到 30.28%(一些前沿企业达到了 39.85%)。[3]

(3) 2008 年澳大利亚已有 72% 的企业在使用 e-learning 的方式对员工进行

---

[1] 参见〔美〕诺伊:《雇员培训与开发》(第三版),徐芳译,中国人民大学出版社 2007 年版,第 226 页。

[2] 参见梁林梅:《工作场所的学习和绩效:技术的影响与变革——访著名绩效咨询专家艾莉森·罗塞特博士》,载《开放教育研究》2008 年第 5 期。

[3] ASTD,2007 State of the Industry Report, http://www.astd.org/NR/rdonlyres/7EA9365D-709D-4C25-BDC8-42F55C2EC360/16912/2007_ASTD_State_Of_The_Industry_Report_Executive_S.pdf,2010-05-10,Accessed in 2011/08/15.

培训;①韩国政府发布了一份韩国 e-Learning 行业发展研究报告,报告显示,2009 年韩国 e-Learning 领域在金融危机的背景下保持平稳增长势头。②

(4)据北京大学企业与教育研究中心 2009 年的调研,e-learning 已经成为被调研企业的主要学习方式之一,许多企业借助于 e-learning 的培训量已达到总体培训量的 50%,有的企业甚至达到了 60%—80%,而且这个比例还有上升的趋势。近几年来,员工年平均在线时间增长了 27%,年在线学习人次增长率在 65% 左右。同时,e-learning 逐渐成为企业学习业务的纽带与桥梁,e-learning 与知识管理③的结合,e-learning 与培训管理的结合,e-learning 与业务流程的有机结合,都是这种趋势的体现。④

三、企业培训(学习)的主要方法

1. 讲座法

讲座(lecture)是一种古老而常用的培训方法,指培训者用语言传达想要受训者学习的内容。讲座的培训目标是教授基础知识和专业知识及工作经验,它可以快速、简单地向一大群受训者传递知识,如销售人员学习一种新产品的特点。

讲座法是按照一定组织形式有效传递大量信息的成本最低、时间最节省的一种培训方法。⑤ 讲座法的缺陷在于它缺少学员的参与、反馈及与工作环境的密切联系,强调学员的聆听,不大容易激发学员的兴趣或热情,而且由于是单向沟通,培训师难以快速获悉学员的理解程度。因此,需要和其他方法综合使用。

2. 师徒制

师徒制(apprenticeship)是一种历史悠久的培训方式。最早的师徒制培训没有一定的方法和程序,新员工只是从观察和体验中获取工作的技能和经验。后来师徒制逐渐成为企业中在职培训的一种正式方法,其形式主要是由一名经验丰富的员工作为师傅,带一到几名新员工,通常在需要手工艺的领域中使用这一培训方式。⑥

3. 导师制

在西方,导师(mentor)这一概念已有相当长的发展历史,是指为被指导者提供

---

① See AFLF, Benefits of E-learning, http://industry.flexiblelearning.net.au/Guide/1-3_Benefits_of_e-learning.htm, Accessed in 2011/08/15.
② 参见韩国信息产业振兴院:《韩国 e-Learning 行业保持平稳增长》,http://www.e-learning.org.cn/show.php?contentid=176,2011 年 8 月 15 日访问。
③ 请参阅本书第十二章第四节。
④ 参见吴峰:《企业数字化学习》,北京大学出版社 2011 年版,"序"第 1 页。
⑤ 参见〔美〕诺伊:《雇员培训与开发》(第三版),徐芳译,中国人民大学出版社 2007 年版,第 196 页。
⑥ 参见石金涛主编:《培训与开发》(第二版),中国人民大学出版社 2009 年版,第 109—110 页。

指导、训练、忠告和友谊的个人。指导者与被指导者之间的这种导师关系发展到现在,已有正式和非正式的区分。非正式的导师关系对被指导者和职业发展有着深刻的影响,更侧重于对价值观的培养和职业发展的指导,并且主要是指导者和被指导者之间的私人行为,自行选择,没有指定目标,较少培训与资助;正式的导师制则源于组织的期望,经企业的安排建立,指导关系是结构化和合约化的,有一定的持续时间,既涉及培养被指导人的核心胜任力和动态的能力,也涉及对被指导者的职业生涯的指导。因此,正式的职业导师关系有清晰的指定目标、可度量的结果、正规的指导和固定沟通的时间。现代企业中实施的导师制一般都属于正式的导师制。[1]

企业导师制是指企业中富有经验、有良好管理技能的资深管理者或技术专家,与新员工(称为"新员工导师制")或极具潜力的员工(称为"骨干员工导师制")建立的支持性关系。

资料夹 8-3 导师制已成为企业学习的一种行之有效的方法

- 宝洁公司:除新员工外,所有级别的经理都有培养人员的责任。
- 迪斯尼:"结伴学习"使特别突出的成员成为指导角色。
- 惠普:期望个人建立其非正式的指导关系,这对创造发展机会很重要。
- 百事公司:辅导和指导是公司文化很重要的一部分。

资料来源:蓝凌管理咨询支持系统有限公司:《蓝凌知识管理最佳实践 v1.0》,http://www.landray.com.cn/Uploads/Knowledge/20082201613301952.pdf,2011 年 8 月 15 日访问。

- 麦肯锡:麦肯锡的文化里鼓励各层级的员工在公司内部找到自己的导师。这些导师通常都是无私地提供职业发展方面的辅导和忠告。如果你自己总是找不到导师,公司会帮忙介绍,甚至安排"相亲"。

资料来源:〔美〕拉塞尔:《麦肯锡方法》,机械工业出版社 2010 年版,第 26 页。

4. 企业教练

教练(coaching)源于体育。教练帮助体育运动员提高技能、磨砺技术、制定重大赛事的行动战略。后来,教练作为一种管理技术从体育领域移植到企业管理领域,企业教练应运而生。目前教练已成为欧美企业提高生产力的最新、最有效的培训技术。

教练方法是一种由管理人员与专业顾问进行的一对一培训方式。专业教练是一群有承诺、对人热情、有丰富人生经验和事业成功的人士,他们不仅拥有杰出的

---

[1] 参见石金涛主编:《培训与开发》(第二版),中国人民大学出版社 2009 年版,第 111 页。

成就,更通过教练去支持他人创造成绩。ASTD 将企业教练界定为:"运用互动的过程来帮助个人或组织更快成长,并获得令人满意的结果。这种互动的过程还能够帮助组织或个人提高其多方面的能力——设定目标、采取行动、更好决策、充分利用自身优势等……教练是一种非常个性化的、定制化的培训方式";国际企业教练联盟(ICF)认为企业教练是一名合格的教练和个人或团队之间的一种专业伙伴关系,通过这种关系能够支持使个人或团队在目标结果方面取得巨大成就。① 美国的多项调查表明,有超过 70% 的经理人认为聘请企业教练是非常值得的投资。②

教练主要着眼于激发学员的潜能,它是一种态度训练,而不是知识训练或技能训练。教练不是帮助学员解决具体问题,而是通过教练过程了解学员的心态,提供一面镜子,使学员洞悉自己,从而把握自己的状态和情绪。教练会对学员表现的有效性给予直接的回应,使学员及时调整心态,认清目标,以最佳状态去创造成果。③

5. 行动学习

行动学习(action learning)是由英国的瑞格·瑞文斯(Reg Ravens)教授提出的。所谓行动学习,指给团队或工作小组一个实际工作中面临的问题,让他们共同解决并制定出行动计划,然后由他们负责实施该计划的培训方式。④ 行动学习具有以下几方面的侧重点:⑤

■ 行动学习强调团队必须遇到一个或几个重要问题或是挑战。

■ 团队是由具备不同观点和视角的人组成的,成员来自组织中的不同部门和不同层次。

■ 团队必须找到解决问题的方法。

■ 团队必须有权力采取行动和实施改进的计划。

■ 团队必须在解决问题的过程中始终学习,并在以后的工作中有所体现。

■ 帮助团队平衡解决问题和学习的双重任务。

目前已经有越来越多的国际前沿组织在实施和推广行动学习,可以说,行动学习已经成为当今企业和各类组织用于提升个人发展和组织发展的重要工具之一。作为一种新的学习方式,行动学习在我国从 1991 年起开始受到培训机构的关注。1998 年,中组部培训中心把行动学习法引进我国的公务员培训领域,并且进行了积极的探索和研究,从而正式开启了国内组织在行动学习领域的先河。国内许多学者对行动学习也进行了一定的理论探究,并将行动学习引入到了政府、企业、教育等组织,取得了一定的成效。

---

① See ASTD, *Coaching*, MA: ASTD Press, 2006 Introduction.
② 参见〔美〕蒂尔:《企业教练宝典》,桑筱莉、刘华文译,中国人民大学出版社 2009 年版,译者序。
③ 参见石金涛主编:《培训与开发》(第二版),中国人民大学出版社 2009 年版,第 115 页。
④ 参见〔美〕诺伊:《雇员培训与开发》(第三版),徐芳译,中国人民大学出版社 2007 年版,第 212 页。
⑤ 参见徐芳主编:《培训与开发理论及技术》,复旦大学出版社 2011 年版,第 157 页。

与传统的企业学习模式相比,行动学习具有以下特点:①

(1)行动学习克服了传统培训中"学用脱节"、"学而无用"的不足,将实际应用作为主题,将"学"和"用"整合在一起,实现了在解决问题的过程中提升能力的目标。

(2)行动学习摈弃了传统培训中"应用围绕理论转",提倡"理论围绕应用转",从而提升了学习的效率和效果。

(3)行动学习不再以教师(培训师)为中心,而是以学员为中心,让学习者成为学习过程的主角,使他们必须承担解决问题并在过程中学习的责任。教师只是引导学习者以更有效的方式思考和对话,从而激发起内在潜能,找到突破性解决方案。

(4)行动学习有效促进了学员之间的交流与沟通,使得学习能够以互动的方式进行,其效果远胜于传统学习模式下的个体学习。

(5)行动学习倡导"提出问题—反思—总结—计划—行动—发现新问题—再反思……"的有机循环,保证了学习过程的连续性,使得各阶段学习之间环环相扣、步步深入,从而克服了传统学习中学习过程的割裂。

6. 最佳实践分享

(1)什么是最佳实践

最佳实践(Best Practice,BP)是指一个组织在产品质量、经营手段、售后服务、员工激励等方面做得非常成功的实践,并可成为榜样而被模仿和参照。

最佳实践可以分为以下四个层级:

■ 好的创意:是指未经证实,但直觉上感到是一种对组织能够产生效益的创新思想。

■ 好的实践:被证实是成功的一项技术、方法、程序或流程。

■ 地区最佳实践:指在组织内相类似的单位中,经过实践证实是最好的某一项技术或流程。

■ 产业最佳实践:指组织内某项技术或流程,在产业内被定为绩效最优,是产业内的一个标杆。

(2)最佳实践的三个要素

■ 最佳实践的来源:组织员工。

最佳实践是由某一领域的员工通过不断尝试而逐步形成的,所以员工是最佳实践的来源人。组织需要激励员工在日常的工作中不断实践和思考,努力找出更高效的方式和方法,有意识地将这些隐性知识保留和积累,详尽记录实践的过程和

---

① 参见石中和:《对行动学习的研究》,北京交通大学 2007 年硕士学位论文,第 2—3 页。

收获,使本来储存在员工大脑中的隐性知识最大限度地转换成更易传播和共享的显性知识。

■ 最佳实践的主体:真实的经验。

最佳实践表现为一组产生优秀绩效的行动,而这些行动正是通过从实际工作中学习和积累得到的。

经验主要以两种形式存在:一是存在于员工头脑中的隐性知识,这些知识产生于多年的工作经验,而且依赖于员工的主观开发和认知,这是难以用语言描述的;另一类是存在各类文档中的显性知识,这些知识产生于对行之有效的工作方法的总结和固化,如组织有效的工作流程,是可以用文字和图表表达的。

■ 转移途径:学习与观察。

一般而言,必须通过学习和观察才能够转移最佳实践,这是由最佳实践中同时存在隐性知识和显性知识决定的。记录于文档中的规范和流程,可以通过宣讲和阅读学习,而根植于人脑中的实践性经验,却只能够通过言传身教传递。[①]

7. 创建学习型组织

"学习型组织"这一概念最初是由哈佛大学教授、系统动力学的创始人佛睿思特(Jay Forrester)在1965年发表的《企业的新设计》一文中首次提出来的。1990年,其弟子彼得·圣吉(Peter M. Senge)出版了经典著作《第五项修炼——学习型组织的艺术与实务》一书,从而使学习型组织的理念迅速在全球普及,世界各地的企业、政府部门、教育组织等都争先恐后地欲转型为学习型组织。

彼得·圣吉将学习型组织描述为:"学习型组织是一个不断创新、进步的组织,在其中,大家得以不断突破自己的能力上限,创造真心向往的结果,培养全新、前瞻而开阔的思考方式,全力实现共同的抱负,以及不断一起学习如何共同学习"[②]。哈佛大学商学院加文(David Garvin)教授认为,学习型组织是一个能熟练地创造、获取和传递知识的组织,同时也要善于修正自身的行为,以适应新的知识和见解。学习型组织需要在以下五个方面出类拔萃:系统地解决问题,采用新的方法进行试验,从自己过去的实践中学习,从他人的经验和优秀实践中学习,在组织中迅速有效地传递知识。[③]

为了使学习型组织的理论转化为可操作性的实践模式,彼得·圣吉提出了创

---

① 参见梁林梅、孙俊华:《知识管理》,北京大学出版社2011年版,第97—98页。
② 参见桑新民主编:《学习科学与技术——信息时代大学生学习能力培养》,高等教育出版社2004年版,第232页。
③ 参见〔美〕加文:《建立学习型组织》,载德鲁克主编:《知识管理》,杨开峰译,中国人民大学出版社1999年版,第42—62页。

建学习型组织的五项技术：①

（1）第一项修炼：自我超越（personal mastery）

"自我超越"的修炼需要不断厘清并升华个人的真正愿望，在缤纷的世界中集中精力，培养耐心，加强定力，客观而冷静地观察现实，并用智慧解决问题。"自我超越"的修炼兼容并蓄了东方和西方的精神传统，是学习型组织的精神基础。

（2）第二项修炼：改善心智模式（improving mental models）

"心智模式"是根深蒂固于心中，影响人们如何了解这个世界，以及如何采取行动的许多假设、成见，甚至图像、印象。彼得·圣吉的研究发现，新的想法在组织中无法实施，常常是因为它和人们深植心中、对周遭世界如何运作的看法和行为相抵触。因此，改善心智模式，有助于改善人们对世界本来面貌的固有认知和思维方式。对于创建学习型组织而言，这无疑是一项重大的突破——未来的学习型组织，将以组织共同心智模式为基础作出关键性的决策。

（3）第三项修炼：建立共同愿景（building shared vision）

"共同愿景"是团队成员共同持有的意向或景象，它能创造出众人一体的感觉，并且遍布到团队成员的各项活动之中，使原来相互分割甚至对立的活动融汇起来。共同愿景对学习型组织而言是至关重要的，它为学习提供了必不可少的焦点与能量。

（4）第四项修炼：团队学习（team learning）

"团队学习"是个体学习与协作学习的整合与升华，它可以发挥团队成员的集体智慧，使学习转化为现实的生产力。在学习型组织中，学习的主体是团队而不是个人。没有团队学习，组织学习便成了空中楼阁。只有众多的团队都成为学习化团队，并以学习为纽带，凝聚成一个不可分割的有机整体，才能成功构建一个生机勃勃的学习型组织。

（5）第五项修炼：系统思考（system thinking）

系统是一个能够被感觉到的整体。系统元素彼此联系，长期不断地相互影响和为了一个共同的目标而运作。在最广阔的层面上，系统思考包含一系列相当含糊不清的方法、工具和原则，所有这一切都导向探讨各种力量的相互联系，并且把这一切都当做共同流程的一部分。

8. 企业数字化学习

随着信息技术在各行各业的日益普及，数字（网络）化学习已成为企业培训（学习）的重要方式之一，并且呈现出快速增长的趋势，数字化学习以其便利、灵活、覆盖面广、成本—效益高而受到越来越多企业的青睐。目前，综合利用面对面

---

① 参见桑新民主编：《学习科学与技术——信息时代大学生学习能力培养》，高等教育出版社2004年版，第232—233页。

集中培训和数字化学习的各自优势而形成的混合学习(blended learning)是企业数字化学习的发展趋势之一。另外,借鉴电子游戏的特点和优势,一些世界前沿企业已经开始尝试和探索将游戏化学习(digital game-based learning)①用于企业培训之中。

四、企业培训(学习)的效果评估

培训效果是指公司和受训者从培训中获得的收益。②

美国培训与绩效评估领域的著名专家菲利普斯(Jack J. Philips)认为培训效果评估是一种系统性的过程,用以决定培训方案的意义及价值,并针对该培训方案的未来使用情况作出决策。③

柯克帕特里克认为对培训效果进行评估主要是基于下述三个方面的考虑:④

■ 最为常见的理由是通过对培训结果的评估,可以让我们了解到怎样才能对以后的培训进行改善和提高。

■ 第二个理由是,通过评估可以让我们确定对一个培训项目应该继续推进还是选择放弃。

■ 第三个理由是,借助培训评估可以证明培训部门(企业大学)存在的理由,说明培训资金预算安排的原因。通过向高层管理人员证明培训可以取得一些有形的积极结果,培训人员能够确保自己的工作更加稳定,即使当企业经营业绩下滑时,他们也能够保住自己的工作岗位。

1. 柯氏四级评估模型

在众多的培训评估模型中,应用最广泛的首推柯克帕特里克于1959年提出的四层级评估模型,也称为"柯氏四级评估模型"(Kirkpatrick Four Levels)。

图 8-5　柯氏四级评估模型

资料来源:本书作者整理。

---

① 关于"游戏化学习"的内容请参阅本书第十二章第三节。
② 参见〔美〕诺德:《雇员培训与开发》(第三版),徐芳译,中国人民大学出版社 2007 年版,第 164 页。
③ 参见徐芳主编:《培训与开发理论及技术》,复旦大学出版社 2011 年版,第 263 页。
④ 参见〔美〕唐纳德·L. 柯克帕特里克、詹姆斯·D. 柯克帕特里克:《如何做好培训评估:柯氏四级评估法》(第三版),奚卫华、林祝君等译,机械工业出版社 2007 年版,第 15 页。

柯氏认为，可以从四个方面评估培训的效果，分别为：第一级：学员的反应（reaction）；第二级：学习（learning）；第三级：学员的工作行为（behavior）；第四级：业务结果（results）。四者之间是一个由简单到复杂的层层递进过程。柯氏指出，在这四个级别的评估中，每个级别都是极为重要的。当我们从一个级别进入到另一个级别时，评估程序会变得相对复杂一些，所需的时间也相对要多一些，但与此同时，我们却可以从中得到更多极为重要的信息。[①]

此模型历经了企业培训领域五十多年的实践检验，是一个全面的、层层深入的、应用广泛的、久经实践检验的、简洁的评估框架。

（1）第一级：学员的反应

它是指参与培训的学员的意见反馈，如学员对培训的感受如何，学员是否喜欢培训师及培训课程，学员对培训师、培训内容、培训方法的满意度如何等等。要使培训有效，首先重要的是学员对培训要有积极的反应，否则，学员将没有积极的动机和主动的学习态度参加培训，对企业发展再有用的培训内容也难以成为学员的知识和技能，更难以转化为员工有效的实际行动。

（2）第二级：学员的学习

这一层的评估用来衡量学员对培训内容，包括原理、事实、技术和技能等的掌握程度，比如学员学到了哪些知识？学到或改进了哪些技能？改变了哪些态度？学习结果的评估也很重要，如果没有知识、技能或态度的获得和改变作为基础，就很难实现工作行为和工作结果上的改变。

（3）第三级：学员的工作行为

该层次主要评估员工接受培训之后在工作场所中行为的改变，即受训者是否在实际的工作中运用了从培训中学到的东西，也就是为了确定从培训项目中所学到的技能和知识在多大程度上转化为实际工作行为的改进。

组织培训的目的是为了提高员工的工作绩效，因此受训员工在培训中获得的知识和技能能否应用于实际工作，能否有效地实现学习成功与实际应用之间的转化，是评估培训效果的重要指标。

柯克帕特里克认为这一层级的评估比前两个层级的评估所面临的挑战更为复杂和艰巨：[②]

首先，除非参训人员有机会改变自己的行为，否则他们很难促成自己的行为转变。

其次，要想预测参训人员的行为能否发生改变几乎是不可能的。即使参训人

---

① 参见〔美〕唐纳德·L. 柯克帕特里克、詹姆斯·D. 柯克帕特里克：《如何做好培训评估：柯氏四级评估法》（第三版），奚卫华、林祝君等译，机械工业出版社2007年版，第16页。
② 同上书，第40—41页。

员有机会运用培训中学到的内容,他们也很难有机会将学到的东西马上运用到实践中。实际上,参训人员在得到第一个运用的机会后,其行为可能会随时发生转变,也可能永远不会发生转变。

最后,当参训人员从培训课程中回到工作岗位时,为他们提供帮助、鼓励和相应的回报是极为重要的。其中,培训回报可以是内在回报,也可以是外在回报——内在回报是指当参训人员采取新的行为时,内心所体验到的那种满意、自豪、自我实现和幸福的感觉;而外在回报是指参训人员从内心以外所获得的回报,指他们在自身行为发生转变之后,随之而来的肯定和赞扬、更大的自由度、更多的授权、更多的奖金以及其他形式的认可等。

柯克帕特里克根据自己多年从事企业培训及培训评估的实践,总结出了促使学员行为发生转变必须具备的四个条件:①

■ 学员必须有行为转变的欲望。

■ 学员必须知道应该做什么,应该怎么做。

■ 学员必须有一个恰当的工作氛围(尤其是学员回到工作中之后其直接业务主管的支持)。

■ 学员必须能够从转变中获得相应的回报。

(4)第四级:业务结果

该层次用来评估培训项目给企业带来哪些改变,是柯氏四级评估模型中最重要,也是最困难的评估。这一层面的评估包含的内容有:产品的产量和质量提高了多少?产品的成本降低了多少?企业的事故率下降了多少?产品的销售额增加了多少?员工的流动率降低了多少等等。

现实中的培训评估往往仅仅停留在第一、二层级,到第三级已超出培训部门自己能够控制和影响的范围,变得复杂而困难,第四级的评估更是具有挑战性。ASTD2005 年发布的工业报告显示,在采用柯氏四级评估的组织中,有 91% 的组织实施了第一级(学员反应)的评估,有一半(54%)的组织实施了第二级(学员学习)的评估,只有 23% 的组织实施了第三级(学员工作行为)评估,而实施第四级(工作结果)评估的组织最少,只有 8%。②

柯氏强调,对于培训人员来说,了解参训学员在参与培训项目后所要面对的工作氛围是极为重要的。否则,培训项目几乎无法实现预期的行为目标(第三级)和结果目标(第四级)。而要营造积极的工作氛围,让业务主管参与到培训项目的设

---

① 参见〔美〕唐纳德·L.柯克帕特里克、詹姆斯·D.柯克帕特里克:《如何做好培训评估:柯氏四级评估法》(第三版),奚卫华、林祝君等译,机械工业出版社 2007 年版,第 17 页。

② 参见〔美〕Dick & Johnson:《教学设计中的评价 Kirkpatrick 四级模式的影响》,载瑞泽、邓普西主编:《教学设计和技术的趋势与问题》(第二版),王为杰等译,华东师范大学出版社 2008 年版,第 144 页。

计和开发中是一个行之有效的方法。①

2. 菲利普斯的评估模型

菲利普斯在柯氏四级评估模型的基础上，提出了培训效果的第五级评估——投资回报率(Return On Investment, ROI)和培训无形收益的评估。

■ 第一级：培训的反应、满意度以及行动计划
■ 第二级：学习的结果
■ 第三级：在工作中的应用和实施
■ 第四级：对业务的影响
■ 第五级：投资回报（在财务方面的效果）
■ 无形收益

（1）投资回报率评估

投资回报率评估重点在于评估培训所产生的用货币形式体现的收益。

此类评估所关注的是，与培训成本相比，培训产生的业务效果所带来的用货币形式体现的价值。业务效果的数据被转换成用货币形式体现的价值，以便于借助公式计算投资回报率。这可以从培训项目对实现组织目标的贡献大小显示出它的真正价值。它以投资回报的价值或成本效益的比率体现。②

菲利普斯认为，由于第四、第五级评估非常耗费资源，不是所有的培训项目都需要开展这两个级别的评估。需要进行第四、第五级评估的培训项目应该满足如下条件：③

■ 项目生命周期的有效期至少达到12至18个月。
■ 项目对落实组织的战略或达到组织的目标很重要。
■ 项目的成本占培训总预算的20%以上。
■ 项目的目标受众数量很大。
■ 项目广为关注。
■ 管理层表达了对项目的兴趣。

（2）培训的无形收益

大多数成功的培训项目都能带来一些无形的收益。无形收益是培训带来的一些积极的结果，这些结果要么不可能转化为用货币表示的价值，要么在转化的过程中需要付出太多的时间或金钱而得不偿失。

无形收益不一定像那些可以用货币表述的衡量指标那样具有说服力，但它们

---

① 参见〔美〕唐纳德·L.柯克帕特里克、詹姆斯·D.柯克帕特里克：《如何做好培训评估：柯氏四级评估法》（第三版），奚卫华、林祝君等译，机械工业出版社2007年版，第19页。
② 参见〔美〕菲利普斯、斯通：《如何评估培训效果》，张少林、李元明等译，北京大学出版社2007年版，第4页。
③ 同上书，第19页。

也是整个评估过程中很重要的一部分。这些数据包括组织承诺的增加、团队合作的改善、顾客服务的改善、冲突的减少、压力的减轻等等。

五、ASTD 之"WLP 胜任力模型"

全美培训与开发协会（ASTD）在 20 世纪 90 年代末期将其从业人员的专业名称定位为"WLP"（workplace learning and performance）专业人员，即"工作场所学习与绩效"专业人员。

ASTD 对 WLP 的定义为："WLP 是为了提高组织及员工的绩效，并针对满足个人和组织的需要而将学习和其他方式结合使用的一种方式。它使用一种系统流程去分析和反馈个人、团队和组织的绩效问题。WLP 通过平衡人、伦理、技术和具体操作之间的关系，在组织内部创造一个积极的、进步的变化。"WLP 将组织成员中不同学科的有才干的人员联系起来，通过学习和其他方式提高人们的绩效。ASTD 同时还强调，WLP 专业人员需要将他们的重点从以前单纯地进行培训活动，转向通过多样化的学习与绩效改进方案解决组织中遇到的问题，最终提高经营成效。[①]

经过深入的系统研究，ASTD 提出了"工作场所学习与绩效"专业人员的胜任力模型（ASTD Competency Models），并在此基础上开展专业能力认证工作——CPLP（Certified Professional in Learning and Performance Certification）认证，已在业界产生了一定的影响。

"WLP 胜任力模型"见图 8-6 所示。

"WLP 胜任力模型"包括了基本胜任力、主要业务领域和关键角色三部分：

1. 三类基本胜任力

（1）人际交往能力

它包括建立信任、有效沟通、影响利益相关者、平衡多样性、建立网络和伙伴关系。

（2）业务/管理能力

它包括分析需求并提出解决方案、应用商业技巧、结果驱动、对任务的规划和实施、战略思考。

（3）个人特性

它包括适应性和个人职业发展规划。

2. 九大业务领域

ASTD 将 WLP 专业人员主要的业务领域分为如下九个方面：

[①] 参见〔美〕罗思韦尔、林霍尔姆、沃利克：《CEO 期望的公司培训》，李小铁、林钢译，北京大学出版社 2007 年版，第 3—6 页。

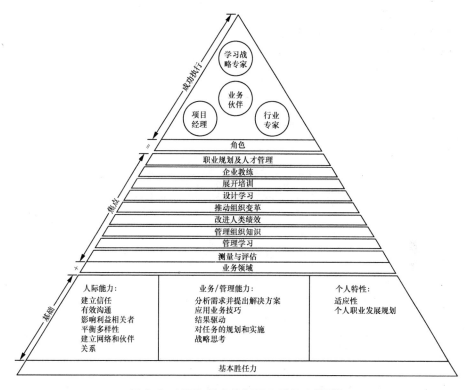

图 8-6　ASTD 提出的"WLP 胜任力模型"

资料来源：http://www.astd.org/content/research/competency/AreasofExpertise.htm，2011 年 8 月 15 日访问。

- 测量与评估
- 管理学习
- 管理组织知识（知识管理）①
- 改进人类绩效②
- 推动（促进）组织变革
- 设计学习
- 开展培训
- 企业教练
- 职业规划及人才管理

---

① 请参阅本书第十二章第四节。
② 请参阅本书第十二章第五节。

3. 四大角色

作为 WLP 专业人员，在组织中可以承担如下四类角色：
- 学习战略专家
- 商业伙伴
- 项目经理
- 业务（行业）专家

资料夹 8-4　ASTD 简介

ASTD（American Society for Training and Development），即全美培训与开发协会，是目前为止全球最大的 WLP（Workplace Learning and Performance）专业人员组织，其成员来自世界一百多个国家。

ASTD 创建于 1943 年，致力于为全球的 WLP 专业人员提供如下服务：
- 提供各类专业资源，包括研究报告、分析报告、标杆、在线信息、图书及其他出版物。
- 通过会议、工作坊、网络等形式为全球的 WLP 专业人员提供交流、聚会的机会。
- 为全球的 WLP 专业人员提供各种专业发展机会，包括 CLPL 认证等。
- 作为专业团体，和其他专业团体（机构）通力合作，代表 WLP 领域的专业人员与媒体及公共决策者合作。
- 推广、宣传 WLP 领域内的最佳实践和标杆。

资料来源：http://www.astd.org/ASTD/aboutus/，2011 年 8 月 15 日访问。

六、首席学习官与企业大学

1. 首席学习官（CLO）

在企业的相关文献中，"首席学习官"（Chief Learning Officer, CLO）这一用语出现在 20 世纪 90 年代中期，但其实践却可以追溯到更早——当 20 世纪 50 年代通用电气公司（GE）的 CEO 韦尔奇（Jack Welch）与他的创新性领导力学习小组一起工作的时候，就发现了教育在商业领域的价值，并表明 CLO 对于 GE 业务目标的实现具有战略性价值。① 首席学习官是指在组织学习与发展的过程中，具有充分的战略理解能力和组织学习资源的整合能力，通过建立和优化组织学习与发展体系，并领导组织学习活动，以实现组织不断适应变革与宏观战略的契合，驱动组织整体

---

① 参见〔美〕埃尔克莱斯、菲利普斯：《首席学习官——在组织变革中通过学习与发展驱动价值》，吴峰译，教育科学出版社 2010 年版，"序"第 1 页。

业务绩效的提升,打造持续性竞争优势的高级管理人员。① 目前财富世界五百强中大约有10%的公司已设立了CLO,并且在企业中扮演着越来越重要的角色,CLO像首席执行官(CEO)、首席财务官(CFO)、首席运营官(COO)一样成为企业的高层战略领导。②

首席学习官是顺应知识经济时代而产生的一个将学习与企业战略结合在一起的高级管理岗位,CLO 的设立满足了企业价值观的建立、领导力培养、创新建设、建立学习型组织及以客户为中心等新时代的多种诉求。作为一种新兴的高管职位,CLO 肩负着如下使命:

■ 确保组织学习的战略方向。
■ 创造一种学习型的组织文化。
■ 为组织的经营和发展提供智力支持。③

CLO 的职责包括:使组织的学习解决方案与组织战略保持一致;使学习型解决方案④与业务需求保持一致;重视学习项目参与者,使其能够应用所学;推动高层参与,取得业务管理层的支持;采用运营的方式推动学习有机体发挥作用;提供反馈并利用项目的成果信息等。CLO 在企业中的角色为:

■ 关键管理者
■ 系统思考者
■ 高级教育专家
■ 问题解决专家
■ 联盟建设者
■ 变革领导者等⑤

2. 企业大学

企业大学(Corporate University)是一种由企业出资创建的新型教育培训组织,是企业发展的一种新型战略性工具,其职责是通过培养个体或组织的学习、知识和智慧活动帮助母公司实现自己的使命。⑥ 最初的企业大学可以追溯到20世纪40年代。1955年韦尔奇在通用电气公司(GE)建立的克劳顿管理学院为标志,企业大学开始正式出现。

企业大学的真正蓬勃发展始于20世纪80年代末期,2000年美国的企业大学已经超过两千家。2008年《财富》杂志年度排行的世界五百强企业中,有近80%的

---

① 参见侯锷:《首席学习官》,社会科学文献出版社2010年版,第22页。
② 同上书,第3页。
③ 同上书,第24—25页。
④ 请参阅本书第十二章第五节。
⑤ 参见胡瑛:《企业首席学习官胜任力模型研究》,北京大学2010年硕士学位论文,第19—24页。
⑥ 参见〔美〕艾伦:《下一代企业大学:发展个人与组织能力的新理念》,吴峰译,世界图书出版公司2010年版,第3—4页。

公司都拥有或正在创建自己的企业大学,目前全球性的跨国公司正在掀起一个兴办企业大学的热潮。我国各式各样的企业大学已有近四百家①,越来越多的中国企业开始借助于企业大学这一战略平台,推动企业学习、员工培训、知识管理和领导力的发展。

虽然不同企业创建企业大学自有其独特的动因,但这种新型教育机构的出现有着以下普遍原因:②

■ 企业对传统大学教育模式的日益不满。过去多年来大多数企业都是依靠大学的商学院培养和培训管理人员,教学通常在大学校园里或公司的会议室里进行。这种培训模式缺少灵活性,知识内容陈旧,很少考虑顾客需求,不重视建立信任和认可关系等,最重要的是脱离企业的工作实践,已远远无法满足企业人才发展和培养的现实需求。

■ 为了满足员工(尤其是知识型员工③)日常和终身学习的需求。

■ 为了保护企业自身的知识资源,传承企业文化和留住最好的员工。

目前,国内的企业大学绝大多数都是从过去的培训部门(中心)转变而来的,但真正的企业大学和传统的培训机构存在本质上的不同:企业大学所构建的是企业内生的能力和成长源泉,它利用外部资源、研究外部对象、应对外部挑战并催生企业的内部创新,由此实现企业人才和组织能力的主动生长。④ 具体而言,传统的培训部门和真正的企业大学之间存在着如下区别:

表 8-1 企业大学和传统培训部门的区别

	培训部门	企业大学
焦点	被动、反应式的	主动的
组织	分散的、授权的	内聚的、集中的
范围	战术性的	战略性的
传递知识	教师控制的	体验不同的方法
所有者	培训主管	业务单位管理者
接受者	广泛的接受、深度有限	针对岗位类别定制课程
注册	自由入学制	准时学习
结果	工作技能的提高	工作绩效的提高
运作	作为职能部门运作	作为业务单位运作
反映	去接受培训	大学是学习的象征

资料来源:〔美〕梅斯特:《企业大学——为企业培养世界一流员工》(修订版),徐健、朱敬译,人民邮电出版社 2005 年版,第 22 页。

---

① 参见侯锷:《首席学习官》,社会科学文献出版社 2010 年版,第 54 页。
② 参见王登亮、陈京雷、李永:《如何建设企业大学》,中国劳动社会保障出版社 2008 年版,第 3 页。
③ 请参阅本书第十二章第四节。
④ 参见侯锷:《首席学习官》,社会科学文献出版社 2010 年版,第 10 页。

尽管企业大学在表面上有很多不同，但它们往往围绕相似的原则和目标组织，以追求其总体目标——成为终身学习机构。这些目标和原则是：[1]

- 提供支持企业目标的学习机会。
- 将企业大学模式看做是一个过程，而非学习的场所。
- 设计的课程包括三个C：企业公民（Corporate Citizenship）、情境框架（Contextual Framework）和核心职场胜任力（Core Workplace Competencies）（包括学习能力、沟通与合作能力、创造性思维与解决问题能力、信息技术能力、全球化经营能力、领导力、职业生涯自我管理能力等）。
- 培训价值链，包括顾客、分销商、产品供应商和提供未来员工的传统大学。
- 从教师控制的培训转变为多种形式的学习提供方式。
- 鼓励企业领导者参与和推动学习。
- 从公司配置资金的模式转变为作为业务单位"自筹资金"的模式。
- 在开发学习解决方案时，采取全球视角。
- 建立评估系统评价投入和产出。
- 利用企业大学获取竞争优势并进入新市场。

企业大学既可以实体化存在，也可以虚拟化存在。企业大学成功与否的标准不在于有多少好的设施和硬件条件，关键在于其内涵和软条件，即高效的培训体系、健全的课程开发能力和优秀的培训师队伍。[2]

第二节　信息技术与教师专业发展

一、从"师范教育"向"教师教育"转变

新中国成立后相当长的一段时间内，我国对于职前教师的"培养"和职后教师的"培训"一直由两个互相独立的体系承担——职前教师培养称为"师范教育"，是师范大学、师范院校的职责；而职后教师的培训是在独立建制的教育学院、教师进修学院（校）中进行的。这种"培养"和"培训"相互分离的模式不仅造成教师培养和培训缺乏过渡性与延续性，造成教师教与学的脱节，而且也不利于教师培训质量的提高。事实上，对于教师个人的发展来说，其职前培养与职后培训是不可分离的；而作为一种职业来说，教师是一种终身化、连续化的职业，教师工作的过程是不

---

[1] 参见〔美〕梅斯特：《企业大学——为企业培养世界一流员工》（修订版），徐健、朱敬译，人民邮电出版社2005年版，第31页。

[2] 参见王成、王玥、陈澄波：《从培训到学习》，机械工业出版社2010年版，第30页。

断学习和进修的过程。①

2001年,《国务院关于基础教育改革与发展的决定》(以下简称《决定》)第一次在政府文件中以"教师教育"(teacher education)替代了长期使用的"师范教育"概念。《决定》提出:"完善以现有师范院校为主体,其他高校共同参与,培养、培训相衔接的开放的教师教育体系。加强师范院校的学科建设,鼓励综合性大学和其他非师范类高等学校举办教育院系或开设获得教师资格所需的课程"②。国家教育部在《关于"十五"期间教师教育改革与发展的意见》中指出:"教师教育是在终身教育思想指导下,按照教师专业发展的不同阶段,对教师的职前培养、入职教育和在职培训的统称"。事实上,职前教育的功能仅仅是为教师的成长奠定基础,必须经过职中的实践以及职后的进修,教师才能趋于成熟。③

当前,国内外教师教育呈现出如下的发展趋势:

(1) 高学历化和高素质要求

从国际上看,一些发达国家自二战后,教育已向高中和高中后普及,对未来公民的科学文化水平的需求越来越高,这就要求中小学教师本身应具有广博的科学文化知识和教育专业素养。于是,提高教师的学历和受教育年限已成为各发达国家教师教育改革的重点。

从我国情况看,随着经济的高速发展和全面建设小康社会目标的提出,原先对教师素质的要求已经不能适应时代发展的需要,必须建设一支高素质和高水平的教师队伍;中小学素质教育的实施,更是迫切呼唤高素质的师资队伍。这种高素质应当是一种整体的素质,不仅是指教师的道德素质、文化素质、业务素质,而且必须包括教师驾驭教育、教学的能力以及心理素质。这种教师必须对教育宗旨和人的成长与发展有深刻的理解,必须对教育有强烈的使命感和对儿童有深厚的爱心,必须具备处理问题的综合实践能力,同时还必须符合终身学习社会的要求。

要全面实施素质教育,要教育创新,其影响因素很多,但关键在于教师队伍的高素质和高学历化。

(2) 教师来源多样化

师范院校一直是我国教师教育的主要承载体,教师市场历来是师范院校的世袭领地,教师来源的渠道也是单一的。尽管教师教育究竟是由综合性大学承担好,还是由相对独立的师范院校承担好,在国际上仍属于争论中的学术问题,但我国相对封闭的教师教育体系正在逐步走向开放,却是一个不争的事实。形成开放型的

---

① 参见钟秉林:《教师教育的发展与师范院校的转型》,载《教育研究》2003年第6期。
② 教育部:《关于"十五"期间教师教育改革与发展的意见》,http://www.edu.cn/20010907/3000665.shtml,2011年8月15日访问。
③ 参见钟秉林:《教师教育的发展与师范院校的转型》,载《教育研究》2003年第6期。

教师教育体系,也是大势所趋。

近几年,国内一些综合性大学已经开始设置并发展教育学科,甚至在一些理工科院校也酝酿设立教育学院,这成为各级各类学校教师的重要来源。此外,由于允许面向社会招聘非师范类院校的毕业生到中小学任教,使符合教师资格标准的所有社会成员都可能成为教师队伍的来源。而中小学聘任教师也已经打破了从师范院校选拔的单一做法。可以预测,随着教师资格认证制度的完善,将有更多的适合教师工作的社会人士进入各级各类学校。

(3) 教师职业专业化

尽管有人对教师的专业性提出过质疑,但是,无论是学术界还是法律上,都已确认了教师的专业地位。作为专业人员的教师仅有学科知识是不够的,还必须对其有专门的教师从业资格和符合职业规范的要求。教师的专业化地位不仅是我国教师教育发展的一个重要条件,而且也是切实提高教师社会地位的内在需求。

从内容上看,教师教育专业化主要包括两个方面:一是教学专业化;二是教师培养和培训专业化。这不仅要有外在的约束机制,诸如健全的教师资格证书制度之类加以保证,更要注重内在的教师专业素质的提高,从专业知识、专业道德、专业发展、专业训练等多方面对教师进行完整的、连续的培养与训练。此外,还要求教师培养和培训机构的专业化,改善现行的教师培养和培训机制,进而从根本上摆脱传统师范教育的办学理念与范式。

资料夹 8-5 国内外教师专业发展的标志性事件

- 1966 年,联合国教科文组织和国际劳工组织提出"教学应被视为专业"。
- 20 世纪 70 年代中期,美国提出"教师专业化"的口号。
- 1986 年,霍姆斯小组《明天的教师》和卡内基教育促进会《国家为 21 世纪准备教师》的报告中提出要确立教师的专业地位,培养教师达到专业化的标准,进而提高教师教育质量;1990 年,霍姆斯小组《明日之学校》提出了专业发展学校的设计原则。
- 1994 年 1 月 1 日,中国开始实施《教育法》,规定"教师是履行教育教学职责的专业人员",首次从法律上确认了教师的专业地位。
- 1995 年,霍姆斯小组《明日之教育学院》明确提出要重新设计教师教育课程,要充分考虑年轻教师的学习需要和教师整个专业生活过程中的专业发展需要。
- 1996 年,联合国教科文组织在日内瓦召开的第 45 届国际教育大会上通过了九项建议,其中第七项建议是"专业化:作为一种改善教师地位和工作条件的策略"。
- 1998 年,"面向 21 世纪师范教育国际研讨会"在北京师范大学召开,明确了

"当前师范教育改革的核心是教师专业化的问题"。

■ 2003年12月,中国高等教育学会教师教育分会成立大会暨教师发展学术论坛在深圳举行,标志着全国教师教育学会正式成立。

■ 2004年10月,"第一届面向信息化教师专业发展国际研讨会"在首都师范大学召开,大会主题是"寻求面向信息化教师专业发展的新方法、新途径"。

■ 2004年12月,教育部颁布《中小学教师教育技术能力标准(试行)》。

资料来源:本书作者整理。

---

(4) 教师教育一体化

长期以来,我国教师教育的职前培养与职后进修培训一直由两个互不相关的体系承担。教师教育应该是涵盖了职前、职后教育在内的一体化的教育。教师的专业发展贯穿于职前培养与职后进修的全过程,一体化是教师专业发展的必然要求。

所谓教师教育的一体化,并不仅仅在于其形式,也不仅仅以学历教育为唯一的目标。其实质在于建立前后一贯、互有区分的目标体系、课程体系、评价体系等,避免出现单纯的学历补偿教育,真正实现教育教学与教师进修(培训)、学历教育与非学历教育之间的平衡与统一。[1]

(5) 教师教育信息化

2002年3月,教育部出台了《关于推进教师教育信息化建设的意见》(以下简称《意见》),《意见》中指出:"教师教育信息化既是教育信息化的重要组成部分,又是推动教育信息化建设的重要力量……当前,信息化已经引起中小学的教育思想、观念、内容、方法等方面发生深刻变革。要实现信息技术在中小学逐步普及和应用,建设一支数量足够、质量合格的具有较高信息素养的中小学师资队伍是关键。教师教育必须加快信息化进程,加大信息化建设力度,为全面提高中小学教师的信息素养奠定坚实的基础。"[2]

充分利用信息技术支持和促进教师教育及教师的专业发展已成为教育技术领域的一个重要研究主题。《意见》中提出了教师教育信息化的原则、目标和措施:

■ 原则:以教育信息基础设施建设为基础,以信息资源开发为核心,以推进现代信息技术和教育技术的广泛应用为重点,以提高教师教育质量为根本。

■ 目标:加快以各级各类师范院校为主体的教师教育机构信息基础设施和资源建设,逐步构建全国教师教育信息化网络教育体系;全面推进现代信息技术和教

---

[1] 参见钟秉林:《教师教育的发展与师范院校的转型》,载《教育研究》2003年第6期。
[2] 教育部:《关于推进教师教育信息化建设的意见》,载《管理信息系统》2002年第3期。

育技术在教师教育中的普及和应用,显著提高中小学教师的信息素养,促进信息技术与学科课程的整合;积极促进教师教育教学方法和手段、管理体制和办学方式的改革创新,探索并初步构建信息环境下教师教育的有效模式。

■ 措施:加快教师教育信息基础设施建设;加快教师教育信息资源建设;加强师范院校信息技术和教育技术等专业建设,培养、培训适应普及信息技术教育需要的中小学教师。以科学研究为先导,积极探索和构建现代信息技术环境下教师教育教学与教学管理新模式;加强领导、管理和评估。

资料夹8-6 "全国教师教育网络联盟"计划简介

2003年,我国教育部正式启动了"全国教师教育网络联盟"计划(简称"教师网联")。该计划由我国的八所师范大学与其他相关单位共同结盟,其目的在于通过发展现代远程教育,把优质教师教育资源传送到全国各地,实现教师教育的创新、集成和跨越,为教师的终身学习和教师素质的不断提高提供服务与支持,以教育信息化带动教师教育现代化,使不同地区、不同层次的中小学教师共享优质教育资源。

"教师网联"(http://www.jswl.cn/)主要肩负两大重任:一是全国教师学历层次的提高,二是针对教师的非学历培训,使教师的职前教育与职后教育一体化,学历教育与非学历教育相沟通,为教师终身学习提供有力的支持与服务。它包括三个层次:第一个层次是办学的层次;第二个层次是合作推动;第三个层次是学习、支持、服务。

"教师网联"的实施工作分"三步走":第一阶段是初步形成共建、共享优质教育资源的教师教育的协作组织的核心;第二阶段扩大到具有条件的省属大学和其他的高校,广泛动员力量,在更大程度上整合资源;第三阶段是全面落实整体的规划,使各种教育模式能够衔接、沟通,形成具有中国特色的教师终身学习体系。

资料来源:汪晓东、秦丹:《技术支持的教师专业发展案例研究》,载《远程教育杂志》2009年第2期。

二、以信息技术促进教师专业发展

1. 教师专业发展的内涵

目前关于教师专业发展(teacher professional development)的内涵,尚未达成一致性的共识。教育部师范司在相关文件中的界定如下:"教师专业发展是教师个体专业不断发展的历程,是教师不断接受新知识、增长专业能力的过程。教师要成为一个成熟的专业人员,需要通过不断的学习与探究历程来拓展其专业内涵,提高专业水平,从而达到专业成熟的境界"①。

促进教师专业发展的途径和方法有多种——传统的教师培训,新兴的教师网络培训,校本教研,教师的自主学习与自我反思,教师的行动研究②,教师的同伴互助,教师的行动学习,构建教师实践共同体等等。

2. 培训:教师专业发展的重要途径

虽然培训存在着一定的不足和局限,但仍然是当前国内外促进教师专业发展的重要途径之一。

(1) 教师培训的多种形式

教师培训有多种类型——依据教师培训的组织形式(正式还是非正式的,结构化还是半结构化的),可以归入以下四个维度的多种类型:

图 8-7　教师培训的多种模式

资料来源:詹青龙:《信息技术教师培训:理论与应用》,教育科学出版社 2009 年版,第 2 页。

依据培训实施的地点,可以把教师培训划分为校本在岗培训、校本离岗培训和校外培训三种类型,它们各自的特点如表 8-2 所示:

表 8-2　教师培训的多种类型

教师培训类型	优势	劣势
校本在岗培训	■ 没有成本,除了占用教师时间之外 ■ 时间灵活,依据实践和教师便利安排 ■ 内容灵活,实践具体	■ 质量取决于现有教师的技能 ■ 容易分心 ■ 有传递坏习惯的危险

---

① 教育部师范司:《教师专业化的理论与实践》,人民教育出版社 2003 年版,第 50 页。
② 关于"行动研究"的内容请参阅本书第十一章第三节。

（续表）

教师培训类型	优势	劣势
校本离岗培训	■ 较少的成本 ■ 在同一时间培训若干教师 ■ 提升了管理人员和教师的认同度 ■ 周密的时间安排 ■ 对那些远离家庭有困难的教师来说是合适的	■ 在培训期间，受训者（教师）不受现实工作的干扰 ■ 需要更多的时间离岗，因此需要占用教师更多的工作时间
校外培训	■ 提供获得校内得不到的专家培训的机会 ■ 提供与来自其他学校教师进行沟通和交流的机会	■ 存在着将学习内容迁移到工作实践的困难 ■ 存在将学习内容和自己的教学实践/角色联系起来的困难 ■ 成本昂贵，通常只有少数教师有机会参加

资料来源：詹青龙：《信息技术教师培训：理论与应用》，教育科学出版社2009年版，第3页。

资料夹8-7 传统培训方法存在的主要问题

1. 短期集中培训收效甚微

这种培训往往安排在假期举行，但培训的内容没有具体的实施要求，教师听完（参与完培训活动）培训也就结束了，往往收效甚微。

2. 培训与实际脱离

特定期限的培训，往往难以真正面对教师工作和教学中的主要问题，而要教师独立解决这些问题，更是勉为其难。在培训过后，教师往往很难将培训（课程、研讨会、讲座等）期间学到的内容转化到工作当中去。培训方法常常忽略真实的生活和工作情境，很少考虑将教师真正面临的问题综合进去。

3. 缺乏持续的学习（发展）支持

教师需要持续的学习（发展）支持，以便在培训结束后，在他们尝试将培训期间所学到的新理论和方法应用到实际工作和教学中的时候，培训者及所在学校的管理者能够为其提供必要的指导、帮助和支持，以减少他们在应用新理论、新方法、新技术过程中所面临的风险和阻碍。但传统的培训项目由于各种原因往往没有为教师提供相应的支持，因而降低了培训的实际效果。

资料来源：顾小清：《面向信息化的教师专业发展——行动学习的实践视角》，教育科学出版社2006年版，第111—112页。

(2) 有效教师培训的七个关键环节[①]

■ 多维理解"为什么培训":作好培训需求分析

"为什么培训"是有效教师培训需解决的首要问题。教师培训项目需要从追问"为什么"出发,明确培训需求,把握培训目的和意图。

首先,社会需求分析(宏观)。任何一个教师培训项目都要立足于其立项的社会背景,体现其"社会价值是什么","为社会发展解决什么问题"以及"在教育改革与发展过程中发挥什么作用"。

其次,组织(即受训学员所在单位)需求分析(中观)。这一层面的需求分析需要回答"培训为学员服务的组织机构要解决什么问题","能解决什么问题"和"如何有效解决这些问题",主要指学员工作单位对学员培训或研修的期待。因此,培训项目的设计者要明确意识到学员工作单位是培训项目的重要利益相关者,密切关注其对该培训项目的需求。一般情况下,需求分两种,一种是学员所在机构已经意识到的并期望该次培训帮助其解决的问题,属于显性需求;另一种则是学员所在机构当时尚未觉悟,但实际上是客观需要的,属于隐性需求。从教师培训专业化角度看,这两种皆是培训管理者亟待解决的问题。通常有效培训成功之处就在于能使这些隐性需求在培训过程中逐渐转化为显性需求,成为学员的"意外收获"。

最后,学员岗位需求分析(微观)。即把宏观层面的社会需求分析和中观层面的组织需求分析进一步具体化,体现出特定教师培训项目特点,从而有效缩小培训对象岗位胜任力与岗位标准要求之间的差距。

■ 深度分析"培训谁":掌握学员个体学习特征

此即对学员个体培训需求开展深度分析,如学员知识结构如何,专业能力处于什么水平阶段,对该培训项目期望与需求有何共同与差异,学员作为培训资源有何特征以及如何支持培训等。这些分析结果是为学员提供个性化学习与针对性培训的切入点,可使培训主题更加明确。

■ 准确揭示"培训他们什么":聚焦培训目标

这旨在回答"培训要达到什么目标","学员在培训中要有什么变化、提高和发展"以及"培训项目本身要取得什么成果"。培训目标主要分析培训具体解决什么问题,解决到什么程度。有效培训的目标应能够使学员便于理解、易于接受。为此,在培训实施方案中,制定明确的培训目标至关重要,准确地表述目标也非常关键。教学设计中目标阐述的"ABCD"方法也适用于此。

■ 精心设计"用什么内容培训":设置有针对性的培训课程

培训课程和培训目标之间存在着内在逻辑关系,如果说培训需求是培训的现

[①] 参见余新:《有效教师培训的七个关键环节——以"国培计划——培训者研修项目"培训管理者研修班为例》,载《教育研究》2010 年第 2 期。

实起点,培训目标是培训的预期终点,那么,培训课程就是起点和终点之间的连接线路。

■ 严格遴选"谁来培训":优化培训师资资源

教师培训是一种系统化的智力投资,在资源(培训场地、设施和教具等硬件)得到基本保证的前提下,主要通过智力资源的开发、投入、应用和转换等方式,实现以人影响人、以智力资源再生智力资源的活动行为。可以说,优秀的培训教师是有效培训的重要保障。

首先,专业团队发挥专业引领作用,整体统领培训。教师职后培训项目需要具有针对性,特定的培训项目是针对特定教师群体的特定需要而提供的量体裁衣式服务,专家团队需在培训项目的目标定位、课程设置、活动设计和组织等方面发挥专业引领作用,否则,一个项目就会缺少灵魂。其次,主讲教师课前准备充分,教学切合学员需求。在职教师培训的课程多由若干专题单元构成,为满足培训对象的多样化需求提供可能性。主讲教师需要在培训前作好充分准备,了解培训目标、学员特征、培训需求以及培训环境和条件等,以便提供切合培训需求的教学服务。最后,开展教师团队教学,体现团队作业。由两个或两个以上教师组成教师团队,其中一人为主讲教师,其他教师为助理,起辅助作用。它具有形式活泼、内容互补、信息源多、团队合作等特点。

■ 积极探究"如何培训":发挥研修主体的参与作用

首先,研修活动要重视课堂互动和师生对话,帮助学员建立新旧经验之间的联系。教师研修活动实质上是为学习者创设学习环境和促进其建构知识的活动。研修者在参加研修活动前已经拥有的经验既是在研修活动过程中学习的基础,同时也是被"改造"或"影响"的内容。其次,要建立"学习共同体",促进学习者同行间的交流,帮助学员分享彼此的经验。再次,要建立"实践共同体",帮助学习者体验"仿真场景",联结学习情景与工作情景。有效习得知识很重要的途径之一是创建"实习场"和设计情境化内容。研修目的是帮助学习者获得用于实践工作的知识、技能和能力,同时,还包括影响其教育教学实践的情感、态度和价值观。最后,要注重多样化活动形式,明了研修过程中学员学习的独特性。多样化教学建立在对学员认知独特性的认识基础上,其目的是为学习者提供获得知识的多种不同途径和机会。

■ 密切关注"培训效果如何":全程监测和控制培训质量

"培训效果如何",实际上是关于教师培训效果评估问题。针对一个具体的教师培训项目,培训投资方或组织方系统地收集和分析资料,对培训效果的价值,培训质量的好坏、高低,培训目标、课程与方法的有效程度等作出判断,其目的在于指导今后的培训决策和培训活动。首先,关注学员在培训现场的学习反应,了解学员对培训项目的满意度和与此相关的工作计划。其次,关注学员经过培训后掌握了哪些知识和技能及其掌握程度,主要分析学习者对培训内容的内化程度。再次,关注学员学习成果在工作中的运用,了解学员回到工作岗位后是否按照学到的知识和技能进行工作,培训中提倡的态度和价值观是否改变了学员看待和处理问题的方式,主要反映学习者把内化的素质再加以外化,影响工作改进的结果。最后,关注"业务结果"和"投资回报率"。所谓"业务结果",即了解培训后学校教育教学质量、工作效率是否产生变化,以及变化的方向和程度。所谓"投资回报率",是指培训对社会进步、教育改革、学校组织发展、工作岗位胜任力提高等方面所起的推动作用和产生的长远影响力。

3. 信息时代教师专业发展的新思路与新举措

(1) 信息时代教师专业发展的新特色

信息时代的教师专业发展不同于以往的教师专业发展,最显著的标志就是它面向教育信息化。因此,国内学者将信息时代的教师专业发展称为"面向信息化的教师专业发展"。信息时代教师专业发展具有如下明显特色:

■ 教师专业素质呈现出信息化特色

现代教师的专业素质包括专业知识、专业技能和专业态度三个方面。教师专业化是一个发展的概念,教师专业发展也是一个持续不断的过程,在信息技术对社会的影响日益广泛的今天,教师专业素质呈现出信息化特色。为了提高学生的信息素养,学校的许多课程在教学中采取了信息技术与课程整合的方式。将信息技术引入到教学中,增加了教师劳动的复杂程度,增强了教师劳动的创新性质,使得教师的专业知识、专业技能和专业态度均呈现出信息化的特点。

■ 教师的角色发生转变,呈现出多样化趋势

在传统的教学中,教师是知识的传授者,在教学活动中处于权威地位。随着信息技术的发展和多种学习模式的出现,教师的角色呈现出多元化的趋势——网络环境下出现的新型学习模式如研究性学习、WebQuest等使得教师成为学习的促进者;利用网络,教师可以收集资源、广泛听取学生意见,同学科专家进行交流、共建教学资源、创造性地使用教材,教师成为课程的开发者;信息时代知识更新迅速,对教师的学习提出了挑战,教师只有成为一名终身学习者,才能与时俱进,保持知识结构的鲜活。同时,网络技术的发展又为教师的终身学习提供了新的渠道与方法;另外,信息时代新的教育理念和教学模式的出现要求教师开展行动研究,成为"科研型"教师,以研究者的眼光审视已有的教育理论和教育实际问题,在经验中学习,在反思中成长。当前的计算机、网络、多媒体技术等现代媒体给行动研究提供了便利的工具与手段。

- 信息技术成为教师专业发展不可或缺的工具

信息时代的教师专业发展比历史上的任何时候更离不开信息技术。有人把信息技术形象地比做教师专业发展的"翅膀"，插上信息技术"翅膀"的教师能够在专业发展的"天空"高飞。

总之，以计算机和网络为代表的信息技术对教师专业发展的助力作用可以从以下几个方面去认识：

- 完善教师适应信息化教学的知识结构和能力结构。
- 转变专业发展的方式。
- 加快教师专业发展的进程。
- 提高教师日常教学工作的绩效。

（2）基于网络的教师专业发展方式

在众多信息技术支持的教师专业发展模式和途径中，基于网络的教师专业发展方式正在受到越来越多中小学教师的青睐：

- 基于网络的自主学习

基于网络的自主学习是教师在拥有计算机、可以上网的情况下，自由选择学习时间和地点，自己制定学习计划，自己选择学习内容和学习方式，使自己的知识结构得到持续发展的过程。

中小学教师的状况是工作紧张、精力有限，很难拿出整块的时间参加正规的面对面学习。网络具有时间、空间上的灵活性，使学习变得随时、随地，更能适应教师的实际情况。此外，网上教学资源丰富，使用百度、Google等搜索引擎能够很方便地找到与课程内容相关的文本、图片、动画、音频、视频等素材，从而提高备课、上课的质量和效率。

- 网络环境下的教师共同体

网络环境下的教师共同体是以网络等虚拟交流手段为途径、面向教师专业发展的教师组织，共同体内的教师以某种教育目标而集合起来，组成团队，进行交流，实践共同的理念、目标与活动。在共同体中，组织成员围绕感兴趣的话题进行讨论，分享对方的观点，相互帮助，实现自我超越，促进某领域主题知识的积累和传播，使整个团体共同进步。比如，"天河部落"、海盐教师博客、苏州教育博客等，已经形成了网上的教师学习共同体，对于促进中小学教师的专业发展提供了很大的帮助。

资料夹8-8 基于博客技术的教师专业发展平台——"天河部落"

博客在国内教育中的应用始于2004年。2005年，广州市天河区教育局教研室组织了几位老师自己动手，用网上提供的免费平台搭建了一个面向天河区中小学教师的群组型博客,这就是最初的"天河部落"(http://www.thjy.org/)。

"天河部落"结合本区教学实际,服务教师日常教学,教研员身体力行开展基于博客的网上教研,少数精英教师率先示范。参与教师从被动、抵触到主动、自觉,甚至将参与"天河部落"的活动变成个人的一种习惯和生活方式。活动组织者首先确定教研活动主题和承担单位,发布公告通知,提前在线观看教师教案,提出修改意见。随后展开实地面对面的教研活动,事后网上评议与完善。这种做法真正拓宽了传统教研的时空限制,人人可参与,全程都知晓,成果全记录。

"天河部落"的发展十分迅速,仅创建一年多后,就拥有博客10231人,群组120个,文章46000篇,评论65861条。如今,"天河部落"已经成长为我国知名的教育博客,为许多教师的专业成长提供了更广阔的舞台,也引起了教师和研究者的诸多关注,而越来越多类似的博客如"苏州教育博客"(http://www.szeblog.cn/index.html)等也正受到广泛关注。

资料来源:汪晓东、秦丹:《技术支持的教师专业发展案例研究》,载《远程教育杂志》2009年第2期。

■ 基于网络的反思性学习

教师基于网络的反思性学习是指在网络环境下,教师以自身的思想和行为作为思考和研究对象的学习活动。基于网络的教师反思性学习的内容主要有:对知识结构进行的反思、对教学能力进行的反思、对教师自身进行的反思。

博客为教师的反思性学习提供了更简易的平台。教师将自己日常的生活感悟、教学体会、教案、课件等上传发表到博客上,既可以对日常的教学经验进行反思、总结,还可以通过浏览其他教师的博客实现交流和学习的目的。

■ 基于网络的同伴互助

同伴互助(peer coaching),是指教师工作在一起,形成伙伴关系,通过共同阅读、讨论与示范教学,特别是用系统的教室观摩与反馈等方式,彼此学习新的教学模式或检讨、修正已有的教学技巧与策略。[①] 同伴互助能够满足教师持续学习、终身学习的需要,是激发教师持续学习、发展的一种重要方法。随着信息技术的发展,同伴互助这一教师专业发展方式也有了新的内涵,也就是,不再局限于面对面、不再局限于教研室情境,教师借助于网络的优势和便利条件,开展各种形式的教学研讨和互助活动。

---

① 参见张仙、黎加厚:《同侪互助:教师培训的新方式》,载《中小学信息技术教育》2007年第3期。

资料夹8-9　教师教育技术能力标准与培训

教师的教育技术应用能力和水平将直接影响到学生的信息技术能力及信息技术在课程教学中的应用，教师是学校信息技术应用成功与否的关键因素之一。

2000年6月，美国国际教育技术协会（ISTE）颁布了《面向教师的国家教育技术标准》（National Educational Technology Standards for Teachers，NETS T）。这一标准在美国多个州得到了广泛应用，为广大教师促进自身教学和学生学习提供了有效的指南，并对许多国家K-12教育信息化产生了广泛而深远的影响。2008年，ISTE又颁布了新版的《面向教师的国家教育技术标准》，用于指导新形势下教师的教育技术能力培训。

为提高中小学教师的教育技术能力，促进教师专业发展，教育部于2004年12月颁布了《中小学教师教育技术能力标准（试行）》，这是我国历史上第一个关于教师专业能力的标准。该标准分别从"教学人员"、"管理人员"和"技术人员"等方面提出教育技术的能力要求并开展能力建设，将为教育技术在我国中小学教育教学中的普遍应用提供必要的师资基础和必要的政策保障。其中面向教学人员（教师）的主要内容包括以下四个方面：意识与态度、知识与技能、应用与创新和社会责任。

以此标准为依据，教育部师范司于2005年4月启动实施了《全国中小学教师教育技术能力建设计划》，旨在全面提高中小学教师教育技术应用能力，促进技术在教学中的有效运用，全面推动信息技术与学科教学的有效整合。关于"全国中小学教师教育技术能力建设计划"的具体内容可参阅以下网站：http://www.teta.com.cn/teta/templates/default/index.jsp? flag = sy。

资料来源：本书作者整理。

本章研习活动建议

1. 到国内的相关招聘网站（比如中华英才网、智联招聘、前程无忧、中国招聘、职脉网、应届生招聘等）搜索和了解关于培训师招聘的最新信息，并对其岗位职责、能力素质要求等进行总结。

2. 借助于网络的形式联系到若干正在从事企业培训和教师教育技术培训工作的专业人员，对其进行网络访谈，深入了解他们的工作实践，并请他们对自己未来的专业（职业）发展提出建议。

3. 以小组研究性学习的形式，深入调研国内企业大学的发展现状和典型案例，并在班内进行交流、分享。

4. 访问"天河部落"(http://www.thjy.org/)和"苏州教育博客"(http://www.szeblog.cn/index.html)网站,了解中小学教师借助于博客的专业发展实践。

5. 访问"全国中小学教师教育技术能力建设计划"网站(http://www.teta.com.cn/teta/templates/default/index.jsp?flag=sy),了解目前的发展现状。

阅读文献推荐

1. 郝丹:《企业学习信息化与企业 e-learning》,载《中国远程教育》2010 年第 3 期。

2. 吴峰:《企业数字化学习的十大发展主题》,载《现代远程教育研究》2010 年第 3 期。

3. 钟秉林:《教师教育的发展与师范院校的转型》,载《教育研究》2003 年第 6 期。

4. 余新:《有效教师培训的七个关键环节——以"国培计划——培训者研修项目"培训管理者研修班为例》,载《教育研究》2010 年第 2 期。

第九章
教育资源开发师的知识和技能

本章主要内容

■ 教育资源的设计与开发也是教育技术专业人员研究和实践的重要领域。

■ 教育(教学)软件是一种常用而重要的教育资源,是以服务于教育为目的,以数字代码方式,将文图声像等信息存储在磁、光、电解质等载体上,通过计算机或具有类似功能的设备,供人们阅读、听录或观赏使用的计算机软件或电子出版物。

■ 教育软件的开发流程主要包括环境分析、教学设计、系统设计、脚本编写、软件编制、试用评价等步骤。

■ 网络教学平台和网络课程是20世纪90年代中期之后,为了满足网络教育(教学)迅猛发展的需要而在教育、教学领域新出现的重要教育资源。

■ 网络教学平台是支持网上教学与学习活动的软件系统,包括网络教学支持系统、网络学习支持系统和网上教学与教务管理系统三个功能子系统。

■ 网络课程是通过网络表现的某门学科的教学内容及实施的教学活动的总和,它包括两个组成部分:按一定的教学目标、教学策略组织起来的教学内容和网络教学支撑环境。网络课程的核心要素包括教学设计、教学资源、学习活动、学习支持、学习评价与反馈和技术手段几个方面。

■ 在麻省理工学院(MIT)开放课件(OCW)运动的引领之下,目前世界高等教育领域正在兴起一场影响深远的全球开放教育资源(OER)运动,中国的"国家精品课程建设项目"是全球开放教育资源运动的重要组成部分。

资源是一切可以被人类开发和利用的物质、能量和信息的总称,是人类赖以生存的物质基础。《教育大词典》中对教育资源的解释为:

(1) 通常指为保证教育活动正常进行而使用的人力、财力、物力的总称。任何教育活动都需要以一定的资源条件为前提。教育资源投入的多少及其利用效率高低是评价教育效能的标准之一。

（2）教育的历史经验或有关教育信息资料。[①]

教育技术专业人员通常致力于信息化教育资源的设计和开发。

在教育部教育信息化技术标准委员会制定的《教育资源建设技术规范》中,将信息化教育资源建设分为以下四个层次:[②]

■ 一是素材类教育资源建设,主要分六大类:媒体素材、试题、文献资料、课件、案例、常见问题解答和资源目录索引。

■ 二是网络课程建设。

■ 三是资源建设的评价。

■ 四是教育资源管理系统的开发。

在这四个层次中,网络课程和素材类教育资源建设是基础,是需要规范的重点和核心;第三个层次是对资源的评价与筛选,需要对评价的标准进行规范化;第四个层次是工具层次的建设,网络课程和素材类资源的具体内容千变万化,各具特色,对应的管理系统必须适应这种形式的变化,充分利用它们的特色。

第一节 教育软件

一、教育软件的定义

教育软件是以服务于教育为目的的,以数字代码方式,将文图声像等信息存储在磁、光、电介质等载体上,通过计算机或具有类似功能的设备,供人们阅读、听录或观赏使用的计算机软件或电子出版物。包括各种媒体化的学习材料和支持学习活动的工具性软件,如电脑知识教育软件、语言教育软件、科普教育软件以及与学生课本内容紧密结合的学生教育软件。此外,还包括为实现教育信息化、数字化开发制作的校园管理教学软件等各种软件产品。[③]

二、教育软件的三个发展阶段

我国教育软件的发展,大体上可以划分为三个发展阶段,如表9-1所示:

[①] 参见教育大辞典编纂委员会编:《教育大辞典·第6卷》,上海教育出版社1992年版,第250页。

[②] 参见教育部教育信息化技术标准委员会:《教育资源建设技术规范》,http://www.edu.cn/html/key-anfz/doc/d.DOC,2011年8月15日访问。

[③] 参见黄荣怀、沙景荣、彭绍东主编:《教育技术学导论》,高等教育出版社2006年版,第122页。

表 9-1　我国教育软件发展的三个阶段

项目	第一代	第二代	第三代
心理学基础	行为主义学习理论	认知主义学习理论	建构主义学习理论
教育指导思想	应试教育	应试教育向素质教育过渡	素质教育,以全面提高学生素质为目的;以"快乐"和"高效"作为教学过程的原则,以人为本
教学原则	以操作、训练为中心,重在刺激、呈现和训练	以教为中心,重在教授、辅导	以学为中心,重在学习
计算机的应用	数据处理工具和存储工具、电子黑板	教/学辅助工具、知识载体	认知工具、学习环境、以计算机为基础的学习环境
教学方法	呈现、刺激、反应、强化	知识结构、认知结构、指导、教授	探索、发现、情境创设、协作、会话、人机交互、意义建构、游戏
表现形式	习题训练型	复习指导型	主动参与型

资料来源:黄荣怀、沙景荣、彭绍东主编:《教育技术学导论》,高等教育出版社 2006 年版,第 122 页。

三、教育软件的分类

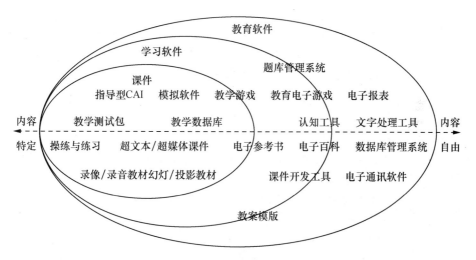

图 9-1　教育软件的分类

资料来源:祝智庭主编:《现代教育技术——走向信息化教育》,教育科学出版社 2002 年版,第 84 页。

（1）内容特定的教学软件

也就是根据具体课程内容而设计的软件,在设计时通常带有明确的教学目标,如介绍事实和概念、提供范例、阐述原理、提供练习与测试等。

（2）内容有关的教学软件

或者是其内容与课程有部分关系，如各种电子读物；或者是其内容与课程有间接关系，如部分游戏软件；或者是包含了课程论题之外的大量内容，如电子百科。

（3）内容自由的教学软件

实际上是一些用于支持学习活动的工具性软件，本身又可进一步划分为认知工具、效能工具、写作工具、通讯工具等。

另外，按照用户群体的不同，可以分为：

■ 为教育机构服务的软件（教育信息中心、学校等）——教学支撑平台、管理信息系统（Management Information System，MIS）、教育资源库、网络管理平台、视频点播（Video On Demand，VOD）等。

■ 教师使用的软件——课件制作工具软件和学科教学软件（如"几何画板"）等。

■ 为师生服务的软件——网络学习平台、课堂多媒体演示软件、无纸化考试软件等。

■ 学生使用的软件——单机版和网络版的教育软件等。[1]

1. 课件

课件（Courseware）是对一个或几个知识点实施相对完整教学的用于教育、教学的软件。根据运行平台，可分为网络版的课件和单机运行的课件。网络版的课件需要在标准浏览器上运行，并且能通过网络教学环境被大家共享；单机运行的课件可通过网络下载后在本地计算机上运行。[2]

2. 多媒体教学软件

多媒体教学软件是根据课程教学大纲的培养目标要求，用文本、图形/图像、音频、视频、动画等多媒体与超文本结构展现教学内容，并且用计算机技术进行记录、存储与运行的一种教学软件。

多媒体教学软件通常可以分为以下几大类：

（1）训练/练习型

训练/练习型是发展历史最长而且应用最广的多媒体教学软件。这类教学软件一般不向学生教授新的内容，主要由计算机向学生呈示问题，由学习者练习作答，计算机能够给予适当的即时反馈，以强化、训练学习者某一方面的知识和能力。目前市场上流行的背单词类软件、中小学教辅类软件等大都具有训练、练习的功能。

---

[1] 参见黄荣怀、沙景荣、彭绍东主编：《教育技术学导论》，高等教育出版社2006年版，第122页。

[2] 参见教育部教育信息化技术标准委员会：《教育资源建设技术规范》，http://www.edu.cn/html/key-anfz/doc/d.DOC，2011年8月15日访问。

(2) 自主学习型

这种类型的教育软件具有完整的知识结构,能反映一定的教学过程和教学策略,提供相应的形成性练习供学生进行学习评价,并设计友好的界面让学习者进行人—机交互活动。利用这类学习软件,学习者可以在个别化的教学环境中进行自主学习。

(3) 课堂演示型

这类教学软件主要用于演示在课堂教学中难以看到的各种现象、运动和规律等。

(4) 模拟操作型

模拟是对真实生活场景或者过程的抽象化和简单化。模拟操作型教学软件借助于计算机仿真技术,再现一个真实情境,让学习者进行模拟实验操作、模拟训练器材操作和模拟技能操作。此类教学软件的最大优势在于可以使学习者在与真实情景相类似的环境下进行各种练习;学习者还可以在不伤害自己和他人的前提下,进行比较危险的练习。

(5) 资料工具型

资料工具型包括各种电子工具书、电子词典、各类文本库、图像库、图形库、动画库、视频库、声音库等资料以及面向学科的专用平台型软件等。

(6) 教学游戏型

这类教学软件主要基于学科知识的内容,通过游戏的形式,帮助学习者更好地掌握学科知识,并引发学习者对学习的兴趣。

(7) 测试型

这类教学软件的主要功能是进行测验或考试。

四、教育软件的开发流程

教育软件的开发流程主要包括环境分析、教学设计、系统设计、脚本编写、软件编写、试用评价等步骤。[①]

1. 环境分析

教育软件的环境分析主要包括教学目标分析、使用对象分析和开发成本估算等任务。

(1) 教学目标不仅包括该学科领域以及教学内容的范围,而且应对教学提出具体要求。例如,学习新概念,巩固已经学过的知识,训练求解某种问题的能力,要求掌握的程度以及检查方法等。可以借鉴教学设计中常用的"ABCD"[②]法编写教

[①] 参见黄荣怀、沙景荣、彭绍东主编:《教育技术学导论》,高等教育出版社2006年版,第129—130页。
[②] 请参阅本书第四章第三节。

学目标。

（2）使用对象分析，即分析学习者在从事新的学习或进行练习时，其原有知识水平或原有的心理发展水平对新的学习的适应性。该项分析通常涉及以下三个方面：

■ 学习者的一般特点，包括年龄、性别、文化程度、工作经历、学习动机以及文化背景等。

■ 学习者对学习内容的态度及已经具备的相关基础知识与技能。

■ 学习者使用计算机的技能。

（3）开发成本估算通常也是不可缺少的。开发的总费用一般包括开发组成员的劳务费用，各种参考资料费，磁盘、打印纸等各类消耗材料费以及软件维护费等。

2．教学设计

多媒体教育软件的教学设计，就是要应用系统科学的观点和方法，按照教学目标和教学对象的特点，合理地选择和设计教学媒体信息，并在系统中有机地组合，形成优化的教学系统结构。

教学设计是多媒体教育软件开发过程中最能体现教师教学经验和教师个性的部分，也是教学思想最直接和具体的表现。它包括如下基本工作：教学目标与教学内容的确定、学习者特征的分析、媒体信息的选择、知识结构的设计、诊断性评价的设计等。

3．系统设计

多媒体教育软件的设计，经过上述的教学设计工作之后，确保了教育软件的教学性和科学性。但如何将这些知识内容在计算机上通过灵活多样的形式加以表达，发挥多媒体的优势，突破教学难点，突出教学重点，培养学生的能力和素质，就需要进行教育软件的系统设计。多媒体教育软件的系统设计包括封面导言的设计、屏幕界面的设计、交互方式的设计、导航策略的设计、超文本结构的设计等内容。

4．脚本设计

脚本是在教学设计基础上所作出的计算机与学生交互过程方案设计的详细报告，是下一阶段进行软件编写的直接蓝本，是教育软件设计与实现的重要依据。因此，脚本设计阶段也是多媒体教育软件开发过程中能够由面向教学策略的设计到面向计算机软件实现的过渡阶段。

从所描述的内容看，多媒体教育软件的脚本可分为文字脚本和制作脚本两种。前者是由教师按照教学要求对教育软件所要表达的内容进行的文字描述；后者则犹如影视制作中的分镜头脚本，是在文字脚本基础上改写而成的能体现软件结构和教学功能，并作为软件编制的直接依据的一种具体描述。

5. 制作多媒体教育软件

制作多媒体教育软件需要多种工具支持各类媒体对象的创作与合成。通常所说的多媒体教育软件制作工具有两种,即多媒体创作工具软件和著作软件,这是两个不同的概念。

多媒体创作工具软件解决的是各种媒体(文字、图形、图像、声音、动画、视频)素材的产生和加工;而著作软件则在于将已加工好的媒体素材组织和编辑成为一个有机的整体,使之成为一个具备特定功能的教育软件。也就是说,多媒体创作工具本质上属于媒体素材生成系统,而著作软件本质上属于应用软件生成系统。媒体素材创作软件可以看做是著作软件系统的支撑工具,适当的著作软件与媒体素材创作软件相结合可以构成一个多媒体教育软件开发环境。

6. 教育软件的试用

在实际的教学环境中进行多媒体教学实践,按教学过程结构设计中规划的步骤和方法使用多媒体教育软件。通过试用发现软件中存在的的错误和不足,并作进一步的修改与完善。

7. 教育软件的评价

根据教育评价理论,收集有关的数据进行统计分析,对教育软件的教学效果进行评价。在多媒体教育软件的开发过程中,评价应分为两部分进行:一部分是分析软件本身对教学效果的影响;另一部分是分析学习内容与学习水平、媒体的选择与设计以及教学策略对教学效果的影响。

第二节 网络教学平台和网络课程

一、网络教学平台

20世纪90年代中期,为了满足网络教育迅猛发展的需求,一些教育和商业机构开始开发专门的教学系统,以便让教师们在无需太多网络编程知识的前提下,能够利用这些平台有效地制作并管理属于自己的网络课程。这些系统从最初帮助教育机构开发教学资源库,到后来发展成为支持和管理网络教学的网络教学平台。目前在国内高校网络教学中常用的平台有 Blackboard 网络教学平台、Moodle(魔灯)平台、"清华教育在线"网络教学平台、"4A"网络教学平台、"天空教室(Skyclass)"网络教学平台、"电大在线"网络教学平台等等。这些网络教学平台所提供的功能大大降低了技术难度,缩短了教师们开发和管理网络课程的时间,使许多高校得以大规模地开发和从事具有成本效益的网络教学。

1. 网络教学平台的发展阶段及趋势

国内外对于支撑网络教学的计算机系统称呼不尽相同,国内常用"网络教学平台"这一称呼,而内容管理系统(Content Management Systems,CMS)或学习管理系统(Learning Management Systems,LMS)这些术语也较为常用。

网络教学平台的发展基本上经历了如下四个阶段:①

(1) 内容管理系统(CMS)阶段

在网络技术发展的初期,一些大学、公司和培训机构开始有意识地开发专门的网络资源库,用来存储和管理教学资源。但其功能仅限于资源管理,资源格式与管理技术不统一,难以广泛共享。

(2) 学习管理系统(LMS)

LMS源于培训自动化系统,具有用户注册管理、课件目录管理、学习者的信息数据记录等功能,但一般不具备教学内容制作的功能。

(3) 学习内容管理系统(Learning Content Management Systems,LCMS)

LCMS是最初为高等教育开发的传统课件管理系统的发展版,旨在帮助没有技术经验的教师或资源专家设计、创建、发布和管理网络课件。同时,LCMS能够对用户进行管理,可以跟踪学生的学习进度并及时调整以适合学习者的学习需要。

(4) 通用网络教学平台(Web-based Instruction Platforms)

通用网络教学平台在既有教学系统的基础上,从对教学过程(课件的制作与发布、教学组织、教学交互、学习支持和教学评价)的全面支持,到教学的管理(用户与课程的管理),再到与网络教学资源库及其管理系统的整合,集成了网络教学需要的主要子系统,形成了一个相对完整的网络教学支撑环境。

网络教学平台的未来发展将会受到新技术发展、学习理论发展、e-learning主流标准发展、社会(用户)需求、教育政策等多方面因素的影响。网络教学平台发展的总体趋势如下:②

(1) 标准化

网络学习标准的制订和普及日益受到重视,其设计和开发必须考虑到对国际主流标准的兼容,否则其数据无法被其他平台识别和处理,也无法兼容主流厂商的课程、资源等内容,推广应用必然会受到极大的阻力。因此,标准化是网络教学平台未来发展的必然趋势。

(2) 强开放性

网络学习的普及和深入应用必然要求平台具有较强的开放性,一方面能够和

---

① 参见曲宏毅、韩锡斌、张明、武祥村:《网络教学平台的研究进展》,载《中国远程教育》2006年第5期。

② 参见谢晓林、余胜泉、程罡、黄烨敏:《网络教学平台的新发展》,载《开放教育研究》2007年第5期。

其他相关系统交换数据、互联互通,另一方面要能较好地适应需求的快速变化,通过小代价的服务替代升级或者流程重组就能实现"按需定制"的要求。具备强开放性的网络教学平台才能在未来要求复杂系统协作和动态演化的环境下保持强大的竞争力。

(3) 个性化

和面授环境相比,网络学习环境下学习者的个体差异更显著,因此,优秀的网络教学平台必须满足学习者个性化的需求,为风格各异、起点不同的学习者提供合适的学习内容、学习活动和其他学习支持服务,而相关标准和技术的发展也为这种需求提供了客观条件。

(4) 智能化

本体技术(Ontology)和人工智能技术的发展为网络教学平台向智能化的方向发展奠定了技术基础。智能化的网络教学平台将能为学习者的学习和教师的教学提供更为强有力的支持,减少简单和重复性的操作,而且还能为教师和学习者提供经过分析、处理后的教学和学习建议。

(5) 高级智慧共享

传统网络教学平台强调学习对象(learning object)的共享,下一代网络教学平台将在此基础上,强调对设计层面的高级智慧进行共享和重用,不仅让优质的教学内容借助信息技术得以分享,更让优秀的教学设计能为更多的教师和学习者所享用。

(6) 分布式知识建构

传统的网络教学平台强调通过网络传递学习内容,下一代网络平台将以促进学习者分布式知识建构为重点,强调学生在与他人的讨论和交流中完成知识建构。学习者甚至可以参与到课程内容的建设中来,并且在这一参与过程中加深对知识的建构。

2. 网络教学平台的基本构成

网络教学平台是支持网上教学与学习活动的软件系统,包括三个功能子系统:[①]

- 网络教学支持系统
- 网络学习支持系统
- 网上教学与教务管理系统

(1) 网络教学支持系统

网络教学支持系统是支持教师网上教学活动的软件系统,包括网络课件制作

[①] 参见武法提:《网络教育应用》,高等教育出版社 2003 年版,第 139—140 页。

工具、网络课件点播工具、网络交流工具、网络作业和考试工具等。

① 网络课件制作工具是基于教学过程模板和多媒体素材库开发网络课件的工具软件,目的是简化教师开发网络课件或备课的过程,降低网络课件开发对教师计算机技能的要求。开发完成的网络课件通过网络教务管理平台中的网络课程管理工具进行发布,供教师和学习者点播使用。

② 网络交流工具支持教师和学习者之间进行同步和异步的交流。同步交流工具包括视频会议、电子白板、聊天室等。异步交流工具包括电子邮件、网络论坛(BBS)等。通过网络交流工具可以实现主题讨论和答疑。

③ 网络作业和考试工具支持教师在网上布置作业或进行测验、考试。网络作业系统支持教师通过网络布置作业、提交作业和批改作业,网络考试系统由考试管理模块和题库或试卷库模块两部分组成。

(2) 网络学习支持系统

网络学习支持系统是支持学习者网上学习活动的软件系统,包括网上选课工具、网上学习工具、学习过程跟踪与评价工具。

① 网上选课工具支持学习者在线选修网络课程,并将选课信息传给网上教务管理系统。

② 网上学习工具包括交流工具、作业和考试工具、字处理工具、网络笔记本、网络计算器等支持学习者学习过程的工具。

③ 学习过程跟踪与评价工具记录学习者的学习活动,并进行相应的分析和评价,为学习者的学习提供参考和建议。

(3) 网络教学与教务管理系统

网络教学与教务管理系统是用于管理网络教学资源、组织教学活动、统计教学数据的软件系统,包括教师数据管理、学习者数据管理、网络课程管理、教学评价管理等。

二、网络课程

1. 网络课程的定义和特点

网络课程(Web-based Course,e-learning Course,Online Course)并不是一个严格的学术名词,教育部教育信息化技术标准委员会对网络课程作了如下界定:"是通过网络表现的某门学科的教学内容及实施的教学活动的总和,它包括两个组成部分:按一定的教学目标、教学策略组织起来的教学内容和网络教学支撑环境"[①]。国内还有学者将网络课程定义为:"网络课程是在课程论、学习论、教学论指导下通

---

① 教育部教育信息化技术标准委员会:《教育资源建设技术规范》,http://www.edu.cn/html/keyanfz/doc/d.DOC,2011 年 8 月 15 日访问。

过网络实施的以异步自主学习为主的课程,是为实现某学科领域的课程目标而设计的网络学习环境中教学内容和教学活动的总和"①。作为网络教学系统资源核心的网络课程,往往集教师、教材、教学媒体为一体,成为承载网络教学功能的核心要素,可以说网络课程在很大程度上影响着网络教育的质量。

  网络课程包含网络课件和教学活动两个部分,网络课件是基于网络环境开发和运行的课件,是网络课程中为实现一个或多个教学目标而按照一定的教学策略组织起来的,具有相对稳定结构的教学内容和学习资源,网络课件是教学活动的内容基础。网络课程的开发包括网络课件的开发和教学活动的设计。② 网络课程的类型有很多种,根据网络课程的表现形式可以分为三分屏课程、Flash 课程、网页型课程等;从教学策略的角度可分为讲授型、自学型、体验型、问题解决型;根据学习资源与学习活动的组织方式可分为以学习资源为中心的网络课程和以学习活动为中心的网络课程。

  与传统的纸质教材相比,网络课程具有以下四方面的特点:

  (1) 网络课程以 Web 网页的形式,可以为学习者提供网络课程内部各知识点之间的联系。

  (2) 网络课程以多种媒体为载体,除了纸质教材中的文字、图像,还包括音频、视频和动画等形式。

  (3) 网络课程不只是静态资源的集合,而且具有很强的交互性。

  (4) 网络课程不仅包括学科内容,还包括教学/学习活动的设计,并且可以很好地记录学习者的学习过程。这一点是网络课程与纸质教材最大的不同。

  另外,良好的网络课程还需要具备下述三方面的特征:

  (1) 充分考虑了不同类型学习者的特点,比如为全日制在校学生开发的网络课程和为在职的成人学习者开发的网络课程就会有很大的差异。

  (2) 遵循远程教育规律③,以学习者为中心,重视交互和支持服务。

  (3) 结合网络教育特点,充分发挥网络技术、多媒体技术的优势。④

  2. 网络课程的核心要素

  网络课程的核心要素包括教学设计、教学资源、学习活动、学习支持、学习评价与反馈和技术手段几个方面。⑤

  (1) 教学设计

  教学设计是网络课程的核心,指对课程的学习目标、学习过程及评价的合理设

---

① 武法提:《网络课程设计与开发》,高等教育出版社 2007 年版,第 3 页。
② 同上书,第 4 页。
③ 请参阅本书第十章。
④ 参见黄荣怀、陈庚、张进宝主编:《网络课程开发指南》,高等教育出版社 2010 年版,第 3—8 页。
⑤ 同上书,第 8—10 页。

计,这是决定网络课程质量的关键,是网络课程区别于一般网络软件的特殊维度。它的任务在于根据学习者的特点和需求、学习内容的实际情况,依据教与学的理论,发挥信息技术的优势,恰如其分地、适当地应用各种技术,为网络教学服务。

(2) 教学资源

教学资源是物化了的教学内容,是学习者学习的主要对象。狭义的教学资源是指固化了的网络学习内容以及纸质教材、教学参考书等。广义地看,教师补充的网络学习内容、网上师生互动的内容、辅导答疑的内容,乃至可在网上获取的学习内容都是教学资源。丰富、生动活泼、形式多样、媒体表现形式恰当的资源,不仅能够保证学习者学到知识,还能够激发学习者的学习动机和热情。

(3) 学习活动

一个完整意义上的学习活动主要有以下组成部分:学习目标、学习任务、完成各个任务的操作步骤、学习资源、学习工具和支持服务、学习评价等。网上的学习活动多种多样,包括课程导学活动、自主学习活动、协作学习活动、课程辅导活动、学习评价活动等。

借助于各式各样的网络学习活动,可以激发学习者的学习自主性和积极性,从而提高网络学习的效果和效率。

(4) 学习支持[①]

网络课程的学习支持一般可包括学习过程跟踪和记录、学习反馈、课后答疑、学习辅助工具(记笔记工具、画图工具、查询工具、信息提示工具、科学计算工具)等。对于网络学习者来说,学习支持可以坚定学习者的学习信心、克服学习困难、顺利完成课程的学习任务。

(5) 学习评价与反馈

评价是教学中不可或缺的重要环节。网络课程的学习评价指以学习目标为依据,运用一切有效的技术手段,对学习活动的过程和结果进行测定、衡量,并给予价值判断的过程。与其他课程的评价类似,可分为形成性评价和总结性评价两种类型,形成性评价对于网络学习起着非常重要的作用。网络课程中常用的评价方法有网上测试、平时作业、学习档案袋评价等。

(6) 技术手段

网络课程是通过信息技术手段实现的,技术的采用往往决定着教学模式。我国的网络教学和网络平台建设已从简单地在网上发布和共享信息为主,发展到基于网络的协作和探究,这些都需要先进的信息技术的支持。近年来,互联网的双向视频、虚拟实验、手机短信、社会网络(SNS)等多种信息技术手段越来越广泛地应

---

① 请参阅本书第十章第二节。

用到网络学习之中,这些新技术的不断应用必将使网络课程的学习越来越便捷、互动、高效和人性化。

3. 网络课程开发的基本流程

网络课程开发是在一定的资源(包括人员、教学资源、时间、投入等)的约束下,为创作独特的网络教育产品和服务而进行的一系列活动,具有鲜明的项目特征,符合一般软件开发的基本过程,但又具有其特殊性。网络课程的开发环节主要包括以下几个方面:规划、设计、开发、测试和发布。①

(1)规划阶段

项目负责人、课程负责人和主讲教师对学习内容、学习策略、评价方式等进行整体策划,形成概要设计文档,包括课程要点和课程总体设计文档。同时,组建课程开发团队,预算开发成本,对进度进行规划。

(2)设计阶段

教学设计人员与主讲教师、媒体制作人员、技术开发人员一起对课程内容进行详细设计。这一阶段主要是选择媒体策略、设计学习活动、定义学习成果和评价方式、形成学习活动设计脚本和制作脚本。在设计过程中,常常会采用基于"活动"的设计思想和以学习者为中心的设计思想。

(3)开发阶段

媒体制作人员、技术开发人员与教学设计人员一起对课程资源进行开发。这一阶段需要选择合适的技术路线、确定课程开发框架模板、开发素材、集成资源、合成网络课程,对课程内容进行技术实现。同时,在此基础上编写学习指导书,用以指导学习者进行网络课程的学习。

(4)测试阶段

主要技术开发人员完成对网络课程的功能测试和性能测试,主讲教师对网络课程和教学设计进行审核,最终形成相应的测试文档。

(5)发布阶段

发布阶段主要完成网络课程的部署和发布工作,使学习者能够开始网络课程的学习。

第三节 开放教育资源

如果说20世纪的最后十年可以称为"E"(电子商务、电子政务、电子学习、电

---

① 参见黄荣怀、陈庚、张进宝主编:《网络课程开发指南》,高等教育出版社2010年版,第11—12页。

子培训)时代的话,那么人类进入 21 世纪的前十年则可以用"O"概括:开放教育、开放学习、开放系统、开放资源、开放标准等。① 全球高等教育领域在麻省理工学院(MIT)2001 年发起的开放课件(Open Courseware, OCW)运动引领之下,于 21 世纪之始启动了一场影响深远的开放教育资源(Open Educational Resources, OER)运动热潮,其影响波及到了世界各地的高等教育机构、教师、学生、研究者及众多的终身学习者。

一、MIT 的"OCW"项目及其影响

2001 年,麻省理工学院启动了在世界高等教育领域影响深远的开放课件(OCW)运动——计划用十年的时间把 MIT 几乎全部的、在教学实践中使用的总共两千多门课程的资料制作成网络课件分批放到国际互联网上,供全球任何地方的任何学习者免费使用。这些课件覆盖了 MIT 本科教育和研究生教育 5 个学院、33 个学科领域的课程资料,包括每一门课程主讲教师的信息、课程讲义、教学大纲、阅读书目、作业、教学法等资料。

到 2007 年时,MIT 已发布了 1800 门课程资源,2009 年时完成了 1950 门。② MIT 2009 年发布的 OCW 项目评估报告显示:

■ MIT 已有 78% 的教师③参与了网络课件的建设。

■ OCW 在全球的镜像站点共有 220 个。

■ 43% 的用户群体是各类自学者,42% 为在校学生,9% 为教育工作者。

■ 网站 54% 的访问流量来自美国之外,其中东亚占 17%,西欧占 11%,南亚占 9%。

■ 对于 MIT 自己的师生及校友而言,已有 86% 的在校学生、73% 的教师和 46% 的校友使用过 OCW 课件,有 35% 的一年级新生承认在选择大学时受到了"OCW"的影响。④

另外,2011 年的最新数据显示:已经有来自全球的一亿多学习者访问了 MIT OCW 网站,这个数字还在不断增加。在 2011 年 5 月召开的"开放课件十周年庆典"国际会议上,MIT 宣布:"在接下来的十年里,MIT 准备把自己的影响力扩展十倍,争取惠及十亿学习者,即'惠及十亿人'计划。MIT 期望到 2021 年,像 MIT OCW 这样的开放教育资源可以架起人类潜能与机遇的桥梁,鼓励世界各地的人改

---

① See OECD, Giving Knowledge for Free: the Emergence of Open Educational Resources, http://www.oecd.org/dataoecd/35/7/38654317.pdf, Accessed in 2011/08/15.

② See http://ocw.mit.edu/OcwWeb/web/about/history/index.htm, Accessed in 2011/08/15.

③ 教师自愿选择是否加入"OCW"项目。

④ See MIT, 2009 Program Evaluation Findings Summary, http://ocw.mit.edu/ans7870/global/09_Eval_Summary.pdf, Accessed in 2011/08/15.

善生活、改变世界"①。

　　MIT的这一举措在世界高等教育领域引发了强烈的关注和反响,许多高校迅速响应和支持这一行动,如卡内基梅隆大学、莱斯大学、犹他州立大学、塔夫茨大学、约翰·霍普金斯大学、斯坦福大学、耶鲁大学、加州大学伯克利分校和欧文分校、哈佛大学等知名高校先后推出了自己的开放教育资源计划。② 2007年10月,加州大学伯克利分校正式宣布将全部授课录像上传到著名视频网站Youtube上供公众免费享用,伯克利是第一个将全部课程录像放到Youtube上的大学。③

　　而发展中国家则主要从事将MIT等高校开发的开放课件进行翻译和本土化的工作:

　　■ 2003年,埃及在联合国教科文组织(UNESCO)的支持下,先后与MIT、卡耐基·梅隆大学、莱斯大学等院校签署了合作协议,探讨对这些院校的开放课程进行本土化改造,以为本国的学习者服务。

　　■ 全球西班牙语国家大学组成的"Uiversia联盟"于2003开始致力于将MIT的开放课件翻译成西班牙语或葡萄牙语的工作。

　　■ 2003年,中国开放教育协会(CORE)成立,致力于相关的推广和翻译工作。

　　■ 2005年,非洲虚拟大学开始尝试使用MIT的开放课件。④

　　■ 2011年,土耳其科学学院(TUBA)发布了最新网站,其中包括其翻译的16门MIT OCW课程。⑤

　　随着越来越多国家的高校加入开放课件运动,相互间的交流与协作变得日益迫切,全球开放课件联盟(OCW Consortium)于2005年2月在MIT成立,目前已有两百多所高校(机构)加入该组织,其中包含了许多世界知名大学。其宗旨在于促进开放课件在全球范围内的共建共享,推动新的开放课件项目的发展,同时探索开放课件的可持续发展问题。⑥

---

　　① 李静、王美、任友群:《解放知识,给力心智——访美国麻省理工学院开放课件对外关系部主任史蒂芬·卡尔森》,载《开放教育研究》2011年第4期。

　　② See Atkins D. E. & Brown J. S. & Hammond A. L., A Review of the Open Educational Resources (OER) Movement: Achievements, Challenges, and New Opportunities, http://www.oerderves.org/wp-content/uploads/2007/03/a-review-of-the-open-educational-resources-oer-movement_final.pdf, Accessed in 2011/08/15.

　　③ 参见姜海彪:《另辟蹊径开放资源》,载《中国教育网络》2008年第8期。

　　④ See UNESCO, Open Educational Resources: Conversations in Cyberspace, http://oerwiki.iiep-unesco.org/images/1/1b/Unesco_oer_acknowledgements_contents_small.pdf, Accessed in 2011/08/15.

　　⑤ 参见李静、王美、任友群:《解放知识,给力心智——访美国麻省理工学院开放课件对外关系部主任史蒂芬·卡尔森》,载《开放教育研究》2011年第4期。

　　⑥ See http://www.ocwconsortium.org/about-us/about-us.html, Accessed in 2011/08/15.

资料夹9-1　MIT OCW 的"高中课程网站"

尽管 OCW 的初衷是服务高等教育及独立学习者,但是大量的研究发现,数以千计的高中教师和学生在 OCW 网站上找到了有价值的资源。高中生将这些资源作为自己的课业补充。

未来应培养中学生的"科学、技术、工程与数学"(Science, Technology, Engineering & Mathmatics, 简称 STEM)能力。2007 年 11 月,MIT 开展了新项目,即高中课程网站。这一项目利用了 MIT 的优势及 OCW 卓越的教学资源,从 MIT OCW 中抽取了 1950 门 MIT 课程的核心学术资源。MIT 的教员自愿提供这些资源,但他们必须签署一份公开协议,即允许这些资源在非商业利用前提下可供下载及修改。目前网站中已包含 1750 个讲座、9500 份作业及 980 门考试。很多课程中包含多媒体内容,其中 33 门课程附有完整的课程视频。

自 2007 年成立以来,MIT 高中课程网站就一直致力于培养中学生的 STEM 能力。网页上有 2600 多个视频、音频片段、动画、演讲笔记及来源于真实 MIT 课程的作业,并按照"AP(大学预修课程)物理"、生物和微积分等科目分门别类。视频影像演示了 MIT 教授这些学科真实的方法,相应地,这些示范、模拟及动画也生动有趣地呈现了 STEM 的概念。

资料来源:李静、王美、任友群:《解放知识,给力心智——访美国麻省理工学院开放课件对外关系部主任史蒂芬·卡尔森》,载《开放教育研究》2011 年第 4 期。

二、全球开放教育资源运动

全球性的"开放教育资源(OER)"运动源自 MIT 的 OCW 项目,是 OCW 的进一步深化和发展——2002 年联合国教科文组织(UNESCO)在巴黎召开了"开放课件对发展中国家高等教育发展影响"的专题论坛,[1]会议期间提出用"开放教育资源"替代"开放课件",得到与会代表的一致认可。至此,"开放教育资源"作为一个专门术语开始为越来越多的人所接受。

2002 年 UNESCO 首次提出"开放教育资源"这一概念时,将其界定为:是指那些用于非商业性目的,借助于信息与通讯技术的,可以供用户自由查阅、参考或使用的开放性教育资源;UNESCO 在 2004 年举行的"第二届国际高等教育质量保证和质量认证全球论坛"中,专门组织了 OER 的专题讨论,进一步明确了 OER 的概念和内涵,认为 OER 应包含以下内容:

---

[1] See UNESCO, Forum on the Impact of Open Courseware for Higher Education in Developing Countries, http://unesdoc.unesco.org/images/0012/001285/128515e.pdf, Accessed in 2011/08/15.

■ 学习资源：课件、内容模块、学习对象、学习支持与评价工具、在线学习社区。

■ 支持教师的相关资源：教师使用的各类工具，支持教师创作、修改和使用开放教育资源的各类材料，教师需要的各类培训材料及教学工具。

■ 确保教育（包括教育实践）质量的相关资源。①

世界经济合作与发展组织（OECD）下属的教育研究与创新中心（CERI）基于自身多年对高等教育领域数字化学习的深入研究，在 UNESCO 对 OER 的理解和认识基础上，对 OER 进行了系统的界定：开放教育资源指向教师、学生和自学者提供的免费和开放的数字化资源，可被用于教学、学习和科学研究之中。OECD 认为 OER 包含了以下内容：②

■ 学习内容：为学习或参考而发布的材料，可分为学习资源和学习参考两大类，包括全部的课程、课件、内容模块、学习对象、收藏品及期刊等。

■ 工具：指支持学习内容的开发、使用、重用和传输的软件，包括内容的搜索和组织、内容及学习管理系统、内容开发工具、在线学习社区等。

■ 与实施相关的资源：为了促进开放资源的传播而制定的智力资产许可、最佳实践的设计原则、内容资源的本土化等。

OECD 还特别强调，开放教育资源不仅包括资源内容，还包含了学习和内容管理软件及内容开发工具，包含了数字化资源的出版发行许可标准和工具。这样，用户就可以根据各自的文化、课程和教学需求对资源进行必要的修订。

三、中国国家精品课程项目

在教育部制订的《2003—2007 年教育振兴行动计划》③中指出，要大力实施高等学校教学质量和教学改革工程，精品课程建设即是其中的重要内容之一。教育部计划用五年时间（2003—2007 年）建设 1500 门"国家精品课程"，利用现代化的教育信息技术手段将精品课程的相关内容放在网上并免费开放，以实现优质教学资源共享，提高高等学校教学质量和人才培养质量。

2003 年 4 月，教育部正式启动了"国家精品课程建设项目"。截至 2007 年 12 月，全国已经评审产生了 1700 多门国家级精品课程，其中本科院校的精品课程有 1200 多门。2007 年，在《教育部、财政部关于实施高等学校本科教学质量与教学改

---

① See UNESCO, Open Educational Resources: Conversations in Cyberspace, http://oerwiki.iiep-unesco.org/images/1/1b/Unesco_oer_acknowledgements_contents_small.pdf, Accessed in 2011/08/15.
② See OECD, Giving Knowledge for Free: The Emergence of Open Educational Resources, http://www.oecd.org/dataoecd/35/7/38654317.pdf, Accessed in 2011/08/15.
③ 参见教育部：《2003—2007 年教育振兴行动计划》，http://www.edu.cn/20040325/3102277.shtml, 2011 年 8 月 15 日访问。

革工程的意见》中,把课程、教材建设与资源共享作为"质量工程"的六个方面规划建设项目之一,决定继续推进国家精品课程建设,遴选 3000 门左右课程,进行重点改革和建设。截至 2009 年 7 月,全国已经评审产生了 2467 门国家级精品课程,在 2010 年,又评出了 763 门。①

精品课程是具有一流教师队伍、一流教学内容、一流教学方法、一流教材、一流教学管理等特点的示范性课程。我国的精品课程建设项目是由政府主导并组织管理,由高校作为参与主体的,涵盖了国家级、省级和校级多层次的,影响面广、参与学校和师生众多的重大工程,是世界开放教育资源建设运动的一个重要组成部分,精品课程的建设和推广对促进我国高等教育事业的发展有着极为重要的意义。

本章研习任务建议

1. 根据自己所在学校的实际情况,选择一种网络教学平台,了解、熟悉其基本功能模块,并尝试把它用到自己的学习中。

2. 如果条件允许的话,在学校选择一门全网络课程进行学习,体会和总结网络课程及网络学习的特点。

3. 访问麻省理工学院(MIT)的开放课件(OCW)网站(http://ocw.mit.edu/index.htm),了解其最新进展。

4. 访问"国家精品课程建设"网站(http://166.111.180.5/new/),了解我国精品课程的建设情况。

5. 访问"新浪公开课"网站(http://edu.sina.com.cn/video/open/),了解世界名校的最新公开课情况。

阅读文献推荐

1. 谢晓林、余胜泉、程罡、黄烨敏:《网络教学平台的新发展》,载《开放教育研究》2007 年第 5 期。

2. 王爱华、汪琼:《精品课程与国外开放课程共享利用的对比研究》,载《中国远程教育》2010 年第 6 期。

3. 焦建利:《国家精品课程与国外开放式课件的比较》,载《远程教育杂志》2010 年第 5 期。

4. 李静、王美、任友群:《解放知识,给力心智——访美国麻省理工学院开放课件对外关系部主任史蒂芬·卡尔森》,载《开放教育研究》2011 年第 4 期。

---

① 参见焦建利:《国家精品课程与国外开放式课件的比较》,载《远程教育杂志》2010 年第 5 期。

第十章
远程教育工作者的知识和技能

本章主要内容

■ 远程教育作为一种独立的教育形态,起源于19世纪40年代的函授教育。通常情况下可以将远程教育的发展分为三个阶段:19世纪中期至20世纪中期的函授教育;20世纪中期至20世纪80年代多种媒体教学的远程教育(包括各类开放大学和广播电视大学);20世纪90年代初至今的现代远程教育(网络教育)。

■ 网络教育无论在高等教育、中小学教育,还是企业教育、军事教育、社会教育等领域都是一个日益增长的、方兴未艾的领域,正在引起越来越广泛的关注。

■ 远程教育作为一种不同于常规面授教育的新兴教育形态,具有以下的本质属性——教师和学生的时空分离(即教和学的时空分离)。

■ 远程教育系统一般由四个子系统构成:课程子系统、学生子系统、管理子系统和后勤子系统。

■ 学习支持服务是远程教学院校及其代表教师等为远程学生提供的以师生或学生之间的人际面授和基于技术媒体的双向通信交流为主的各种信息的、资源的、人员的和设施的支持服务的总和,其目的在于指导、帮助和促进学生的自主学习,提高远程学习的质量和效果。

■ 学习中心(点)是开展现代远程教育必不可少的基础设施,是各国普遍采用的学习支持服务方式之一。它是传递教学内容,实现远程教学过程的重要保证;是现代远程教育试点高校提高管理效率,加强对学生支持服务的重要手段;是增进教师与学生、学生与学生之间的人际交流,营造教书育人环境的重要渠道。

■ 由于远程教育中教与学时空分离的本质特点,远程教育中的教师通常不像传统课程教学那样,一门具体课程的教学由一个教师独立承担,而是由一个团队的教师合作完成。远程教育中教师的角色通常可分为课程主讲教师、课程主持教师和课程辅导教师三类。

■ 由于远程教育中教师角色分工和职责的特殊性,远程教育对各类教师的能力要求不同于传统学校对教师的能力要求。

第一节　对远程教育的基本认识

一、远程教育的三个发展阶段

远程教育作为一种独立的教育形态,起源于19世纪40年代的函授教育(Correspondence Education)。通常情况下可以将远程教育的发展分为三个阶段,如表10-1所示:

表10-1　三代远程教育

分期	年代	远程教育	信息技术	主要媒体
第一代	19世纪中期至20世纪中期	函授教育	传统印刷技术 邮政运输技术 早期的视听技术	印刷材料、照相、电话、幻灯、电唱、投影、录音、电影。
第二代	20世纪中期至20世纪80年代	多种媒体教学的远程教育	单向传输为主的电子信息通信技术	大众媒体(广播电视、卫星电视)、个人媒体(录音录像、光盘、微机)、远程电子通信(始)、计算机辅助教学(CAI)
第三代	20世纪90年代初至今	现代远程教育(网络教育)	双向交互的电子信息通信技术(网络技术)	远程电子通信(续)、无线移动通信、计算机多媒体、计算机网络、知识(智能)媒体、虚拟技术

资料来源:陈丽:《远程教育学基础》,高等教育出版社2004年版,第12页。

1. 函授教育

第一代远程教育的核心术语是函授教育。函授教育以印刷材料为主要学习资源、以邮政传递递交和批改作业(函授辅导)为主要通信手段,以一定时间的面授辅导为辅助教学手段。主要代表是独立设置的函授学校和传统大学举办的函授教育、校外教育。

函授教育始于19世纪中期的英国,大学层次的函授教育始于同一时期英国伦敦大学的校外学位制度。

2. 多种媒体教学的远程教育

在20世纪70年代,利用多种媒体的远程教育(第二代远程教育)迅速发展,使远程教育第一次受到世界教育领域的普遍关注,被认为是人类教育史上的一次重大变革。

多种媒体的远程教育除了印刷教材外,还使用广播电视等大众媒体,以及录音、录像、个人电脑等个人媒体。与函授教育相比,多种媒体教学的远程教育具有大规模的特点。主要代表是各国独立设置的远程教育大学,例如,西方国家的开放大学(尤其是英国开放大学)、我国的广播电视大学等。

与函授教育相比,多种媒体教学的远程教育在各国高等教育体系中的地位和作用明显提高。在我国,广播电视大学曾是我国扩大高等教育入学率的主力军。

3. 现代远程教育(网络教育)

20世纪末,信息技术(特别是互联网)的迅速发展与应用普及,使远程教育成为世界各国政府实现终身教育的第一选择,通常将基于多媒体和互联网的远程教育称为现代远程教育或网络教育。

现代远程教育的特征和优势是双向交互,即通过信息技术实现人机和人际之间的相互作用和相互交流,从而既可以加强师生间的交流,又可以激励和促进学生的自学和学生间的协作。第三代信息技术可以实现的同步(实时)和异步(非实时)通信为远程教育提供了更有利于学生学习的资源和环境,使教学更加灵活,更加个性化。

我国远程教育的发展可以追溯到1914年商务印书馆创设的函授学社,1960年北京电大创立,1978年成立中央广播电视大学,1979年各省开始建立电视大学。

资料夹 10-1 邓小平亲自批示建立中央广播电视大学

1977年10月,邓小平在会见来华访问的英国前首相希思(Edward Heath)时谈到了人才奇缺的现象,希思则欣然介绍了英国利用电视等现代化手段办开放大学的经验,并重点谈到了英国开放大学的发展状况。这一经验,直接引起了邓小平的兴趣,也促成了中央广播电视大学及我国广播电视大学系统的创建。

资料来源:丁兴富:《远程教育学》,北京师范大学出版社2001年版,第93页。

20世纪90年代末是我国远程教育的战略革新和重新起飞时期——1999年1月,在国务院批转的《面向21世纪教育振兴行动计划》中明确提出了"实施'现代远程教育工程',形成开放式教育网络,构建终身学习体系"的任务,拉开了我国现代远程教育的厅幕。[1] 1999年,教育部正式批准四所大学(清华大学、北京邮电大学、浙江大学和湖南大学)开展现代远程教育试点工作。截至2002年底,教育部已批准了67所普通高等学校开展现代远程教育试点工作。

---

[1] 参见陈丽:《远程教育学基础》,高等教育出版社2004年版,第20页。

二、远程教育的本质与特点

世界著名远程教育专家、爱尔兰学者德斯蒙德·基更(Desmond Keegan)对远程教育作出了如下界定:[①]

■ 在整个学习过程期间,教师和学生处于准永久性分离状态(以此与常规面授教育相区别)。

■ 教育组织在材料计划、准备和学生支持服务准备两方面的影响(以此与个别学习和自教计划相区别)。

■ 技术媒体——印刷媒体、视听媒体和计算机媒体的使用——把教师与学生联系起来并成为课程内容的载体。

■ 提供双向通信,使学生可以主动对话并从对话中受益(以此与教育技术的其他应用相区别)。

■ 在整个学习期间,准永久性地不设学习集体,结果人们通常不在集体中而是作为个人在自学,为了教学目的或社会需要,有可能召开必要的会议。

三、远程教育系统的构成及类型

1. 远程教育系统的四个子系统

通常情况下可以将一个远程教育系统分为四个子系统:

(1) 课程子系统:包括课程制作、课程材料生产和课程发送三个环节。

(2) 学生子系统:包括学生从入学一直到毕业的各个环节。

(3) 管理子系统:由决策、规划、管理、控制、评估等几个环节组成。

(4) 后勤子系统:包括各种资源征集、分配、维持、支持、管理等。

2. 单一模式远程教育和双重模式远程教育

以英国开放大学为主要代表的远程教学大学(开放大学)单一模式在20世纪70年代至90年代中期成为世界各国远程教育发展的主流,比如英国开放大学、中国广播电视大学等。此外,还有大量的双重模式院校,即传统院校举办远程教育,当前我国67所普通高校所创办的网络教育学院即属于双重模式的远程教育。

四、远程教育媒体选择的"ACTIONS"模型

加拿大远程教育专家托尼·贝茨(Tony Bates)在1995年发表的《技术、开放学习和远程教育》中提出了远程教育中媒体选择的"ACTIONS"模型。

"ACTIONS"模型将技术与媒体选择的问题归纳为七个要素:技术的可行性与

---

① 参见〔爱尔兰〕基更:《远程教育基础》,丁新主译,上海高教电子音像出版社2008年版,第42页。

方便性(access)、技术应用的成本(costs)、教与学(teaching and learning)、交互性与用户友好性(interactivity and user-friendliness)、组织实施(organizational issues)、新颖性(novelty)和课程开发与传输的速度(speed)。[①]

1. 可获得性

可获得性是远程教育媒体选择时要考虑的首要因素。不管选择的媒体有什么特性,如果学习者根本就得不到,这样是没有意义的。可获得性主要取决于学习者及其所在学习环境的情况,不同类型的学习者对媒体的使用情况不同。媒体的可获得性是判断远程学习者是否适当地获得媒体的最有力工具。

2. 成本

正确地分析媒体成本是远程教学中选择和使用媒体的基础。媒体的成本包括制作成本、设备成本和发送成本。一般分析媒体成本时,从以下三个方面考虑:

（1）区分媒体是单向传播媒体,还是双向传播媒体。
（2）知道一门课程的学习者人数不同的时候,媒体成本的差别。
（3）每一门课程都有自己的成本结构,需要根据不同的结构进行分析。

实际上,对媒体的成本分析是一件很复杂的工作,需要进行专业的分析。远程教育中的媒体支出主要是用在制作和以后的循环更新上,而不是最初的设备投资。用于支持每年运作的资金经常要超过一开始的启动资金。但是,一般情况下,用于更新教育材料的费用一般都得不到重视。对于大多数的媒体,发送成本相比制作成本显得无关紧要,但是,考虑全部成本时,发送成本还是很重要的。

3. 教与学

每种媒体对信息都有一定表现力,但是它们的特点和能力是不同的。媒体除了自身特性的不同之外,相互之间的差异还与具体课程内容、怎样最好地表现特定科目的知识以及对应的是哪一种学习有关。这就是说,要真正理解某一学科的教学要求,需要结合对不同媒体的教学优势和劣势的分析比较。因此,媒体选择不仅仅是技术问题,还是教学问题。

不同媒体对开发学习者的技能有着不同的作用。表现力强且学习者可控制性强的媒体更有利于发展学习者的技能。因此,从技能培养来说,录音、录像带和多媒体要比广播和实时的电视讲授更有效。媒体在表现力以及发展技能方面有很多的不同,在选择的时候应该扬长避短,不要一味地用最新最贵的媒体。每一种媒体都有自己的优势和劣势。

---

① 参见〔加拿大〕贝茨:《技术、电子学习与远程教育》,祝智庭主译,上海高教电子音像出版社 2008 年版,第 50 页。

4. 交互性和用户友好

具有交互功能的媒体既包括单向传播媒体，又包括双向传播媒体。由学习者控制的双向交互媒体使学习者不仅可以轻易地与教师交流，还能够与其他的学习者进行沟通。以前，电话是实现这种作用的唯一方式，但是它的使用成本很高。现在的计算机会议使学习者之间，学习者与教师之间，甚至与学科专家之间都可以进行远程同步、异步交流，而成本相对低廉。但是，任何一种媒体，它是否能加强交互和促进学习者积极主动地学习，在某种意义上取决于对使用媒体的设计，当然也要依赖媒体自身的特点。总之，要想设计出促进主动学习的多媒体远程学习材料，需要教学专家、学科专家和制作专家的大力支持。

5. 组织（机构）问题

成功地应用媒体，除了要购买和安装设备之外，还要组建一支技术队伍以及进行教师培训。同时，结构上和组织上的变化，还有外在因素会影响媒体的使用。只要在远程教育中使用媒体，组织结构必然要发生变化。由于更新、更方便的双向交互媒体越来越便宜，有许多的传统院校也开始运用这类媒体进行远程教学。但是很少有传统院校尝试着重构它们的组织结构，把校内和校外学习者的利益统一起来。因此，随着技术被引进教室，为了提高教与学的质量，需要重新审查或重建组织机构，这是一个非常重要的问题。

6. 创新

资金总是与使用新媒体紧密联系，这会有一定的危害。首先，是支付能力的问题，如果媒体的利用率并不高，一旦外来资金和资助都终止了，院校将很难继续维持新媒体的开销。其次，对新媒体的外来投资一般局限于资金总额，或者是对传播成本的补助，这些都少于课程制作成本和在教学中的维持费用。所以说，创新是一把双刃剑。

7. 速度

当今社会的发展日新月异，对教学内容变化和修正的速度也提出了更高的要求。双向媒体和广播的优势就在于能够为学习者提供最新的研究和发展信息。相比较而言，由于广播电视、计算机辅助学习和多媒体课件制作周期长和更新材料的成本高，在速度上有很大的劣势。[①]

[①] 参见杨九民、梁林梅：《教学系统设计理论与实践》，北京大学出版社 2008 年版，第 150—152 页。

第二节 学习支持服务

一、学习支持服务的概念

学习支持服务[①]的思想首先是在英国开放大学的远程教学和远程学习实践中产生和发展起来的。1978年,英国开放大学的大卫·西沃特(David Sewart)教授发表了《远程学习系统对学生的持续关注》一文,正式提出"学生支持"概念。该文引起了学术界的极大反响,可以认为是西方学者对学习支持服务的第一篇系统论述。[②]

对于学习支持服务概念的理解和认识经历了一个不断发展的过程——在早期,学习支持服务局限于提供包括面授在内的基于媒体的人际双向交互上,解决学生在学习课程材料过程中遇到的各种问题,保证学生顺利完成课程材料的学习;随着远程教育实践的开展,学习支持服务不再局限于简单的人际双向交互,并且演变成一种系统观:一方面认为学习支持是一种组织形式,另一方面认为学习支持是信息、资源、人员和设施服务的总和,同时还认为学习支持是对学生从注册到毕业所有学业过程的支持。最新的学习支持服务理念甚至关注到了学习者从远程教育系统毕业后的继续教育和终身学习的支持。

西沃特认为:学习支持服务是一种组织形式,通过这种形式学习者可以充分利用机构的教学服务设施。该系统具有交互作用,并能够激发学生的学习动力;我国学者将之界定为:学习支持服务是远程教学院校及其代表教师等为远程学生提供的以师生或学生之间的人际面授和基于技术媒体的双向通信交流为主的各种信息的、资源的、人员的和设施的支持服务的总和,其目的在于指导、帮助和促进学生的自主学习,提高远程学习的质量和效果。[③]

二、学习支持服务的多种形式

西沃特认为远程教育组织提供的学生支持服务可以包括但不限于以下内容——在学习中心的集体教学;在学习中心或其他地方的个别辅导;年度住宿学校(强制的或自愿的);学习或自助小组;社会活动;在学习中心的咨询答疑;辅导教师和顾问人员的通信指导;与辅导教师和顾问人员进行电话交流;集体电话辅导;

---

① 也称做"学生支持服务"或"学生学习支持服务"。
② 参见武丽志、丁新:《学生支持服务:大卫·西沃特的理论与实践》,载《中国远程教育》2008年第1期。
③ 参见陈丽:《远程教育学基础》,高等教育出版社2004年版,第120页。

广播辅导;通过录音进行通信交流;以计算机为媒介的通信(CMC);面向学生的报纸等。西沃特认为学习支持服务系统的构成要素几乎是无限的,任何远程教学系统的学习支持服务系统都是独特的,而提供什么样的学习支持服务则取决于远程教育的市场定位、远程教育使用的课程教学包、课程的发送系统、组织的形象、远程教育文化环境等。[①]

根据提供学习支持的方式,学习支持服务可以分为基于人际的面对面接触交流和基于技术媒体的非面对面接触交流:

(1) 基于人际的面对面接触交流

这包括平日或周末在校园课堂的集体教学;在当地学习中心的集体教学或个别辅导;与学习顾问举行的小组讨论;协作学习小组或互助小组;短期住宿学校或课程;在校园、其他教育研究机构或当地学习中心组织的实验室工作;与教师和其他学生进行社会调查或实地考察;集体的或个别的信息咨询会面;在教师、顾问或学生请求下的偶然集会或个别会面;社交活动或者举办"开放日"访问学校本部;有条件的学生可以拜访教师或顾问的家庭或工作单位等。

(2) 基于技术媒体的非面对面接触交流

这包括与辅导教师和学习顾问的信件来往;作业提交和批改返还;电话交流;基于电话会议的辅导或咨询;特别安排的广播电视信息发布、辅导或咨询;通过录制和发送录音进行双向交流;学生小报;与课程组人员的信函和电话接触交流;录音电话、语音信箱;可视电话;音频、视频会议;基于计算机网络的异步非实时通信交流:电子邮件、公告版和新闻组、聊天室讨论、计算机会议等;基于计算机网络的同步实时通信交流:网络电话、网络课堂、网络小组讨论等;移动通信、移动上网通信等。[②]

根据学习支持服务主要解决的问题类型的不同,学习支持服务可以被分为:

(1) 管理性质的支持:包括那些帮助学生进行求学咨询、学前评估、图书馆服务等管理方面的活动和服务。

(2) 学术性质的支持:包括定义课程、解释概念、提供反馈(正式或非正式的)、提供教学实践、培养学生的学习技能、通过课程跟踪学生的进步、扩展课程学习、分享学习的乐趣等与学生专业学习有关的支持。

(3) 情感方面的支持:这类支持是专门针对远程学习缺乏交流而提供的。包括提供学生夏令营、帮助学生组织学习小组、创设学习社区、提供心理咨询等。对学生情感方面的支持,能够帮助学习者解决各种心理和情感方面的问题,缓解精神

[①] 参见武丽志、丁新:《学生支持服务:大卫·西沃特的理论与实践》,载《中国远程教育》2008 年第 1 期。

[②] 参见丁兴富:《论远程教育中的学生学习支助服务(上)》,载《中国电化教育》2002 年第 3 期。

压力,消除孤独感,增强自信,从而促进学习。①

资料夹 10-2 学习支持服务的重要组织形式:学习中心

学习中心是远程教学院校在各地社区建设的学生学习支持服务体系的基层组织机构,是远程教学和远程学习的活动基地,是远程教育教学信息的双向交互通道和教学资源的集散地,是远程教育信息基础设施向社区辐射延伸的节点和终端。

学习中心(点)是开展现代远程教育必不可少的基础设施。它是传递教学内容,实现远程教学过程的重要保证;是现代远程教育试点高校提高管理效率,加强对学生支持服务的重要手段;是增进教师与学生、学生与学生之间的人际交流,营造教书育人环境的重要渠道。通过建设校外学习中心(点),还可以促进教育资源重组和结构优化,逐步形成社区学习中心,为成人教育、继续教育、终身学习提供服务,为构建我国的终身学习体系奠定基础。

资料来源:教育部:《关于现代远程教育校外学习中心(点)建设和管理的原则意见》(试行),http://baike.baidu.com/view/3561621.htm,2011 年 8 月 15 日访问。

三、学习支持服务系统的开发框架

在英国开放大学长期从事学习支持服务的另一位知名学者艾伦·泰特(Alan Tait)认为学习支持服务系统的开发是一个系统性构建的过程,涉及学科及课程需求、学习者群体特征等六个要素:②

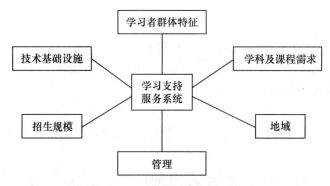

图 10-1　学习支持服务系统的开发框架

资料来源:王小梅、丁新:《艾伦·泰特研究》,载《中国电化教育》2004 年第 11 期。

---

① 参见陈丽:《远程教育学基础》,高等教育出版社 2004 年版,第 122 页。
② 参见王小梅、丁新:《艾伦·泰特研究》,载《中国电化教育》2004 年第 11 期。

（1）学科及课程需求

学科及课程需求是设计学习支持服务系统首先要考虑的因素，原因在于教学和评估主要来源于所要传递的内容。根据学科即课程的需要确定评估方式——是进行形成性评价、期末的总结性评价还是二者的结合？如果二者都有，那么在培训和质量保证系统中就该有所反映，尤其当过程性（形成性）评价在整个评价中占有重要地位时。一些特殊的课程需要学生聚到一起，比如学生和指导老师在一起练习语言技巧、一些实验课和经验交流课等。

（2）学习者群体特征

学习者群体特征是开发学习支持服务系统时必须考虑的另一个重要因素。学习系统规划的其他因素必须适合学习者的需求和能力。群体特征主要包括：性别、年龄、家庭背景、在职或下岗、可以自由支配的收入、教育背景、地理位置、语言、种族和文化等特点。

（3）技术基础设施

技术基础设施要考虑在提供学习支持服务过程中学生个体使用什么技术，以及哪些技术适合机构和组织。

（4）招生规模

该因素将关系到学习支持系统提供服务的业务量，从而决定系统建构的方式。对于同一门课程，一个招收十万名学生的远程教育机构与招收八十名学生的机构将建立完全不同的学习支持服务系统。招生规模将影响对媒体和课程的提供以及学习支持服务的投资。

（5）地域

"地域"这个词在这里是一个社会学范畴的术语，而不仅仅是地理概念。泰特认为地域在这里包括乡村和郊区的人口、材料运送的价格和可行性，甚至包括一些国家禁止妇女和孩子外出、一些危险的地方不可以夜间出行等因素。这些因素会影响学生和导师的会谈，也可能涉及学生需求。

（6）管理

学习支持系统的管理要考虑具体的管理模式、质量保障和机构预算等事宜。

第三节　远程教育工作者的能力要求

一、现代远程教育中教师的角色类型及能力要求

由于远程教育中教与学时空分离的本质特点，在远程学习者入学之前，远程教师必须配合远程教学机构中的其他人员，一起完成远程学习环境和过程的设计，包

括学习策略、学习资源和媒体的选择、设计，以及学习包的发送等。在学习者注册之后，远程教师还要全方位向学习者提供学习支持服务。与传统学校教师相比，远程教育中教师的角色和作用发生了很大的变化，主要体现在以下两个方面：

（1）远程教育中的教师通常不像传统课程教学那样，一门具体课程的教学由一名教师独立承担，而是由一个团队的教师合作完成。

（2）学生是远程学习的主体，学生学习的主要形式是利用各类资源进行自主学习，远程教育中教师是学生学习的促进者和帮助者，而不再是传统课堂上的主导者。①

资料夹 10-3　中央广播电视大学中教师的三类角色

1. 课程主讲教师：又称为课程教师，一般聘请高等院校相关课程的专业教师担任。课程主讲教师主要负责课程的授课，参与部分集中辅导和集中答疑。

2. 课程主持教师：一般由中央电大教研室的学科教师担任，主要责任是解答地方电视大学辅导教师提出的问题，典型的共性问题由主持教师整理后，反馈给主讲教师。课程主持教师会通过中央电大在网上开设的开放教育主页，将一些共性的问题及答案公布出去。

3. 课程辅导教师：由地方电大相关专业的课程教师担任，主要的职责是进行集中面授辅导、答疑，并将学生在学习过程中的共性问题及时反馈给中央电大。具体来说，课程辅导教师的基本职责至少应当包括：

（1）全面了解学生，指导学生制订学习计划。

（2）与学生保持联络，及时解决学习过程中存在的问题。

（3）指导和参与学生学习小组的活动。

（4）精心准备、认真完成面授辅导。

（4）布置和认真批改作业和实验报告等，科学公正地评定平时成绩。

资料来源：陈丽：《远程教育学基础》，高等教育出版社 2004 年版，第 96 页。

与广播电视大学类似，我国试点高校网络教育学院中教师的角色通常也分为课程主讲教师、课程主持教师和课程辅导教师三类。由于远程教育中教师角色分工和职责的特殊性，远程教育对各类教师的能力要求不同于传统学校对教师的能力要求。即使在传统学校具有丰富教学经验的教师，也不一定能够适应远程教学的特殊需要。因此，对于远程教育中课程主讲教师和辅导教师的具体能力要求

---

① 参见陈丽：《远程教育学基础》，高等教育出版社 2004 年版，第 95—96 页。

如下：①

1. 主讲教师的能力要求

（1）学科教学能力

主讲教师首先必须是具有丰富学科教学经验的教师。主讲教师要能够确保课程内容在科学性、理论性、实践性等方面的质量。同时，主讲教师还应该了解课程内容的重点和难点，以及如何帮助学生的有效策略。

（2）教学设计的能力

作为一名主讲教师，或者需要负责整个远程教育课程的设计，或者要作为重要成员参与课程的教学设计。因此，掌握教学设计的基本理论和方法是对一名优秀主讲教师的基本要求。

（3）选择媒体的能力

在设计一门高质量的远程教育课程时，主讲教师经常需要为课程选择合适的发送方式，为学习者设计合适的媒体组合方式。因此，媒体选择和媒体优化组合的能力，是主讲教师必须具备的重要能力。为了正确选择媒体，主讲教师应该掌握各种媒体的特点和适用条件，并学会媒体选择和组合的理论与方法。

（4）开发学习材料的能力

远程教育中学习者学习的主要方式是利用资源进行自主学习，传统教材只强调学科内容的系统性和完整性，多数没有学习活动指导和建议，不适合学习者自学使用。远程教育课程的教材不同于传统教材，其差异体现在内容、难度、风格、学习活动设计和学习方法建议等多个方面。例如，远程教育课程包中的学习指导书就是远程教育特有的教材形式。因此，远程教育机构要经常为远程教育课程开发专用的教材或者学习指导书，主讲教师是学习材料开发的主要力量，所以主讲教师应该具备开发学习材料的能力。

（5）组织小组远程讨论的能力

在远程学习的过程中，学习者还需要就某些问题和同伴展开讨论。但是，由于所处学习环境的特点，讨论中的每个人可能分散在不同的地点。因此，作为一名主讲教师，需要掌握一些必要的技巧，组织学习者借助特定媒体技术手段开展远程讨论。

（6）利用信息技术开展远程教学的能力

在现代远程教育实践中，许多教学活动都是在信息技术的支持下进行的，因此，主讲教师应该学会使用信息技术，并能够有效利用各种信息技术开展远程教学。例如，主讲教师应该学会如何利用同步交互媒体促进实时交互。

---

① 参见陈丽：《远程教育学基础》，高等教育出版社2004年版，第100—104页。

2. 辅导教师的能力要求

在整个远程学习过程中，辅导教师直接代表远程教学机构以及机构中的主讲教师、技术支持人员等与学习者直接交互。他们不仅是学习过程的组织者、管理者、推动者，更是重要的参与者、信息提供者、评价的监控者。由于他们与学习者时时发生频繁的教学交互，很多时候辅导教师也是学习者的朋友。根据辅导教师的主要职责，一名优秀的辅导教师应该至少具备以下几方面的能力：

（1）学科知识方面

辅导教师应该全面掌握所辅导课程涉及的学科知识，了解该课程在所属专业知识结构中的位置，以及该课程与预备课程和后续课程的关系，等等。

（2）媒体技术方面

辅导教师应该熟练使用课程中用到的各类媒体技术，会排除简单的故障，并懂得如何帮助学习者学会设备的使用，等等。

（3）学习管理方面

辅导教师应该理解远程学习的本质特点，了解远程学习与传统学习的差别；掌握管理学习过程的基本技术，能熟练地激发和维持学习者的兴趣，能有效地推动远程学习课程的进度，能敏感地发现并及时解决学习者在课程开始前、学习过程中遇到的问题；当学习者需要使用协作学习方式时，辅导教师应该掌握协作技巧，知道如何帮助学习者掌握和运用协作学习的技巧、策略。

（4）交互技巧方面

辅导教师应该掌握人际交流的基本技巧，能与远程学习者、主讲教师以及其他课程开发、实施人员顺利沟通，能帮助学习者与同学、主讲教师、技术支持人员等其他相关人员沟通，等等。

二、中国远程教育专业人员的角色和能力

1. 中国远程教育专业人员的十三类角色

（1）决策人员

决策人员主要在宏观层面把握远程教育机构的发展和变革，决策、监控和确保整个远程教育机构所有远程教育相关项目顺利实施，为远程教育项目提供政策和资源方面的支持。

（2）管理人员

管理人员负责远程教育项目的计划、执行和评价，监控项目朝着预定的目标进行，确保项目资源能够更好地支持项目的实施。

（3）教师

教师作为学科内容专家负责设置课程，或设计、开发课程材料，教授课程学习内容,组织课程学习活动,提供学习辅导。

（4）辅导教师

辅导教师的主要职能是辅助远程教师给学生提供课程学习方面的支持,建立学生和教师之间的联系,向有关人员反馈学生在学习过程中遇到的问题,促进学生的学习和教师的教学。

（5）教学教务管理者

教学教务管理者提供各种教学支持服务与考试服务,管理教学相关信息和学籍信息,以保证远程教学过程的顺利进行。

（6）教学设计者

教学设计者协助教师设计课程,包括有关教学媒体、教学环境和资源的设计;促进课程的开发,协助设计和开发项目中所需的培训。

（7）技术专家

技术专家在远程教育项目中指导或主持技术的研究和开发,提供相关技术培训、咨询、评估、问题诊断与解决。

（8）技术开发者

技术开发者开发课程实施的技术环境和技术工具,支持教师基于媒体的课程开发,提供各种技术培训并协助解决各种技术问题。

（9）技术支持者

技术支持者为教师和学生提供技术支持,保持各种设备良好的工作状态,解决相关技术问题,提供有关技术培训。

（10）学习资源管理员

学习资源管理员辅助和支持学生使用远程教育机构图书馆中的各种印刷、音像和电子资源,给学生提供资源检索、信息处理等方面的技能咨询或培训,管理远程机构中的所有类型媒体的学习资源。

（11）艺术效果设计人员

艺术效果设计人员从教学目标出发,遵循普通教育或学习理论的规律设计和创作所需教学媒体中图形元素、音频元素和视频元素的艺术风格、图形布局,对其进行艺术加工和编辑。

（12）产品发行者

产品发行者负责远程教育项目成果的产品化包装、出版和发行,解决知识产权相关法律问题。

（13）研究者

研究者为指导和支持远程教育项目,评价、探讨和研究远程教育领域中新的运营模式、教学模式、技术和工具,预测和洞察远程教育的发展,为机构的发展和组织变化构建相关模型或提供建议。

其中,决策者、管理者、教学设计者、教师、技术专家和研究者是远程教育项目开展中的重要角色。

2. 远程教育专业人员的一般能力

一般能力是每个角色必须具备的专业能力,远程教育专业人员应该具备的十项重要能力由高到低排列如下:

- 远程教育的基本知识
- 支持服务方面的知识
- 资源的获取能力
- 协作技能和团队技能
- 计算机网络的基本应用
- 人际交流技能
- 媒体特征知识
- 常用办公软件的应用技能
- 网络教学平台的应用技能
- 专业写作技能[①]

本章研习活动建议

1. 如果你所在的院校有网络教育学院及专门从事远程教育的类似机构,了解其基本的运行模式和主要工作。

2. 联系在广播电视大学、网络教育学院及相关部门从事网络教育的教育技术学专业毕业生,了解其工作内容及对从业人员的能力要求。

阅读文献推荐

1. 陈丽、李芒:《开放教育和远程教育的本质及其关系》,载《中国电化教育》2001年第2期。

2. 张伟远:《国外高校网上教学成功和失败的原因剖析》,载《中国远程教育》2005年第11期。

3. 陈丽:《现代远程教育中学生支持的发展方向》,载《开放教育研究》2005年第2期。

---

① 参见李爽、陈丽:《中国远程教育专业人员能力模型研究》,载《中国电化教育》2004年第3期。

第十一章
教育技术研究者的知识和技能

本章主要内容

■ 对于教育技术领域的从业人员来说,无论是从事学术、理论研究的专业人员,还是从事实践、应用的专业人员,了解和掌握社会科学研究的原理、方法和规范对于个人的专业发展及本专业的健康、可持续发展都至关重要。

■ 研究是一个认真地提出问题,并以系统的方法寻找问题答案的过程。

■ 社会科学研究的基本过程为:确定研究课题并将其系统化;设计研究方案和准备研究工具;资料的收集;资料的处理与分析;结果的解释与报告。

■ 教育研究作为社会科学研究大家庭中的一员,具有其自身的独特性:多学科的视角、道德准则的考虑和合作关系。

■ 教育技术研究中的常用方法有观察法、调查研究法(包括问卷调查、访谈等)、实验法、文献研究法(包括内容分析等)、个案研究法、行动研究法等多种方法。

■ 教育技术研究作为社会科学研究大家庭中的一员,必须遵循社会研究中已被普遍接受的伦理准则:自愿参与、对参与者无害、匿名与保密。

第一节 了解和认识社会科学研究

一、研究

所谓"研究",即指"为了知识进步所做的一切系统的、批判和自我批判的探究"①;或认为"是一个认真地提出问题,并以系统的方法寻找问题答案的过程"②。

二、科学研究的逻辑:科学轮(环)

科学研究的两大支柱是逻辑和观察(如图11-1所示),科学研究对世界的理解必须言之成理,并符合我们的观察。这两者对科学研究都不可或缺,并且和科学研究的三大层面密切相关:理论(对于某个特定生活方面相关的观察的系统解释)、资料收集和资料分析。即,科学理论处理的是科学的逻辑层面;资料收集处理的是观察的层面;而资料分析则是比较逻辑预期和实际观察,寻找可能的模式。③

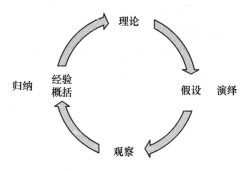

图 11-1 科学轮(环)

资料来源:〔美〕巴比:《社会研究方法》(第十一版),邱泽奇译,华夏出版社2009年版,第24页。

如图11-1所示,科学是理论与研究之间不断相互作用的过程。在这一科学轮(环)中,研究者有两个入口,有时,研究者首先从观察事实、记录事实入手,通过描述和解释他们所观察到的事实,形成经验概括并上升为理论。然后,在他们的理论的基础上作出预测,即对未知事物的假设,再通过观察新的事实以检验这种预测;有时,研究者首先从理论出发,由理论产生假设,再由假设导致观察,然后由观察形成经验概括,用这种概括支持、反对或建议修改理论,或提出新的理论。④ 美国著名社会学家艾尔·巴比(Earl Babble)将理论和研究比做一个接力赛跑,尽管所有的参与者并不同时出发或是停下,但是他们共享了一个相同的目的——检验社会生活的所有层次。⑤

---

① 〔英〕普林:《教育研究的哲学》,李伟译,北京师范大学出版社2008年版,第7页。
② 风笑天:《社会学研究方法》(第二版),中国人民大学出版社2005年版,第2页。
③ 参见〔美〕巴比:《社会研究方法》(第十一版),邱泽奇译,华夏出版社2009年版,第12页。
④ 参见风笑天:《社会学研究方法》(第二版),中国人民大学出版社2005年版,第32页。
⑤ 参见〔美〕巴比:《社会研究方法》(第十一版),邱泽奇译,华夏出版社2009年版,第24页。

三、科学研究的两种推理方式:归纳推理和演绎推理

1. 归纳推理

归纳推理(induction)是从个别出发以达到一般性,从一系列特定的观察中,发现一种模式,在一定程度上代表所有给定事件的秩序。① 由于在现实中常常不可能进行完全的、穷尽的具体观察,因而,由归纳推理所得出的结论也容易遭到意想不到的驳斥。②

2. 演绎推理

与归纳推理的过程相反,演绎(deduction)是从一般到个别,从逻辑或理论上预期的模式到观察预期的模式是否确实存在的过程。

归纳和演绎这两种不同的方法都是达到科学研究的有效途径,而两者的结合则可寻求人们对事物更有力、更完整的理解。

四、科学研究的通常步骤

美国"教育研究的科学原则委员会"认为科学研究通常应该遵循如下步骤:③

1. 提出有意义的(重要的)并能通过实证研究的问题

爱因斯坦认为,"提出一个问题通常比解决这个问题更重要,因为解决问题可能只需要数学或实验技巧。而提出新问题、发现新可能性或以新的视角看待旧问题,却需要具有创造性的想象力,这标志着科学的真正进步"④。

科学研究的目的是填补目前知识的空白或探索新知识、找到一些现象的起因、描述一些现象、解决一个实际问题或正式验证一个假设。一个好的研究问题可能使用新的工具或技巧,也可能在方法上或理论上重新看待一个旧问题。一个科研问题是否具有重要意义,可以参照前人的研究和相关理论,也可以参照它与当前重要政策或实践的关系。在教育领域,实践和政策方面的实际问题往往能产生重要的、通常也是基础性很强的研究问题。

科学研究还需要建立在"实证"(empirically)的基础之上。"实证"这个词的意思是"通过感官而产生的经验",而感官的意思又可以用一个普通的词"观察"解释。⑤ 科学的目的是为了了解现实世界,因而科学研究必须是建立在观察现实世界的基础之上的。所以,提出科学研究问题的方式必须能允许进行实证研究。当然,除了直接观察外,逻辑推理和数学分析等策略也可以为科学理论提供实证

---

① 参见〔美〕巴比:《社会研究方法》(第十一版),邱泽奇译,华夏出版社2009年版,第23页。
② 参见风笑天:《社会学研究方法》(第二版),中国人民大学出版社2005年版,第35页。
③ 参见〔美〕沙沃森、汤:《教育的科学研究》,曹晓南等译,教育科学出版社2006年版,第49—67页。
④ 同上书,第52页。
⑤ 同上书,第55页。

支持。

2. 将科学研究与相关理论相联系

科学理论实质上是能解释一些现象的抽象化模型。科学研究的大部分工作实质上是为了发展或验证能解释自然界和社会生活方方面面的理论、假设、模型、猜想或概念框架。

在社会科学和教育研究中，很少会出现像进化论、量子理论或相对论这样的"宏大"理论，找到具有推广性的理论仍然是社会科学研究的目标。但社会科学中有些研究的目的是深入理解一些特定的事件或环境，而不是发展出能推广到各种情况或事件的理论。

理论通过两种重要的途径对研究产生影响。首先，一个概念框架、模型或理论可以帮助提出一个科学研究的问题或对某个问题作出解答。提出重要的研究问题的过程通常都发生在研究工作开展之前。研究者希望测试一个理论是否在特定的情况下站得住脚。这里，研究问题和理论之间的联系是直截了当的；另一方面，研究问题也可能从一个现实问题中产生。在这种情况下，研究一个复杂的问题，可能需要多个理论。不同的理论可能对一个问题作出不同的解答，或者各种理论可能需要进行中和。

就理论和研究的关系而言，理论指导着研究问题、研究方法和对研究结果的解释。

3. 使用能对研究问题进行直接研究的方法

研究方法，即收集数据的方案以及对数据的测量和分析，应该根据研究问题选用，并应该能直接回答该问题。对研究方法进行选择的基本原则为：研究方法必须适合研究的问题，而且研究者必须有能力实施这个方法。如果一个研究猜想或假设能经得起多种方法的审查，那么它的可信度就会极大地提高。

在各学科中，测量是研究方法中的一个关键成分。这对于社会科学和教育学的许多研究来说都适用（当然不是所有研究），因为如果概念或变量的定义不清或测量不准确，再好的方法也无法产生有力的科学推理。

4. 进行有条理的、明确的逻辑推理

在科学研究中得出的结论是否可信取决于两个因素：一是严谨的、系统的、富有逻辑的、将理论与实证观察相结合的推理；二是理论与观察在多大程度上与研究问题相关。科学研究的推理过程必须是有条理的、明确的（以便其他研究者重复验证)，并对持怀疑态度的读者具有说服力。

所有严谨的研究，不论是定量的还是定性的，都包含着同样的逻辑推理，这种推理要求明确阐述作出结论的过程，包括：有什么样的前提假设？怎样确定证据的相关性？其他可能的解释是如何被考虑或排除的？数据和概念或理论框架之间的关系是如何建立的?

5. 实施重复验证和研究推广

重复验证与研究推广可以巩固科学猜想和理论并揭示其局限性。

所谓重复验证,是指如果一个研究者观察到一组数据,另一个研究者应该在相同的条件下观察到同一组数据。在更复杂的情况下,重复验证指能在以上两种情况下(比如两个相似的实验室或现场)重复一项研究而得出相似的结论。当然,在自然科学领域中的重复验证,特别是有关非生物的,比在社会科学或教育学领域的重复验证要容易得多。而在社会科学领域,由于环境因素的作用和缺乏控制这两个特点,重复验证要困难许多。

当重复验证成功后,科学研究的一个重要目标是理解结论可以在多大程度上从一个事物或人推广到另一个事物或人,从一个环境推广到另一个环境,等等。在社会科学和教育学领域许多研究推广仅仅局限于特定的时间和地点,这是因为人类社会是迅速而且经常发生巨大变化的。

6. 公布研究结果,鼓励同行的审查和评判

专家的审查和批评不仅仅是科学研究的一个特点,而且是科学进步必不可少的条件。某项科学研究通常是一大块工作的一部分,而且进行该项研究的人总是一个学者群体的一部分。汇报和审阅研究结果是产生广泛的、意义重大的同行评审的关键。

研究结果通常都发表在专业杂志上、学术性出版社的书上或其他同行评审的出版物上。无论使用何种传媒,研究报告的目的都是将结果公之于众,从而让同行进行审查、批评、评论和重复验证,最终将新知识与该领域的已有知识相结合。

五、社会科学研究的基本过程

作为一种系统的、科学的认识活动,社会科学研究遵循着一套比较固定的程序。从大的方面看,可以分为五个阶段:确定研究课题并将其系统化;设计研究方案和准备研究工具;资料的收集;资料的处理与分析;结果的解释与报告。[①]

1. 选择和确定研究问题

研究问题指的是一项社会科学研究所要回答的具体问题,它是一个可以通过研究进行回答的问题。

选题阶段的主要任务包括两个方面:

(1)一是选取研究主题(research subject/research topic),即从现实社会中存在的大量的现象、问题和领域中,根据研究者的兴趣、需要与动机确定一个研究主题。

[①] 参见风笑天:《社会学研究方法》(第二版),中国人民大学出版社2005年版,第14—15页。

与研究问题相比,研究主题显得相对宽泛,也更有一般性。

（2）二是形成研究问题,即进一步明确研究的范围,集中研究的焦点,将最初比较含糊、笼统、宽泛的研究领域或研究现象具体化、精确化,将其转化为既有价值又有新意,同时还切实可行的研究问题。

2. 研究设计

研究设计是指对整个研究工作进行规划,制定出探索特定社会现象或事物的具体策略,确定研究的最佳途径,选择恰当的研究方法。同时,它还包含着制定详细的操作步骤及研究方案等方面的内容。

在研究目的方面,所有的社会科学研究都可以归结到以下三种之一:[①]

（1）探索性研究（exploration research）

探索性研究是一种对所研究的现象或问题进行初步了解,以获得初步的印象和感性认识,同时为今后更周密、更深入的研究提供基础和方向的研究类型。

（2）描述性研究（descriptive research）

描述性研究的主要目的是收集资料,发现情况,提供信息,特别是从杂乱的现象中,描述出主要的规律和特征。描述性研究在对社会现象的认识上比探索性研究前进了一大步。

（3）解释性研究（explanatory research）

解释性研究指的是那种探寻现象背后的原因,揭示现象发生或变化的内在规律,回答"为什么"的社会科学研究类型。它通常是从理论假设出发,经过深入实地,收集经验材料,并通过对资料的分析,检验假设,最后达到对社会现象进行理论解释的目的。

一般研究的具体方案应当包括以下几方面的内容:[②]

■ 说明研究的目的和意义
■ 说明研究的内容
■ 说明研究的理论假设
■ 说明研究的对象和抽样方案
■ 说明研究资料的收集方法与分析方法
■ 说明研究人员的组成及组织结构
■ 确定研究的时间进度和经费使用计划

3. 研究的实施（资料的收集）

这一阶段的任务,就是具体贯彻研究设计中所确定的思路和策略,按照研究设计中所确定的方式、方法和技术进行资料的收集工作。在此阶段研究者往往需要

---

① 参见风笑天:《社会学研究方法》（第二版）,中国人民大学出版社2005年版,第65—68页。
② 同上书,第84—86页。

深入实地,要接触被研究者。在这一阶段中,所投入的人力最多,遇到的实际问题也最多,需要很好地进行组织和管理。

4. 资料分析

这一阶段的主要任务是对所收集到的原始资料进行系统的审核、整理、归类、统计和分析,其中既有对数据资料的各种定量分析,也有对定性资料的综合、归纳和解读分析。

5. 结果的解释与报告

该阶段的主要任务有:撰写研究报告,评估研究质量,交流研究成果。

研究报告的一般结构通常包括以下几个部分:导言、方法、结果、讨论、小结或摘要、参考文献、附录等。[1]

（1）导言

导言主要说明所研究的问题及研究的意义,往往包含了研究的缘起（或研究背景、动机）;研究的问题及界定;研究的目的及意义。

（2）方法

方法即说明研究所采用的方式方法、研究的程序和工具等,其中主要包括文献综述;研究的基本概念、变量、假设和理论架构;研究的总体、样本及抽样方法、抽样过程;研究的主要方法（包括资料收集的方法和资料分析的方法）。

（3）结果

结果即说明所发现的结果具有哪些意义,从这一结果出发,还能得到什么或还能继续做什么。

（4）小结或摘要

小结或摘要即对上述四个方面的简要总结。

（5）参考文献

参考文献即研究报告中所涉及的书籍和文章目录。

（6）附录

附录即研究过程中所用的问卷、量表、访谈提纲及某些计算公式的推导、数据计算方法等。

六、社会科学研究中的伦理议题

伦理是"与特定职业或群体相一致的行为标准"[2]。教育技术研究作为社会科学研究大家庭中的一员,必须遵循社会科学研究中已被普遍接受的伦理准则:

---

[1] 参见风笑天:《社会学研究方法》（第二版）,中国人民大学出版社2005年版,第328页。
[2] 〔美〕巴比:《社会研究方法》（第十一版）,邱泽奇译,华夏出版社2009年版,第63页。

1. 自愿参与

社会科学研究经常(虽并非总是)要介入他人的生活,更有甚者,经常要求他人透露其私人信息。因此,任何人都不应被迫参与研究。

2. 对参与者无害

社会科学研究绝不能伤害研究对象,不论他们是不是自愿参与。

3. 匿名与保密

保护研究对象的权益最首要的就是保护他们的身份,特别是在进行调查研究的时候。①

为了遵循上述伦理准则,研究者在开展研究时常常要签订"知情同意书"(informed consent),即基于自愿参与的原则而进入研究的对象,必须完全了解他们可能受到的危害。② "知情同意书"一方面要确切地告知研究对象研究的性质,另一方面要取得研究对象口头或书面的同意。不得以威胁手段强迫对象参与,而且研究对象随时可以退出。③

第二节 教育研究及其特点

一、教育研究的目的

教育学是一门应用科学,与其他应用科学一样,教育研究有两个相互关联的目的:

- 一是增加对教育有关的现象和事物的理解。
- 二是为实际决策提供依据。

这两个目标对于教育研究同等重要,都要求研究者对教育的实践和政策有透彻的理解,并且都能最终改善教育实践。④

二、教育研究的特点

1. 多学科的视角

教育的多样性和复杂性决定了其研究视角的多学科性——许多学科都对教育进行研究,从而增加了人们对教育的认识和了解,例如经济学家研究学校教育中的奖励机制,以便理解为改变行为而设计的干预措施与教育结果之间的关系;物理学

---

① 参见〔美〕巴比:《社会研究方法》(第十一版),邱泽奇译,华夏出版社2009年版,第63—65页。
② 同上书,第65页。
③ 同上书,第70页。
④ 参见〔美〕沙沃森、汤:《教育的科学研究》,曹晓南等译,教育科学出版社2006年版,第78页。

家、化学家和生物学家研究自然科学课程的设置、教学和评估;发展心理学家和课程专家研究认知、语言及社交能力发展的基本过程;政治学家研究的是大规模的教育机构改革的实施。

这种多学科的研究视角给教育研究带来了如下的特性:

(1)由于不同学科对教育系统研究的侧重点不同,这就产生了多种合理的研究框架和方法。但由于多学科研究的焦点不同,得出的结论就有可能互相矛盾。对于教育这样一个多样化的领域来说,难题在于如何将多种理论与实验结果在研究范畴和方法上融合在一起。因此,来自不同学科的研究人员参与合作研究具有十分重要的意义。

(2)教育研究的发展在很大程度上取决于相关领域和学科的发展。无论是传统学科领域的研究还是像公共卫生这样的应用学科领域的研究,对教育科学的研究可能都是十分必要的,因为它们的作用在于提供基础设施方面的服务。

(3)各种学科研究的框架日见增多,又加上与教育相关的领域涉及过广,给教育研究者的专业培养带来一定的困难。

2. 道德准则的考虑

在现代教育研究中,研究人员常常到学校里进行实地考察,其对象是家长、学生和教师。为了保护研究对象(特别是儿童),研究就需要作出合理的让步。因此,在涉及保护研究对象的道德准则问题时,对研究的类型、数据的收集和研究结果的推广都具有实质性的影响。

3. 合作关系

正如其他应用学科领域(像农业、犯罪、司法、社会福利等)一样,教育研究在很大程度上依赖研究人员与教育实践人员之间的合作关系。这些实践人员包括教师、行政管理人员、课程设计人员、大学学院的院长、学校董事会成员和其他利益相关者。没有这些关系,教育研究就无法运行。它的兴旺发达与这些实践人员在多大程度上愿意参加或支持研究有着极其密切的关系。

不同的研究要求不同的参与程度,从弱到强形成一个连续体——弱的参与程度指的是短暂的、远距离的、仅仅一次的交流;强的参与程度指的是长期的伙伴或合作关系。然而这种伙伴关系也不总是轻而易举就形成的,往往要花很长时间才能建立起来。这种关系对建立双方的信任起着关键的作用,只有有了这种信任,研究人员才能把工作做好,也才能和教育人员开展关于研究在实践中作用的互利的对话。[①]

---

① 参见〔美〕沙沃森、汤:《教育的科学研究》,曹晓南等译,教育科学出版社2006年版,第85—88页。

三、教育研究问题的种类

美国"教育研究的科学原则委员会"将所有的教育研究问题归为相互关联的三类形式：①

1. 描述性问题——正在发生什么

描述性的教育科学研究可以对一些问题作出可推广的描述,其目的在于提供各种信息,以便适当地了解学生总体的特点,理解问题的范围和严重性,形成理论或猜测,或通过不同的教育指标(如成绩、支出或教师资格)确认随时间产生的变化。

为了获得可信的结果,数据收集的过程通常依赖于一个对目标总体的随机抽样,调查问卷和电话访谈是从总体中选择有代表性的样本并收集信息的常用调查方法;研究者有时候感兴趣的是发生在某个特定机构、群体或环境中的具体细节,因此就需要有目的地选取样本,采用观察法、面对面访谈、个案研究等方法对学校运行中的政策、过程和环境进行丰富的描述,从而产生解释其成功原因的合理假设。

2. 因果性问题——是否有系统性的作用

此类问题的重点是建立因果效应:是否 X 造成了 Y？

因果性研究是建立在理论和描述性研究的基础之上。即对因果效应的探寻不能在真空中进行,最好是已经有稳固的理论基础和广泛的描述性信息为理解因果关系奠定知识基础。在科学上,随机测试(实验)法是确定是否一个或多个因素造成了结果变化的理想的方法。

3. 过程性或机制性问题——为什么会发生或怎么发生的

这类问题要求理解 X 造成 Y 的机制或过程。

虽然为了方便起见,人们将上述三类问题分开讨论,但实践中它们却是紧密联系的。

第三节　教育技术研究中的常用方法

教育技术学是一门多学科交叉、很不成熟却又发展迅速的应用性学科,在其诞生还不到一百年的历史进程中,各相关学科的概念、理论、方法都被引入,各种不同的思维方式和研究方法同生共长,因此必然形成了研究实践中多种方法的综合

---

① 参见〔美〕沙沃森、汤：《教育的科学研究》,曹晓南等译,教育科学出版社 2006 年版,第 93—114 页。

运用。

一、观察法

观察方法可以说是一切科学研究的基本方法之一。社会科学研究中的观察,指的是带着明确的目的,用自己的感官和辅助工具去直接地、有针对性地了解正在发生、发展和变化着的现象。它和日常生活中人们对各种事物的观察有所不同,它要求观察者的活动具有系统性、计划性和目的性,而且要求观察者对所观察到的事实作出实质性的和规律性的解释。

根据观察地点的不同,可以分为实验室观察和实地观察(field observation);按照研究者所处的位置或所采取的角色,可以将观察分为局外观察和参与观察;根据观察的结构性程度又可分为结构观察(constructed observation)和无结构观察(non-constructed observation)。

结构观察指的是按照一定的程序,采用明确的观察提纲或过程记录表格对现象进行的观察。通常,结构观察多采用局外观察的方式进行。结构观察的内容是固定的,观察记录表也类似于结构式问卷,观察者根据统一的要求,对每一个观察对象进行统一的观察和记录,因而其结果可以用来进行定量分析;而无结构观察则指的是没有任何统一的、固定不变的观察内容和观察表格,完全依据现象发生、发展和变化的过程所进行的自然观察,其结果也不具有统一的形式,观察所得的资料通常只能进行定性分析。[1]

二、调查研究法

调查研究(survey research)是一种在社会科学研究中经常使用的研究方法,可适用于探索性、描述性和解释性的研究。调查研究指的是一种采用自填式问卷或访谈的方法,系统地、直接地从一个取自某种社会群体的样本那里收集资料,并通过对资料的统计分析认识社会现象及其规律的社会科学研究方法。调查研究中资料收集方法主要有两种基本类型:一是自填式问卷法,二是访谈法。

1. 问卷调查

问卷(questionnaire)在形式上是一份精心设计的问题表格,其用途则是用来测量人们的行为、态度和社会特征。问卷调查方法,通常是指对较大人群样本,采用提问的方式获取数据资料,从而对所关心问题的现状进行统计性的描述、评估、解释和预测的一种研究方法。[2]

---

[1] 参见风笑天:《社会学研究方法》(第二版),中国人民大学出版社2005年版,第257—259页。
[2] 参见张红霞:《教育科学研究方法》,教育科学出版社2009年版,第229页。

问卷调查的主要特点如下:①

(1) 调查要求从某个调查总体中抽取一定规模的随机样本,这种随机抽取的、有相当规模的样本特征往往是其他研究方法所不具有的。

(2) 资料收集需要采用特定的工具,即调查问卷,且有一套系统的、特定的程序要求。

(3) 研究所得到的是大量的量化资料,且必须在计算机的辅助下完成资料的统计分析,才能得出研究的结论。

2. 访谈调查

访谈(interview)是收集调查资料的一种调查研究方法。这种方法不是让受访者亲自阅读并填写问卷,而是由研究者派遣访谈员提问,并记录受访者的回答。它可分为结构性访谈(structured interview)和半结构性访谈(semi-structured interview)。

(1) 结构性访谈是指调查者依据结构式的调查问卷,向被调查者逐一提出问题,并根据被调查者的回答在问卷上选择合适的答案的方法。结构性访谈可以面对面进行,也可以通过电话访谈的方式进行。

(2) 半结构性访谈是指访谈提纲中的部分问题是封闭性的问题,部分问题是开放性的问题。

另外,教育技术研究中还常常会用到"小组焦点访谈"(focus group)的方法。该方法是一种集体访谈的形式,多个受访者在有经验的访谈者的指导下进行讨论。由于这些受访者可以相互交谈,他们就有可能表达个别访谈时不大可能表达的思想和情感。② 根据研究者长期的实践经验,一次小组焦点访谈的人数通常以五至七人为宜,最多不超过十人。③

资料夹 11-1 网络调查法

信息技术的飞速发展和互联网的普及,不仅提高了信息与数据传递的速度和范围,同时也对社会科学的研究方法产生了深远的影响。自20世纪90年代以来,各种基于互联网的新的研究理念、方法和工具不断涌现,这些新的基于信息技术的社会科学研究工具和方法不仅提高了研究的效率,同时也拓展了社会科学研究的主题、内容和范围,网络调查法(web survey)就是目前社会科学研究中常用的一种新方法。

---

① 参见风笑天:《社会学研究方法》(第二版),中国人民大学出版社2005年版,第157页。
② 参见〔美〕乔伊斯·P.高尔、M.D.高尔、沃尔特·R.博格:《教育研究方法:实用指南》(第五版),屈书杰等译,北京大学出版社2007年版,第299页。
③ 参见风笑天:《社会学研究方法》(第二版),中国人民大学出版社2005年版,第267—268页。

网络调查是一种以各种基于互联网的技术手段为研究工具,利用网页问卷、电子邮件问卷、网上聊天室、电子公告板等网络多媒体手段收集调查数据和访谈资料的一种新式调查方法。该方法充分利用了信息技术和网络的信息交流与远程交互功能,将网页制作技术、数据库管理技术和远程控制技术等相结合,使得研究者能够通过互联网收集、管理和处理调查研究的数据和信息,不仅降低了研究的成本,提高了研究的效率,同时也增加了调查数据收集的准确性和科学性,有效地降低了传统印刷问卷调查可能出现的各种调查测量误差。

资料来源:赵国栋、黄永中:《网络调查研究方法概论》,北京大学出版社2008年版,第104页。

三、实验法

实验研究(experiment)的方法起源于自然科学,同时这种研究方法也更多地在自然科学中应用。20世纪开始,社会科学从自然科学那里借鉴来实验的方法,并首先在心理学研究中应用。实验法是一种能够让研究者探索因果关系的研究方法,社会科学研究中的很多实验都是在一定控制条件下的实验室里进行的。不过,实验法也能够用来研究自然事件,研究社会中的事件的效应。实验法特别适合于有限、界定明确的概念与假设,因此更适合于解释,而不适合于描述。

所谓实验法,即是一种经过精心的设计,并在高度控制的条件下,通过操纵某些因素研究变量之间因果关系的方法。实验的基本目标是决定两个变量之间是否具有因果关系。[1]

1. 实验研究的三个基本要素

作为一种特定的研究方法,实验有三对基本要素:实验组与控制组;前测与后测;自变量与因变量。可以说,实验研究的这三个基本要素,构成了实验研究所具有的独特的语言。

(1) 自变量与因变量

在社会科学研究中将变量(variable)定义为"具有一个以上不同取值(不同的子范畴、不同的属性,或不同的亚概念)的概念",而那些只有一个固定不变的取值的概念,则叫做常量。根据变量相互之间的关系,可以把变量分为自变量和因变量。研究者把那种引起其他变量变化的变量叫做"自变量"(independent variable),并用"X"表示;而把那种由于其他变量的变化而导致自身发生变化的变量叫做"因变量"(dependent variable),并用"Y"表示。[2] 实验研究的中心目标是探讨变量之

---

[1] 参见风笑天:《社会学研究方法》(第二版),中国人民大学出版社2005年版,第194页。
[2] 同上书,第28—29页。

间的因果关系,其基本内容是考察自变量(又称做"实验刺激")对因变量(又称做"结果变量")的影响。

(2) 前测与后测

在一项实验研究中,通常需要对因变量进行前后两次相同的测量。第一次在给予实验刺激之前,称为前测(pretest);第二次则在给予实验刺激之后,称为后测(posttest)。研究者通过比较前测和后测的结果衡量因变量在给予实验刺激前后所发生的变化,反应实验刺激(自变量)对因变量所产生的影响。这种测量既可以是一次自填式问卷调查,也可以是一项态度测验。

(3) 实验组与控制组

实验组是实验过程中接受实验刺激的那一组对象。即使是在最简单的实验设计中,也至少会有一个实验组;控制组也称为对照组,它是各方面与实验组都相同,但在实验过程中并不给予实验刺激的一组对象。控制组的作用是向研究者显示,如果不接受实验刺激那样的处理,实验组将会发生什么。在实验研究的过程中,研究者不仅观察接受刺激的实验组,同时也观察没有接受实验刺激的控制组,并通过比较对这两组对象的观察结果分析和说明实验刺激的作用和影响。①

2. 实验研究的特点

实验研究可以说应该是社会科学研究中最接近自然科学研究的一种方法,实验研究具有如下特点:

(1) 严格的因果推断逻辑

在探索和揭示现象之间的因果关系方面实验研究具有比其他社会科学研究方法更为强大的力量,这是实验研究最具吸引力的地方。

(2) 人工化的研究背景

相对于其他几种研究方法而言,实验研究带有很强的人工化痕迹。这是由于实验研究对环境控制的要求很高。实验研究所具有的高度控制性、严格的程序等等,在一定程度上都会使得研究的背景脱离社会生活的现实,影响到实验结论的推广和应用。

(3) 受到政治的、伦理的、道德的等方面的限制很大

实验研究为了保证因果推断的严格性,需要"孤立"或"净化"实验环境,以排除其他因素的影响。需要操纵和控制某项变量,需要人为地改变某些变量的状态,而所有这些操纵、控制和改变一旦作用在人的身上时,就会遇到现实中的各种政治的、伦理的、道德的限制。

---

① 参见风笑天:《社会学研究方法》(第二版),中国人民大学出版社2005年版,第195页。

四、文献研究法

文献研究（document study）是一种通过收集和分析现存的文献资料探讨和分析各种社会行为、社会关系及其他社会现象的研究方法。①

文献研究属于"非介入性"研究方法的一种，②它不是直接从研究对象那里获取研究所需要的资料，而是去收集和分析现存的、以文字、数字、图片、符号以及其他形式存在的第二手资料。文献资料包括个人日记、自传、回忆录、信件，报刊、电影、电视、网络等，还包括政府机构和有关组织的记录、报告、统计资料、计划、信函等。

文献研究法又包含了内容分析、既有统计资料分析和二次分析三类具体方法。③

资料夹 11-2　内容分析法

内容分析法（content analysis）属于文献研究法的一种，也属于"非介入性"研究方法。

内容分析法是 20 世纪才开始兴起的一种新的文献研究方法，它通过考察人们所写的文章、书籍、日记、信件，所拍的电影、电视及照片，所创作的歌曲、图画、网站等等，了解人们的行为、态度和特征。内容分析法特别适用于传播媒介方面的研究。

总体而言，进行内容分析的许多程序和进行调查研究的程序相似，内容分析首先需要抽取有代表性的样本，同样需要利用某种工具、按照某种程序收集资料，最后通过对资料的统计分析得出研究结果。

1. 抽样

所谓抽样（sampling），指的是从组成某个总体的所有元素的集合中，按一定的方式选择或抽取一部分元素的过程，即是从总体中按一定方式抽取或选择样本的过程。像以人为对象的研究一样，以文献为对象的研究也常常不可能直接研究全部对象，因此需要通过抽取有代表性的样本的方法达到研究全部对象的目的。

2. 编码

内容分析在本质上是一种编码（coding），编码是将原始材料转换成标准化形式材料的过程。内容分析的基本做法是对样本中的信息进行编码，及根据特定的概念框架，对信息——无论是口头的、文字的、画面的或是其他形式的——作分类

---

① 参见风笑天：《社会学研究方法》（第二版），中国人民大学出版社 2005 年版，第 224 页。
② 参见〔美〕巴比：《社会研究方法》（第十一版），邱泽奇译，华夏出版社 2009 年版，第 316 页。
③ 参见风笑天：《社会学研究方法》（第二版），中国人民大学出版社 2005 年版，第 225 页。

记录。与编码工作有关的问题有两个:一是选择编码的单位;二是要制定一份编码单。

选择编码单位,即是选择具体的观察和点算的单位;编码单是对文献材料进行观察和记录的工具,在某种程度上,它同结构式观察所用的记录单十分类似;一旦选定了编码单位,研究者就为它们制定或赋予数值。编码单位分类的基本要求同问卷中的答案编制要求一样,应遵循以下两条原则:

■ 一是每一事实或材料——无论是小说中的人物,还是书籍中的单词,报纸中的文章,影视作品中的镜头——都必须只能归于某一类,即所制定的各种类别必须是互不相交的或互相排斥的。

■ 另外,这些分类又必须是穷尽的,即样本中的每一种情况都可以归入到某一类中。

资料来源:本书作者整理。

五、个案研究法

个案研究(case study)即对一个个人、一件事件或一所学校等所进行的深入全面的研究。它的特点是焦点特别集中,对现象的了解特别深入、详细。

个案研究通过对事物进行深入的洞察,能够获得非常丰富、生动、具体、详细的资料,能够较好地反映出事物或事件发生、发展及变化的过程,而且能为后来较大的总体研究提供理论假设,是社会科学研究中经常使用的一种研究方法。

个案研究具有以下四方面的主要特点:①

1. 通过专注于具体的事例或个案研究某一现象

进行个案研究是为了了解研究者感兴趣的特定现象,即一系列的过程、事件、个体等(教学科目、课程、教师的作用、学校的事件等)。在选择现象的特定实例,也就是个案,进行深入研究之前,研究者必须明确自己感兴趣的现象;另外,每个现象都有许多方面,研究者必须选择一个重点进行研究,研究重点就是数据的收集和分析应集中围绕的现象的某个或某些方面。

2. 对个案的深入研究

个案研究需要就挑选出来代表现象的某个或某些个案收集大量的数据。这些数据主要有语言陈述、图片、实物等,同时也可以收集一些定量数据。数据收集一般持续较长的时间,可以采用多种方法,包括观察、访谈、文献研究、问卷等。

---

① 参见〔美〕乔伊斯·P. 高尔、M. D. 高尔、沃尔特·R. 博格:《教育研究方法:实用指南》(第五版),屈书杰等译,北京大学出版社 2007 年版,第 295—296 页。

3. 在自然情境中研究某一现象

个案研究属于实地研究(field research)的一种,是一种深入到研究现象的生活背景中的研究。即研究者一定要深入到所研究对象的社会生活环境,依靠观察、询问、感受和领悟,理解所研究的个案。

4. 包含了研究者和参与者的双重视角

个案研究试图理解参与者所经历的复杂现象,即研究者必须从参与者的视角看待现象。通常研究者通过与参与者进行非正式谈话和在自然情境下对他们进行实地观察获得参与者的视角;与此同时,研究者还要保持现象调查者的视角,这一视角有助于研究者理解个案的概念和理论意义,有助于他们报告研究成果、丰富相关研究文献。

六、行动研究法

严格地说,行动研究(action research)并不是一种独立的研究方法,而是一种教育研究活动,是一种教师和教育管理人员密切结合本职工作综合运用各种有效的研究方法,以直接推动教育工作的改进为目的的教育研究活动,[①]是实践者为提高新的行动的效果而对其进行的系统性的研究。[②]

20世纪70年代以来,"教师即研究者"、"反思的实践者"、"反思性教学"、"行动研究"等概念越来越多地出现于教育理论界的各种文献当中。这些表述形式道出了一个共同的声音:作为实践者的教师,这个与一切专业理论研究者一样有着自己特定的知识和思想,有着理解能力、认识能力和思考能力的人,应该结束长期以来的消极被动的"教书匠"形象,而代之以积极、主动的新形象。

教师从事教育研究,可以有多种方式,例如,他可以像专业研究人员一样,确立一个课题,进行实验或调查,收集数据,最后分析数据,产生研究结果。但由于一般教师教学时间紧张,很难像专业研究人员一样有比较充裕的时间从事研究,加之一般教师对教育理论的背景了解不多,在研究的视野、分析的方法等方面可能会受到比较大的限制,因此,这样的研究方式在实践中往往并不可行。一般教师适于从事的研究,是从实践中来、到实践中去、在实践过程中进行的研究。以参与和合作为特征的"行动研究",正是这样的研究方式。

行动研究是一种进行研究工作的方式,而非一种具体的研究方法。行动研究所强调的,是由实际工作的人员在实际的情境中进行研究,并将研究结果在同一个

[①] 参见袁振国主编:《教育研究方法》,高等教育出版社2000年版,第206页。
[②] 参见〔美〕乔伊斯·P.高尔、M.D.高尔、沃尔特·R.博格:《教育研究方法:实用指南》(第五版),屈书杰等译,北京大学出版社2007年版,第466页。

情境中应用。至于研究的设计与进行,仍须采用其他各种研究方法。①

1. 行动研究的基本特征

行动研究具有如下基本特征:

(1) 为行动而研究(research for action)

行动研究的精义在于:它是这样一种革新的过程,这个过程的目的在于某个人或某团体自己的而不是其他人的实践之改善。因为"改善"是一个难以终结的目标,所以"为行动而研究"的旨趣要求行动研究是一个不间断的螺旋、反复的过程。为行动而研究体现了行动研究"以实践为中心"的特性。

(2) 对行动的研究(research of action)

尽管传统的教育研究也未尝不包括对行动的研究,然而行动研究"对行动的研究"却要现实得多,体现了其"以问题为中心"的研究特性。

因为特定环境中的实践者所面临的问题总是特定的,所以行动研究中作为研究对象的样本往往也是特定的,而不必具有普遍的代表性。这个特点也决定了行动研究应该是有弹性的,而不是僵硬地遵循某一个严格的程序。它不但要求参与研究的教师掌握一定的研究技能,更重要的是,它要求教师有对实践问题的敏感能力、有适时调节研究方法或侧重点的应变能力。

(3) 在行动中研究(research in action)

行动研究既不是在实验室里进行的研究,更不是在图书馆中进行的研究。行动研究的环境就是教师工作于其中的实际环境,从事研究的人员就是将要应用研究结果的人,研究结果的应用者也就是研究结果的产出者(至少是其中之一)。这种双重身份整合在同一主体的身上,使得行动研究过程实际上成为教师的一个"学习过程"。近年来,行动研究作为一种教师专业发展的有效途径越来越受到人们的重视。

2. 行动研究的主要环节

总体而言,所有的行动研究过程都包含了"计划"、"实施"和"反思"三个环节。②

(1) 计划

"计划"阶段主要完成的是:明确问题、分析问题、制订计划。

在教师的教育教学实践中,总会遇到一些需要解决的问题或难题。要解决这些问题,首先要对问题本身进行确认,要尽可能地明确这个问题的种类、范围、性质、形成过程及可能影响。

对问题作了界定与分析之后,接下来要考虑的是如何解决这一问题,提出一个

---

① 参见袁振国主编:《教育研究方法》,高等教育出版社 2000 年版,第 210 页。
② 同上书,第 215—218 页。

总体的计划。总体计划一般应该包含以下一些内容：

① 计划实施后预期达到的目标。目标的陈述要尽量可见可行,从小做起。

② 课堂教学试图改变的因素。一般而言,为了便于分析研究结果,一次改变的因素不宜太多。

③ 行动的步骤与时间安排。行动的步骤设计是行动研究中非常重要的一个环节,为能适应没有预料到的效果和以前未曾认识到的制约因素,行动研究的总计划是足够灵活的,具有暂时性和尝试性。因此在研究的进程及采取行动的大致时间安排上也要反映出这个特点。

④ 本研究涉及的人。课堂教学小而言之存在于整个学校生活中,大而言之存在于整个社会生活中,课堂行动研究不可避免地要涉及一些可能与本研究有密切关系的人,比如校长、其他教师、家长、学生群体等等,行动研究计划应该考虑到如何处理与这些人的关系,如何与他们进行交流、获得必要的信息,如何尽量减少他们可能对本研究造成的不良影响,以及如何使他们配合本研究的正常进行。

（2）实施

实施阶段主要包括两个方面:行动及对行动的观察。

把计划付诸行动是行动研究的核心步骤。行动研究的根本目的就是要解决实践（行动）中的问题,改善实践（行动）的质量。因此,行动研究中的行动与其他研究方法（如实验法）中的行动相比,具有更大的情境性和实践性,它是在不脱离正常教学秩序的前提下进行的。因此,在行动研究的实施阶段,按计划行动需要注意到这样一个问题:由于教学实践受到诸多现实因素的影响,因而一方面教师应当尽量严格地按照原定的计划进行实践,另一方面,教师也应当充分考虑到现实因素的变化,能够保证行动研究的计划在实施过程中具有适当的弹性,可以根据实际情况作出必要的调整。

在实施计划的过程中,另一个重要的任务是对行动情况进行观察和记录,收集有关资料,以便及时地对计划实施情况有一个大致的了解,并最终对本研究的过程和结果作出比较全面、深入的分析。根据课堂教学的现实条件,除了必不可少的文献研究等方法外,经常用到的收集资料的方法主要有观察、问卷调查、访谈等。另外,教师自己的个人资料也是行动研究的重要材料。

（3）反思

行动研究的具体展开尽管可能在实践中表现出不同的形式,但是这些具体展开过程是不是可靠,却是每一个从事行动研究的教师都应该考虑的问题。"反思"的主要任务是在经过一段时间的试验,收集了相关数据之后,对原先的"分析"、"计划"和"实施"进行必要的调整。

本章研习任务建议

1. "文献综述（文献回顾）"（literature review）是开展科学研究中必不可少的一个重要步骤。通过搜索、查阅文献了解"文献综述"在研究中的作用、意义、方法和典型案例，选择一个具体的小问题进行文献综述的尝试，并在同学之间交流、互评。

2. 搜索、查阅国内教育技术领域已有的研究报告，对其进行研读和分析，并就相关问题和同学、老师展开讨论。

阅读文献推荐

1. 桑新民：《教育技术学研究方法通论》，载《电化教育研究》2008 年第 11 期。
2. 刘美凤：《关于教育技术及其学科的研究方法的几点认识》，载《电化教育研究》2008 年第 12 期。

第三部分 前沿与趋势

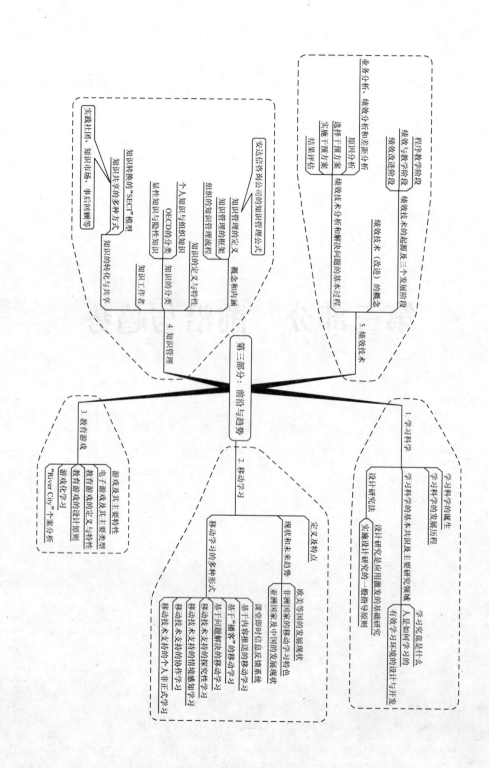

第十二章
教育技术学的前沿和趋势

本章主要内容

■ 随着学习理论、信息技术等相关领域的不断发展及教育教学政策、改革与实践需求的变化,教育技术领域会不断出现新兴的前沿和热点问题,对这些问题的追踪、研究和关注是教育技术专业人员的重要工作和职责之一。

■ "学习科学"是当前国内外教育技术领域的一个热点研究主题。学习科学是一个兴起于20世纪90年代初期的多学科交叉的研究领域,其研究人员来自认知科学、脑科学、人工智能、计算机科学、语言学、人类学、文化学、社会学、设计科学、教育学(科学教育、数学教育、教育技术)等多个研究领域。学习科学研究各种情境中的学习——不仅包括学校课堂里的正式学习,还包括发生在家庭、工作场所以及同事间的非正式学习。学习科学的研究目标,首先是为了更好地理解认知过程和社会化过程以产生最有效的学习,其次便是为了用学习的知识重新设计我们的课堂和其他学习环境,从而使学习者能够更有效和深入地学习。

■ 近年来,随着移动计算技术的迅猛发展,另一种全新的学习模式悄然而生,这就是移动学习。移动学习是移动技术与数字化学习相结合发展的产物。所谓移动学习,是指学习者在自己需要学习的任何时间、任何地点通过移动设备和无线通信网络获取学习资源,与他人进行交流和协作,实现个人与社会知识建构的过程。移动学习的应用不仅发生在中小学、大学教育领域,而且在企业培训、社会教育等领域都在进行积极的探索。

■ 除了学习科学和移动学习之外,教育游戏也是当前教育技术领域关注的另一个前沿和热点问题。研究者期望能够借助游戏的特点,创建更加富有吸引力的学习环境,从而能够更好地激发学生的学习动机,并取得更好的教学成效。

■ 对知识管理的深入研究和有意识的应用是从20世纪90年代初期才开始的,因此又可以将知识管理称为新兴的学科。作为一种的新的管理理论和方法,知识管理已开始影响教育的各个方面。

■ 进入20世纪90年代,"从培训向绩效改进的转变"成为企业培训和人力资源开发领域的一个热点话题。企业培训和学习不是孤立的,必须为业务绩效的改进服务,其指导思想即是"人类绩效技术(改进)"的方法和流程。人类绩效改进(HPI)是一套以结果为导向的、系统化的流程,该流程的主要步骤包括识别绩效问题、分析引发问题的根本原因、选择和设计行动方案、管理和实施工作场所中的问题解决方案、评估结果,并在组织内持续改进绩效。

第一节 学习科学

一、学习科学的诞生

人类的学习活动是一个极其复杂的系统,而对学习的理解和认识也非常不同。基于各自的经验和信仰,人们建构出了关于学习的多种理论及相应的定义:

(1) 20世纪的前50年,基于行为主义的学习概念占据主导地位,行为主义学者认为学习是建立在刺激与反应之间的联结,是"由经验或练习引起的相对持久的行为变化"[1]。

(2) 之后的认知主义者不再仅仅关注于学习者外在的行为反应,更关注于学习者已经知道了什么以及所知道的是如何获得的。因此认知心理学家将学习界定为"行为潜能的变化",还有的认知心理学家将学习理解为"信息的加工过程"[2]——他们以电脑的工作模拟人脑,通过信息的输入、存储、加工、提取和输出等环节解释学习。他们与行为主义者不同之处在于强调学习者有其内部的认知结构,教学的目标在于帮助学习者习得由信息所构成的事物及其特性,使外界客观事物内化为其内部的认知结构。

(3) 行为主义者和认知主义者的共同不足是犯了将复杂的学习过程简单化的倾向,后期的建构主义学习理论对学习进行了全新的解释:"学习是知识建构"、"学习是社会协商"等等。

由此可见,人类对学习的认识经过了一个由简单到复杂、由单维到多维、由静态到动态、由孤立到联系、由经验到科学的漫长过程,关于人的学习过程与机制仍有许多问题有待探究和解决。

---

[1] 皮连生主编:《教学设计——心理学的理论与技术》,高等教育出版社2000年版,第25页。
[2] 〔美〕乔纳森:《学会用技术解决问题——一个建构主义者的视角》,教育科学出版社2007年版,第11—12页。

面对着"人是如何学习的"这样一个异常复杂的现象,进入 20 世纪末期,对学习的研究和探索日益成为教育学、心理学、技术学等多学科领域共同关注的焦点问题。20 世纪末 21 世纪初,以技术促进学习和革新教育更是吸引了世界一流大学中大批顶级学者的目光,学习科学(Learning Sciences)的兴起及其对传统教育实践的撼动堪称世纪之交教育科学研究领域的一大景观。

学习科学是一个兴起于 20 世纪 90 年代初期的多学科交叉的研究领域,其研究人员来自认知科学、脑科学、人工智能、计算机科学、语言学、人类学、文化学、社会学、设计科学、教育学(科学教育、数学教育、教育技术)等多个研究领域,其中来自传统认知科学领域的认知科学家们构成了今日学习科学研究阵营的主流。正如索耶(Keith Sawyer)在《剑桥学习科学手册》(The Cambridge Handbook of the Learning Sciences)一书的序言中所言,尽管学习科学是一个年轻的研究领域,学习科学家们是一个年轻的科学共同体,人数很少,每次学习科学国际会议上只有区区几百人,但是他们都来自一流大学的强势学科与专业,学术影响很大。包括西北大学、加州大学伯克利分校、范德比尔特大学、哈佛大学、麻省理工学院、斯坦福大学等在内的一批世界一流大学中的一批学者率先开启了学习科学研究之先河,并一直引领着以技术促进学习,以技术创新教育的时代潮流。在学习科学的研究中,利用各种智能化的教育技术促进学习,推动学校变革与教育创新已经成为 21 世纪初教育科学研究领域的一股强大潮流而席卷世界各地,各国政府无不对此倍加重视,拨出巨额研究经费予以资助。

从一般的意义上来讲,举凡研究学习的科学都可以称为学习科学。但从历史和现实看,本书中所指的"学习科学",特指于 20 世纪 80 年代孕育,于 20 世纪 90 年代形成的研究教学和学习,以在现实情境中探索学习的基本规律,并促进人类学习实践的一个跨学科研究领域,它的诞生以 1991 年《学习科学杂志》(Journal of the Learning Science)的创刊和同年第一届国际学习科学会议的召开为标志。同时在 1991 年,世界上第一个学习科学专业在美国西北大学诞生。

学习科学研究各种情境中的学习——不仅包括学校课堂里的正式学习,也包括发生在家庭、工作场所以及同事间的非正式学习。学习科学的研究目标,首先是为了更好地理解认知过程和社会化过程以产生最有效的学习,其次便是为了用学习的知识重新设计我们的课堂和其他学习环境,从而使学习者能够更有效和深入地学习。[①]

国际学习科学协会(International Society of the Learning Sciences,ISLS)将该领域界定为:"诞生于 20 世纪 90 年代的学习科学是一个多学科的领域,此领域的研

---

① 参见〔美〕索耶主编:《剑桥学习科学手册》,徐晓东等译,教育科学出版社 2010 年版,序言。

究者们研究发生于真实情境中的学习,以及在设计的环境中如何更好地促进学习,比如在学校、网络、工作场所、家庭以及在非正式环境中。学习科学研究受建构主义、社会建构主义、社会认识论及学习的社会文化理论的指导"①。

二、学习科学的发展历程

学习科学从认知科学中诞生,萌芽于20世纪70年代末以来对于人类学习本质的多学科探究。当各领域中有关学习的假设达成一致并且形成了一些相对独特的方法论,积累了若干设计实践后,学习科学便在20世纪90年代后逐步走向成熟,开始作为一个独立的学科领域脱颖而出。进入21世纪,这一新兴学科已经开始影响课堂教学、校外教育、学习产品设计、学习组织设计、教师教育、职业培训等一系列诸多方面的变革与创新。②

在学习科学相对短暂的发展历程中,经历了许多重要事件,如表12-1所示:

表12-1 学习科学发展历程中的重要事件

时间	主要事件
1986年	施乐公司学习研究所(Institute for Research on Learning)建立
1987年	美国西北大学成立学习科学研究所
1991年	第一届学习科学会议在西北大学召开
1991年	《学习科学杂志》创刊
1991年	西北大学创建了世界上第一个学习科学专业
1995年	美国国家研究理事会(the National Research Council,NRC)成立了"学习科学发展委员会"
1996年	召开了第二届学习科学会议
1997年	斯坦福大学教育学院设立了学习科学专业
1999年	美国国家研究理事会报告《人是如何学习的——大脑、心理、经验与学校》正式发布。该书成为学习科学领域第一本里程碑式的著作,并成为哈佛大学教育学院推荐给博士研究生必读的十本经典著作之一
1999年	OECD下属的教育研究与创新中心(CERI)启动了"脑科学和学习科学"研究项目
2002年	国际学习科学协会(ISLS)诞生
2004年	美国国家科学基金会(NSF)支持创建跨学科的"学习科学中心",让科学家和教育工作者们紧密合作,把有关学习科学的最新研究成果引入课堂教学与学习
2006年	《剑桥学习科学手册》出版

资料来源:本书作者整理。

促成学习科学兴起和形成的因素众多,其中一个重要的原因是学习科学家们对现行学校教育的不满——今天的学校大部分是在19世纪和20世纪设计的,主

---

① 焦建利、贾义敏:《学习科学研究领域及其新进展》,载《开放教育研究》2011年第2期。
② 参见赵健、郑太年、任友群、裴新宁:《学习科学研究之发展综述》,载《开放教育研究》2007年第2期。

要是为工业经济提供蓝领工人。在20世纪70年代,经济学家和其他社会科学家开始意识到世界经济正在由工业经济向知识经济转变。到20世纪90年代,教育领域开始意识到世纪经济已经不再是20世纪20年代以来的工业经济,而我们的学校实际上还是为这个正在快速消失的世界而设计的。商业、政治以及教育中的前沿思想家们现在达成了共识,认为必须重新设计学校以适应新的经济,而学习科学正在指向一种新型学校——教授知识社会所需要的深层知识的学校。① 学习科学的奠基人之一尚克(Roger Schank)也曾感慨道:"我对学习了解的越多,就越意识到学校教育的一整套做法从根本上都是错误的。当我看到自己的孩子在学校的泥淖中艰难跋涉时,感到非常震惊。我发现孩子开始憎恶学校,因此开始思考如何开发教育软件来解决这个问题,让学习快乐起来"②。学习科学家们对传统的教育学、心理学、认知科学关于学习的研究倍感失望,认为这些研究远离了学校教育实践,无法满足教育的现实需求。

学习科学是认知科学家在思考传统的以实验心理学和计算机科学为主要支柱的传统认知科学的局限和困境中,吸收了认识论、社会学、人类学、计算机科学以及脑科学的研究成果和方法所开创的一个崭新的研究领域。

三、学习科学的基本共识

目前,学习科学家们在有关学习的一些基本事实方面已逐步达成了如下共识:③

1. 更深刻理解概念的重要性

有关知识工作者的科学研究表明,专门知识包括陈述性知识和程序性知识,但仅仅学到陈述性知识和程序性知识,却不一定能像知识工作者那样胜任工作。只有学习者知道在何种情形运用何种知识,并能够在新的情况下对原有知识作出恰当修正,陈述性知识和程序性知识才是有用的。只有当学习者对概念获得更深层次的理解时,他们才会以一种更加实用而且深刻的方式学习陈述性知识和程序性知识,并将所学知识迁移到真实情境之中。

2. 注重教,也注重学

如果学习者学习的仅仅是教师讲授的知识,是不能对概念有深刻理解的。只有积极参与到自己的学习中来,学习者才能深刻理解概念。新的学习科学关注教学技巧,也关注学习者的学习过程。

---

① 参见〔美〕索耶:《结论——未来的学校》,载索耶主编:《剑桥学习科学手册》,徐晓东等译,教育科学出版社2010年版,第645页。
② 郑旭东:《学习研究新学科创建的辉煌历程——学习科学成功之道探秘》,载《开放教育研究》2011年第1期。
③ 参见〔美〕索耶:《导言——学习的新科学》,载索耶主编:《剑桥学习科学手册》,徐晓东等译,教育科学出版社2010年版,第2—3页。

3. 创设学习环境

学校的任务是帮助学习者获得专家行为所需的所有知识，包括陈述性知识和程序性知识，当然也包括对概念的深层理解，以帮助学习者对真实世界的问题进行推理。学习科学研究确定了学习环境的主要特征，并且这些学习环境有助于学习者深刻理解概念。

4. 建立在学习者已有知识上的重要性

学习者并非是等待灌输的空容器，他们是带着对现实世界各种各样的认识来到课堂的，这些认识的前概念有些是基本正确的，有些则是错误的。对于学习者来说，学习的最佳方法是在基于原有知识基础的环境中学习；如果在教学中没有包含学习者的已有知识，那么学习者学到的知识仅够其通过考试，而在课堂之外，却很难应用这些"惰性"知识。

5. 反思的重要性

当学习者尝试对自己正在发展的知识进行表达的时候，他们可以学得更好。表达的反思包括对话、撰写论文、报告，或是创作其他制品。这同时也为学习者提供了机会，以反思、分析自己的知识状态。

学习科学所倡导的深层学习（deep learning）与传统的、众所周知的教授主义（instructionism）有着本质的区别。教授主义产生于20世纪初，它培养学生以适应工业化社会经济发展的需求。如今的社会，技术更加先进，竞争更加激烈，因此教授主义不再适合于当今的社会，更不能使学习者融入到社会中去。深度学习和基于教授主义的学习的区别如表12-2所示：

表12-2　学习科学所倡导的深层学习和传统的基于教授主义学习的差异

深层学习	传统的课堂实践（教授主义）
深层学习要求学习者在新旧知识、概念、经验间建立联系	学习者没有在课程材料与他们的原有知识、经验之间建立联系
深层学习要求学习者将他们的知识归纳到相关的概念系统中	学习者将课程材料视为不连贯的知识碎片
深层学习要求学习者寻找模式和基本原理	学习者记忆陈述性知识和程序性知识，却不理解为什么要这么做，也不知道怎么做
深层学习要求学习者评价新的想法，并且能将这些想法与结论联系起来	学习者遇到不同于课本中所讲述的问题时，不知如何解答
深层学习要求学习者理解对话的过程，对话的过程就是知识产生的过程；还要求学习者能够批判性地检查论据的逻辑性	学习者将陈述性知识和程序性知识视为静态知识，认为这些知识只来自于权威著作
深层学习要求学习者对其理解及学习的过程进行反思	学习者仅仅记忆这些知识，并没有对目的和学习策略等进行反思

资料来源：〔美〕索耶：《导言——学习的新科学》，载索耶主编：《剑桥学习科学手册》，徐晓东等译，教育科学出版社2010年版，第4页。

学习科学关注的研究范围和主题十分广泛,包括专家和新手的差异、情境认知、认知学徒、非正式学习、工作场所学习、学习共同体、知识建构、基于信息技术的学习环境创建、计算机支持的协作学习(Computer Supported Collaborative Learning,CSCL)、基于信息技术的游戏化学习、知识的可视化研究等等。美国国家科学基金会(NSF)认为学习科学的研究范围至少包括以下方面:[①]

(1)学习的生理机制研究,包括人类和动物学习的神经机制研究。

(2)机器学习、学习的运算法则、知识表征、机器人技术、适应性系统、认知系统的计算机模拟。

(3)语言、交流和符号系统。

(4)复杂现象和多维数据的呈现与表征。

(5)类比推理、数学推理、因果分析、数学问题与科学问题的解决、创造性和智力等方面。

(6)学科内容的学习、正式与非正式教育情境中的学习以及平等的学习机会的研究。

(7)问题解决学习策略的研究,包括工程设计中的问题等。

(8)学习的动机、情绪和社会情境,包括发展、社会文化、经济、政治、历史、环境因素等。

(9)学习技术的研究,包括智能辅助系统、计算机支持的协作环境、数字图书馆、实时评价工具以及新工具和技术的开发。

(10)数学模型、统计模型、计算机模型的建构。

总体而言,学习科学主要研究和关注以下三大类关键问题:学习的本质是什么?人是如何学习的?如何设计有效的学习环境以促进有意义、深层学习的发生?[②]

1. 学习究竟是什么?

学习是人类的基本功能和习性,人生来就是一个灵活的学习者、主动获取知识和技能的行动者。学习是一个复杂的多层次的概念,学习既是一种生理现象,也是一种心理过程,同时还是一种社会文化。因此,不同研究背景的学者从不同的视角研究学习,得出了关于学习的不同理解。[③] 学习科学家们在这一问题上已达成了初步的共识:[④]

[①] 参见周加仙:《学习科学:内涵、研究取向与特征》,载《全球教育展望》2008年第8期。

[②] 参见柴少明、赵建华:《面向知识经济时代学习科学的关键问题研究及对教育改革的影响》,载《远程教育杂志》2011年第2期。

[③] 同上。

[④] 参见赵健、郑太年、任友群、裴新宁:《学习科学研究之发展综述》,载《开放教育研究》2007年第2期。

(1) 学习是知识建构和意义制定(making)的过程,而不是知识的接受和吸收的过程。知识的建构和意义的制定是学习者在已有知识和经验的基础上进行的。

(2) 学习具有高度的情境性。学习是高度地受其所发生的情境调节的,同意义制定的地点(共同体)有关。

(3) 学习具有社会性。个人与社会是知识的一个重要维度,知识的这一维度正是通过个人与社会之间表现为互动、中介、转化等的张力形式构建一个完整的、发展的知识观,与这种知识观相对应,学习被认为是知识的社会协商过程,意义制定的社会本质成为观察分析学习不可或缺的视角。

(4) 学校场景中的学习和校外学习(领域专家、从业者、普通人的学习)具有明显的差异,这种差异在一定程度上导致了美国著名教学设计专家梅瑞尔所说的学生和学习者的差异:"学生是说服自己从教学中获取特殊知识和技能的人;而学习者则是从自己的经验中建构自己的意义的人"。

(5) 工具和技术(尤其是现代信息技术)是学习的有力支持、中介和伙伴,使得基于真实任务的复杂学习在多种学习环境中成为可能。

2. 人是如何学习的?

自20世纪80年代以来,来自社会学、人类学、脑神经学、计算机科学和教育学等不同学科背景的研究者开始加入到研究学习的领域中来,他们主要关注学校课堂的学习、真实世界中的专家学习、专业从业人员等的学习,这就大大拓展了学习科学的研究范围,并使得学习科学的研究具有了极大的活力和生命力,也使学习科学具有了显著的跨学科特点。在学习过程的研究方面,学习科学家们主要集中于以下几个领域:

(1) 专家学习及从新手到专家的转变

"专家"是那些掌握了特殊方法进行有效思维和推理的人。在美国国家研究理事会发布的著名研究报告《人是如何学习的——大脑、心理、经验与学校》中对专家行为的关键特征作了如下描述:[1]

■ 专家能识别新手注意不到的信息特征和有意义的信息模式。

■ 专家获得大量的内容知识,这些知识的组织方式反映专家对学习的理解深度。

■ 专家的知识不能简化为一些孤立的事实或命题,而是反映了知识应用的情境。

■ 专家能够毫不费力地从自己的知识中提取重要内容。

■ 尽管专家谙熟自己的学科,但这并不能保证他们能教会别人。

---

[1] 参见〔美〕布兰思福特、布朗、科金等:《人是如何学习的——大脑、心理、经验及学校》,程可拉、孙亚玲、王旭卿译,华东师范大学出版社2002年版,第2页。

- 专家具有适应性的专门知识,能以灵活多样的方法应付新情境。

大量认知科学的研究还表明,专家的专门知识是基于:[1]

- 丰富的表征结构。
- 丰富的程序性知识和计划。
- 即时应用计划,以及调整计划以适应情境需求的能力。
- 对正在发生的自我认知过程进行反省的能力。

学习科学领域对专家的研究,是为了揭示最终能导致专业知识形成的有效的学习过程究竟有哪些特征,新手是如何变成专家的,从而设计能促使这种转变的学习环境。

(2) 从个体学习到协作学习再到基于共同体的学习

许多心理学家关注的是个体学习,认为所有的知识都是个体的知识,对这些研究者来说,学习科学是研究个体学习的科学,而社会情境是次要的,只是影响个体学习的一个外在的要素,对个体的心理认知过程有重要的影响而已。

但许多来自社会学、人类学和社会文化学的研究专家,则坚持认为知识来源于小组或群体之间的协商,所有的知识在某种程度上讲都是群体知识,而且这些知识总是运用在一定的社会和文化情境之中。因此,协作学习是一种共同建构意义的社会实践过程。意义建构不能被视为参与者个体的心智表征,而是小组成员内互动对话的结果。因此,学习的过程就是小组或成员间不断协商对话的过程,学习的结果产生于小组的社会互动之中。目前学习科学的已有研究,特别是来自人类学、社会文化学的研究以及学习科学的一个重要分支——计算机支持的协作学习(CSCL),更强调学习的协商性和社会文化的情境性。

共同体是由分享着知识、价值观和目标的人们所组成的社会组织。1916 年,杜威在《民主主义与教育》一书中对于共同体的性质和特点进行了如下总结:为了形成一个共同体或社会,他们必须共同具备的是目的、信仰、期望、知识——共同的了解——和社会学家所谓的志趣相投。这些东西不能像砖块那样,从一个人传递给另一个人;也不能像人们用切成小块分享一个馅饼的办法给人分享,保证人们参与共同了解的沟通,可以促成相同的情绪和理智倾向。[2] 而学习共同体(learning community)是由学习者和教师、专家等组成的,为完成一定的学习任务,彼此之间经常在学习过程中进行沟通、交流、分享各种学习资源,共同完成一定的学习任务的学习团体。学习共同体提供了一种在信任、支持、共享目标和尊重差异的氛围中学习的途径,共同体成员往往是以群体组织的形式进行学习,通过争执、讨论问题,

---

[1] 参见〔美〕索耶:《导言——学习的新科学》,载索耶主编:《剑桥学习科学手册》,徐晓东等译,教育科学出版社 2010 年版,第 7 页。

[2] 参见〔美〕杜威:《民主主义与教育》,王承旭译,人民教育出版社 2001 年版,第 9 页。

寻找解决方法,通过赞扬或批评强化动机,通过互相支持和帮助实现共同进步。在交互作用中,共同体成员不仅获得了知识上的互助,而且也获得了情感、思想上的沟通,这使得每个单个个体从封闭的学习状态中走出来,在人与人的多元对话中增强了个体参与合作意识和社会化意识,从而有利于培养学习者的探究意识、合作意识和反思意识。

因此,现在人们对学习过程的理解,既考虑了个体学习,又考虑了小组或共同体的学习,认为学习既是个体性的建构意义的心理过程,也是社会性的、工具中介的协作建构知识的过程。①

3. 如何设计有效的学习环境促进有意义、深层学习的发生?

学习科学非常强调学习的"情境性",认为知识并非是学习者头脑中静态的智力结构,而是一个包括人、工具、环境中的其他人以及运用知识的活动在内的认知过程。"情境性"的观点认为学习不仅仅是传递与获得概念,在学习活动中,除了获得内容,还包括长期协作活动中参与模式的改变。② 学习科学认为学习环境包括人(教师、学习者和他人)、计算机及其扮演的角色,建筑、教室的布局和环境中的自然物体,以及社会和文化环境。③

为了能够促进学习,学习科学家引入了"脚手架"(scaffold)这一术语,它专门为学习者定制,用来及时帮助学习者达到学习目标。而有效的学习环境能给学习者搭建脚手架,以帮助学习者积极构建知识,就像建筑工地上用脚手架支撑建筑物一样。在有效的学习环境中,应根据学习者的需要逐渐增加、修正或撤去脚手架,直至最终完全拆除脚手架。

有效的学习环境应具有如下特征:④

■ 能提供学习者参与到真实实践的机会,建构与专家相似的真实、有意义的实践环境。

■ 考虑学习者已有的经验、知识和问题。

■ 设计和提供各种支持和促进学习者深层学习的支架和策略。

■ 支持和促进学习者的对话和协作,设计和提供各种工具促进学习者知识的外化和观点的表达。

■ 能促进学习者的反思。

---

① 参见柴少明、赵建华:《面向知识经济时代学习科学的关键问题研究及对教育改革的影响》,载《远程教育杂志》2011年第2期。

② 参见〔美〕索耶:《导言——学习的新科学》,载索耶主编:《剑桥学习科学手册》,徐晓东等译,教育科学出版社2010年版,第5页。

③ 同上书,第11页。

④ 参见柴少明、赵建华:《面向知识经济时代学习科学的关键问题研究及对教育改革的影响》,载《远程教育杂志》2011年第2期。

■ 有利于学习和实践共同体的形成和再生产。

学习科学家认为信息技术在学习环境的创建中具有举足轻重的地位,但信息技术所承担的角色和作用已与传统的教授主义的理念大相径庭:学习科学家强调计算机应当承担起变革学习的强有力角色。他们反对教授主义和行为主义以及基于这两者的计算机辅助教学(CAI)的传统理念,提出了在课程中使用计算机的新观点——计算机不再扮演和教师一样传递权威信息的角色,而应该能够支持学习者经历和体验深层次学习行为:[1]

■ 计算机能够把抽象的知识用具体形象的形式进行表征。

■ 计算机工具可以让学习者以可视化、言语化的方式表达自己的知识。

■ 计算机能让学习者通过用户界面运用和修正他们正在学习的知识。计算机以一种复杂的设计过程支持同步的表达、反思和学习。

■ 计算机能支持视觉、听觉相结合的反思模式。

■ 互联网能让学习者分享、整合他们的理解,并从协作学习中获益。

资料夹 12-1 美国《2010 国家教育技术规划》所基于的基本假设

基于学习科学的研究成果,美国《2010 国家教育技术规划》认为新型教育系统首先应该遵循以下基本假设:

(1)当前教育系统最大的失败之处在于不能够使学生全身心投入(to engage the hearts and minds of students)。

(2)我们所知道的"学生应该学习什么、应该如何学习"的观点已经发生了改变,因此我们向学生所提供的学习经验也应该随之而改变。

(3)我们对学生的学习进行评估的方法过多地关注事后事实性知识的掌握,而在即时的学习改进方面做得不够。

(4)当我们只是孤立地收集学生的各类数据而没有将信息进行整合时,我们就不能够为教育系统的各级决策者(教育者个体、中小学、学区、州政府、联邦政府)服务,同时也就失去了改进整个教育系统的机会。

(5)学习依赖于有效的教,我们需要关注与广泛的由教育者相连接而组成的教师团队,他们相互分工、合作,使用技术资源和工具增强人类的才智。

(6)为了实现有效的教,需要持续地对教师和领导者进行培训,以确保我们所期望的学习模式能够发生。

(7)为了使所有的学习者都能够随时随地获得参与性的学习经验及各类资源,就需要最前沿的基础设施的支持,这些基础设施涵盖了技术、人员及相应的流

---

[1] 参见〔美〕索耶:《导言——学习的新科学》,载索耶主编:《剑桥学习科学手册》,徐晓东等译,教育科学出版社 2010 年版,第 9 页。

程，必须确保能够持续地获得。

（8）教育系统应该向商业、娱乐业等领域学习，以信息技术促进学习结果的持续改进，从而提高整个教育系统的生产力。

（9）正如在医疗健康、能源和国防领域那样，联邦政府应在利用信息技术增加学习机会的研发方面加大投入，并承担起协调者的角色。

资料来源：U. S. Department of Education, Office of Educational Technology, Transforming American Education Learning Powered by Technology: National Education Technology Plan 2010, http://www.ed.gov/technology/netp-2010, Accessed in 2011/08/15。

四、学习科学的研究方法：设计研究法

学习科学研究的最终目的是要改进现实的课堂及学校教育实践，为此，它采用了独特的研究方法——设计研究法。

设计研究法又称为"基于设计的研究"（Design-Based Research, DBR），是学习科学领域的主要研究方法之一，它聚焦于自然情境中对学习的理解和有效学习环境的设计，通过迭代式（iterative）的设计探究将理论与实践连接起来，是理解教育革新如何在实践中运用的重要方法论。它是教育中的设计科学，是一种机制性研究、发展性研究、应用激发的基础研究，产生的理论为促进持续的教育革新提供了解释性框架和设计原则。①

设计研究的最大特征是提倡在现实世界中研究学习。它的研究起点是课堂中学生学习上存在的各种问题。为了有效地解决这些问题，学习科学家们必须深入课堂进行缜密的现场观察，从各种各样的理论学术中筛选出那些能够切实解决当前特定问题的理论，利用各种信息技术手段有针对性地创设各种学习环境；在解决学习问题、促进学习绩效的同时加深对学习的理解，发展有关学习的理论，并实现这些理论成果向其他实践情境中的迁移和推广。② 因此，设计研究具有理论和实践的双重目的，同时满足研究者与教学实践的需要：

■ 一是面向实践，开发成功的设计或教育革新（如有效学习环境等），解决教学问题并促进教学实践发展。

■ 二是提升理论，即提高人们对学习和认知的理解，形成设计原则。③

设计研究具有下述五方面的关键特征：④

---

① 参见杨南昌：《设计研究》，载高文：《学习科学的关键词》，华东师范大学出版社2009年版，第50页。
② 参见郑旭东、杨九民：《学习科学研究方法论创新的艰难之旅》，载《开放教育研究》2009年第1期。
③ 参见杨南昌：《设计研究》，载高文：《学习科学的关键词》，华东师范大学出版社2009年版，第65页。
④ 参见祝智庭：《设计研究作为教育技术的创新研究范式》，载《电化教育研究》2008年第10期。

(1) 实用性

设计研究的核心概念是干预(interventions)的设计,即通过设计/制定干预(解决方案、技术手段、革新措施等)解决现实世界问题以及拓展理论和提炼设计原理,使设计与理论相长,并且最终引起教育实践的持续变革。

(2) 务实性

设计研究是双重扎根于理论和现实世界情境的,理论既是其输入也是其输出,理论通过设计实验过程得到发展和提升,而设计实验本身又作为创新活动的框架。此外,设计研究是在富含复杂性、动态性和实限性的实际情境中进行的,需要研究者与实践者密切合作产生可望有效应用的成果。

(3) 迭代性

设计研究需要研究者与实践者互动协作设计能够引起实践变化的干预,并且需要经过分析、设计、评价、再设计的迭代过程不断改进理论和干预,因此需要经历较长研究周期。

(4) 整合性

在设计研究的过程中,研究者视需要可综合运用各种各样的研究方法与手段,定量研究法与定性研究法可兼而有之。这种做法的好处是具有数据多源性,有助于证实和增强研究发现的信度,为对于特定革新起支撑作用的理论原理提供丰富佐证,以及有助于使革新适当精进。

(5) 情境性

设计研究完全是情境化的,因为研究结果既产生于设计过程又与研究所进行的环境密不可分。所以在设计研究过程中,研究者必须作详尽记录,准确反应设计结果(例如原理)是如何起作用或未起作用的,创新本身是如何被改进的,以及发生了哪些变化等。通过这些记录文档,使得其他研究者/设计者可以确定他们所感兴趣的诸项发现是否与其情境和需求相关。为了增强研究发现转用于新情境的适宜性,还有必要写好关于如何应用这些发现的指导书。

一个好的设计研究应具备以下五方面的特性:[①]

■ 设计学习环境和形成学习理论(或理论原型)的双重目标要同时兼顾。

■ 开发和研究经过了"设计—实施—分析—再设计"的多次循环。

■ 经过研究发展出了对于实践者或其他设计者具有启发意义的相关理论。

■ 经过研究要能够阐释在真实的情境中设计是如何起作用的,不但要表明设计成功与否,更要对其中的学习蕴涵有所关注。

■ 研究依赖于有充分证据证明的、并且能够将实施的过程和结果相连接的

---

① 参见梁林梅、李晓华:《让技术为学生提供更强大的参与经验——访哈佛大学学习技术专家克里斯·德迪博士》,载《中国电化教育》2010年第9期。

方法。

1. 设计研究是应用激发的基础研究

美国著名学者司托克斯(Donald Stokes)从实用和求知(好奇)目的两维度提出了一个描述科学研究特征的象限模式：

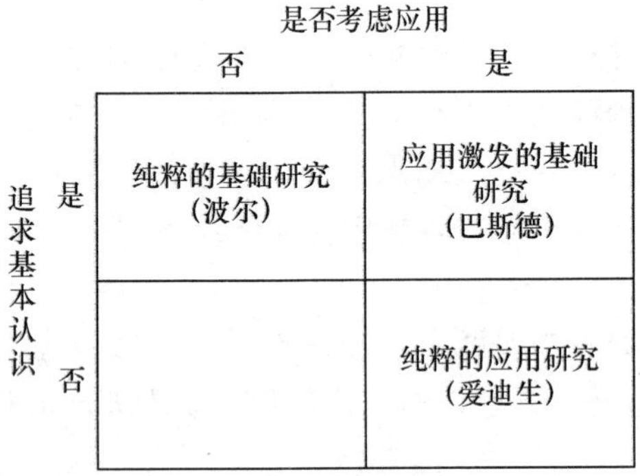

	是否考虑应用	
	否	是
追求基本认识 是	纯粹的基础研究（波尔）	应用激发的基础研究（巴斯德）
追求基本认识 否		纯粹的应用研究（爱迪生）

图 12-1 科学研究的象限模型

资料来源：〔美〕司托克斯：《基础科学与技术创新——巴斯德象限》，周春彦、谷春立译，科学出版社 1999 年版，第 63 页。

在这个象限模型中，左上区域是纯基础研究，唯一的目标是理解而不关注实践应用，如波尔(Niels Bohr)的研究。波尔对原子结构模型的探求，是一种纯粹的自由发现。右下区域是纯应用研究，只关注应用目标而不对现象寻求一种更加普遍的理解，如爱迪生的研究。爱迪生和他的助手们在美国第一个工业研究实验室工作，从事具有商业性利润的电照明研究，他们不去追究发明背后的更深层次的科学意义。右上区域是应用激发的基础研究，法国化学家巴斯德(Louis Pasteur)的研究是该象限的典型，这个区域也因此称做"巴斯德象限"。巴斯德在生物学上许多前沿性的基础研究的动力最初都源于解决治病救人的实际难题，巴斯德的研究使人们彻底认清了疾病的机理及其他一些生物过程。同时，他还将这些认识应用于食醋、酿酒和牛奶的防腐，以及蚕蛹霉斑、牛羊炭疽、家鸡霍乱和人畜狂犬病的控制中。现在有越来越多的科学研究是由社会需求激发的，巴斯德从事的科学研究已成为一种重要的科学研究类型。

学习科学以改进学习为最高纲领，以课堂中现实的学习问题为研究起点，在改进学习的实践中创新学习技术，创建学习环境，探索学习规律，显然是一种由实践应用激发的基础科学研究活动，正符合了司托克斯提出的"巴斯德象限"之分类框架。从这一意义上讲，学习科学开辟了教育研究的"巴斯德象限"。

2. 实施设计研究的一般指导原则

(1) 开始于一个有意义的问题

设计研究最大的与众不同之处可能在于它强调解决教师、学习者和其他人所面临的有意义的学习问题。不应该将设计研究对准无足轻重的小问题上,而应该聚焦于关于人类学习和表现方面长期以来的难题。

(2) 整合关于学与教的富有活力的理论

设计研究是理论导向的方法,研究者不是简单地依靠直觉和创造性随便对干预设计和探究的迭代循环作出决定。相反,设计研究的整个过程都是在当今最富有活力的教/学理论的指导下进行的。

(3) 与参与者合作

研究者在开始进行设计研究时,应该和其他参与者(如教学设计者、技术/课程开发者、教师和评价者)合作,积极参与实际的设计项目。设计研究扎根于现实场景,并且与这些场景中的其他利益相关者紧密合作,共同发挥作用。

(4) 确定干预的关键因素

每个设计研究的实施都是不同的,因此重要的是确定设计的关键因素以及如何将它们组合起来。需要建立一个实施框架,说明每个关键因素是如何实施的,这些因素在实施中又是如何很好地一同运作以朝向设计者的目标。

(5) 记录包括成功与失败的实施全过程

设计研究的目标之一是提升设计在实践中运作的方法。教师或研究者可能会看到设计的一个因素在试验过程中没有运行,这时重要的是要去分析它为什么没有运行并采取措施确定导致失败的原因,将收集到的关于失败的信息添加到设计中。因此需要记录实验的整个结果,也记录失败和修正的过程。

(6) 在实施过程中迭代修正设计

设计干预的开发与形成性评价和再设计的迭代循环阶段相互作用,并作出回应。从教育干预的最初设计开始,开发团队就要建构和描述一个原型,再根据对干预评价的实践反馈,开发一个更精致的干预。迭代和应对过程可能需要经过设计—检验—修正的多次循环。

(7) 从多层面分析干预影响

从多个层面分析学习环境,包括个人层面(个体经验)、人际层面(人与人交互)和共同体层面。此外,在设计研究的情境中,研究者还必须关注学习者与环境因素的交互,以多方面设计和评价干预。

(8) 多维度描述变量

① 可能的因变量有:

■ 氛围变量:利用观察技术,或者通过在实践中观察干预进行现场记录,或者收集干预的录像并随后对这些记录评分。

■ 学习变量（如元认知和学习策略）：对学习的掌握程度评价的最好方式是收集前后测信息。可能使用的方法还有简短回答、口头访谈或作多项选择、通过标准化测试选项对学生实作与国家标准项目进行比较。

■ 系统变量（如采用的轻松度、维持性、扩展性）：评价系统变量的最好方法是访谈和调查。

② 可能的自变量包括：

■ 场景：要了解一个教育（教学）革新的应用范围（场景），只有通过在多个不同场景中尝试才能决定。学习环境的场景在任何设计的运行中都是一个关键的变量。场景可能是家里、工作场所、博物馆、中小学校或大学校园。

■ 学习者特性：确定设计对于什么类型的学生、以什么方式是有效的。有关学习者的关键变量包括他们的年龄、社会经济地位、人员更新率、出勤率等。

■ 实施所需要的资源和支持：任何设计的实施都将需要各种资源和支持，包括材料、技术支持、行政上的支持和家长的支持。

■ 专业发展：确定在设计研究实施中教师的所需，是一个革新成功的重要因素。通常需要为教师（可能还有其他人）提供各种形式的专业发展。

■ 经费要求：在计算一个技术革新的开支时，需要考虑包括装备、服务、专业支持和发展、人员替换等众多方面的经费。

■ 实施路径：设计的引入和发展演进需要有一个结构，在分析任何实施时都应描述这个结构的特征。

（9）注重设计研究报告的撰写

一方面，需要以多种方式发表和分享成果，比如以进展报告、系列临时报告、期刊文章和著书等形式及时报告设计研究情况，以商业出版、网络发表、会议和研讨等方式分享研究成果。另一方面，需要制作一个研究报告，在描述过程和结果的同时，描述研究所在的独特境脉。[1]

资料夹 12-2　西北大学学习科学专业简介

1991 年，西北大学在原来学习科学研究所的基础上，整合了既有的计算机科学、心理学、教育学、传播学、信息科学等多学科的研究力量，创建了世界上第一个学习科学专业，致力于培养研究生层次的、能够胜任对教学和学习进行科学探索并能切实推动学习之实践进步的研究者、开发者和实践者，可授予博士和硕士两种学位。

---

[1] 参见杨南昌：《设计研究》，载高文：《学习科学的关键词》，华东师范大学出版社 2009 年版，第 71—74 页。

西北大学的学习科学专业在人才培养中尤其重视学习科学自身的跨学科性质,专业的创始人们认为学习科学的目标是从教育的、技术的和社会的等多个层面发展出各种创新措施以提升学习与教育的绩效。因此,学习科学专业人才培养的重点不是传统的实验室研究,而是要强调在教育改革的大背景下如何去设计、开发各种学习环境并切实应用它们提升教育的效果。为了实现这一目的,在课程设置上应尤其注重学习的社会文化背景、人类认知这两方面的内容,重点培养学生设计与开发各种学习环境和教育创新措施的能力。

资料来源:http://www.sesp.northwestern.edu/index.html,Accessed in 2011/08/15。

第二节 移动学习

一、移动学习的定义及特点

近年来,随着移动计算技术(mobile computing)的迅猛发展,一种全新的学习模式悄然而生,这就是移动学习(mobile learning, m-learning)[1]。移动学习,在今天的教育技术领域已经成为一个激动人心的话题,吸引了大量的研究者进入这个领域,如何应用移动技术为教学提供新的可能已成为教育技术的一个热点研究领域。[2]

移动学习是移动技术与数字化学习(e-learning)相结合发展的产物。所谓移动学习,是指学习者在自己需要学习的任何时间、任何地点通过移动设备(如手机、具有无线通信模块的PDA[3]等)和无线通信网络获取学习资源,与他人进行交流和协作,实现个人与社会知识建构的过程;[4]国内还有学者将移动学习界定为:是在非固定的、非预先规划的时间和地点的非正式场所,利用移动设备与虚拟的和物理的世界交互发生的个人的、协作的或者混合方式的任何学习,也包括正规场景,利用移动设备促进个体探究和协作;[5]国外有学者认为移动学习是手持式移动技术支持的学习或者跨越各种情境或地点发生的学习。[6]

---

[1] 有学者将之称为"移动教育",本书中统一用"移动学习"这一称呼。
[2] 参见曾祥翊:《从国际学者对话透视教育技术发展》,载《电化教育研究》2011年第8期。
[3] Personal Digital Assistant,个人数字助理。
[4] 参见余胜泉:《从知识传递到认知建构、再到情境认知——三代移动学习的发展与展望》,载《中国电化教育》2007年第6期。
[5] 参见黄荣怀、王晓晨、李玉顺:《面向移动学习的学习活动设计框架》,载《远程教育杂志》2009年第1期。
[6] 参见詹青龙、张静然、邵银娟、李玉顺:《移动学习的理论研究和实践探索——与迈克·沙尔普斯教授的对话》,载《中国电化教育》2010年第3期。

移动学习的应用不仅发生在中小学、大学教育领域,而且在企业培训、社会教育等领域都在进行积极的探索——南非的公共健康工作人员通过发送手机短信提醒肺结核患者按时服药;肯尼亚尝试通过手机的免费匿名信息回答有关艾滋病等敏感问题;而印度的"Freedom HIV/AIDS"项目则通过手机游戏帮助人们了解艾滋病的相关问题。[1]

资料夹 12-3 英国诺丁汉嘉诺格利中学的移动学习

英国诺丁汉嘉诺格利中学(Djanogly City Academy)是第一所已开展移动学习的新型学校。学校中每个学习者都有一个在课堂上使用的无线个人平板电脑(Tablet Computer),还有一个家长可以以较低租金为自己子女租赁膝上型电脑(Laptop Computer)的方案。该校以及其他正在适应移动学习的学校,已开始探索强调知识共享、协作学习和个人探究的新型学习形式。

资料来源:詹青龙、张静然、邵银娟、李玉顺:《移动学习的理论研究和实践探索——与迈克·沙尔普斯教授的对话》,载《中国电化教育》2010年第3期。

移动学习具有区别于其他学习方式的典型特征:[2]

(1) 便捷性的学习工具、灵活性的学习环境,提供随时随地的学习空间。移动学习使得学习者可以随意支配时间,把握空间,获取语音、视频、数据等信息,并随时与同伴、教师之间互动交流。

(2) 自主性、个性化的学习方式。这意味着学习者可以自己决定学习时间、学习地点、学习方式,选择学习内容和制订学习计划等。学习可以发生在上学的路上,可以发生在下班回家的公共汽车上或地铁上,可以发生在学校图书馆,甚至发生在郊游途中或公园长椅上。总之,移动学习无处不在,它满足了不同的学习习惯和学习喜好,适应了不同的学习能力和学习水平。

(3) 以知识导航为特征的、提出问题解决方案为目的的学习任务。知识导航是指学习者在可获得的知识海洋中对知识进行配置和管理,学习被看做是探索、评价、操作、整合和导航的任务活动,而这一切的最终目的就是解决真实情境下的实际问题。当学习者通过参加解决问题的活动和互动协作解决真实情境中的问题时,成功的学习发生了。

(4) 学习活动更具有情境性,资源丰富并以真实情境作为学习隐喻。情境有

---

[1] See Shuler C., Pockets of Potential: Using Mobile Technologies to Promote Children's Learning, http://www.joanganzcooneycenter.org/pdf/pockets_of_potential.pdf, Accessed in 2011/08/15.

[2] 参见黄荣怀、王晓晨、李玉顺:《面向移动学习的学习活动设计框架》,载《远程教育杂志》2009年第1期。

利于增强学习的意义,学习的目标不是被动获取知识,而是在新的情境中应用这些知识。移动学习产生了一种新的互动方式,实现了学习者与情境间的互动。

（5）以群体协作和个体探究学习为典型组织形式。超强的交流互动功能是移动设备的重要特性,借助于它的强大动力,学习者可以在完成个体探究学习的过程中,通过各种不同的方式与世界范围内的各类人群开展群体协作学习。

资料夹 12-4　斯坦福大学学习实验室关于移动学习特性的研究

斯坦福大学学习实验室(SLL)关于移动学习的相关研究表明:人在"移动"中,注意力是高度分散的,学习者在一定零碎时间中进行学习,其移动所带来的各种新的情境关联也与固定、大容量等学习方式不同。因此,移动学习这种"碎片"式的学习经验要求学习材料的小规模。所以,在学习的过程中,有利于学习者投入的视听材料,有利于学习者充分利用琐碎时间,有利于学习者进行受外界干扰较小的那部分内容的学习应该成为资源开发的切入点。因此从语言学习入手,他们开发出了适用于外语学习的移动学习模块,模块包括了生词训练、测验、单词和词组翻译等功能。同时,研究人员发现移动学习者很容易受到外界的影响,他们无法长时间保持注意力的集中。针对这一问题,他们在设计学习模块时从时间上加以把握,每个学习模块持续的时间被控制在 30 秒到 10 分钟之间。

资料来源:余胜泉:《从知识传递到认知建构、再到情境认知——三代移动学习的发展与展望》,载《中国电化教育》2007 年第 6 期。

二、移动学习的发展现状和未来趋势

对于移动学习的研究始于美国——1994 年卡内基梅隆大学开展了一个研究项目"WirelessAndrew",该项目历时三年,使得学习者在校园环境中能够自由享受到无线通信技术支持下移动学习所带来的便利性,[1]开启了北美移动学习研究与发展的先河。

经过了十多年的发展,移动学习的研究已经基本走过了先期探索阶段,转入探索如何使移动学习进入人们主流学习方式的阶段。[2] 其中,欧洲的移动学习研究最为活跃,研究与应用相对广泛。从 2001 年起,欧洲陆续启动了许多不同研究内容的移动学习项目,涉及英国、德国、挪威、瑞典等十多个国家。这些项目中,有为解决全社会教育公平问题而展开的项目;有在高校采用移动技术而进行教育革新

---

[1] 参见黄荣怀、Jyri Salomaa:《移动学习——理论·现状·趋势》,科学出版社 2008 年版,第 21—22 页。
[2] 参见黄荣怀、王晓晨、李玉顺:《面向移动学习的学习活动设计框架》,载《远程教育杂志》2009 年第 1 期。

的项目。亚洲地区移动学习的实践项目相对较少,比较典型的有新加坡于 2001 年架构的无线学习解决方案,用以改善学生的学习环境;我国台湾地区中央大学自 2001 年起所执行的四年期卓越计划,用于帮助学生在野外实践过程中获取学习信息。

1. 欧美等国的发展现状

目前,移动学习在国外的研究主要集中在欧洲和北美的部分经济发达国家。根据研究目的,它主要分为两类,一类是由目前的 E-learning 提供商发起,他们力求借鉴 E-learning 的经验,把 M-learning 推向市场并更多地用于企业培训;另一类则由教育机构发起,他们立足于学校教育,试图通过新技术改善教学、学习和管理。①

欧洲和北美的移动学习得到了政府部门、信息技术企业和教育领域的共同支持,无论在基础教育、高等教育、企业教育还是社会教育领域都有广泛的探索和实践。就基础教育而言,移动学习主要用于改进教师的课堂教学、拓展课外的非正式学习,并将课内外学习、家庭教育以及社区学习相融通——英国基础教育领域在移动学习方面的实践探索主要在于丰富学生的课外学习,或借助于移动学习加强学校正规学习和课外非正式学习之间的联系与融通,英国大规模的移动学习项目"Learning2Go"②就是一个典型的例子。而英国的另一个"MyArtSpace"项目将手机和网络应用相结合,支持学生在学校和博物馆之间的学习——学生们带着手机到博物馆参观,他们可以浏览博物馆的多媒体展览,也可以自己照相、录音、写作等,学生制作的素材可以当场通过手机传送到特定的网站。回到学校之后,学生们可以共享、展示他们制作的数字资源。③ 美国肯特州立大学的凡特·霍夫特(Mark van't Hooft)博士主持了一项名为"地理历史学家"(the GeoHistorian Project)的移动学习项目,探讨如何使用移动技术把课堂内学生社会科学的学习和校外的历史景点与地标联系在一起。一方面,学生可以广泛利用社区资源(如动物园、博物馆、风景名胜)促进他们对学科内容的兴趣和学习;另一方面,通过这个项目,可以创设社区服务教学活动和培养学生的社区服务意识,如学生可以为社区制作景点介绍的数字资源。④

资料夹 12-5 英国的"Learning2Go"移动学习项目

英国伍尔弗汉普顿市(Wolverhampton)政府为了促进学习型城市的建设,为了

---

① 参见顾凤佳、李舒愫、顾小清:《微型学习现状调查与分析》,载《开放教育研究》2008 年第 6 期。
② http://www.learning2go.org/.
③ See Shuler C., Pockets of Potential: Using Mobile Technologies to Promote Children's Learning, http://www.joanganzcooneycenter.org/pdf/pockets_of_potential.pdf, Accessed in 2011/08/15.
④ 参见倪小鹏、张静然:《移动学习的发展和趋势——访移动学习专家凡特霍夫特博士》,载《中国电化教育》2009 年第 7 期。

给中小学生提供更加丰富的学习资源、更加灵活的学习机会和更加高质量的教育,在英国教育传播与技术处(British Educational Communications Technology Agency,Becta)的支持下,于2003年启动了第一期Learning2Go移动学习项目。该项目的合作者为微软(提供Windows Mobile(tm) 2003软件系统)、Toshib东芝(提供移动设备)和Espresso(教育资源提供商),有四个学校(2所小学和2所中学)参与了初期的探索性实验。

Learning2Go项目为学生提供了丰富的多媒体、综合性的多学科学习内容,同时,两年的探索性移动学习试验表明这些"数字原著民"(Digital Natives)的参与和表现是非常积极的,大大提高了学生的听、说和协作能力,在学生中间还主动形成了同伴指导(peer coaching)的学习模式,参与移动学习的学生不但在学习效果上有所提高,还大大提高了他们的信息技术(ICT)技能。另一方面,家长更有机会了解孩子们的学习情况,甚至开始主动提出参与孩子们的学习活动和过程,并要求和孩子们共同学习ICT技能。

从2005年开始,Learning2Go进入其实施的第二个阶段,软件系统升级为Windows Mobile 5,移动设备改为Fujitsu Siemens Pocket Loox 720 PDA(比以前的移动设备增加了摄像功能),适用于移动设备的应用软件更加多样化,参与的实验学校扩大至二十多所,并且由基础教育开始扩展至幼儿教育和成人教育领域。有了第一阶段的探索经验,第二阶段的实践进展得非常顺利。本阶段加强了对教师的培训力度,第一阶段参与实验的教师成为了很好的培训者,学校的信息技术协调员和学科教师进行了很好的合作,确保了项目的顺利进行。为了更便利学生的学习,市政当局还和出版商合作将学生们的教材数字化,使他们随时随地都可以通过PDA进行学习,学生还可以在PDA上制作自己的电子书。在此阶段的探索尝试中,教师和学生不断丰富和扩展着移动学习的方式和形式——教师开始将PDA作为日常教学中不可或缺的一种有效工具,学生在家里开始越来越多地利用PDA进行学习,学生群体之间的数字鸿沟开始缩小,家长们也开始对PDA爱不释手。

2007年,该项目进入第三阶段,移动设备更新为Fujitsu Siemens EDA,为了能够共享学生PDA中的内容,还引入了电子白板。除了Espresso多媒体教育内容提供商之外,还为学生提供了其他适合于移动学习的内容提供商,比如Big Bus专门提供flash动画内容,Grid Club提供与学习相关的游戏内容,而Kar2ouche Mobile则具有强大的内容制作功能。研究者在此阶段探索如何使移动设备和学习资源在校外及家庭中得到更加广泛的应用,探索将游戏引入学习,如何将前两阶段师生们的移动学习经验更广泛地传播给新参加项目的师生,如何将学校和更广泛的社会教育资源(博物馆、画廊等)相连接,如何使学生的活动范围扩展至更宽广的空间。为了使移动学习的模式得到更大范围的推广,还将建立教师的实践社团和学习者的实践社团,同时使更多的家长能够参与其中。

资料来源:本书作者整理。

2. 非洲国家的移动学习特色

对于非洲国家而言,移动学习为那些低收入家庭及信息技术基础设施薄弱的边远、欠发达地区儿童提供了跨越"数字鸿沟"的机会——与信息技术基础设施的高昂投入及电脑的价格相比,手机显然要便宜许多;与其他地区和国家相比,非洲的信息技术基础设施非常薄弱、落后,但手机却十分普及。随着手机在全世界的普及率不断上升(至2008年底无线网络已覆盖了世界80%的地区),许多非洲国家纷纷抓住移动学习的机遇推动和促进教育教学的发展(尤其是利用手机帮助那些处于数字化边缘的儿童正在成为一项新的教育举措)。比如,尼日利亚国会近期开展了利用移动技术为那些贫困家庭的失学适龄儿童提供基本读写教育机会的探索;南非的"MOBI"[①]项目尝试利用移动技术帮助儿童进行数学学习;而肯尼亚的"School Empowerment"项目则利用移动技术对边远地区的中小学教师进行专业发展培训。[②]

资料夹 12-6 非洲农村地区的移动学习案例

在非洲农村的广大地区,信息通信技术的基础设施(铺设联结互联网和远程通信的电缆)非常缺乏,但移动电话的用户数量却在每年以一倍以上的速率递增。

该项目从2002年开始启动,项目的发起者为南非的比勒陀利亚大学(University of Pretoria)。其目标是利用移动电话为非洲农村的在职教师提供授予学士学位、高级教育证书以及满足某种专门需求的教育课程学习指导。参与项目的99%的学习者都有移动电话,但几乎没有人拥有电子邮件或其他电子学习的设备。参与该项移动学习计划的在职教师的具体情况如下:绝大部分生活在农村地区;100%是在职雇员(以小学教师为主);77.4%的学生英语是第二语言;83.8%的学生年龄在31—50岁之间;66.4%的学生是女性;22.6%的学生英语是第一语言;13.9%的学生年龄在31岁以下;97.3%的学生不是白人;0.4%的学生用过电子邮件;99.4%的学生有移动电话。

这些学习者主要通过邮寄的印刷材料进行学习,通常是每半年才寄一次,每半年还有五天的集中学习机会。移动电话在该项目中为学习者提供了如下的管理和学习支持服务:(1)通过群发短信对所有学生或对某一门课程的所有学生提供激

---

① http://www.mymobi.co.za/mobi_signin.php.
② See Shuler C., Pockets of Potential: Using Mobile Technologies to Promote Children's Learning, http://www.joanganzcooneycenter.org/pdf/pockets_of_potential.pdf, Accessed in 2011/08/15.

励支持和常规的管理支持服务;(2)对数据库中抽取出来的某些学生的某一方面的管理要求发送群发短信;(3)对数据库中抽取出来的某些学生或个别学生的某一方面的管理要求发送小组短信,甚至是个别化的短信。在项目主持者看来,移动学习需要移动电话具备的主要功能是为管理和学习支持服务提供"交互"通道,而不在于为已经提供给他们的各种文字印刷学习材料本身的"内容"提供支持通道。

资料来源:〔爱尔兰〕基更:《移动学习:下一代的学习》,徐辉富译,载《开放教育研究》2004年第6期。

---

3. 亚洲国家及中国的发展现状

就亚洲国家而言,移动学习在中小学应用的尝试和探索相对落后,但已经出现了许多前沿的研究项目,如日本东京大学于2005年开展的使用手机帮助家长和儿童开展科学教育的"亲子学科学"(Oyako de Science)项目,2008年开展的面向企业的英语移动学习项目(Narikiri English)等;[①]在新加坡,移动技术被用于支持小学生将正式学习和非正式学习相结合的"无缝学习"(seamless learning)及野外探究性学习;[②]我国台湾地区则设计了一个可支持小学探究式自然实验课程的移动学习环境,以PDA为移动学习装置,并搭配无线网络学习环境,可同时支持教室内及户外的教学活动,并兼顾支持实验设计、资料收集及分析讨论等一系列完整的自然实验课程。[③]

自2000年国际远程教育专家基更将移动学习的概念介绍到我国之后,在近十年的时间内,我国在教育领域开展了一系列移动学习的研究和实践探索——北京大学建立了国内第一个移动教育实验室,该实验室承担了教育部高教司试点项目:移动教育理论与实践,持续时间从2002年1月到2005年12月;2002年,北京大学、清华大学和北京师范大学三所高校参与了教育部的移动教育项目,为移动学习的实现提供了技术支持;2006年,中央电教馆、北京师范大学和诺亚舟公司承担了"手持式网络学习系统在学科教学中的应用研究"项目,针对中小学生推出了诺亚舟"掌上思维英语"产品;2007年,诺基亚公司为白领和学生推出了"行学一族"产品,主要提供英语课程等等。[④]

纵观移动学习的发展,其未来发展将呈现出如下趋势:

[①] 参见张海、李馨:《日本移动学习实践研究前沿——对话东京大学教育技术首席专家山内祐平副教授》,载《中国电化教育》2009年第9期。

[②] See Shuler C., Pockets of Potential: Using Mobile Technologies to Promote Children's Learning, http://www.joanganzcooneycenter.org/pdf/pockets_of_potential.pdf, Accessed in 2011/08/15.

[③] 参见余胜泉:《从知识传递到认知建构、再到情境认知——三代移动学习的发展与展望》,载《中国电化教育》2007年第6期。

[④] 参见傅健、杨雪:《国内移动学习理论研究与实践十年瞰览》,载《中国电化教育》2009年第7期。

(1) 随着时间的推移,移动技术将会全方位地整合到学校。移动计算技术应用于课堂的机会可能是非常大的,每个学习者在课堂中会拥有功能强大的移动技术设备。

(2) 支持个人的非正式学习。学习者拥有移动设备,因而无论何时、何地都可以探究,从而使学习更具非正式性和更个人化。例如在公司,如果有问题需要解决,可以获得他人的一些建议,自己也能为公司其他人的学习提供支持。

(3) 支持终身学习。随着信息技术的发展,未来每个学习者几乎都可以拥有各类功能强大的移动学习工具,可利用这些随身携带的强大工具进行终身学习和管理自己的知识。

(4) 情境性。在移动学习中,学习者可以访问各类学习情境和学习资源,实现情境化的学习。[1]

三、移动学习的多种形式

移动技术可以支持多种类型的学习:

(1) 个性化学习

它使得学习更具有个人意义,能调整学习情境支持学习者,并能在他们希望使用的情境中具有可用性。因此,个性化学习具有个人有意义性和可用性,无论在何地,只要学习者具有学习的需求,都可以传递学习内容。

(2) 对话性学习

学习者通过与他人交流或对话进行学习,通过讨论分享思想,移动技术能支持对话性学习。

(3) 协作学习

移动技术特别适合支持小组学习,比较典型的是问题解决,首先是个人尝试解决问题并获得答案,然后与小组讨论差异,找出小组解决方案,再将其呈现给全班(或团队)。因此,学习者将经历从个体学习到小组学习再到全班学习。在这个过程中,学习者重新思考和改变对问题的认识和解决方案,了解作出回应的方法。

(4) 探究性学习

学习者确立探究的主题,然后使用移动技术收集数据,利用收集的数据进行科学探究。例如,若选择一个博物馆方面的探究主题,需要使用博物馆的资源进行探究,并使用移动技术将其带回课堂。[2]

---

[1] 参见詹青龙、张静然、邵银娟、李玉顺:《移动学习的理论研究和实践探索——与迈克·沙尔普斯教授的对话》,载《中国电化教育》2010年第3期。

[2] 同上。

1. 课堂即时信息反馈系统

课堂即时信息反馈系统是一种移动设备在教室中成功使用的系统,它是一个基于无线网络支持交互性的课堂提问与回答系统。在课堂上,学生每人手中拿着一个遥控器和一个与计算机联结的接收器,就可以进行随堂测验活动或游戏比赛活动。系统利用学生反应数据,给予教师及时、准确的教学反馈信息;教师也能即时诊断学生的学习成效,及时补救教学,系统所搜集的各种反馈数据还可以用于随后对学生知识结构的分析和研究。① 例如,日本德岛大学开发的 BSUL(Basic Support for Ubiquitous Learning)环境通过在课堂上使用 PDA 和无限网络帮助教师和学生在较短的时间内完成出勤检查、材料分发、报告和作业提交、小组创建和学生反馈等任务,同时促进学生积极参与课程活动,在不影响正常课程流程的情况下提高教学与学习的效率。②

2. 基于内容推送的移动学习

基于内容推送的移动学习服务是指通过使用短消息、WAP(Wireless Application Protocol,无线应用协议)等方式,将以文字和图片为主的学习内容推送到学习者的移动设备上。这种内容推送既可以是单向推送,也可以实现一定的交互性,如根据学习者的输入或选择动态推送内容。英国威斯敏斯特大学开发了具有自动回复功能的多项选择题短信测试系统,测试者通过短信息的方式回答教材中的测试题后,除了能够收到正确率等反馈信息,还能收到下节课的主题信息和需要事先浏览的网站信息。③

3. 基于"播客"的移动学习

"播客"(Podcasting)是苹果公司的"iPod"与"广播(Broadcast)"的合成词,它是 RSS(聚合内容)技术与 MP3 播放器相结合的产物,就是把预先录制的 MP3 音频文件发布在博客(Blog)上,利用相关的 RSS 订阅软件,可以定制并将这些 MP3 文件自动下载到本地电脑上播放。这些 MP3 文件还可以转移到便携式 MP3 播放器上,在移动中随时收听。文件的内容可以是音乐、新闻广播,也可以是一节包含教师讲解、学生讨论的课堂录音。有了"播客",就可以很容易地制作、发布自己的广播节目,随时随地收听所需的信息。所以,"播客"也被称为 Personal Broadcasting(个人或个性化广播)。

普渡大学推出了"BoilerCast"网站,已有三十七门课开始通过这个平台向学生提供教师的授课"播客"。普渡大学将教师在课堂上的教学过程的声音用录音笔

---

① 参见余胜泉:《从知识传递到认知建构、再到情境认知——三代移动学习的发展与展望》,载《中国电化教育》2007 年第 6 期。
② 参见李乾、高鸽、孙双:《移动学习应用模式研究综述》,载《现代教育技术》2008 年第 10 期。
③ 同上。

或 iPod 同步录制下来,并用音频编辑软件编辑生成 MP3 格式的文件,然后发布到网站上,学生可以将这些课堂录音文件下载到自己的电脑和随身 MP3 播放器中。这种方法使教师课堂教学得到延伸,因为学生可利用这些 MP3 文件温习课程和补充笔记,这是应用"播客"于大学教育中最普遍的做法。目前已经有很多大学开展了类似的实验项目,如美国斯坦福大学、杜克大学、辛辛那提大学、亚利桑那大学等等。[①]

4. 基于问题解决的移动学习

学习者在学习或工作场景中通常会遇到各种问题,在问题发生的真实情境中即时解决这些问题对学习者掌握与问题相关的知识和技能非常关键,移动技术和移动设备为即时问题解决的学习提供了便利。例如,英国利物浦约翰莫瑞斯大学的数字内容国际中心设计了一个利用 PDA 对实习医生进行教育的系统。实习医生在对病人的护理过程中,根据病人病情发展,通过 PDA 和无线因特网获取医疗和保健的多媒体学习信息,同时还可以利用无线网络向乳腺癌专家询问专门的主题知识;而日本德岛大学设计和开发了一个叫做 LOCH(Language-learning Outside the Classroom with Handhelds)的普适语言学习环境,在这个环境中,教师给学生指派具体的调查和交流任务,学生走遍全城在真实场景中与别人对话,完成这些任务。在完成任务过程中,如果遇到语言上的障碍,可以通过无线通信即时获得教师的帮助,最后每人分享各自的学习经历。该项目把在教室里获得的语言知识和学生在日常生活中的实际需要结合起来,使学生在真实情境中进行语言的应用和反思。[②]

资料夹 12-7 英国乳腺癌治疗的移动学习

英国利物浦约翰莫瑞斯大学的数字内容国际中心,设计出一个对于乳腺癌病人利用 PDA 进行教育的系统。在病人的疗程中,根据病人病情发展,通过因特网和无线网络将医疗或保健的多媒体学习信息传递到他们的 PDA 上。用户在学习过程中,可以利用无线网络向一个乳腺癌专家询问专门的主题知识,从而得到他们需要的信息。这种方式为病人提供了收集那些有效、可靠、具体和私人的信息问题的答案。用户还可以日志方式作私人笔记,这为他们在医院会议上提供了谈话的要点,允许病人解释内容并从日志中接受及时的提示。病人交流可以通过短信通群发系统(SMS)实现,允许一个病人团体分享有价值的理解和经验。

资料来源:余胜泉:《从知识传递到认知建构、再到情境认知——三代移动学习的发展与展望》,载《中国电化教育》2007 年第 6 期。

[①] 参见余胜泉:《从知识传递到认知建构、再到情境认知——三代移动学习的发展与展望》,载《中国电化教育》2007 年第 6 期。

[②] 参见李乾、高鸽、孙双:《移动学习应用模式研究综述》,载《现代教育技术》2008 年第 10 期。

5. 移动技术支持的探究性学习

与基于问题解决的移动学习类似,移动技术支持的探究性学习也强调学生的自主探索,但探究性学习并非以问题的解决为主要目的,而主要使学习者体验探究过程,在探究活动中加深对知识的理解和应用。在移动技术支持的探究性学习中,移动技术的主要功能包括检索信息、搜集资料、数据记录、信息共享、协作交流等。例如,我国台湾地区设计的"BWL 蝴蝶观察学习系统"支持学习者在户外进行探究性学习,学生在蝴蝶观察活动中携带具有拍照功能的 PDA,对观察到的蝴蝶进行拍照,然后通过基于内容的图片查询技术,查询蝴蝶的相应信息。如果系统中没有拍摄的蝴蝶的信息,则通过日志子系统将该图片及信息记录下来,加入原有系统中。该系统可以帮助学习者提高查询、决策、检查、修改的能力,充分发挥了无线网络技术和移动学习系统的优势。[①]

6. 移动技术支持的情境感知学习

情境感知学习(context-aware learning)是指学习系统通过感知学习者的具体情境将相关的学习内容自动推送给学习者。这种应用模式与基于问题解决的学习和探究性学习相比,更能有效地促使学习者在具体情境中学习。通过使用电子标签(RFID)、GPS(Global Positioning System,全球定位系统)等技术,目前移动技术支持的情境感知学习主要能对时间、地点、标签等要素进行感知。

我国台湾地区开发的博物馆导航系统利用标签技术、移动通信技术和移动设备创造出情境化学习环境并提供专家级的向导。当用户携带移动设备接近某件展品时,移动设备通过感知展品的标签信息,以文字、音频、视频等形式向用户呈现展品的来历、相关事件等详细信息,使游览者不只是看到展品,还能轻松、深刻地学习它的相关知识。[②]

7. 移动技术支持的协作学习

移动技术不仅能有效地支持个体的自主学习,更能克服传统协作学习中遇到的一些障碍,推动协作学习创造性的应用和发展。移动技术支持的协作学习(Mobile Computer Support Collaborative Learning,简称 MCSCL)是教育技术中一个新的研究领域,其研究的主要内容是在无线网络环境中协作学习者知识的有效构建以及如何实现这个过程。例如,日本东京大学的交互技术实验室组织了小学生利用移动设备和 SketchMap 软件开展户外协作学习活动,每个小组使用集成有 USB 照相机和 GPS 定位器、装有他们开发的 SketchMap 软件的平板电脑,在 GPS 定位器的帮助下,将学校附近的地图绘制出来,并拍摄典型位置的图片,记录他们所发现的信息,然后在课堂中进行共享。这个学习活动不仅有效地强化了学生对地图的理

---

① 参见李乾、高鸽、孙双:《移动学习应用模式研究综述》,载《现代教育技术》2008 年第 10 期。
② 同上。

解,训练了他们使用和绘制地图的能力,并且还锻炼了他们获取信息和分享信息的能力。①

另外,智利圣地亚哥的努斯鲍姆(Nussbaum)教授和他的同事开发了移动技术支持的协作学习方法——每个学习者都有一个运行 MCSCL 软件的个人设备,四到五名学习者组成一个组,教师提出一个能在学习者设备上显示的问题,首先,每个学习者试图单独回答这个问题;然后,当组中的所有学习者都回答后,每个学习者的电脑上将显示他们小组中其他学习者的答案;之后,他们必须讨论和商定小组的答案,只有当小组成员都同意后,电脑才会把该答案发送给教师;最后,教师向全班展示各个小组的答案。这是一种强有力的学习方法,即首先个体解决问题,然后小组讨论,最后向全班介绍和讨论。②

8. 移动技术支持的个人非正式学习

随着非正式学习越来越重要,很多移动设备生产厂商和移动学习研究机构对移动技术支持的非正式学习开展了大量的研究和实践,如诺基亚公司推出的"行学一族"移动学习项目。该项目于 2007 年 5 月底正式发布,主要针对中国的手机用户,特别是有一定学习需求的学生和公司白领群体,目前提供的学习内容主要包括外语学习和日常生活技能等。

总之,不断发展的移动技术正在为教育、教学提供更多的变革和发展机会,正在为更多的学习者提供受教育和培训的机会,正在逐步打破学校教育和现实世界之间的壁垒,正在沟通学生在学校的正式学习和学校之外的非正式学习,正在使学习者的学习变得更加主动、生动、个性化,变得更有意义、更高效。

第三节 教 育 游 戏

近年来,教育游戏(Educational Game/Edu-tainment)的研究已成为包括计算机科学、媒体、文化研究、心理学、教育学、物理学及青年研究等在内的,不同领域的研究者所共同关注的一个前沿和热点问题。③ 人们希望能够借助游戏的特点,创建更加富有吸引力的学习环境,从而能够更好地激发学生的学习动机,并取得更好的教学成效。

---

① 参见李乾、高鸽、孙双:《移动学习应用模式研究综述》,载《现代教育技术》2008 年第 10 期。
② 参见詹青龙、张静然、邵银娟、李玉顺:《移动学习的理论研究和实践探索——与迈克·沙尔普斯教授的对话》,载《中国电化教育》2010 年第 3 期。
③ 参见〔英〕Kirriemuir J. & McFarlane A.:《游戏与学习研究新进展》,侯小杏、杨玉芹、焦建利译,载《远程教育杂志》2007 年第 5 期。

一、游戏

1. 游戏的定义

游戏是一种自愿的活动或消遣,这一活动或消遣是在某一固定的时空内进行的,其规则是游戏者自愿接受的,但是又有绝对的约束力,游戏以自身为目的而又伴有一种紧张、愉快的情感以及对它"不同于日常生活"的意识。①

2. 游戏的主要特性

(1) 自愿性和自由性

游戏的参与者通常是自愿参加的,而不是被强迫的。此外,游戏具有自由的意识,在游戏中,人们不再为外在和社会的日常规矩和法律所限制,可以尽情摆脱现实世界的束缚。

(2) 非功利性

游戏者并非有外在的奖励才会参与游戏,而主要是由内在动机驱动的。简而言之,游戏是一种在自身中得到满足并止于这种满足的短暂活动,游戏本身就是人们参与游戏的目的,而并不是其他什么现实生活中的实际利益。在游戏中即使有对物质财富的掠夺,归根结底也是为了追求胜利、满足自我肯定和受到尊敬的心理需要才进行的。

(3) 佯信性

游戏是虚拟的,游戏者不需要为游戏中的结果在现实生活中承担什么责任。但是这并不意味着他们是不严肃的,他们对游戏中的活动和结果都是非常认真的。佯信性指的就是"明知虚拟而又信以为真"的特性。

(4) 规则性

游戏是自由的,但是它又是有规则的,而且游戏中的规则应该具有绝对权威性,不允许有丝毫的怀疑。因为一旦规则遭到破坏,整个游戏世界便会坍塌。比如几个人玩扑克牌,如果其中一个人不按规则出牌,这个游戏也就无法进行下去了,只能以散场结束。②

3. 电子游戏及其主要类型

电子技术和计算机技术为传统的游戏开创了逼真的虚拟世界,游戏者沉浸在其中体验着与现实世界不一样的新奇感受。这种电子技术和计算机技术作为支撑的游戏通常被称为电子游戏。③ 所谓电子游戏,是指以电子设备为操作平台的一

---

① 参见〔荷〕胡伊青加:《人:游戏者》,成穷译,贵州人民出版社1998年版,第1页。
② 参见尚俊杰、庄绍勇、蒋宇:《教育游戏面临的三层困难和阻碍——再论发展轻游戏的必要性》,载《电化教育研究》2011年第5期。
③ 参见恽如伟、李艺:《面向实用的电子教育游戏界定及特征研究》,载《远程教育杂志》2008年第5期。

种交互式娱乐方式,其主要类型有计算机游戏、视频游戏以及手机游戏。① 计算机游戏又包括了网络游戏(Online Game)和单机游戏。网络游戏(又称为在线游戏)指的是必须通过网络进行的游戏,一般有多人参加,通过人与人之间的互动达到交流、娱乐和休闲的目的。

电子游戏的主要类型包括角色扮演类游戏(Role Playing Games,RPG)、动作类游戏(Action Games,ACT)、策略类游戏(Strategy Games,STA)、模拟类游戏(Simulation Games,SIM)、冒险类游戏(Adventure Games,AVG)、体育类游戏(Sport Game,SPG)、益智类小游戏(Puzzle Game,PZL)等。

(1)角色扮演类(RPG)

RPG 游戏通常会模拟一个虚拟世界,在其中,玩家会扮演一个角色,通过"打怪"或战斗等活动不断升级,体会游戏的乐趣。RPG 游戏能带给玩家最深刻的情感体验,因此也是目前最流行和最受欢迎的网路游戏,经典游戏有"传奇"等。

角色扮演类游戏的基本要素有游戏主题,故事背景,角色(武士、法师等),物品(药品、金钱),活动(打怪、寻宝、决斗、组队、参加行会)等。

(2)动作类游戏(ACT)

ACT 游戏一度是最简单、也最流行的游戏,玩家一般通过射击或格斗和怪物或其他玩家搏斗。这类游戏主要让玩家体会那种紧张激烈的战斗气氛。ACT 游戏一般分为射击类和格斗类。ACT 代表性游戏有"反恐精英"(Counter Strike,简称 CS)等。

动作类游戏的基本要素有规则,关卡,动作(射击、格斗),生命和能量。

(3)策略类游戏(STA)

STA 游戏是一种让游戏者通过使用策略战胜对手的游戏类型,它强调的是使用策略而不是快速的动作和迅速的反应。早期的策略类游戏主要以战棋为主,通过排兵布阵战胜对手,现在的策略游戏已经大都非常复杂,一般遵循"采集—生产—进攻"的三部曲原则。当然,STA 也不一定都跟战争有关。STA 游戏又分为回合制策略游戏(TBS)和即时策略游戏(RTS)两种,代表作有"帝国时代"(Age of Empires)、"文明3"(Civilization3)等。

策略类游戏的基本要素为游戏主题(征服、探索、贸易)和交互模式(回合、即时)。

(4)模拟类游戏(SIM)

SIM 游戏是给游戏者提供一个仿真的物体或环境,力求模仿生活中真实的行为。模拟游戏起源于模拟飞行器系统,之后这种模拟器慢慢就被引入到了游戏当

---

① 参见马红亮、马颖峰、郑志高、贺宝勋:《美国 Games-to-Teach 项目概述及启示》,载《开发教育研究》2008 年第 10 期。

中。SIM 游戏越来越不满足于类比一个简单的物体,而是开始向模拟更多更复杂的对象发展,同时开始向模拟经营、模拟决策、模拟管理、模拟人生等发展,与其他类型游戏的界限也越来越模糊。代表作有"极品飞车"、"模拟城市"(SimCity)、"模拟人生"等。

模拟类游戏的基本要素为系统模型(真实性、科学性),用户界面(真实性),交互设计和速度感。

(5) 冒险类游戏(AVG)

AVG 游戏会让玩家扮演一个角色,在充满了悬念的故事情节的指引下,一步步探索游戏中的未知世界,在探索过程中合理地使用道具,解开各种谜题,最终破解整个故事的秘密。AVG 游戏与 RPG 游戏相比,一般没有人物升级系统,而且它注重故事的流畅性和悬念。"故事"、"冒险"和"解谜"是 AVG 游戏的重要特点,AVG 游戏的代表作有"古墓丽影"(Tomb Raider)、"生化危机"(Capcom)等。

冒险类游戏的基本要素有背景,界面,故事,情节(悬念、死亡、谜题)和道具。

(6) 体育类游戏(SPG)

SPG 游戏指的是赛车、足球、篮球、高尔夫等游戏。早期的体育类游戏比较专注于体育活动的特性,而现在的体育游戏也有和其他类型游戏融合的特点。比如,在足球游戏中,既有场上比赛的运动成分,也有购买、出售球员的策略成分,此类游戏的代表作有"FIFA2005"等。

(7) 益智类游戏(PZL)

PZL 指的是用来考验玩家的思考与逻辑判断能力的游戏,这类游戏一般不要求玩家快速反应,但是需要认真思考,代表作有"连连看"等。

4. 电子游戏的特性

电子游戏除具备传统游戏的共性特征,如自由性、自愿性、非功利性、伴信性、规则性等之外,还体现出竞争性、挑战性、交互性(互动性)、变化性(非线性)等诸多特性。

(1) 竞争性

竞争性指的是与人竞争或与计算机对手竞争,或者是与自己竞争。竞争性是最能激发动机的因素,比如关于 CS 的比赛已经发展成电子竞技世界杯比赛了。当然,过度的竞争可能也会导致人的焦虑,并影响人与人之间的关系。

(2) 挑战性

人有战胜困难、应对挑战的天性。挑战性指的是给游戏者一系列难度不同的任务和困难,可用以激发挑战动机。当然,挑战与技巧必须平衡。

(3) 交互性(互动性)

交互性也称互动性,指的是人与人之间或者人与物体之间的交流和互动。交互性是游戏区别于电影、电视等其他艺术媒体的重要特点。在电脑游戏和网络游戏中,交互可以分为人与人的交互和人与计算机的交互(人机交互)两种。

(4) 变化性(非线性)

事实上,非线性对于游戏非常重要,否则游戏会变得单调和沉闷。早期的游戏,尤其是街机游戏,基本上都是线性的,只能按照一条固定的线路前进。而现在的游戏都会有更多的分支选择,在游戏的过程中也会有多种变化。

二、教育游戏

1. 游戏的教育价值

自古以来,游戏与教育的联系从来就没有中断过。在古希腊语中,"游戏"(paidia)与"教育"(paideia)只有一个字母之差,二者均与儿童(pais)的"成长"密切相关;英语中的"学校"(school、schule)则源于拉丁语"schola","schola"又源于意为"闲暇"、"休息"的希腊语"skhole",由此看来,游戏一开始就与教育结下了不解之缘。

事实上,很多学者早就注意到了游戏的教育价值——亚里士多德认为游戏是七岁半以前儿童教育的一种方法;夸美纽斯指出游戏可以使儿童锻炼身心;皮亚杰认为游戏具有发展智力的功能,儿童在游戏中可以通过同化和顺应过程与外界达到情感和智慧的平衡,儿童的游戏发展阶段和智力发展阶段是一致的,儿童通过游戏满足对外界的好奇心和探索欲望。[①]

游戏具有如下几方面的教育价值:

(1) 可以激发学习动机

学习动机是学习过程中一个非常重要的因素。很多学生学习时动机不高,但玩游戏时却精神十足,甚至不吃不喝,通宵达旦。这自然引起了很多学者的兴趣,希望将游戏的特点应用到教育游戏或者教育软件的设计之中,从而使得学习更加有趣。目前许多实验研究表明,基于游戏的学习方法确实比传统的学习方法更能调动学习者的积极性。

(2) 可以学到各种知识

仔细分析目前市场上流行的各种网络游戏或电脑游戏,就会发现大部分游戏实际上都蕴藏了丰富的社会文化生活知识和专业知识。而对于那些专门为教育开发的游戏,自然更能够让学生学到更多的知识。

(3) 可以培养学生手眼互动等基本能力

与知识相比,游戏中的能力其实是人们更为关注的。研究者通过对一系列电

---

① 参见尚俊杰、庄绍勇:《游戏的教育应用价值研究》,载《远程教育杂志》2009 年第 1 期。

子游戏的研究,认为游戏可以培养学习者的手眼互动等基本能力——由于需要不停的移动和躲避,因此自然能够培养手眼互动能力;由于学习者需要自己去探索、总结游戏规则,因此能培养归纳总结能力;由于学习者经常要处理同时来自各方面的信息,因此能够培养平行处理信息的能力;由于很多游戏都会提供二维或三维的空间,因此能够培养空间想象能力。

(4) 可以培养问题解决能力等高阶能力

近年来,培养学生的问题解决能力、协作学习能力、反思能力、创新能力等高阶能力显得越来越重要,而游戏的一个重要价值,就是很多学者都认为它有助于培养游戏者的各种高阶能力。

(5) 可以促进情感、态度和价值观的培养

从某种程度上说,教育培养一个人对社会、对他人的责任感,对事物的正确态度和正确的人生观比培养知识和能力更为重要。在这一个目标上,游戏确实展示了得天独厚的优势,因为它可以将一些教育理念融入到故事中,使学生在不知不觉中接受教育。游戏的创作无论从主题、形式到表现手法都脱离不开时代的背景,而是源于现实世界,游戏其实是折射了某个时代的生活。

(6) 可以促进体验式学习等

许多学者认为游戏可以促进体验式学习、协作学习、自主学习和研究性学习等。

(7) 可以用来构建游戏化的学习环境

学习环境是学习者在追求学习目标和问题解决的活动中,可以使用多样的工具和信息资源并相互合作和支援的场所。由于当今的游戏往往使用2D或3D技术创设了一个复杂的游戏情境,可以让学习者在其中通过互动和交流去自主探索,因此许多学者认为可以利用游戏构建游戏化的学习环境。[1]

2. 教育游戏的定义与特性

教育游戏指一切有教育意义的,但是一般是专为教学、培训等开发的游戏化学习软件或平台。教育游戏可以应用在课堂教学,也可以应用在课外学习。[2]

教育游戏一般具备以下五方面的特性:[3]

(1) 目标性

与普通游戏相比,教育游戏一定具有特定的教育目的或学习目标。

教育目标在游戏中的表现形式有显式和隐式之分。显式类游戏有明确的教育

---

[1] 参见尚俊杰、庄绍勇:《游戏的教育应用价值研究》,载《远程教育杂志》2009年第1期。
[2] 参见尚俊杰、庄绍勇、蒋宇:《教育游戏面临的三层困难和阻碍——再论发展轻游戏的必要性》,载《电化教育研究》2011年第5期。
[3] 参见恽如伟、李艺:《面向实用的电子教育游戏界定及特征研究》,载《远程教育杂志》2008年第5期。

目标,通常游戏者事前通过一些介绍就能了解其教育目标,这类游戏一般专指为教育目的而开发的游戏。隐式类游戏没有明确的游戏教育目标,主要是在游戏过程中通过游戏场景对游戏者进行影响,游戏者在娱乐的同时无意地接受到一些新的知识、技能等,这类游戏主要是以娱乐为主要目的一般游戏,如益智类游戏、策略类游戏等。

（2）规则性

教育游戏的规则在一般游戏规则的基础上还应该保证游戏行为的健康性和科学性,即应包含教育价值的规定。因此教育游戏的规则性可以理解为游戏设计者根据教育游戏设计目标预设的包含了教育价值的规定,用来强制性地规范游戏者的游戏行为,教育游戏规则要有助于游戏者在游戏过程中产生有价值学习。

（3）策略性

教育游戏的策略性是指游戏者依据具体的游戏进程和自身情况、为达成游戏目标而采用的策略。任何一款游戏在设计时都考虑采用相应的手段和方法吸引并维持游戏者参与,称为游戏设计策略。游戏设计策略是游戏设计和开发者为吸引游戏者参与游戏并达成游戏目标而预设的一组事件及事件的可能组合,合理的游戏策略应该有利于支持游戏者的游戏动机,主要表现为:挑战、好奇、幻想、控制、竞争、合作及目标实现等。教育游戏的游戏设计策略应该在考虑游戏对象认知特点的基础上,在相应学习策略的支持下完成其设计。

（4）自由性

教育游戏的自由性是指游戏者在电子教育游戏环境中的游戏活动是自由的,即"在游戏规则许可下的自由",主要表现在三个方面:首先,游戏者可以自由地安排和规划游戏活动本身,一般不受外在某种力量的支配;其次,表现为游戏者心理的轻松性;最后,游戏是自由的不意味着混乱和自我放任,游戏者的活动受到游戏规则的制约,游戏者的游戏活动安排必须遵守游戏规则,可在规则许可下制定自己的活动方案。

作为教育游戏的自由性表现在充分尊重游戏者的自主性,游戏者有选择游戏并规划游戏方案的自由。但考虑许多游戏者特别是低年龄儿童没有养成在游戏中关注游戏环境所隐藏的知识的习惯,需要对其加以适当引导使游戏者学会在游戏中吸取养分,并进而养成游戏中学习的习惯,只有这样,游戏的教育功效才可能得以发挥。

（5）娱教性

教育游戏的"娱教性"是指游戏者在游戏中享受游戏带来的紧张、喜悦等感情的同时,还能通过游戏环境获取知识,这是由电子教育游戏的游戏设计目标决定的。教育游戏最终应该达到教育内容与游戏要素之间的有机融合,实现"游戏"即

"学习"、"学习"即"游戏",这是教育游戏追求的最终目标。

3. 教育游戏的主要类型

(1) 小型教育游戏

小型教育游戏一般是故事情节比较简单,针对单一知识点进行测试的教育游戏,简称小游戏。

(2) 大型网络教育游戏

大型网络教育游戏和市场上的网络游戏类似,有完整的故事情节,通常需要较多的时间完成,比较注重复杂知识的学习和高阶能力的培养。

(3) 增强现实型(Augmented Reality,AR)教育游戏

此类游戏指的是将虚拟和现实结合起来的教育游戏,利用现实增强虚拟的作用。

(4) 模拟、仿真类教育游戏

这一类或许不能称为游戏,只能说是模拟或仿真软件,是教育中使用最为广泛的。

目前,关于教育游戏的设计和开发还处于初期的探索阶段,国内外比较有影响的教育游戏项目有美国麻省理工学院比较媒体研究系(Comparative Media Studies Department)和微软研究院学习科学与技术实验室合作开展的"Games-to-Teach"项目[1]、印第安那大学教育学院开发的"Quest Atlantis"(探索亚特兰蒂斯)[2]、哈佛大学教育学院和亚利桑那州立大学教育技术专业人员开发的中学科学教育游戏"River City"[3]、香港中文大学资讯科技教育促进中心开发的"农场狂想曲"等等。

资料夹 12-8 "农场狂想曲"简介

Farmtasia(农场狂想曲)(http://www.farmtasia.com)是香港中文大学资讯科技教育促进中心(CAITE)开发的一个游戏化虚拟学习环境。

学生以农场主的身份进入游戏中,通过对农场的经营和管理,综合学习地理、农业、环境、经济、政府、社会等学科知识,并培养解决问题、协作学习、信息技术等相关能力。游戏中的经济系统、自然系统模拟真实地球的数据,是一个模拟真实的游戏环境。该环境被用于虚拟互动学生为本学习环境(VISOLE:Virtual Interactive Student-Oriented Learning Environment)学习模式中。研究结果表明,这种学习模式

---

[1] 参见马红亮、马颖峰、郑志高、贺宝勋:《美国 Games-to-Teach 项目概述及启示》,载《开发教育研究》2008 年第 10 期。

[2] 参见马红亮:《教育网络游戏设计的方法和原理:以 Quest Atlantis 为例》,载《远程教育杂志》2010 年第 1 期。

[3] 参见尹叶秀、梁林梅:《基于 MUVE 的中学科学课程:RiverCity 分析》,载《现代教育技术》2010 年第 5 期。

确实能够激发学生的学习动机,并有助于培养他们的问题解决等高阶能力,还可以让学生在农场的经营和管理中"做中学",提高了学生信息技术应用等相关能力,使其对环境保护的重要性和农民的辛苦也有了更深刻的认识。

"农场狂想曲2"的界面

2008—2009年间,该中心将"农场狂想曲"升级到"农场狂想曲2"(Farmtasia Ⅱ),该环境延续了"农场狂想曲1"中科学的经济和自然系统,并且画面优美、音乐轻快明朗,具有较大的吸引力,让学生在完成游戏任务的同时不知不觉地进行有意义知识的学习,提高问题解决、合作探究等能力。该游戏被用于游戏化探究学习模式(Game-based Inquiry Learning)中。研究结果表明,该模式有利于学生应用已有知识、掌握科学探究的方法,促进了小组之间的合作,能够激发学生的竞争、自学等学习动机。

资料来源:蒋宇:《游戏化探究学习模式的设计与应用研究——以农场狂想曲科学探究学习单元为例》,北京大学2011年硕士学位论文,第35—37页。

4. 教育游戏的设计原则

教育游戏设计思想在不同的教育理念和学习理论的支持下发生了显著变化。其中,尤以学习理论的影响最为深刻,从行为主义到认知主义,再到情境学习理论,引导了不同的教育游戏产品的设计。[①]

(1) 早期的教育游戏的设计主要是基于行为主义学习理论,关注的焦点是学习者的学习行为,目的是通过游戏提高学习者的某些动作技能。因此,这一时期设计的游戏主要为操练性游戏,游戏通过简单交互、提供奖赏等方式提供反馈,强化

---

① 参见魏婷、李艺:《国内外教育游戏设计研究综述》,载《远程教育杂志》2009年第3期。

学习者的学习行为。这种游戏可玩性不高,学习者操作一段时间后就会觉得无趣。这一时期的教育游戏产品大部分以失败而告终,主要原因是游戏设计单一,任务重复,无法维持学习者的学习兴趣。

(2)随着认知主义和建构主义学习理论的发展,教育游戏的设计思想也发生了转变,设计者们开始注重学习环境和深层次学习动机的设计,相应地出现了一批游戏形式和学习内容结合得比较好的教育游戏。在这一时期的教育游戏设计中,学习者成为了关注的中心,游戏的设计主张要适应学习者的天性,学习的过程需要建立在学习者自由选择和自由表达的基础上,强调学习者是知识意义的主动建构者。

(3)受情境学习理论的影响,教育游戏的设计开始转向对社会、文化、交互活动等的关注,游戏的设计主张将知识与情境相融合,学习活动在学习者与情境的交互中得到发展,情境学习理论成为当前教育游戏设计的主流指导理论。

我国台湾学者提出了教育游戏设计的如下原则:[1]

(1)能促进学习(Empowered Learning)
■ 提供玩家共同设计游戏情境的机会。
■ 考虑个别差异而提供给玩家的定制化设计。
■ 提供可让玩家产生情感共鸣的学习榜样。
■ 提供更多可让玩家连接既有知识的实际操作。

(2)问题解决
■ 关卡设定与问题难度必须有良好的安排,前面关卡所积累的问题解决能力应能运用于后来的通关挑战。
■ 让玩家面对困难挑战,即使失败仍会觉得付出是值得的,愿意再接受挑战。
■ 给予玩家技巧提高的练习机会与必要支援,以达成最好的游戏节奏。
■ 给予玩家配合需求与及时出现的信息,让游戏经验更具亲切性和人性化。
■ 强调关键变量及其互动以简化对真实世界的模拟,让玩家便于从中学到基本理论,进而应用到未来更多真实的情境中。
■ 提供不太难以掌握的拟真情境。
■ 学会须兼顾隐性知识的累积,高明的问题解决策略须依赖娴熟的问题解决技巧。游戏设计应注意这两者的相互关系,让玩家领会技巧锻炼乃是攻略的重要部分。

(3)体会
■ 让玩家了解各元素间的关联性,有系统性思考,并能体会游戏的形态。

---

[1] 参见梁朝云:《悦趣化学习的意涵、特性与设计》,载我国台湾地区教育传播暨科技学会主编:《教育科技——理论与实务》(下),学富文化事业有限公司2009年版,第176—177页。

■ 让玩家在游戏的行动中获得体验,并产生个人的意义。

5. 教育游戏在现实应用中面临的困难和问题

研究者发现,将游戏用到课堂中会面临以下障碍:①

■ 教师很难快速判断哪些游戏适合教学使用。

■ 要想让教育当局认识到游戏具有的教育潜力是比较困难的。

■ 教师缺少时间去熟悉游戏,因此不能更好地发挥它的用处。

■ 由于游戏中存在大量与学习不相关的内容,因此会浪费课堂时间。

另外,还有教师的时间问题、技术水平问题、教学观念问题,学生的学习策略问题等:②

(1) 从教师方面来说

① 首先是时间的问题。现在教师一般都很忙,让他们拿出大量时间组织游戏的进行,引导学生的反思和总结是非常困难的。

② 其次是教师的技术水平问题——尽管目前的游戏操作比较容易,但是对于不熟悉计算机的教师来说,使用起来还是会感觉有一些不便。此外,技术问题还表现在不熟悉游戏本身。现在的学生由于经常玩游戏,所以操作起游戏来很熟练,而作为教师,如果不能非常熟练地操作游戏,则很难对学生进行指导。

③ 最后是教师的教学观念和教学策略问题——尽管现在普遍倡导以学生为中心的教学模式,但是真正实施起来还是有一定困难的,教师往往会无所适从,难以找到自己的合适角色和定位。

(2) 从学生方面而言

对于学生来说,时间、技术并不是太大的问题,学习策略成为最重要的问题。因为多年来学生们已经熟悉了传统的学习方法,在游戏中究竟应该怎样学习亟需具体的指导和帮助。

三、游戏化学习

游戏化学习(Digital Game-based Learning,我国台湾学者将之译为"悦趣化学习")是一种创新的教材设计与学习方式,其要旨即应用游戏的愉悦和乐趣进行学习或达到教育目的。游戏化学习的重点不只是训练或提供学习的任务,最主要的是要增加学习的多样性,并强化学习者对学习内容的理解。游戏化学习可同时支持正式学习与非正式学习,并有效地将它们连接起来。游戏化学习可以促使学习

---

① 参见尚俊杰、李芳乐、李浩文:《"轻游戏":教育游戏的希望和未来》,载《电化教育研究》2005年第1期。

② 参见尚俊杰、庄绍勇、蒋宇:《教育游戏面临的三层困难和阻碍——再论发展轻游戏的必要性》,载《电化教育研究》2011年第5期。

者自主学习,并建构出自己的学习内容,提供个性化、适应性的学习历程。

我国台湾学者将游戏化学习界定为:"以情境脉络为主要的重点方向,为学习者提供充满乐趣与挑战的学习环境和沉浸经验,并给予学习者充分的学习资源和主控权,借此强化学习者的学习动机,支持学习的历程,最后促进学习成效"①。与传统的数字化学习方式相比,游戏化学习具有以下几方面的优势:

(1) 从学习环境方面来说,游戏化学习更注重用信息技术为学习者创设丰富的学习环境和学习情境。

(2) 在学习方法方面:

■ 游戏化学习更重视学习过程的乐趣,强调沉浸经验与学习历程。

■ 与过去注重个别化学习相比,游戏化学习更重视以网络为中介的团队合作学习,强调学习伙伴和学习共同体(社区)的作用。

■ 全方位重视学习者的学习效能、学习动机及学习过程参与的持续性。

■ 由过去单一重视数字化学习内容的开发,转向以学习情境(脉络)为重点,有机地将个体、团队、共同体的建设和学习内容的开发相整合。

游戏化学习具有以下特点:

■ 娱乐性:让学习者在游戏过程中感到乐趣和愉悦。

■ 游戏性:带给学习者进行游戏的动机和高度乐趣。

■ 规则性:游戏内容具有结构性,使学习者容易组织和理解。

■ 目标性:游戏中具体的目标任务,可给予学习者明确的指引。

■ 人机互动性:学习者经由计算机操作与他人互动。

■ 结果与反馈:透过游戏结果提供学习者充实的机会。

■ 适应性:游戏设计可依学习者的能力不同,给予互异且适当的任务。

■ 胜利感:学习者可在游戏中获得成功的体验,达到自我满足。

■ 冲突竞争性与挑战性:使学习者在游戏过程中感受到刺激和兴奋。

■ 问题解决:在游戏的情境中设置问题,以激发学习者解决问题的能力。

■ 社会互动:让学习者组成团队,通过相互讨论以促进学习。

■ 图像与情节性:通过图画和故事情节,使学习者从中获得情感知识。②

四、基于 MUVE 的探究性学习:"River City"个案分析

在美国国家科学基金会(NSF)和史密森美国历史国家博物馆(Smithsonian's National Museum of American History)信息技术和社会部的资助之下,哈佛大学教育

---

① 梁朝云:《悦趣化学习的意涵、特性与设计》,载我国台湾地区教育传播暨科技学会主编:《教育科技——理论与实务》(下),学富文化事业有限公司 2009 年版,第 169 页。

② 同上书,第 167—172 页。

学院和亚利桑那州立大学教育技术专业人员利用信息技术为学生提供了一种支持创造性探究的虚拟环境——多用户虚拟环境(MUVE)River City,[1]以帮助中学生在虚拟的世界中利用各种探究工具体验科学研究的过程和方法,尤其是帮助那些基础比较弱、学习成绩不好的学生掌握复杂的科学概念及科学研究的技能。

基于MUVE的"River City"是一门英语和西班牙语的双语科学教育课程,主要应用于美国城区中的薄弱公立中学——这些学校中的学生群体主要来自贫困家庭和移民家庭,教师在传统的科学教育中难以找到激发学生学习科学的动机、兴趣的有效方法,不知如何帮助那些基础薄弱的学生。另外,对于移民学生而言,还存在一个语言理解的障碍问题。"River City"是一个十七个小时的、基于团队协作(每个小组由2—4人组成)的探究性课程,是传统科学课程的替代(而不是课堂教学的补充)。该课程的设计和开发遵从了美国国家研究理事会(NRC)提出的科学教育标准、国家教育技术标准和21纪的技能需求,[2]以科学教育课程为主,涵盖了生态学、健康、生物学、化学、地球科学及历史学等学科领域。课程从2002年开始在北美六至九年级的中学科学教育课程实施,2007至2008年北美有十二个州的近百名教师和五千多名中学生参与了该课程的学习,课程还从美国推广到了加拿大和墨西哥。

1. MUVE简介

自从20世纪70年代末期英国艾塞克斯大学的理查德·巴特尔(Richard Bartle)和罗伊·特鲁布肖(Roy Trubshaw)开发出第一代基于计算机网络的MUD(Multiple User Dungeon/Dimension/Dialogue)[3]游戏以来,随着计算机和网络技术的飞速发展,不断出现了许多新型的多用户虚拟环境模式,比如MOOs(Mud Object-Oriented,面向对象的MUDs)、MUVE(多用户虚拟环境)、MMORPGs(Massively Multiplayer Online Role Playing Games,大型多人在线角色扮演游戏)等。[4] 这些虚拟现实技术目前已在游戏(特别是网络游戏)中得到了广泛的应用,但却很少能够应用于学校的教育教学。哈佛大学教育学院和亚利桑那州立大学教育技术专业人员设计和开发的基于MUVE的中学科学课程"River City"就是虚拟现实技术MUVE在中学科学教学课程中应用的一种尝试和探索。

与早期基于文本的MUD相比,MUVE的功能更加强大——可以使用户进入虚

---

[1] See http://muve.gse.harvard.edu/rivercityproject/, Accessed in 2011/08/15.

[2] See http://muve.gse.harvard.edu/rivercityproject/curriculum_p21_standards.htm, Accessed in 2011/08/15.

[3] 根据情境的不同,MUD可以代表"多用户城堡/多用户空间/多用户对话"等不同的含义,是一种早期的主要基于文本的多用户、角色扮演类虚拟现实技术。

[4] See Dieterle E. & Clarke J., Multi-user Virtual Environments for Teaching and Learning, http://muve.gse.harvard.edu/rivercityproject/documents/MUVE-for-TandL-Dieterle-Clarke.pdf, Accessed in 2011/08/15.

拟情境,与数字器具(digital artifacts)进行交互,用"化身"(avatars)①代表自己,与其他用户进行交流,与虚拟角色(基于计算机的代理)进行交流,参与各种协作活动等。② 作为一种虚拟现实技术,MUVE 在教育教学领域具有非常广阔的应用前景,比如创建职前教师培训和职后教师专业发展的在线社区,通过再现真实的社会或政治事件使学生更好地学习和理解历史,借助于一定的社会和文化情境促进学生的社会和道德发展,为学生提供协作的机会和创造性探索的机会等。③

与传统的教学方法相比,MUVE 能为学生提供沉浸式(immersive)、交互式的学习环境,使科学教育能够更加吸引学生,激发学生的好奇心,使学习变得更加具有趣味性。

2."River City"虚拟城市简介

"River City"是一座典型的 19 世纪晚期的美国工业化城市(那时正是科学家刚刚发现细菌的时代),有一条河流穿过该城,城市的地形有高有低,因此在低处形成了一些洼地和沼泽。城市中的房屋、工厂、医院、旅馆、大学等分布在不同的地形之上,城市中既有富人的居住区,也有中产阶级的聚集区和贫民区。"River City"中拥有史密森博物馆收藏的五十多件藏品,设计者借助于博物馆中的藏品创设 19 世纪晚期美国工业化城市的街道和建筑风貌。

该课程基于真实的历史、社会和地理情境——"River City"遇到了环境和健康问题,流行病蔓延,城市中的居民人心惶惶。课程要求学生利用所学知识以小组的形式进行探究,在教师的指导下借助于科学研究的工具、方法和过程,揭示引发城市疾病的原因,并提供相应的解决对策。"River City"的地图如图 12-2 所示。

该课程允许多用户同时参与,每个学生在虚拟城市中有一个特定的角色(称做"化身"),这些"化身"能够表达开心、悲伤、同意或不同意等表情,还允许"化身"通过"瞬间移动"(teleport)到达城市中的任何一个地方。学生可以使用虚拟城市中的所有物品(比如在线显微镜或图片等),可以与同伴进行交互,也可以和计算机代理(城市中的居民)进行交互。④ 学生在虚拟城市中参与不同类型的协作学习活动,还可以得到在线导师的指导。课程界面和主要窗口如图 12-3 所示。

在图 12-3 中,课程界面中有四个主要窗口,一是观看和行动窗口,允许用户改

---

① 指网络用户在以图像为主的虚拟世界中的虚拟形象。
② See Clarke J. & Dede C., Making Learning Meaningful: An Exploratory Study of Using Multi-user Environments(MUVEs) in Middle School Science, http://64.94.241.248/rivercityproject/documents/aera_2005_clarke_dede.pdf, Accessed in 2011/08/15.
③ See Dieterle E. & Clarke J., Multi-user Virtual Environments for Teaching and Learning, http://muve.gse.harvard.edu/rivercityproject/documents/MUVE-for-TandL-Dieterle-Clarke.pdf, Accessed in 2011/08/15.
④ See Dede C., Transforming Education for the 21st Century: New Pedagogies that Help All Students Attain Sophisticated Learning Outcomes, http://www.gse.harvard.edu/~dedech/Dede_21stC-skills_semi-final.pdf, Accessed in 2011/08/15.

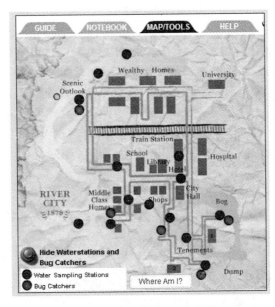

图 12-2 River City 城市地图

资料来源：http://muve.gse.harvard.edu/rivercityproject/view/rc_views_interface.htm, Accessed in 2011/08/15。

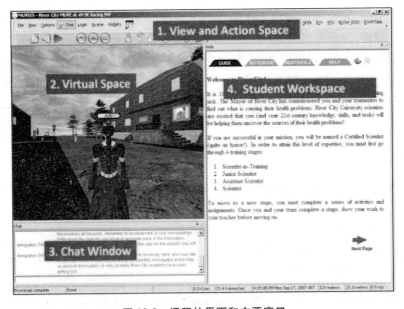

图 12-3 课程的界面和主要窗口

资料来源：http://muve.gse.harvard.edu/rivercityproject/view/rc_views_interface.htm, Accessed in 2011/08/15。

变观看的视角,允许各自的"化身"执行不同的动作(旋转、跳跃、挥手等);二是虚拟窗口,用户的"化身"可以在此虚拟空间中自由行动,除了正常移动之外,还可以飞行、奔跑、倾斜、游泳等;三是聊天窗口,学生可以和自己的队友聊天,也可以和城市中的居民聊天;四是学生的工作窗口,通过该窗口可以为学生在虚拟城市中的探究提供指导(在线《学生实验指导手册》),还为学生提供了在线学习记事簿和地图(如图12-2所示,学生可以随时知道自己处于虚拟城市中的具体位置)等。

3. "River City"课程设计分析

本课程的设计主要针对中学科学教师在传统教学中所面临的问题和挑战:如何让学生体验和掌握科学探究的技能,如何让学生理解和掌握科学研究的实验设计。由于这是一项高阶认知技能,仅仅依靠教师的课堂口头讲授是很难完成的,因此必须为学生提供进行科学探究和实验的真实情境,而"River City"的难度和复杂性设计正好处于传统的课堂教学和真实情境中科学家的科学研究之间。[①] "River City"课程的设计特点总结如下:

(1) 该课程首先为学生提供了一种"沉浸"于科学探究的复杂、真实而经过精心设计的情境。所谓"沉浸",即个体对某一复杂而真实经历的主观感受。当学生沉浸于"River City"这个虚拟环境中时,他们由被动的观察者变成了科学实验的设计者,学生是以一种全新的角色和身份主动参与虚拟环境中的协作和探究。[②]

(2) 学生在"River City"中可以亲身体验科学家的探究过程,体验科学家之间通过观察、推理、协作对问题进行识别的过程,体验科学家形成的验证假设的过程,体验科学家基于证据导出结论的过程。学生在虚拟城市中可以借助于信息技术工具追踪城市居民发病的原因,并形成假设,设计实验验证假设,最终基于实验数据提出问题解决的方案。"River City"可以支持学生开展如下活动:科学概念和原理的学习,体验和学习科学家的观察技能和推理技能,设计和实施科学探究,理解和体会科学探究的价值与意义。

(3) 设计者力图使中学生能够借助21世纪的技能和信息技术解决19世纪的城市环境和健康问题。"River City"中提供了多种资源、工具帮助学生进行探

---

① See Ketelhut D. J. & Nelson B. & Dede C. & Clarke J. , Inquiry Learning in Multi-user Virtual Environments, http://muve.gse.harvard.edu/rivercityproject/documents/muvenarst2006paper.pdf, Accessed in 2011/08/15.

② See Clarke J. & Dede C. , Making Learning Meaningful: An Exploratory Study of Using Multi-user Environments (MUVEs) in Middle School Science, http://64.94.241.248/rivercityproject/documents/aera_2005_clarke_dede.pdf, Accessed in 2011/08/15.

究——首先是实验手册,实验手册中的问题是经过精心设计的,是学生在"River City"中自主、协作探究的重要指导资源。实验手册首先指导学生探索和熟悉虚拟环境,学习和掌握与网络界面进行交互的基本技能,并学习数据收集及处理的一些基本技能。另外,在课程进行的过程中学生还需要回答实验手册中提出的问题,教师可以根据学生的回答情况对学生的学习进行形成性评价。因此,实验手册为学生的探究提供了必要的指导和支架。同时,课程还为教师设计了指导手册,提供了更加详细的、更有针对性的指导。其次是课前系列视频,为学生在虚拟城市中的探究作好充分的准备。"River City"中还提供了"数据收集站",为学生提供世界各地的水样本信息;还有各种帮助学生探究的数字器具(比如各类音、视频片断资料,图片,在线显微镜等)。

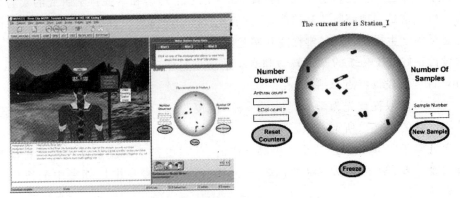

图 12-4　学生利用在线显微镜检测水的样品

资料来源:Dede C.,Transforming Education for the 21st Century: New Pedagogies that Help All Students Attain Sophisticated Learning Outcomes, http://www.gse.harvard.edu/~dedech/Dede_21stC-skills_semi-final.pdf, Accessed in 2011/08/15。

(4) 课程的评价方式设计:一是形成性评价——学生在探究的过程中,可以随时和虚拟城市中《River City 时报》的记者肯特·布鲁克(Kent Brock)[①]交流。布鲁克会对学生进行访谈,不但向学生寻求信息,而且会告知学生一些信息。他不但对事实感兴趣,更关注学生的以下能力:说明的精确性、解释的意义性、应用的效果性、观点的批判性和可信性、移情的敏感性和可理解性、自我意识性(了解自己知道的和不知道的)。除了回答布鲁克的问题,学生还需要对布鲁克即将在《River City 时报》上发表的文章进行评论。学生与布鲁克的交互内容将作为学生形成性评价的一部分。另外,学生对于实验手册中问题的回答情况也是形成性评价的一部分。二是总结性评价——所有学生都要基于自己对疾病传播的探究向 River City 的市

---

① 他自己也染上了城市中的流行疾病,因此急需得到研究者的帮助。

长提交一份科学研究报告,报告中必须解释为什么城市中会有如此多的人感染疾病以及如何消除疾病等。

4."River City"课程中科学探究过程的设计与实施

美国国家科学教育标准中将探究界定为:[1]科学家研究自然界,并基于工作的证据对自然界进行解释的种种活动……也包括学生形成和理解科学概念,理解科学家如何探索自然界的一系列活动。在整个课程学习的过程中,每位学生都经历了一个从新手向科学专业人员成长的过程,完整体验了科学探究的全过程:观察——问题识别——形成假设——设计实验——实施实验——形成结论——提出建议——汇报分享——总结完善。学生在"River City"中的科学探究过程如表12-3 所示:

表12-3 学生在 River City 中的科学探究过程描述

观察	观察和推理一直贯穿于学生在"River City"中活动和探究的始终,学生在虚拟城市中会遇到城市中的居民,能够听到他们之间的谈话,这些基于计算机的代理(城市中的居民)能够向学生透露或提供问题分析与解决的重要信息与线索,城市居民口中说出的话是随着探究进展和季节的不同而不同的。
提出问题	学生们不仅可以向城市中的居民提问,并获得问题理解的线索和信息,还要形成自己的研究问题,并在随后的数据收集和推理阶段不断对问题进行反思和修正。
设计实验	学生用两节课的时间面对面讨论实验设计,在科学研究过程和方法的指导之下,学习如何将现实中的疾病问题(problem)转化成科学研究的问题(researchable question),学习如何形成研究假设,如何设计研究的过程。
实施实验	完成上述工作后,学生再回到虚拟城市中实施实验。River City 中允许学生对实验中的各种变量进行操作和控制。比如,如果学生的假设认为引发城市疾病的原因在于城市沼泽中的蚊子,他们可以通过将沼泽抽干的方法进行测试,学生通过前后数据的比较分析城市中的沼泽是否会对疾病产生影响。
总结与交流	学生将实验的结果写成向市长提交的研究报告,并以小组的形式汇报他们的研究成果,共同分享研究的过程和结果,最后形成对整个研究的完整理解和认识。

资料来源:Dede C., Transforming Education for the 21st Century: New Pedagogies that Help All Students Attain Sophisticated Learning Outcomes, http://www.gse.harvard.edu/~dedech/Dede_21stC-skills_semi-final.pdf, Accessed in 2011/08/15。

虚拟城市中有三条疾病传播的途径——水源污染、空气传播和昆虫传播,这三条疾病传播途径又是和特定的历史、社会和地理因素交织在一起的,共同构成了一个影响虚拟城市健康问题的复杂环境。学生在这种真实的情境中以团队的形式主动地对复杂的现实问题(城市中面临的环境和疾病)进行科学探究,在这种跨时空

---

[1] See Ketelhut D. J. & Nelson B. & Dede C. & Clarke J., Inquiry Learning in Multi-user Virtual Environments, http://muve.gse.harvard.edu/rivercityproject/documents/muvenarst2006paper.pdf, Accessed in 2011/08/15。

的虚拟城市中,学生能够借助于21世纪的技能和信息技术解决19世纪的城市环境和健康问题。最后,学生需要向市长提交研究报告,描述城市的环境和健康问题,并提出改进居民生活的建议。

数据的收集是科学研究中的关键,"River City"中设计了多种收集数据的途径:①

① 与城市中的居民交谈。

② 利用一些隐性的线索——河流及树木的外观,天气及季节的变换,声音(蚊子的嗡嗡声、病人的咳嗽声、水流声等)。

③ 查看医院中病人的病历(学生可以根据病人的症状和指标检测数据了解病情);环境监测计(学生可以根据上面的数字推测城市环境的健康状况)。

④ 利用一些数字图片中所提供的必要信息。

⑤ 利用在线显微镜检测水站中水的纯度及蚊子的繁衍状况。

随着课程学习的深入,学生需要分别在城市的四个不同季节进行数据的收集和探究:1878年的10月,1879年的元月,1879年的4月和1879年的7月,而城市中的疾病也在随着时间的不同而发生着变化。通过数据的收集,学生需要思考和回答如下问题:为什么穷人比富人更容易生病?学生还需要对引发疾病的原因进行因果分析,包括低洼地的水源污染、湿地的昆虫传播、城市贫民区居住的过度拥挤、昂贵的医疗费用等等。

在传统的科学课堂教学中,由于课程资源或时间、空间的限制,学生们常常被直接告知一些简单的、确定性的答案,往往无法亲身体验科学探究的过程和乐趣。而在基于MUVE的"River City"中,学生以团队的形式可以根据各自的兴趣对复杂的真实问题进行科学探究,从而能够在虚拟的情境中亲身体验科学的观察、数据的收集、问题的提出、实验的设计、问题的分析与解决等。"River City"课程从2002年秋季开始在美国城区中的公立中学科学教育课程中实施,因为几乎所有的学生都有过玩计算机或视频游戏的经历,所有学生在初次使用MUVE界面时就很容易地学会了操作,除了网页浏览工具之外,学生们还可以使用即时通讯工具及其他聊天工具。研究发现学生的参与度非常高,非常乐于合作,初步的研究表明MUVE能够提高所有学生学习科学课程的动机,包括那些传统课堂教学模式中表现不佳的学生。

---

① See Dede C., Transforming Education for the 21st Century: New Pedagogies that Help All Students Attain Sophisticated Learning Outcomes, http://www.gse.harvard.edu/~dedech/Dede_21stC-skills_semi-final.pdf, Accessed in 2011/08/15.

第四节 知识管理

知识管理是一门既古老又新兴的研究和实践领域。

说它古老是因为自人类文明开始以来,人们就在不自觉地进行着对知识的管理,人类的生存、发展、人类智慧的传承都离不开知识管理活动。因此从广义而言,人类发明了语言,又学会用文字保留历史遗产及智慧结晶,并发明了印刷术,从而使人类知识的传播有了质的飞跃,这些都可以归属于早期的知识管理范畴。

过去的组织对那些可以帮助它们提高竞争力的知识的获取总是带有很大的随意性和偶然性。因此,从商业角度看,明确、系统的知识管理却是最近才发生的事情。[1] 对知识管理的深入研究和有意识的应用是从20世纪90年代初期才开始的,因此又可以将知识管理称为新兴的学科。知识管理这一领域是由诸如人力资源、组织发展、变革管理、信息技术、品牌和声誉管理、经营测定及评估等几门学科碰撞而产生的,发展非常迅速。随着组织不断地实践、学习、抛弃、保存、调整和发展,关于知识管理新的认识每天都在产生。[2]

知识管理的发展可以说是一个由许多因素推动的自然演化的过程,推动和促进知识管理形成与发展的因素非常复杂,包括人类知识总量的日益增加、知识经济的崛起、知识型组织及知识工作者的出现、经济全球化的力量、信息化的不断深入、管理学自身的不断演变与发展等等。

一、知识管理的概念和内涵

1. 知识管理的定义

目前尚未达成关于知识管理的一致性定义。日本知识管理领域的著名学者野中郁次郎(Ikujiro Nonaka)和竹内弘高(Hirotaka Takeuchi)等认为知识管理是在组织内持续创造新知识、广泛地传播这种知识,并迅速地将其体现在新产品/服务、新技术和新系统上的过程;[3] 中国《知识管理框架》国家标准中将知识管理界定为:是对知识、知识创造过程和知识的应用进行规划和管理的活动。[4]

---

[1] 参见〔法〕维格:《知识管理:一门渊源久远的新兴学科》,载德普雷、肖维尔主编:《知识管理的现在与未来》,刘庆林译,人民邮电出版社2004年版,第3页。
[2] 参见〔美〕布克威茨、魏廉斯:《知识管理》,杨南该译,中国人民大学出版社2005年版,第1页。
[3] 参见〔日〕竹内弘高、野中郁次郎:《知识创造的螺旋:知识管理理论与案例研究》,李萌译,知识产权出版社2006年版,"序"。
[4] 参见中国国家标准化管理委员会:《知识管理 第1部分:框架》,中国标准出版社2009年版,第1—5页。

作为知识管理的早期重要推动者之一,安达信咨询公司(Andersen Consulting)提出了一个简洁而明晰的知识管理公式,该公式对于认识和理解知识管理具有重要的帮助作用。

$$KM = (P + K)^{S}①$$

- KM(Knowledge Management):知识管理。
- P(People)人员:人是知识管理的主体,包括了知识的生产者、共享者、传播者等。人是知识管理中最重要、也最难管理的部分。
- K(knowledge)知识:知识是知识管理的对象,知识作为一种重要的要素与资源在组织的发展与创新中正发挥着越来越重要的作用,组织必须注重对知识的积累、共享和创新。
- +(Technology)(信息)技术:主要指知识管理中所应用的各类信息技术。技术是知识管理的工具与催化剂。通过技术与人的结合,通过技术的有效、合理应用促进组织中知识的传播、共享与创新,从而提高组织的绩效。
- S(Sharing)分享:共享的组织文化是有效知识管理的前提与保证。

该公式强调了知识管理必须通过将人与技术充分结合,而在共享的组织文化下达到最佳的效果。

总体而言,可以从广义和狭义两个层面理解知识管理:狭义的知识管理主要是针对知识本身的管理,即对知识的获取、生产、加工、储存、传播、利用和创造的流程进行管理;而广义的知识管理则不仅包括对知识本身的管理,还包括对与知识相关的各种资源和无形资产的管理,包括知识型组织、知识工作者、知识设施、知识资产和知识活动等全方位、全过程的管理。因此知识管理既是对知识进行管理,又是管理知识的过程。

更广义的知识管理是指知识经济环境下管理思想与管理方法的总称。这种观点认为知识管理带来的是一场管理思想的革命,一场企业管理的变革,而不只是管理手段的变化。

因此可以说,知识管理是方法、工具、技术,更是一种管理理念。

2. 知识管理的框架

安达信咨询公司与美国生产力和质量中心(APQC)联合推出了知识管理的模型框架,形象而直观地对知识管理的框架和流程进行了描述与说明。

该模型将组织的知识管理分为三个层面:

- 组织的知识层面(是组织知识管理的对象和核心)。
- 知识管理的流程层面,包含了知识的创造、识别、搜集、适应、组织、应用、共

---

① 参见陈柏村:《知识管理:正确概念与企业实务》,南京大学出版社2007年版,第5页。

享、转化等若干环节。

■ 知识管理的支持环境（条件）层面，包括领导、文化、技术和评估四个主要因素。

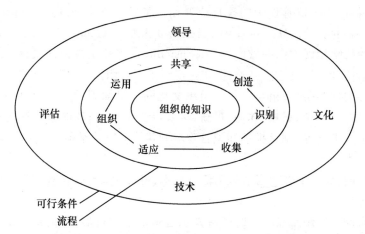

图 12-5　安达信和 APQC 提出的组织知识管理框架模型
资料来源：〔美〕艾莉：《知识的进化》，刘民慧等译，珠海出版社 1998 年版，第 93 页。

（1）领导

领导能力是组织关键的无形资产之一。组织的管理者（尤其是高层管理者）对知识管理的成功与否起着至关重要的决定性作用。

组织高层领导的参与可以强有力地在组织中推动知识管理的思想和理念，可以将知识管理当成组织中重要的核心议题，可以掌握组织变革的方向，制定有利于知识共享和知识创新的激励制度，以此推动组织的知识共享与文化创新。

因此，组织的高层领导者应该在口头（理念）、行动及资源方面公开支持知识管理活动（项目），并亲自参与到知识管理活动之中。

（2）文化

知识管理的成功10%靠技术，20%靠流程，70%靠文化。[①]　据《知识管理杂志》1997 年对 143 个知识管理最佳实践组织的调查发现，80% 的被调查者认为组织文化可以主动或被动地阻碍知识管理的战略和计划的开发与引入。[②]

组织文化是一个组织内共有的价值观、信仰和习惯体系，该体系同正式的组织结构相互作用形成组织的行为规范。[③]　组织的正常运行离不开组织文化的作用，因此，组织必须塑造有利于知识管理推广的文化，鼓励和支持知识的共享；让组

---

① 参见林榕航：《知识管理原理》，厦门大学出版社 2005 年版，前言。
② 参见盛小平：《知识管理：原理与实践》，北京大学出版社 2009 年版，第 26 页。
③ 参见王德禄：《知识管理的 IT 实现——朴素的知识管理》，电子工业出版社 2003 年版，第 60 页。

充满开明和彼此信任的气氛;让组织内的员工都能够自发担负起自我学习和成长的责任等。

一般而言,支持知识管理的组织文化应该具备宽容、授权、信任、协作、开诚布公、激励等特征。知识管理中的授权应遵循"SMART"原则①,即 S(support):必须有最高管理者的支持。M(motivate):员工需要激励。A(authority):赋予的权利必须和组织的战略发展方向一致。R(responsibility):责任是授权的关键。T(trust):组织必须信任自己的员工。另外,协作是组织个人及团队、部门之间进行知识共享和知识转移的重要条件;相互信任的组织文化同样对知识的共享及创新具有深远的影响;而物质(奖金、股权、休假、提薪、学习机会等)和精神的激励措施(授权、表扬、认可、个人声誉等)则是推动知识管理顺利实施的有效举措。

(3) 技术

毫无疑问,如果能够适当地运用信息技术,将会大大地推动知识管理的实施。

(4) 评估

评估有助于组织跟踪和及时了解知识管理的最新进展,并测定知识管理的收益和效力。

组织应设法明确知识管理与财务绩效间的因果关系,并开发出知识管理绩效的特定和明确的目标。明确知识管理绩效的指标要兼顾财物性与非财物性、定量与定性方面,并根据知识管理绩效的好坏确定资源的配置与工作重点。

3. 组织的知识管理流程

在 2009 年发布的中国《知识管理框架》国家标准中,提出了如下的组织知识管理流程:②

(1) 知识识别

知识识别是知识管理活动中关键性的工作。知识管理首先应根据目标,分析知识需求,包括现有知识的分析和未来知识的分析,适用于组织层次战略性的知识需求和个人层次日常对知识的需求。

(2) 知识创造

知识创造是知识管理活动中知识创新部分。对于组织来说,创新过程通常是在产品或服务方面的知识创造过程,通过研发部门的专家小组开展技术攻关。与此同时,创新需要通过全体员工积极参与,改善业务经营过程中的各个环节,创新过程不局限于研发部门。

---

① 参见〔英〕科马里:《有效的知识管理》,爱丁文化译,中华工商联合出版社 2004 年版,第 98 页。

② 参见中国国家标准化管理委员会:《知识管理 第 1 部分:框架》,中国标准出版社 2009 年版,第 1—5 页。

(3) 知识获取

知识获取强调对存在于组织内部已有知识的整理积累或外部现有知识的获取。对于组织来说，应收集整理多方面知识，并使沉淀下来的知识具有可重用价值。同时，还可以通过兼并、收购、购买等方式直接在某个领域突破知识的原始积累获取所需要的知识，或有针对性地引入相应人才。

(4) 知识存储

此即在组织中建立知识库，将知识存储于组织内部。知识库中应包括显性知识和存储在人们头脑中的隐性知识。此外，知识也可以存储在组织的活动程序中。

(5) 知识共享

知识共享就是知识在组织中转移、传递和交流的过程。通过知识共享将个人或部门的知识扩散到组织系统，知识共享方式可在组织内人员或部门之间通过查询、培训、研讨或其他方式获得。

(6) 知识应用

知识在组织中得到应用时才能增加价值。知识应用是实现上述知识活动价值的环境，决定了组织对知识的需求，是知识鉴别、创新、获取、存储和共享的参考点。

二、知识的定义与特性

人类对于知识的研究和其自身的历史一样古老。

自古希腊以来，知识就一直是哲学和认识论的核心课题。近年来，知识又重新成为人们瞩目的焦点，不仅像彼得·德鲁克(Peter F. Drucker)和阿尔文·托夫勒(Alvin Toffler)这样的知名学者呼吁要重视知识作为管理资源和能力的重要性，而且越来越多的产业组织、技术管理、管理战略及组织理论领域的学者开始对知识的管理进行理论化研究。如果说哲学家是在对知识的问题进行抽象性思考的话，那么知识管理则是侧重于研究和考察知识功能中实践性、实用性的一面。[①]

1. 关于知识的定义

知识是一个发展中的概念，不同的历史时期人们对知识及其价值有不同的了解和认识。随着知识经济和知识管理的兴起，知识再一次引起人们的高度重视和关注。关于知识的定义非常多，在此列举如下：

■ 柏拉图最早在《泰阿泰德篇》中提出了知识的定义：知识是经过证实了的真的信念。这是哲学史上第一个关于知识的定义。[②]

■《现代汉语词典》中将知识界定为：人们在改造世界的实践中所获得的认识和经验的总和。

---

① 参见梁林梅、孙俊华：《知识管理》，北京大学出版社2011年版，第34页。
② 参见胡军：《什么是知识》，载《求是学刊》1999年第3期。

■《辞海》中的定义是：知识是人们在社会实践中积累起来的经验，从本质上说，知识属于认识的范畴。

■《韦氏大词典》中的解释：知识是人们通过实践对客观事物及其运动过程和规律的认识，是对科学、艺术或技术的理解，是人类获得关于真理和原理的认识的总和。

■ 中国《知识管理框架》国家标准中将知识定义为：通过学习、实践或探索所获得的认识、判断或技能。①

2．对知识特性的初步认识

（1）知识属于人的认识范畴

知识不是天生的，属于人的认识范畴，是人类认识和学习的结果。

（2）知识的增值性

传统有形资产利用的人越多，价值就会因分享而递减，但知识不会有折旧和磨损的情况，并且使用的人越多，就越能发挥它的价值。使用知识的人越多，通过补充、强化、验正、改正、改善和运用，就越能提高知识的正确性与丰富度，它的价值也就越高。② 因此，在知识经济条件下，知识的增值作用远远大于传统资本。

（3）知识的资源性

知识是组织的重要战略资源，知识资源与传统的组织资源具有很大的不同：

表12-4　知识资源与自然资源的区别

自然资源	知识资源
损耗速度快	不会损耗
不可再生性	具有再生性
复制成本高	复制成本低
优势递减	优势递增
便于模仿	难以模仿

资料来源：王德禄：《知识管理的IT实现——朴素的知识管理》，电子工业出版社2003年版，第22页。

（4）知识的共享性与"独占性"

知识与一般资产不同，不会因分享而减少或损耗，越是共享，就越能发挥其价值。

另一方面，知识同时还具有"独占性"，独占性是与共享性相对应的一个属性。个人或组织一旦拥有某种新知识或是源自知识创新的新知识，知识拥有者为了回

---

① 参见中国国家标准化管理委员会：《知识管理 第1部分：框架》，中国标准出版社2009年版，第1—5页。

② 参见林东清：《知识管理理论与实务》，电子工业出版社2005年版，第26页。

避风险、回收投资,自然就会对拥有的知识有意"垄断",采取相应的机制或措施保护知识产权。①

(5) 知识的动态性与复杂性

知识不是静态的,它处于持续的运动之中。人类关于任何一个领域的知识集合实际上都在不断地变化,而且变化的速度越来越快,越来越复杂。

(6) 知识的分布性

知识常常是以不完全的知识片断的形式分散地为不同的个人或团队、组织所占有。在组织机构中,知识不仅存在于文件或档案库中,也根植于组织的日常工作、程序、惯例及规范之中,或存在于员工的头脑之中,或存在于组织外部。②

三、知识管理中常用的知识分类方式

1. 个人知识与组织知识

(1) 个人知识

个人知识指员工作为个体所拥有的知识,包含技能、经验、习惯、直觉、价值观等,属于员工可以带得走的知识,通常具有专有性、特殊性以及隐含性,难以共享和交流。

(2) 组织知识

组织知识是指一个组织所拥有的知识,如组织内的文档、工作流程、信息系统、组织文化及规章制度等。组织知识是员工难以带走的知识,是组织生存发展的基础与核心资源,不会随着员工的离开而消失。组织知识包括组织内部自身发展生成的知识和织织外部对组织生存发展有用的知识(这一部分可以内化为组织知识)。③

2. OECD 的分类

经济合作与发展组织在《以知识为基础的经济》的报告中,为便于经济分析之目的,把对经济有重要作用的知识分成四类,此分类方法被广泛接受。

OECD 将组织知识分为如下四大类④:

(1) Know-what

知道是什么的知识。

此类知识又称做事实性知识,主要指关于历史事实、经验总结、统计数据等的知识,例如纽约有多少人口,做煎饼用的是什么原料,滑铁卢战役发生于何时等等,

---

① 参见柯平:《知识管理学》,科学出版社 2007 年版,第 57 页。
② 参见梁林梅、孙俊华:《知识管理》,北京大学出版社 2011 年版,第 38—39 页。
③ 同上书,第 40 页。
④ 参见经济合作与发展组织:《以知识为基础的经济》(修订版),杨宏进、薛澜译,机械工业出版社 1997 年版,第 6—7 页。

这类知识通常和信息很难区分,复杂领域的专家,如医生、律师、咨询机构中的专家等要掌握大量的该类知识才能完成工作。

(2) Know-why

知道为什么的知识。

此类知识指那些自然、社会和人的思维运动的法则和规律的科学知识。对某些领域的技术开发而言,这些知识和经济活动的联系并不是直接的,但在大多数产业中,需要它支持技术的发展与工艺的进步。

这类知识的产生和传播通常是在像大学、研究院所这样的专业组织内进行的。企业为获得这类知识,就必须通过补充经过科学训练的专家或直接地与他们交往和联合工作与这些机构建立某种关系。

(3) Know-how

知道如何做的知识。

此类知识是指做某些事情的技艺和能力。商人判断一个新产品的市场前景,或一名人力资源经理选择和培训员工都必须运用他们的"Know-how"知识,操作复杂机器的熟练工人也是这样的。典型的"Know-how"知识是各个组织发展并保存于自己范围内的一类专门技术或诀窍,产业网络形成的最为重要的原因之一是,企业间有分享和组合"Know-how"要素的需求。

(4) Know-who

知道是谁的知识。

此类知识是关于谁知道什么,以及谁知道怎样做某些事的信息。它包含了特定社会关系的形成,即有可能在需要的时候接触有关专家并有效地利用他们的知识。不同企业间和专家之间高度的分工而形成技能的广泛分散,对于经济活动具有重大意义。对现代管理者和企业而言,重要的是要利用此类知识对变化率的加速变化作出响应。"Know-who"类知识对于其他类型的知识来说,属于企业内部高级别的知识。

3. 波兰尼的分类

1958年,英国物理化学家和哲学家迈克尔·波兰尼(Michael Polanyi)在《人的研究》一书中最早提出"隐性知识"(tacit knowledge,也译做内隐知识、缄默知识、默会知识、隐含知识)的概念,并最早将人类的知识分为显性知识和隐性知识两种。这种分类方法之后被知识管理的理论和实践领域广泛接受,成为最有影响的知识分类方式之一。波兰尼关于隐性知识理论的提出,被认为是人类认识论上的第三次"哥白尼革命"。①

---

① 参见张一兵:《波兰尼与他的"个人知识"》,载《哲学动态》1990年第4期。

波兰尼认为人类的知识有两种,通常被描述为知识的,即以书面文字、图表或数学公式加以表述的,只是一种类型的知识;还有一种知识是不能系统表述的,例如我们关于自己行为的某种知识。他把前者称为显性知识,而将后者称为隐性知识。

显性知识是人类能够以一定符号系统(最典型的是语言,也包括数学公式、各类图表、盲文、手势语、体语等诸种符号形式)加以完整表述的知识;而隐性知识和显性知识相对,是指我们知道但难以言述的知识,隐性知识是个人的、受特定情景限制的、能够感知却难以表达的知识。

相关资料表明,20%的人类知识是显性的,而80%的人类知识都是隐性的,而且这80%的隐性知识隐藏在人的头脑中,不易向他人传递和外化。显性知识和隐性知识共同构成了人类知识体系的"冰山"。

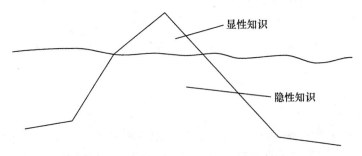

图 12-6　人类知识体系的"冰山"示意图

资料来源:巢乃鹏:《知识管理——概念、特性的分析》,载《学术界》2000 年第 5 期。

实际上,隐性与显性并非绝对的二分法,大部分知识都同时具有隐性和显性的成分,只是程度上的差异而已,从显性知识到隐性知识可以构成一个连续的图谱:

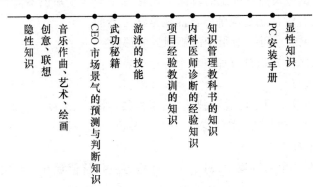

图 12-7　显性知识到隐性知识图谱

资料来源:林东清:《知识管理理论与实务》,电子工业出版社 2005 年版,第 16 页。

资料夹 12-9　迈克尔·波兰尼

我们知道的比我们能够讲述的更多,以此事实为开端,我要重新考虑人类知识(波兰尼,1966)。

作为一个现代具有文艺复兴精神的人,波兰尼有着从科学家到哲学家的一切优点。他是匈牙利医学科学家,其研究主要集中在物理化学领域。

波兰尼 55 岁时转攻哲学。他的著作,包括《个人知识》一书,属于第一批论述知识是如何被创造和使用的专著。波兰尼第一个明确了隐性知识和显性知识之间的差别,他的理论涉及的是人类如何获得并使用知识。该理论以行动为导向,论述有关人类认识的过程。他坚定地相信隐性知识的内在价值,认为隐性知识是所有显性知识的源泉。没有人的介入知识就不存在,这就是其远比信息重要的起因。知识是内在化和个人化的东西。

波兰尼的各种论述是许多新创立理论的基础。

资料来源:〔美〕科洛波洛斯、弗雷保洛:《知识管理》,陈岳、管新潮译,上海远东出版社 2002 年版,第 32 页。

4．隐性知识的特性

隐性知识是个人或组织在长期实践过程中不断积累形成的、高度个性化的、与特定背景(情境)相关联的情感、态度、信仰、技能、经验和习惯等尚未编码化的知识。

斯滕伯格认为隐性知识具有如下三个特性:[①]

■ 隐性知识是关于如何去行动的知识,从本质上说,是程序性的。

■ 隐性知识与人们所推崇的目标实现有关。与学业知识不同,学业知识往往无实际的价值,有时甚至是教师强行灌输给学习者的。

■ 这类知识的获得一般很少需要别人的帮助。

总体而言,隐性知识具有如下几个方面的特点:

(1) 难以编码化

隐性知识通常来源于经验或技能,表现为某种情感、态度、信仰、技能、经验、直觉或习惯等,具有"难以言传"的特性,难以明晰化、编码化。

(2) 情境依赖性

隐性知识在产生的过程中,对个体的性格、经历、价值观和组织文化、环境等因素具有很强的依赖性。

---

① 参见〔美〕斯滕伯格:《成功智力》,吴国宏等译,华东师范大学出版社 1999 年版,第 233 页。

(3) 模糊性

隐性知识通常以一种非结构化、未编码的形式存在于个体的大脑或某一特定的组织当中,具有相当的模糊性,难以交流或共享。

(4) 个体性

隐性知识是一种高度个人化的知识,是个体的心智感悟或判断,反映了个体的价值观和心智模式,是个体在长期实践中逐步积累起来的,它存在于个体的头脑之中,与认知者个体无法分离。

(5) 实践性

隐性知识的获得依赖于个体的体验、直觉和洞察力,因此必须通过个体的亲身行动(体验、实践和领悟)获得。

随着知识管理实践的深入,人们逐步意识到隐性知识是一种非常重要的知识类型,正是由于其不可模仿性和稀缺性,而成为企业核心竞争力的重要来源和构成,对于组织知识的创新和价值的创造发挥着重要的作用。[1]

在目前的知识管理研究和实践中,隐性知识的价值越来越凸现,关于隐性知识的管理(尤其是转化和共享)问题已经从管理的边缘走向中心。

四、知识工作者

管理学大师德鲁克早在1960年前后就创造了"知识工作"和"知识工作者"(Knowledge worker)这样的名词。[2] 德鲁克认为20世纪管理最重要、最独特的贡献,就是在制造业使体力劳动的生产率提高了50倍之多,而21世纪管理所应该做的,就是必须增加知识工作和知识工作者的生产率。[3] 达文波特指出,知识工作者既难界定又不容易计数,但他们无疑是美国和其他发达国家劳动力的主要组成部分,或许占大多数。他们具有高学历或专业技能,其工作主要是创造、传播或使用知识,他们的工作包括研发、营销、工程、规划、客户服务和管理等,都对组织的创新和增长有着举足轻重的作用。[4]

德鲁克认为知识工作者是指那些把自己从学校学到的知识而非体力或体能投入工作,从而得到工资的人。他们与传统的所谓"蓝领工人"的最大区别是:前者思考的是如何做正确的事情(do the right things),而后者则只需要学会如何正确地做事情(do things right),对于知识工作者而言,他们希望知道的首先是"做什么",而不是让别人告诉他们"怎么做",这正是两者本质的区别。

---

[1] 参见梁林梅、孙俊华:《知识管理》,北京大学出版社2011年版,第50—51页。
[2] 参见〔美〕德鲁克:《后资本主义社会》,傅振焜译,东方出版社2009年版,序言。
[3] 参见〔美〕杜拉克:《21世纪的管理挑战》,刘毓玲译,三联书店2000年版,第173页。
[4] 参见〔美〕《哈佛管理前沿》、《哈佛管理通讯》编辑组:《知识管理——推动企业成长的加油站》,陈儒、程明等译,商务印书馆2009年版,第39页。

德鲁克指出:"知识工作者与体力工人和熟练工人不同,他们获得报酬是因为他们懂得管理人员不懂的知识。"① 知识工作者是一个追求自主性、个体性、多样化以及具有较强创新精神和团队协作精神的员工群体。相对于传统员工而言,他们具有如下特点:②

(1) 具有自我发展的强烈动机

知识工作者具有自我发展的强烈动机,追求终身就业的能力和价值实现更甚于终身就业的岗位。他们自主性、独立性强,劳动过程难以监控,劳动成果难以衡量。

(2) 流动意愿强

知识工作者流动意愿强,忠诚在更大程度上是针对专业团队及职责的,而不是针对组织本身的。他们对组织的依赖度低,忠于其职业更多于所服务的企业。知识工作者留在一家公司服务,并不是他们的"需要",而是他们的一种"选择",即选择一家有利于发挥他们专业知识的企业工作。德鲁克认为知识工作者如游牧民族逐水草而居,热爱工作但不一定热爱组织,哪里有知识可以追逐,哪里可享受成就感,他们就往哪里去。

知识工作者越来越多地根据所掌握的知识而不是所属的公司,标识自己的身份。

(3) 其需求具有多样性和不确定性

知识工作者的需求模式具有不确定性、多样性,他们的工作性质模糊,工作方式变化大,更多地注重学习和团队合作。

(4) 需要不断学习

知识工作者为了保持其能力与价值,需要不断学习。他们只有在不断的学习中才能适应环境的改变,继续发挥作用和价值。

(5) 自我管理

德鲁克指出,在知识经济中成功属于那些了解自身的人(了解自身的长处、自身的价值观念以及自身如何表现更佳)。知识工作者是他们自己的"行政长官",愿意实施自我管理。

五、知识的转化与共享

1. 知识转换的"SECI"模型

野中郁次郎等强调,现实中隐性知识和显性知识并不是完全独立的,确切地

---

① 〔美〕德鲁克:《在变化的世界中管理知识工作者》,载〔美〕拉各斯、霍尔特休斯:《知识优势:新经济时代市场制胜之道》,吕巍等译,机械工业出版社 2002 年版,第 56 页。
② 参见梁林梅、孙俊华:《知识管理》,北京大学出版社 2011 年版,第 71 页。

讲，它们之间是互相补充的。在人类的创新活动过程中，两者之间相互作用、相互转化。两种知识之间的这种相互作用往往首先起源于个体，然后才在数量和质量方面不断地扩大。野中郁次郎等提出了隐性知识和显性知识之间转化的四种基本模式：

图 12-8　知识转化的四种基本模式

资料来源：〔日〕野中郁次郎、竹内弘高：《创造知识的企业：日美企业持续创新的动力》，李萌译，知识产权出版社 2006 年版，第 71 页。

（1）社会化（S）

社会化指隐性知识转化为隐性知识的过程。

这是一个通过共享经历建立隐性知识（如共享思维模式和隐性技能）的过程。获取隐性知识的关键是"经历"，特别是那些"共享的经历"。社会化主要通过观察、模仿和亲身实践等形式使隐性知识得以传递。例如，师傅带徒弟就是这种模式的典型表现形式。[1] 另外，借助于头脑风暴、非正式会议、对话、观察、现场培训、客户接触、学习小组、教练（coach）等方式也可以促进知识的社会化（潜移默化）。

但是，这种"潜移默化"具有相当大的局限性。虽然徒弟能从师傅那里学习技能，但不管是师傅还是徒弟，都没有掌握技能背后的系统化原理。他们所领会的知识从来都不能够清楚地表述出来，因此很难被组织更有效地综合利用。[2]

（2）外在化（E）

外在化指隐性知识转化为显性知识的过程。

这是一个将隐性知识用显性化的概念和语言清晰表达的过程。此阶段对于整个知识创造过程来讲是至关重要的，隐性知识常常通过隐喻、类比、概念和模型等方式被转化为显性知识。

---

[1] 参见〔日〕野中郁次郎：《论知识创造的动态过程》，载〔美〕拉各斯、霍尔特休斯：《知识优势：新经济时代市场制胜之道》，吕巍等译，机械工业出版社 2002 年版，第 70—71 页。
[2] 参见〔日〕野中郁次郎：《知识创造型企业》，载〔美〕德鲁克：《知识管理》，杨开峰译，中国人民大学出版社 1999 年版，第 18—39 页。

例如,一流面包师傅的和面技术被广泛开发,生产出性能优良的和面机。可以借助于类比、隐喻和假设、倾听、深度会谈、最佳实践等方式推动隐性知识向显形知识的转化。

(3) 组合化(C)

组合化指显性知识和显性知识汇总、组合的过程。

这是一个通过各种媒体(文件、会议、电话会谈或电子交流)产生的语言或数字符号,将各种显性知识组合化和系统化的过程。信息技术对增强组织内部显性知识的"汇总组合"十分有效。近年来,在知识管理领域里取得的许多进展很大程度上都得益于此。

(4) 内在化(I)

内在化指显性知识转化为隐性知识的过程。

这是一个将显性知识形象化和具体化的过程,它与人们常说的"做中学"的学习模式密切相关。

将上述四种模式英文单词的首字母组合起来,就形成了组织知识转化的"SECI"模型。

图 12-9 知识转化的"SECI"模型

资料来源:〔日〕野中郁次郎:《论知识创造的动态过程》,载〔美〕拉各斯、霍尔特休斯:《知识优势:新经济时代市场制胜之道》,吕巍等译,机械工业出版社 2002 年版,第 73 页。

2. 知识共享的多种方式

推动组织知识共享的方式很多,比如创建知识管理系统(KMS)、导入学习型组织和实践社团、推行导师制、开展最佳实践分享、建立组织的知识市场等等。

(1) 实践社团

实践社团(Communities of Practice, COP)又译做"实践社群"、"实践社区"或"实践共同体"。

实践社团是这样一群人,他们有着共同的关注点、同样的问题或者对同一个话题的热情,通过在不断发展的基础上的互相影响,加深这一领域的知识和专业技术。①

实践社团由三个基本要素构成:领域、社团和实践。

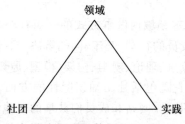

图 12-10 实践社团的三要素

资料来源:梁林梅、孙俊华:《知识管理》,北京大学出版社 2011 年版,第 86 页。

① 领域

一个实践社团并不仅仅是几个朋友组成的俱乐部,或者几个人在一起的关系网。它是因为共同的兴趣而组建在一起的,社团的成员身份说明了他们对于这个领域的认同和兴趣。一个明确的领域能够确定社团的目的以及它对成员和其他人的价值,从而说明社团的合理性。这样的一个领域可以鼓舞成员们作出贡献,积极参与,指导他们的学习,使他们的行动具有意义。

共同的领域使人们产生对知识的责任感和对发展实践的责任感。领域会指导他们提出问题和他们组织知识的方式,帮助他们整理要分享哪些东西,区分微不足道的想法和真正有前途的想法。

不论是什么创造了社团的共同点,领域都是一个社团存在的根本原因,是它把人们聚集到一起,指导人们学习。它定义社团的身份、地位以及社团的成就对成员和其他人的价值。

② 社团

社团就是因为对于知识领域的共同兴趣,而参加一些相关活动和讨论,帮助人们解决问题和分享一些心得体会。实践社团并不是一个网站或者一个知识库,拥有共同工作或者职业的人在一起并不能说明已经建立了一个实践社团,只有当成员之间建立了一种相互影响、共同学习的关系的时候,这个社团才能称为实践社团。另一方面,社团成员并不一定要每天都工作在一起,他们可能是利用业余时间在咖啡店里进行讨论。社团的重要性在于建立一种相互学习的活动,为了形成一

---

① 参见〔美〕温格、麦克德马、施奈德:《实践社团:学习型组织知识管理指南》,边婧译,机械工业出版社 2003 年版,第 4 页。

个实践社团,成员们必须有规律地活动,并对领域内的重要问题进行讨论。

有规律的相互影响使成员对他们的领域和实践方法形成共同的理解,同时还在尊重和信任的基础上发展了宝贵的关系。久而久之,就形成了具有共同历史和共同身份的感觉。

③ 实践

"实践"是关于一个特定领域内做事方式的一组社会定义,它是一组共同的方法和共享的标准,为社团成员的行动、交流、问题解决、执行、责任等创造基础,包括许多知识类型,如案例和故事、理论、规则、构架、模型、原则、工具、专家、文章、经验教训、最佳实践、启发等。它既包括社团知识隐性的方面,也包括显性的方面。实践不仅包括书、文章、知识基础、网站和成员们共享的其他知识库,还体现在行为的特定方式,对问题的想法和观点,思考风格,甚至在很多情况下体现伦理态度。

实践社团不仅仅是一群有共同兴趣的人组成的团体,比如说喜欢看描写二战电影的人聚集在一起。实践社团的真正意义是实践,成员们通过实践分享经验、想法和资料等,这些都需要时间和持续的交流。实践的内容也不仅涉及现有的知识,还包括知识领域的最新进展,而且要通过实践创造出有价值的知识产品。

(2) 知识市场

美国著名信息管理、知识管理专家达文波特(Thomas H. Davenport)指出:[①]知识或快或慢、或卓有成效或毫无价值地"运行"在各个组织机构之中。机构成员不断地交换、购买、开发、更新知识,并将知识应用于日常工作。与个人知识不同的是,组织机构中的知识因为受到多种因素的推动而处于"高度运行"的状态。

推动知识在组织中"运行"的因素是什么?达文波特深信存在一种"市场机制"。他认为市场机制像作用于有形商品一样推动着知识的"运行",在组织机构中确实存在着一个与商品市场和服务市场相类似的"知识市场"。就像商品市场和服务市场一样,知识市场也有"买方"和"卖方",他们相互协商,为所交换的商品取得一个双方满意的价格。知识市场上也自然有知识的"经纪商",他们将买主和卖主联系到一起。知识市场中甚至还有一些"企业家",他们能够运用知识市场创建无形产业。

知识市场的参与者在其中进行交易是基于这样一种期望:他们能够以某种方式从中获益。用经济学术语来说,他们期望这种交易能够产生"边际效用"。组织内部的这种知识交易通常并不涉及现金,但是不容忽视的是,其中确实存在一个市场价格体系与酬劳的偿付关系。

达文波特强调:"任何知识市场运作的前提是认识到知识市场的存在"。知识

[①] 参见〔美〕达文波特、普鲁萨克:《营运知识:工商企业的知识管理》,王者译,江西教育出版社 1999 年版,第 34—48 页。

市场存在于组织机构之中,并且以与其他市场类似的方式进行运作——这种认识对于在组织中成功地管理知识来说是非常必要的。同时,仅仅从经济意义上理解的"单纯"的市场是不存在的,每种市场体系都根植于社会和政治现实之中,并受其影响,理解知识市场必须充分考虑社会、经济与政治现实。

与其他市场相似,知识市场也主要由买方、卖方和经纪商构成:

① 买方

知识市场中的"买方"指那些寻求解决一项错综复杂而且不易应付的难题的人。很显然,希望获知法国的国民生产总值或者美国最大的20家银行序列的行为并不是在寻求知识,而只是寻求数据。知识寻求者寻求的是远见、决断以及理解。这些人求助于知识,知识对他们有独特的价值——知识能够协助其做成一笔生意或者更高效地完成工作,知识能够提高他们的技巧与判断力,并能助其迅速作出决断。总之,知识能够使他们事业有成。这种寻求知识的工作已在知识型组织中占据了较大的比重,比如休斯顿航天公司的经理人员花在寻求知识及应付知识需求方面的时间占据了其工作时间的15%—20%。

② 卖方

卖方指那些对某项流程或者项目拥有丰富知识而同时享有内部市场声誉的人。他们可以计件,或者更可能"批量"地销售知识以换取回报。虽然每个人在现实当中都可以是知识的买家,但并不是任何人都可以成为知识的卖家。有些人技艺娴熟却不善于传授技能,有些人的知识过于专业化,或者在知识市场中价值有限。

③ 经纪商

知识市场的经纪商将需求知识的买家与拥有知识的卖家联系起来。

他们乐于研究其所在机构,力图获知人们在干什么以及谁人知悉什么;他们善于构想组织的宏观框架,并将自身定位于知悉知识位于何处的人,特别是当知识存于其职责领域之外时。

达文波特认为在组织机构内部,知识市场中的酬劳涉及三个方面,依其重要性大小分别为:互惠性、个人声誉和利他主义:

一是互惠性。

时间、精力和知识相对于每个人来说都是十分有限而且宝贵的资源。人们一般不愿意消耗这些稀有的资源,除非这种消耗会带来合理的回报。因此,知识的卖家愿意花费时间和精力与买家共同分享知识,是因为希望买家在将来成为知识卖家时也能够同样对待他/她。如果员工确信同事将来会向自己提供有价值的知识作为回报时,就会很乐意向同事提供自己所拥有的知识。

知识卖家不论是否获得买家等值的知识回报,如果能够赢得良好的声誉,都会乐于共享自己的知识。知识卖家获得的好名声将会使得公司的其他员工愿意与他分享知识，良好的声誉使别人有理由相信，他在作为知识买家时将会坚持交易的互惠性。因此，互惠性与个人声誉是相互关联的。

二是个人声誉。

个人声誉虽然是无形的，但却能带来有形的利益——工作稳定、获得提升以及公司领导所给予的奖励和头衔。另外，虽然知识的卖家不能直接收取现金，但他由此能够获得更高的工资或者奖金。

在任何组织机构的知识市场中，"声誉"的价值都是由机构的政治社会结构决定的。在咨询业、投资银行业、娱乐业等行业中，成功与声誉休戚相关。如今在许多行业中，个人声誉的重要性正在稳步增长。各层次的人员都已感受到逐渐增大的压力，要求他们付出知识、技术和能力以提高个人声誉。如果公司正式鼓励员工分享知识，那么卖家的行为可能会带来更为有利的个人利益。

三是利他主义。

现实中确实还存在着这样一类人，他们拥有知识，并且乐于助人，完全不求回报。或者对于自己的知识乐善好施，他们只要有机会就会高兴地与人分享。这些人与他人分享知识的原因主要是出于对其专业的热爱，以及一定程度上的利他主义。

师徒相授就是部分基于利他主义原则的一种知识转移形式。对师徒相授的形式予以鼓励的方式有很多，比如正式确认师徒关系，给予经理人员传授知识的制度和时间保证等。

利他主义只有在拥有热心员工并对他们予以善待的组织中才能得到体现和发展。

由于知识市场常常无法靠金钱或正式的合同运作，卖方在组织中出售知识，能不能在现在或将来获得所想要的报酬（不一定是现金，可能是互惠、声誉或利他主义的实现），全看买方及管理阶层值不值得"信赖"。在对知识市场具有积极影响的所有因素中，"信任"因素至关重要，没有信任，知识的运转终究会走向失败。信任是知识交易的必备条件，同时也是知识交易的产物。相互信任是知识交易的灵魂，企业内部的知识市场必须建立在相互信任的基础之上。

（3）事后回顾

"事后回顾"（after action reviews，AAR）最初由美国陆军总结形成并率先使用，目前世界上许多组织都在使用这种知识管理工具，以在一个项目进行的过程中获取经验并学习新的知识。

事后回顾是对一个项目或一项行动的专业性讨论，参与项目的人员通过事后回顾可以发现和了解发生了什么？为何发生？什么进行得很好？什么还需要改进？如何维持优点？如何改进缺点？等等。

事后回顾的具体操作流程如下:①

■ 组织事后回顾会议

事后回顾会议应该在事件结束后尽可能早地召开,因为越早召开记忆就越清晰,越容易召集项目参与者,并且所学到的知识可以立即应用到合适的地方。

■ 记录事后回顾会议的内容

事后回顾会议的目的是通过从项目中学习,使其在未来运作得更为顺畅。为事后回顾会议作一个清晰的纪录非常必要,事后回顾记录不仅可作为项目参与者的备忘录,而且能有效地和其他人员分享。

事后回顾会议记录应该包括以下内容:项目经验教训和未来的工作指南,项目的背景信息(以使得这些工作指南能运用于有意义的情境之中),参会人员名单,所有的关键文档(如项目计划和项目报告)等等。

■ 转化为行动

事后回顾最重要的目的之一就是将从上一阶段的项目或活动中所获得的经验和教训运用于下一阶段的工作之中,以充分利用好的经验,避免重复犯错,从而提高项目的运作效率。因此事后回顾并不是简单地随着会议的结束而结束,应该将所学经验和得到的教训用于下一步的行动和工作之中。

■ 分享从事后回顾中得到的经验和知识

借助于事后回顾的方式,项目团队成员能在项目或活动的过程中获取宝贵的隐性知识,并将之显性化,避免了知识因为项目团队解散而流失。

事后回顾会议的记录不仅要在项目团队中共享,同样也需要为其他能从中受益的人分享,比如将要进行类似项目的团队等。所以,事后回顾中的记录应存储于大家都能够很容易找到的地方,如图书室、某类数据库、知识管理系统或企业网站上,以保证这些知识能够得到最大范围的共享。

资料夹 12-10 　美国陆军的"事后回顾"

事后回顾可以帮助美国陆军对实战过程中的经验及从实践中学到的知识进行识别,并将它们及时地反馈到工作程序和政策的制定上来。

在堪萨斯州的美国陆军实战练习中心,从一系列范围广泛的活动中所总结出来的经验很快被收集起来,然后,这些信息将被编码处理并再次反馈到各个单位:

■ 1994年,对海地的战争爆发后,美国陆军实战练习中心组织专家就当地暴民武装冲突和派系对抗问题对士兵做了访问,阅读了有关的报告,并进行了事后总结和编纂。根据这些知识,他们为后续部队设计了 26 种训练方案。在以后六个

---

① 参见蓝凌管理咨询支持系统有限公司:《蓝凌知识管理最佳实践 v1.0》,http://www.landray.com.cn/Uploads/Knowledge/20082201613301952.pdf,2011 年 8 月 15 日访问。

的实战过程中,这些后续部队实际上遇到了这些训练方案中的 23 种情况。

■ 1995 年,在波斯尼亚的行动中,美国陆军实战练习中心在提取和传递经验知识方面甚至做得更加出色——每隔 72 小时,一份新的经验报告就会出炉。

资料来源:〔法〕格兰特:《世界经济的转变:知识管理的推动力》,载〔法〕德普雷、肖维尔主编:《知识管理的现在与未来》,刘庆林译,人民邮电出版社 2004 年版,第 55 页。

第五节 绩 效 技 术

绩效技术(Performance Technology, PT),又称为人类(力)绩效技术(Human Performance Technology, HPT)、绩效改进(Performance Improvement, PI)、人类(力)绩效改进(Human Performance Improvement, HPI)或绩效咨询(performance consulting)。可以用这样一句话概括以上各术语之间的关系:绩效咨询专业人员使用绩效技术(的过程及方法)实现绩效改进的目标。

教育技术专业人员常常用"绩效技术"这一术语,而企业培训领域则更习惯用"绩效改进"和"绩效咨询"这样的称呼。本书将"绩效技术"和"绩效改进"通用。

一、企业培训与绩效改进:美国教育技术专业毕业生的主要就业领域之一

自 20 世纪 80 年代开始,美国教育技术专业培养的一部分毕业生开始在商业、企业、政府部门和军队从事教学设计、培训及绩效改进的相关工作。当前,在商业、企业领域就业的毕业生比率甚至要高于教育系统——比如佛罗里达州立大学教学系统专业的硕士研究生大都在美国的商业、企业部门工作,他们承担着相当广泛的任务——从绩效问题分析到教学及非教学方案的设计,到对问题解决方案效果的评估等;另外一些硕士毕业生在大型的咨询公司,如埃森哲(Accenture)、毕马威(KPMG)等工作;还有一些人自己创办咨询公司,而且做得非常成功;[1]圣地亚哥州立大学教育技术系大约 40% 的毕业生工作于教育领域,其他的毕业生则工作于国际援救委员会、圣地亚哥动物园、美国海岸警卫队及苏格兰皇家银行等部门。[2]

二、绩效技术的起源及三个发展阶段

绩效技术几乎是和教育技术同时诞生的。更确切地说,绩效技术起源于程序

---

[1] 参见梁林梅、希建华:《教学设计与技术的趋势和问题——访教学设计领域国际知名学者罗伯特·瑞泽教授》,载《开放教育研究》2008 年第 2 期。
[2] 参见梁林梅:《工作场所的学习和绩效:技术的影响与变革——访著名绩效咨询专家艾莉森·罗塞特博士》,载《开放教育研究》2008 年第 5 期。

教学运动。教育技术的舞台主要是在学校和教育系统内部,而绩效技术的主要应用与实践领域则在商业、企业组织,由此形成了一整套绩效技术的理论、方法与技能。

本书将近几十年来美国绩效技术的历史发展分为三个阶段:①

1. 程序教学阶段

对于绩效技术的起源,目前普遍接受的观点认为它由程序教学运动的一个分支发展而来。

20世纪60年代初期是程序教学运动的高潮,斯金纳的思想吸引了众多的追随者,他们虽然来自不同的学科和实践领域,但都相信程序教学是一种促进学习的有效方法,他们共同的理想和目的就是为了有效地促进学习。1961—1962年,绩效技术的创始人之一、"绩效技术之父"托马斯·吉尔伯特(Thomas F. Gilbert)出版了 Journal of Mathetics（Mathetics源自希腊语,意指学习）杂志;1962年,同一批研究者(主要是一群心理学家和教育学家)聚于美国的San Antonio,共同探讨如何更好地将行为心理学的原则应用于程序教学,这就是绩效技术领域最初的专业协会——"全美程序教学协会"（National Society for Programmed Instruction,简称NSPI）的开端。

2. 绩效与教学阶段

在20世纪60年代参与由美国政府资助的培训与教育项目中,一些早期的学习心理学家和教学设计专家,例如吉尔伯特、哈里斯(Joseph H. Harless)、马杰等,开始对他们在培训和教学实践中共同发现的问题进行反思,寻找解决问题的方法和策略——他们逐步意识到培训和教学不能解决工作场所中的所有问题,教育技术这一概念已经不能够涵盖所面临的实践领域,于是哈里斯提出了"前端分析"(Front-end Analysis)的概念,并且强调,应该在实施培训和教学之前对绩效问题进行分析,等到培训结束后再对发现的问题进行分析时,往往为时已晚;20世纪70年代,考夫曼(Roger Kaufman)形成了需求评估(Needs Assessment)和教育战略规划的问题解决框架,并提出了需求评估模型,他的战略规划和需求评估理论与方法在世界范围内的各类组织中(军队、商业和教育等)得到了广泛的认可与应用。由此,绩效技术专业人员在实践中逐步选择了一个新的概念来表达其实践和研究领域——"绩效系统",于是"全美程序教学协会"于1972年更名为"全美绩效与教学协会"（National Society for Performance and Instruction,NSPI）。

在此期间,许多教育技术领域的专业人员开始将他们的研究视角从教学(培训)转向对绩效问题的关注。

3. 绩效改进阶段

进入20世纪80年代,美国商业、企业领域对教学系统方法迅速接受并广泛采

---

① 参见梁林梅:《教育技术学视野中的绩效技术研究》,华中师范大学出版社2009年版,第34—38页。

纳，教学系统设计的主要目的，是为了提高培训的效率与效果。培训一直被认为是改进工作绩效首选的、最有效的方法，培训似乎已经成为各个组织中解决绩效问题理所当然的选择，人们对培训抱有很高的期望，因此不惜重金投入培训。

虽然培训是绩效技术研究和关注的一个重要领域，但对培训的质疑与反思一直是绩效技术专业人员同时在进行的另一项重要工作。现今企业中对教学设计的期望和需求已经发生了变化：不再只是满足于开发某类培训产品或几门培训课程，而代之以对组织中人的绩效问题进行分析和解决的系统过程，要求教学设计人员和培训管理者不再只是设计一门课程或进行几天的培训，而是要对组织的绩效负责，开始关注组织的使命与效益，必须对组织中可能出现的问题和变革作出预测，引导员工能够适应未来的各种不可预测的变化。此时教学（培训）已被视为改进组织绩效的众多主要解决方法之一，美国的企业与教育领域对绩效及绩效改进的研究和关注不断增长。进入20世纪90年代，"从培训向绩效改进的转变"成为绩效技术理论与实践探索中的一个热点话题。

20世纪90年代中期，"绩效咨询"作为一种专门职业开始在各类组织中相继出现。为了适应实践领域的不断发展，为了更准确地反映绩效技术领域越来越多元化的各种解决方案（而不仅仅局限于教学和培训），为了适应绩效技术的国际化趋势，1995年"全美绩效与教学协会"（NSPI）又更名为"国际绩效改进协会"——ISPI（International Society for Performance Improvement），此时的PI已不再是指"绩效与教学"，而代之以"绩效改进"，这标志着美国绩效技术又进入了一个新的发展阶段。

表12-5 美国绩效技术的三个发展阶段简表

阶段名称	时间	主要观点	主要事件
程序教学阶段	20世纪60年代初期到70年代初期	程序教学是一种促进学习的有效方法	此阶段与美国教育技术的发展是融为一体的；1962年NSPI（全美程序教学协会）的成立
绩效与教学阶段	20世纪70年代中期到90年代中期	教学和培训是改进工作绩效的首选的、有效的方法	程序教学运动在美国的逐步衰落；"绩效系统"概念的提出；1972年NSPI更名为"全美绩效与教学协会"（其名称仍然是NSPI）
绩效改进阶段	20世纪90年代中期至今	教学（培训）只是改进工作绩效的众多主要解决方法之一	工作场所从培训向绩效改进的转变；绩效咨询作为一种专门职业的出现；1995年NSPI又更名为ISPI（国际绩效改进协会）

资料来源：梁林梅．《教育技术学视野中的绩效技术研究》，华中师范大学出版社2009年版，第34页。

三、绩效技术(改进)的概念界定

1. 什么是"绩效"

绩效已成为一个在各类组织中耳熟能详、非常流行的术语,关于绩效的概念却众说纷纭。

美国人力资源和绩效改进专家罗思韦尔认为:"绩效是指个人、团队或组织所取得的成果、结果或成就"①;"绩效技术之父"吉尔伯特将绩效定义为:②

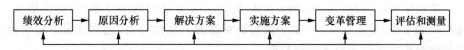

2. 什么是绩效技术(改进)

ASTD 对绩效改进的定义如下:人类绩效改进(HPI)是一套以结果为导向的、系统化的流程,该流程的主要步骤包括识别绩效问题、分析引发问题的根本原因、选择和设计行动方案、管理和实施工作场所中的问题解决方案、评估结果,并在组织内持续改进绩效。③

绩效改进的简要流程图如下:

绩效分析 → 原因分析 → 解决方案 → 实施方案 → 变革管理 → 评估和测量

图 12-11 绩效改进的简要流程

资料来源:〔美〕罗思韦尔、霍恩、金:《员工绩效改进》,杨静、肖映译,北京大学出版社 2007 年版,第 11 页。

从以上的定义和流程图可知,绩效技术的核心思想是教学系统设计的理论和方法——美国人力资源和绩效分析领域的专家斯旺森(Richard A. Swanson)认为:"无论采用何种形式,标准的绩效改进模型往往包含了从分析到评估的 4—6 个阶段,通常为分析、设计、开发、实施和评估。"④这实际上就是教育技术专业人员熟知的教学设计的"ADDIE"模式。但在商业、企业情境中,教学设计的最终目的在于促进绩效的改进。教育技术和绩效技术之间存在着必然的关联,二者的关系如下图:⑤

---

① 参见〔美〕罗思韦尔、霍恩、金:《员工绩效改进》,杨静、肖映译,北京大学出版社 2007 年版,第 1 页。
② 参见〔美〕Stolovitch:《人类绩效技术的发展和演进》,载〔美〕瑞泽、邓普西主编:《教学设计和技术的趋势与问题》(第二版),王为杰等译,华东师范大学出版社 2008 年版,第 136 页。
③ See ASTD, *Improving Human Performance*, ASTD Press, 2006, p. 1.
④ 参见〔美〕斯旺森:《绩效分析与改进》,孙仪、杨生斌译,中国人民大学出版社 2010 年版,序言。
⑤ 参见梁林梅:《教育技术学视野中的绩效技术研究》,华中师范大学出版社 2009 年版,第 125 页。

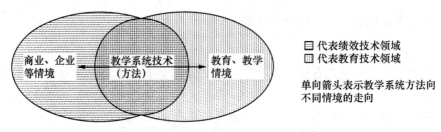

图 12-12　教育技术和绩效技术的关系图

资料来源：梁林梅：《教育技术学视野中的绩效技术研究》，华中师范大学出版社 2009 年版，第 125 页。

3. 绩效系统

绩效系统是系统方法与理论在工作场所中针对人的绩效问题而形成的概念体系，是为了便于研究而从人的绩效角度对组织进行的抽象化认识和理解，它包含了多种影响人类绩效的因素，其目的在于工作场所中绩效的改进。正像教育技术专业人员设计和开发教学系统那样，绩效技术专业人员专注于设计和开发绩效系统。①

美国学者拉姆勒（Geary Rummler）提出了三个层次的绩效系统：组织层次、流程层次和工作/员工层次。② 基于拉姆勒对绩效系统的分类，通常情况下可将组织中的绩效改进划分为以下四个层面：

- 组织层面的绩效改进
- 流程层面的绩效改进
- 团队层面的绩效改进
- 员工个体层面的绩效改进③

绩效改进是一个非常复杂而富有挑战性的工作，从事培训或教学设计的专业人员大都是在员工个体层面从事绩效改进相关工作的。

四、绩效技术分析和解决问题的基本过程

1. 绩效技术分析和解决问题的基本观点

（1）工作场所中充满了问题，但要解决这些问题可以简化为两个最重要的选择：

- 第一个选择是改变个体，通过利用新的知识、技能或态度武装个体以便实

---

① 参见梁林梅：《教育技术学视野中的绩效技术研究》，华中师范大学出版社 2009 年版，第 27 页。
② 参见〔美〕拉姆勒、布拉奇：《绩效改进》（第二版），朱美琴、彭雅瑞等译，机械工业出版社 2005 年版，第 15 页。
③ 参见〔美〕斯旺森：《绩效分析与改进》，孙仪、杨生斌译，中国人民大学出版社 2010 年版，第 60 页。

现改变。

■ 第二个选择是改变这些个体工作其间的组织环境。

（2）大多数工作场所的问题是由员工所处的工作环境引发的，而不是负责工作的员工个体本身导致的。

（3）培训（教学设计）只能弥补个人知识的缺失，可以提高工作技能或改变工作态度，但不能从根本上改变员工必须赖以开展工作的环境。

（4）绩效改进应该从绩效分析开始，而绩效分析应该从检查环境因素开始。

2．ASTD 的 HPI 模型及相应胜任力简介

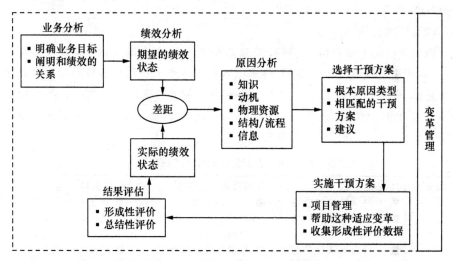

图 12-13　ASTD 的绩效改进模型

资料来源：ASTD，*Improving Human Performance*，ASTD Press，2006，p.6。

该模型的主要步骤简介如下：

（1）业务分析、绩效分析和差距分析

绩效改进起始于"分析"，其目的在于明确组织、团队、个人的业务需求、绩效需求、工作环境及相应的能力需求。这里的需求（needs）即当前状态和期望状态之间的差距（gap）。

在业务分析方面，绩效技术专业人员最关键的工作是明确绩效改进业务单位（组织层面、流程层面、团队层面或员工个体层面）的真实、具体而可测量的目标。为此，需要收集以下相关资料和信息：

■ 对目标有重要影响的内外部相关因素。

■ 组织的基本原则与理念。

■ 组织所处领域内的趋势及主流。

■ 与达成目标相关的战略。

实施业务分析的常用方法有：
- 查阅组织的相关文档、信息。
- 调查、访谈。
- 焦点小组访谈。
- 观察相关群体的绩效。

所谓绩效分析，即要设法找到期望绩效和现实绩效之间的差距。另外，对于教学设计师而言，绩效分析的一个重要工作是"将那些适合用教学手段来解决的问题、情况或项目（即'教学型干预'），与那些更适合用管理解决方案（即'非教学型干预'）解决的问题区分开来。"①

（2）原因分析

原因分析的主要目的，是阐释绩效差距之所以存在的原因（即绩效差距的根源）。对于引发绩效差距的原因，许多绩效技术专业人员都从各自的角度进行了归纳和总结，在各种原因分析方法中，影响最大的是"绩效技术之父"吉尔伯特于1978年提出的"行为工程模型"（behavioral engineering model），它可以说是现今许多绩效分析和原因分析模型的基础。

表12-6 吉尔伯特的行为工程模型

环境支持	环境信息 - 对期望绩效的描述 - 关于如何工作的清晰的、相关的指导 - 对行为有效性的相关的频繁的反馈	环境资源 - 为实现绩效需求而设计的工具、资源、时间、材料 - 有机会接近领导者 - 足够的职员 - 有组织的工作流程	环境激励 - 依绩效而定的充分的经济激励 - 非金钱的激励 - 职业发展机会 - 绩效低下的明确后果
个体行为	个体知识 - 系统设计的培训以配合示范（榜样）绩效的要求 - 培训机会	个体能力 - 人和职位之间的匹配 - 良好的选择程序 - 灵活安排的时间表以配合员工的顶峰能力 - 增强能力的视觉辅助或弥补作用的事务	个体动机 - 识别对员工有用的激励 - 对员工动机的评估 - 招募员工以适应现实的工作条件

资料来源：〔美〕Stolovitch：《人类绩效技术的发展和演进》，载〔美〕瑞泽、邓普西主编：《教学设计和技术的趋势与问题》（第二版），王为杰等译，华东师范大学出版社2008年版，第198页。

吉尔伯特将引发绩效问题的主要原因分为两大类六个因素：缺乏环境支持（信息、资源和激励）或个体行为（知识、能力和动机）方面的障碍（或是二者兼有）。他

---

① 〔美〕罗思韦尔、卡扎纳斯：《掌握教学设计流程》（第三版），李洁、李元明译，北京大学出版社2007年版，第33页。

同时指出，在分析和诊断引发绩效问题的原因时，应首先考察环境支持因素，其次再考虑个体因素。许多绩效技术专业人员在随后的实践中，也深刻认识到环境通常是引发绩效问题的最大障碍，与改进个体的知识或能力等相比，改进环境因素通常来说比较容易，同时又较为经济，因此，环境因素通常作为原因分析的起点。

资料夹 12-11 "绩效技术之父"——托马斯·吉尔伯特

托马斯·吉尔伯特（Thomas F. Gilbert）是美国绩效技术领域的重要奠基人之一，被称为"绩效技术之父"。

吉尔伯特曾是斯金纳的研究生，在哈佛大学行为学习实验室从事了十二年研究，同时深受泰罗（Frederick Taylor）、勒温（Kurt Lewin）等学术思想的影响，在之后的研究与实践中他逐步完成了从心理学家到教学设计专家再到绩效工程专家的转变。

吉尔伯特为绩效技术领域创立了许多概念框架：价值绩效、行为工程模型、绩效工程模型、绩效矩阵等，并且认为绩效技术是一种工程学的研究方法。在20世纪60年代参与、推动了绩效技术领域专业协会NSPI（ISPI前身）的建立和专业学术刊物《绩效改进季刊》的出版。

吉尔伯特1978年出版了至今在管理学领域仍有极大影响的学术著作《人类能力：价值绩效的工程化》（Human Competence: Engineering Worthy Performance），是美国管理学必读著作之一。"行为工程模型"即是本书的重要成果，该模型可以说是现今许多绩效分析模型的鼻祖和基础。

吉尔伯特同时也对美国人力资源开发领域的理论与实践产生了深远的影响，并入选《培训》杂志"人力资源开发名人堂"（HRD Hall of Fame）。

资料来源：本书作者整理。

ASTD将从事分析的专业人员所应具备的胜任力总结如下：[1]

■ 绩效分析技能：比较现实绩效和理想绩效以确定差距和机遇。

■ 设计和开发需求分析调查的技能：准备开放式的或封闭式的问题，以书面、电话或电子邮件的形式实施调查。

■ 确定能力要求的技能：确定团队、工作、任务和角色的指示及技能要求。

■ 提问技能：通过应用面试和其他调查方法收集有关的信息以增加对个人或团队的洞察力。

■ 综合分析技能：将重大的、复杂的事情细分为不同的组成部分，并重新组合

---

[1] 参见〔美〕罗思韦尔、霍恩、金：《员工绩效改进》，杨静、肖映译，北京大学出版社2007年版，第15页。

达到改进员工绩效的目的。

■ 工作环境分析技能:调查影响员工绩效的工作环境的问题和特征。

(3) 选择干预方案

所谓"干预方案"(intervention),是一套基于绩效分析和原因分析而精心设计和开发的计划与方法,用于减少(或消除)实际绩效与期望绩效之间的差距,其目的在于改进绩效。干预方案应符合以下四个基本特性:

■ 结果导向

■ 讲求成本—效益

■ 能够整体性地解决问题(而不只是关注于局部问题或问题的局部)

■ 系统性(能够与整个组织有机整合)①

绩效技术专业人员一般将干预方案分为两大类:教学型干预(Instructional Interventions)和非教学型干预(Non-instructional Interventions)。② 如果绩效问题的引发,是由于组织中的员工个体缺乏知识或技能,则选择教学型方案。典型的教学型干预方案包括:课堂教学、团队学习、自我指导学习、行动学习、远程学习、学习型组织、企业大学等等,教学设计专业人员比较擅长于此类干预方案;非教学型干预方案非常多,包括组织设计、流程再造、员工招聘、工作辅助、电子绩效支持系统(EPSS)、为员工的工作提供反馈(工作指导、作业挂图、备忘录、小组会议、绩效评估、客户调查、360 度反馈等)、奖励系统、文化变革等。

ASTD 将从事方案制定和选择的专业人员所应具备的胜任力总结如下:③

■ 解释绩效信息的技能:从绩效分析的结果中发现有用的改进途径,并且帮助操作者及其管理人员、流程管理者和其他利益相关者实施该方案。

■ 方案选择技能:选择 HPI 方案,所选的方案是针对造成绩效问题的根本原因。

■ 阐明变化的技能:预测和分析方案及其后果的影响。

■ 评测方案涉及各方面关系的技能:检查 HPI 方案对一个组织的各层次的影响及其与客户、供应商、分销商和员工的互动作用。

■ 确定关键业务问题及变化的能力:确定关键业务问题,并在实施 HPI 方案时加以应用。

■ 解释目标的技能:保证目标可以被有效地转化为行动方案以缩小差距。

(4) 实施干预方案

干预方案的应用和实施的过程,其实质是一个引发组织变革,并对相应的变革

---

① 参见梁林梅:《教育技术学视野中的绩效技术研究》,华中师范大学出版社 2009 年版,第 63 页。
② "非教学型干预方案"又称为"管理解决方案"。
③ 参见〔美〕罗思韦尔、霍恩、金:《员工绩效改进》,杨静、肖映译,北京大学出版社 2007 年版,第 15 页。

进行管理的过程。变革管理是贯穿于整个绩效改进过程始终的,对于绩效改进的成功至关重要,因此需要绩效技术专业人员了解和掌握项目管理和变革管理的相关技能。

绩效技术专业人员在实施和承担变革管理方面需要具有如下胜任力:[1]

- 变革实施技能:理解个人和组织变革的本质,应用这些知识有效地领导组织通过变革取得成功。
- 变革推动技能:决定组织应该如何做,以解决现在或未来存在的员工绩效差距的原因。
- 沟通渠道、非正式关系网和联盟:了解组织中的各种沟通渠道、关系网和联盟,建立这些渠道、关系和联盟,以取得产能及绩效的改进。
- 了解团队的动态流程:了解团队的职能,保证团队、工作或个人的需求被了解并阐述。
- 流程咨询技能:观察个人和团队的交互作用以及他们的交互作用对他人的影响。
- 指导技能:帮助当事人及其管理人员、流程管理者和其他相关人员发现新的问题。

(5) 结果评估

对于绩效改进结果的评估也是整个绩效改进过程中不可或缺的重要环节,此阶段主要解决如下几个关键问题:

- 如何评估?
- 评估什么?
- 何时评估?
- 在评估方面投入多少?

和教育领域的评估类似,结果评估也包含了形成性评估和总结性评估两大类。绩效技术专业人员在实施评估方面需要具有如下胜任力:[2]

- 了解团队动态流程:绩效差距评估技能——测量或帮助他人测量实际绩效与理想绩效之间的差距。
- 评估组织目标与结果的能力:评估 HPI 项目的结果是否符合目标的要求。
- 标准设定技能:测量组织、流程或个人期望的结果,帮助他人建立和测量工作标准。
- 评估企业文化影响的能力:考察组织中员工绩效差距和绩效改进方案对于组织行为中"对"与"错"的信念的影响。

---

[1] 参见〔美〕罗思韦尔、霍恩、金:《员工绩效改进》,杨静、肖映译,北京大学出版社 2007 年版,第 15 页。
[2] 同上。

■ 检查 HPI 方案的技能：找到在方案实施前及实施过程中评估和持续改进的方法。

■ 反馈技能：收集关于绩效的信息，并对受影响的个人或团队清晰、详细、及时地反馈。

本章研习任务建议

1. 本章内容涉及面较广，建议按照兴趣将班内同学分为五个研究性学习小组，每个小组深入研究本章中的一个主题，然后在班级内进行交流、分享。

2. 本课程是所有学习教育技术学专业的学生必须修习的一门专业基础课程，在对课程知识学习的同时，尤其要结合自身的特长、兴趣及未来的专业发展道路（出国、国内考研、在基础教育领域就业、在高等教育领域就业、在企业培训领域就业、在政府部门就业等等），在本门课程学习结束的时候初步形成一个较为清晰、可行的个人专业（职业）成长和发展目标与规划，并确保能在以后的学习中落实、执行。

阅读文献推荐

1. 赵健、郑太年、任友群、裴新宁：《学习科学研究之发展综述》，载《开放教育研究》2007 年第 2 期。

2. 焦建利、贾义敏：《学习科学研究领域及其新进展》，载《开放教育研究》2011 年第 2 期。

3. 柴少明、赵建华：《面向知识经济时代学习科学的关键问题研究及对教育改革的影响》，载《远程教育杂志》2011 年第 2 期。

4. 梁林梅、李晓华：《让技术为学生提供更强大的参与经验——访哈佛大学学习技术专家克里斯·德迪博士》，载《中国电化教育》2010 年第 9 期。

5. 余胜泉：《从知识传递到认知建构、再到情境认知——三代移动学习的发展与展望》，载《中国电化教育》2007 年第 6 期。

6. 尚俊杰、李芳乐、李浩文：《"轻游戏"：教育游戏的希望和未来》，载《电化教育研究》2005 年第 1 期。

7. 张民选：《专业知识显性化与教师专业发展》，载《教育研究》2002 年第 1 期。

8. 梁林梅：《工作场所的学习和绩效：技术的影响与变革——访著名绩效咨询专家艾莉森·罗塞特博士》，载《开放教育研究》2008 年第 5 期。